LabVIEW 기초부터 게임 제작 심화 프로그래밍까지

예제로 LabVIEW 완전 정복

저자 강 상 욱

한성대학교 출판부

머 · 리 · 말

중 · 고등학교 때 나를 비롯한 대부분의 내 주위 학생들은 영어 실력을 늘리기 위해 여러 가지 예문들을 독해하면서 예문 속에 나오는 단어나 숙어 그리고 다양한 형태의 영어 표현법 등을 익히는 방식을 가장 일반적으로 사용하였다. 그러나 영어 공부를 위해 영어 사전을 첫 장부터 마지막 장까지 통째로 외우는 사람은 내 주위에는 없었던 것 같다. 마찬가지로 C, C++, Visual Basic, FORTRAN, MATLAB 등과 같은 프로그래밍 언어를 익히기 위해 프로그래밍 언어에서 제공하는 무수히 많은 함수들의 이용 방법과 그들의 특징들을 일일이 외우고 각종 구조문들의 형식 및 사용 방법들을 모두 익히는 것은 영어 사전을 통째로 외우겠다는 것과 다름없는 아주 비효율적인 프로그래밍 학습 방법이다.

지금까지 저자가 살펴본 LabVIEW 프로그래밍 국내 서적들은 LabVIEW를 만든 외국 회사인 National Instruments사가 LabVIEW 프로그램을 판매할 때 제공되는 함수 사전 형식의 매뉴얼을 번역한 것이 대부분이다. 본 저자는 이들 국내 서적들을 이용하여 LabVIEW를 독학하는 과정에서 좀처럼 흥미를 느끼지 못하고 학습의 비효율성을 실감하는 난관에 봉착했던 경험이 있었다. 그러나 LabVIEW 독학하는 도중에 우연찮게 National Instruments사에서 제공하는 멤버십 교육 코스(총 10일 교육 과정)를 수료하면서 LabVIEW를 어떻게 학습하는 것이 효율적인가에 대한 방향을 정립하게 되었다.

내가 수료한 멤버십 교육 코스에서 사용한 교재들은 National Instruments 미국 본사에서 개발한 교재를 번역한 것들로 특이한 것은 교재 내용의 90% 이상이 예제들로 구성되어 있다는 것이다. 멤버십 교육 코스를 듣는 사람들은 이들 예제들을 직접 따라 하는 과정에서 LabVIEW가 이런 식으로 프로그래밍하는 것이고 이런 것들까지도 할 수 있다는 것을 실감하게 된다는 것이다. 즉, 물고기를 낚아 주는 것이 아니라 물고기를 낚는 방법을 배운다는 것이다.

내가 재직하고 있는 대학교 기계과 1학년 학생들에게 어떻게 하면 학생들이 흥미를 잃지 않고 효율적으로 LabVIEW 과목을 이수하게끔 할 수 있을까 하는 고민 끝에, 본 저자는 교재 전반부에는 기초 예제와 연습문제를 다루고, 후반부에는 대부분의 학생들이 좋아하는 게임 제작 프로그래밍을 통해 심화 프로그래밍 기술을 흥미있게 배울 수 있도록 본 교재를 쓰게 되었다. 모든 예제와 연습문제의 해답을 담은 Solution CD를 교재와 함께 제공하여 LabVIEW를 혼자 독학하고자 하는 학생들도 주위의 도움을 받지 않고도 자기가 원하는 학습 목표를 최대한 이룰 수 있도록 배려하였다. 여러분이 본 교재를 이용해 LabVIEW를 학습하다 보면 저자가 멤버십 교육 코스를 수강하면서 느꼈던 희열과 같은 감정을 느낄 수 있을 것으로 예상된다. 어떤 감정인가 하면…

"LabVIEW로 할 수 없는 것은 없다. 단지 내가 어떻게 하는지 모를 뿐이다."

LabVIEW는 프로그래밍 초보자에게도 전문가 수준의 프로그램을 짤 수 있는 기회를 제공해주는 전지전능한 솔루션이라고 해도 과언이 아니라고 저자는 생각한다. 자기가 생각하고 있는 모든 아이디어는 LabVIEW 프로그래밍으로 모두 구현할 수 있다고 생각해도 무방하며, 이를 위해서는 교재를 학습하는 것 이외에 다양한 벤치마킹을 하는 것이 더 중요할 수도 있다. LabVIEW 프로그래밍 과정에서 부족한 부분이나 의문점이 발생했을 시에는 먼저 스스로 생각해 보는 것이 중요하고, 그래도 모를 경우에는 National Instruments사의 홈페이지 www.ni.com에서 제공하는 수만 가지의 예제 프로그램들을 벤치마킹하는 현명함을 갖길 바란다.

마지막으로 이 교재를 쓰는데 있어서 큰 힘이 되어준 사랑하는 아내 수연에게 감사하고, 예쁜 딸 민아와 귀염둥이 아들 민규와 함께 출판의 기쁨을 같이 하고 싶다.

저자 강 상 욱

목 차

LabVIEW 기초부터 게임 제작 심화 프로그래밍까지

예제로 LabVIEW 완전 정복

서 론

LabVIEW는 C, C++, Visual Basic, FORTRAN, MATLAB 등과 같은 텍스트 기반 언어와는 달리 아이콘이라는 특별한 형태로 제공되는 함수를 사용하고 이들 함수들을 와이어(wire)라는 선(line)으로 연결하는 방법에 의해 데이터의 전달이 이루어지는 그래픽 기반 언어이다. 자판 보다는 마우스를 주로 이용하는 그래픽 기반 언어 LabVIEW는 초보자도 쉽고 재미있게 배울 수 있는 장점을 가지고 있으며, 다른 텍스트 기반 언어에 비해 아주 단기간에 프로그래밍 전문가 될 수 있도록 도와주는 환경을 제공해준다. LabVIEW 개발 초창기에는 데이터 수집 보드나 모션 보드와 연동되어 센서 신호를 컴퓨터로 받아 들여서 이들 신호를 분석하거나 모터와 같은 액추에이터(actuator)를 구동하는 계측 및 제어 분야에서 LabVIEW가 주로 사용되었다. 그러나 최근에 들어서 LabVIEW는 기존의 텍스트 기반 언어들이 차지하고 있었던 프로그래밍 영역을 대부분 잠식할 정도로 매우 일반화되었다. 최근의 LabVIEW 사용자의 급속한 증가 및 사용 영역의 일반화의 가장 큰 원인은 전세계의 LabVIEW 사용자가 자신들이 만든 서브 프로그램들을 공유할 수 있는 인터넷 상의 가상 공간 (www.ni.com)을 LabVIEW 개발사인 National Instruments가 제공한다는 것이다.

본 교재에서 제공하는 기본 예제와 연습문제 그리고 게임 제작 실습 예제(연습문제 포함)를 통해 LabVIEW에 대한 중급 수준 이상의 프로그래밍 실력을 성취한 후 나머지 전문가 수준의 프로그래밍 기법은 자신의 아이디어를 프로그램으로 구현하는 과정에서 봉착하게 되는 여러 가지 문제점들을 실제로 해결해가는 과정에서 National Instruments가 제공하는 인터넷 가상 공간에서의 서브 프로그램들을 참고하고 분석하는 방법에 의해 익힐 수 있을 것이다. 특히 LabVIEW는 직관적으로 분석 가능한 그래픽 기반 언어이기 때문에 가상 공간에서 제공

받는 다른 사람이 완성한 프로그램을 파악하고 자신이 원하는 프로그램으로 수정하는 데에 있어서 텍스트 기반 언어에 비해 LabVIEW의 탁월한 수월성을 여러분은 실감하게 될 것이다. 본 교재를 통하여 LabVIEW를 처음 공부하는 학생들은 본 교재의 기본 예제와 심화 예제(게임 제작 예제)를 순서대로 따라 하는 방법에 의해 LabVIEW에 대한 흥미를 유지할 수 있을 것이며, LabVIEW를 통해 무엇을 할 수 있는 지와 얼마나 쉽게 할 수 있는지를 확인하는 기회를 갖게 될 것이다. 본 교재가 LabVIEW가 할 수 있는 모든 영역을 보여 줄 수는 없으나, 여러분이 본 교재 학습을 마치는 순간에는 LabVIEW를 이용하여 여러분이 구상하는 어떠한 아이디어도 프로그램으로 구현할 수 있다는 자신감을 여러분에게 줄 수 있을 것으로 확신한다.

1장

기본예제와 연습문제

LabVIEW 기초부터 게임 제작 심화 프로그래밍까지

예제로 LabVIEW 완전 정복

예제 01

LabVIEW 환경 설정 및 시작하기

학/습/내/용

A. LabVIEW 시작하기
B. 컨트롤 팔레트와 함수 팔레트 세팅
C. LabVIEW 예제 프로그램 검색(연습문제 1.1)
D. 템플릿 프로그램 이용하기(연습문제 1.2)

① 사용하고 있는 컴퓨터에 LabVIEW를 설치한 후에, 그림 1.1a과 같이 바탕화면의 왼쪽 아래 [시작] 메뉴에서 '시작 〉 모든 프로그램 〉 National Instruments 〉 LabVIEW 2010 〉 LabVIEW'를 실행하거나 '시작 〉 National Instruments LabVIEW 2010 SP1'을 실행하면, 그림 1.1b와 같은 대화창이 나타난다.

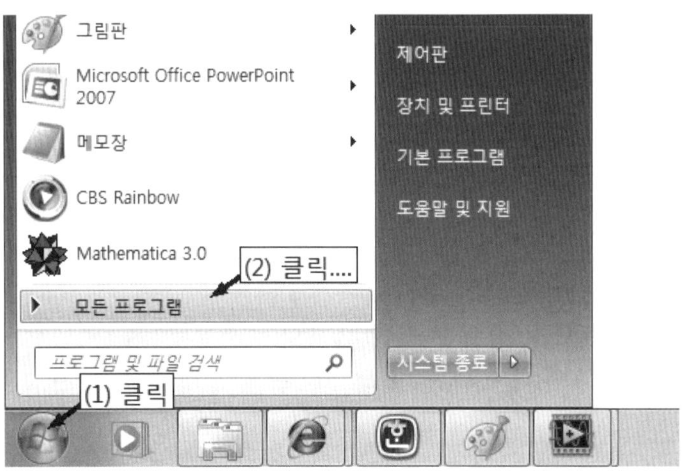

그림 1.1a LabVIEW 초기 화면 창

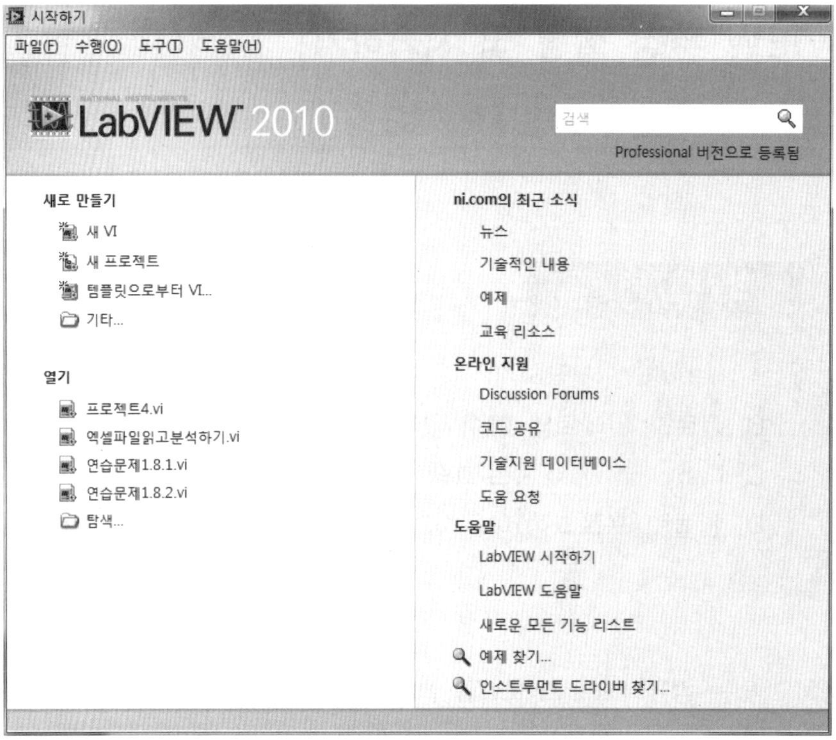

그림 1.1b LabVIEW 2010 초기 화면 창

② 그림 1.2와 같이 '파일 〉 새 VI'를 실행하면, 그림 1.3과 같은 프런트패널과 블록다이어그램이 나타난다. VI는 Virtual Instrument의 약자로 LabVIEW로 작성된 프로그램을 VI라고 호칭한다.

➲ 그림 1.4와 같이 '새 VI'를 클릭해도 새로운 VI(프런트패널과 블록다이어그램)를 열 수 있다.

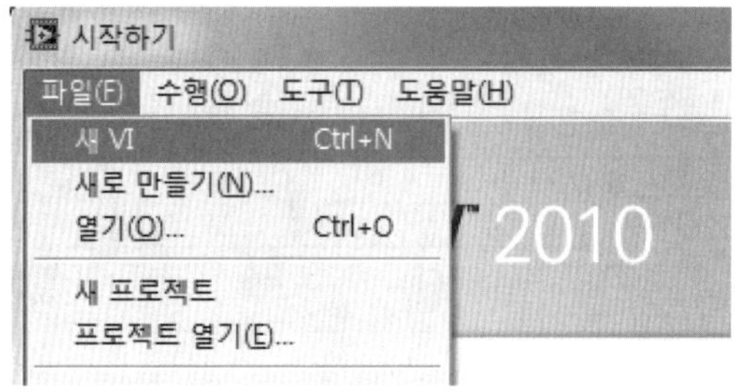

그림 1.2 새로운 VI를 여는 방법

그림 1.3 프런트패널 창과 블록다이어그램 창

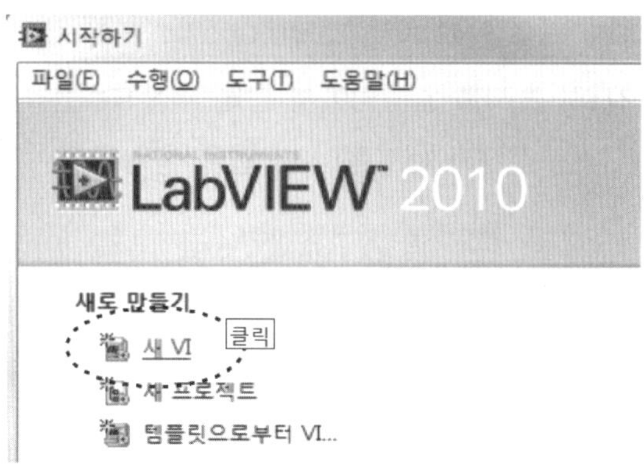

그림 1.4 새로운 VI를 여는 다른 방법

③ 그림 1.5와 같이 프런트패널 메뉴에서 '윈도우 〉 좌우로 정렬'을 실행하거나, 단축키 Ctrl⊕T를 실행하면, 프런트패널과 블록다이어그램이 바탕화면에 정렬된다. 지금까지 수행한 작업이 프로그램을 작성하기 위한 준비 작업이다.

➲ 프런트패널은 개발된 프로그램 사용자가 직접 접하는 곳이며(사용자 인터페이스, GUI), 프런트패널을 이용하여 데이터를 입력하거나 결과를 출력받게 된다. 반면에 블록다이어그램은 개발된 프로그램의 사용자가 볼 수 없는 곳으로, 실질적인 프로그래밍은 여기서 구현된다.

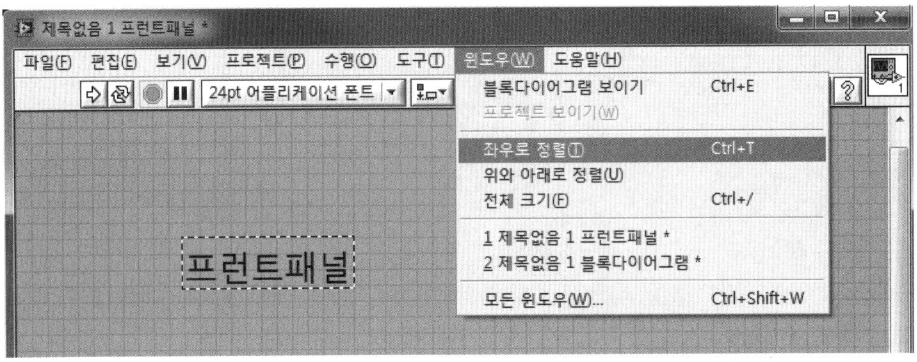

그림 1.5 프런트패널 창과 블록다이어그램 창 정렬하기

④ 프런트패널 위에서 마우스 오른쪽 버튼을 클릭하면, 그림 1.6a와 같이 컨트롤 팔레트가 나타난다. 이 컨트롤 팔레트는 프런트패널에 사용될 컨트롤과 인디케이터를 모아 놓은 곳이다.

➲ 참고로 컨트롤은 데이터를 입력 받는 객체이며, 인디케이터는 결과를 출력해주는 객체이다. 예를 들어 2개의 숫자를 입력받아서 합을 계산해주는 프로그램을 작성한다면, 2개의 숫자를 입력 받는 객체가 컨트롤이며, 합을 출력해주는 객체가 인디케이터이다.

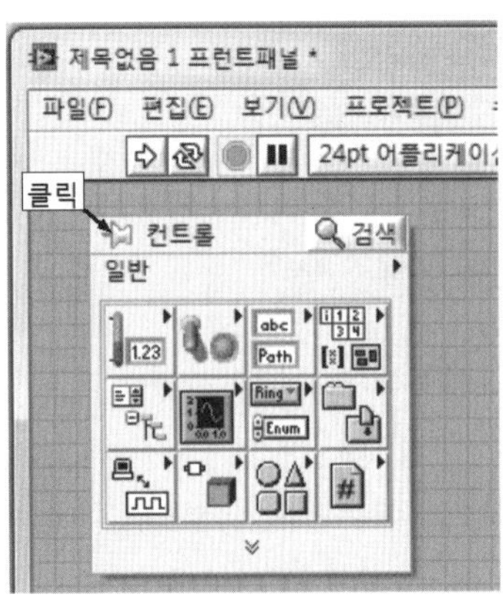

그림 1.6a 기본형 '컨트롤' 팔레트

➲ 만약 그림 1.6a와 같은 팔레트 형식이 나타나지 않는다면, 그림 1.6a의 팔레트 좌측 상단에 있는 압침 표시를 클릭한다. 그러면 그림 1.6b와 같이 컨트롤 팔레트가 별도의 창으로 나타나게 된다.

그림 1.6b 별도의 창으로 나타난 '컨트롤' 팔레트

➲ 그림 1.6.c와 같이 '사용자정의 〉 팔레트 보기 변경…'을 실행해서 팔레트 보기 변경 창 그림 1.6d를 불러온다. 여기서 '일반' 체크박스만 체크한 후 '확인' 버튼을 클릭한다.

➲ 그림 1.6e와 같이 '도구 〉 옵션'을 실행해서 옵션 창 그림 1.6f를 불러온다. 옵션 창에서 '컨트롤/함수 팔레트 〉 항목(표준) 〉 확인'을 클릭하면 된다.

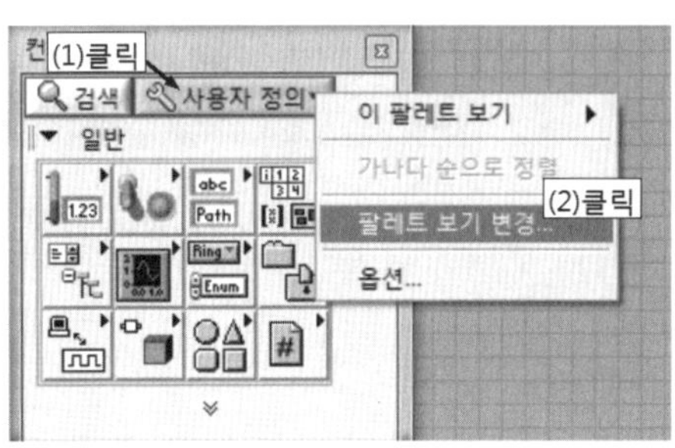

그림 1.6c 팔레트 보기 변경 창 불러오기

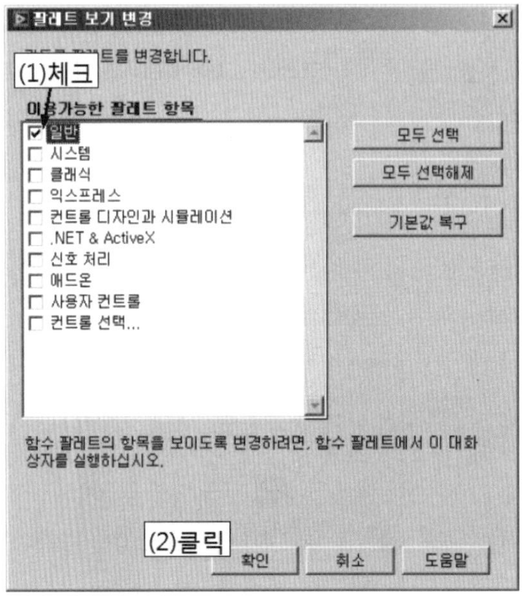

그림 1.6d 팔레트 보기 변경 창 세팅

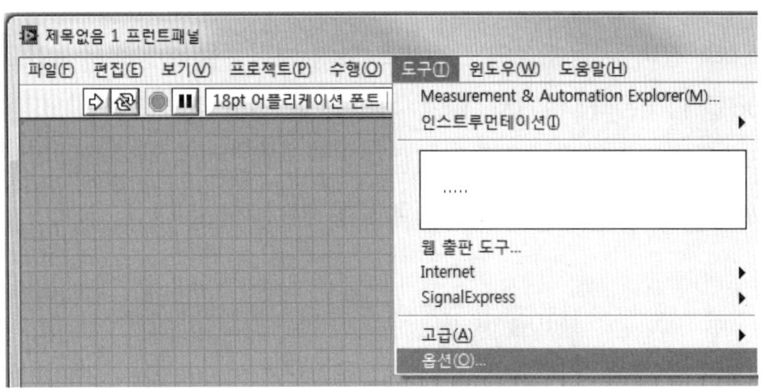

그림 1.6e 이 팔레트 보기 형태 설정

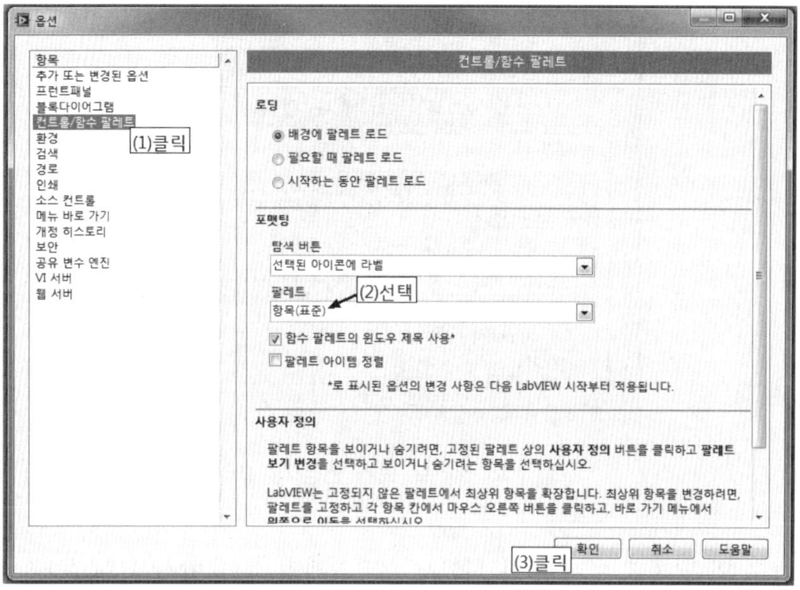

그림 1.6f 프런트패널 옵션 창 설정

⑤ 블록다이어그램 위에서 마우스 오른쪽 버튼을 클릭하면, 그림 1.7a와 같은 함수 팔레트가 나타난다. 이 함수 팔레트는 블록다이어그램에서 프로그래밍을 할 때 사용될 함수를 모아 놓은 곳이다.

➲ 만약 그림 1.7a와 같은 모양의 팔레트가 나타나지 않는다면, 함수 팔레트의 좌측 상단에 있는 압침 표시를 클릭한 후, 그림 1.7b와 같이 '사용자 정의 〉 팔레트 보기 변경…'을 클릭하여 팔레트 보기 변경 창을 불러온다.

그림 1.7a 기본형 함수 팔레트

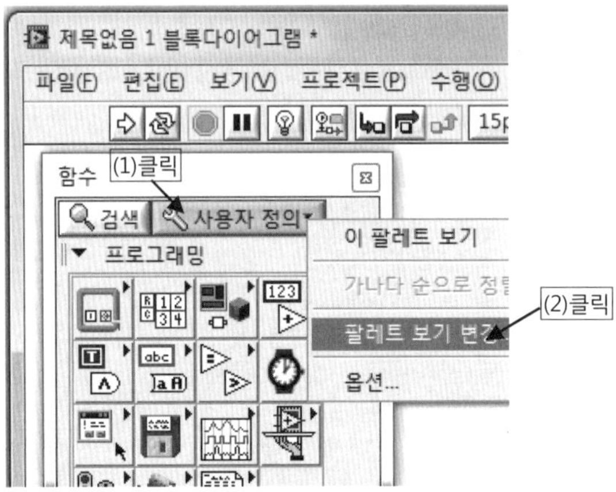

그림 1.7b 팔레트 보기 변경 창 불러오기

➲ 그림 1.7c의 팔레트 보기 변경 창에서 프로그래밍 체크 박스만 체크하고 확인 버튼을 클릭한다.

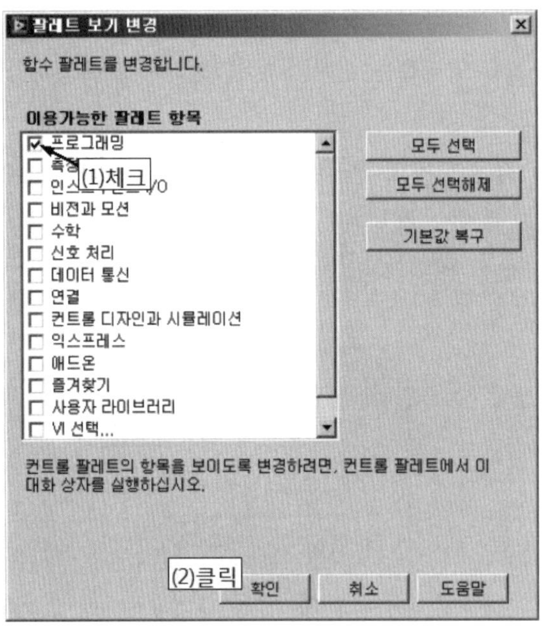

그림 1.7c 팔레트 보기 변경 창 세팅

➲ 그림 1.7d와 같이 '도구 〉 옵션'을 실행하여 옵션 창을 연다. 그림 1.7e의 옵션 창에서 '컨트롤/함수 팔레트 〉 항목(표준) 〉 확인'을 실행한다.

그림 1.7d 옵션 창 불러오기

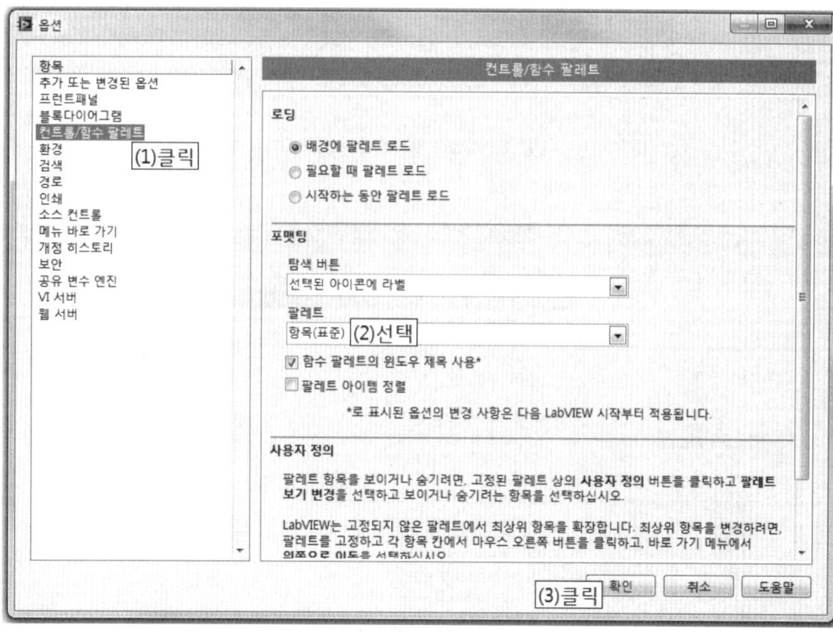

그림 1.7e 블록다이어그램 옵션 창 설정

연습문제 1.1

LabVIEW의 NI 예제 탐색기를 이용하여 예제 프로그램 검색해서 실행해보기

➲ 그림 1.8과 같이, 프런트패널 메뉴에서 '도움말 〉 예제 찾기...'을 실행한 후 잠시 기다리면, 그림 1.9와 같은 NI 예제 탐색기 창이 열린다. 그림 1.10과 같은 방법으로 '검색' 탭 이용하여 'Change Cursor Icon.vi' 파일을 연다.

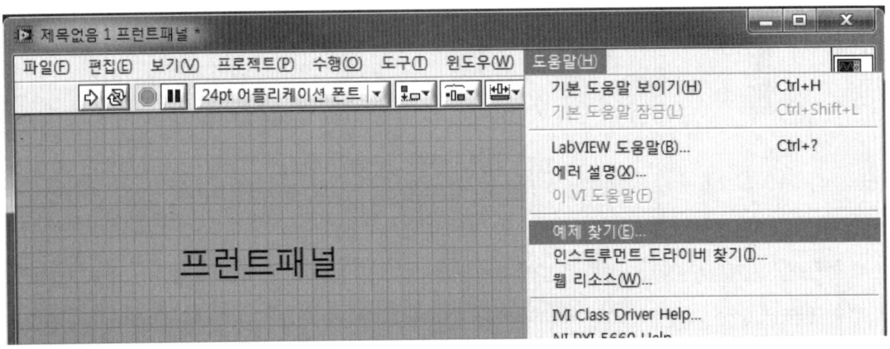

그림 1.8 NI 예제 탐색기 창을 여는 방법

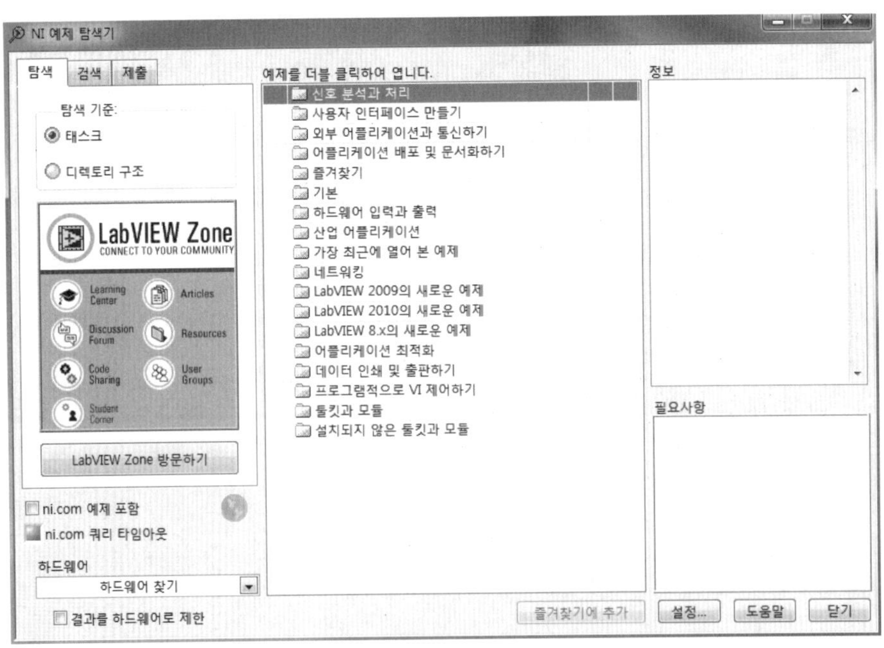

그림 1.9 NI 예제 탐색기 창

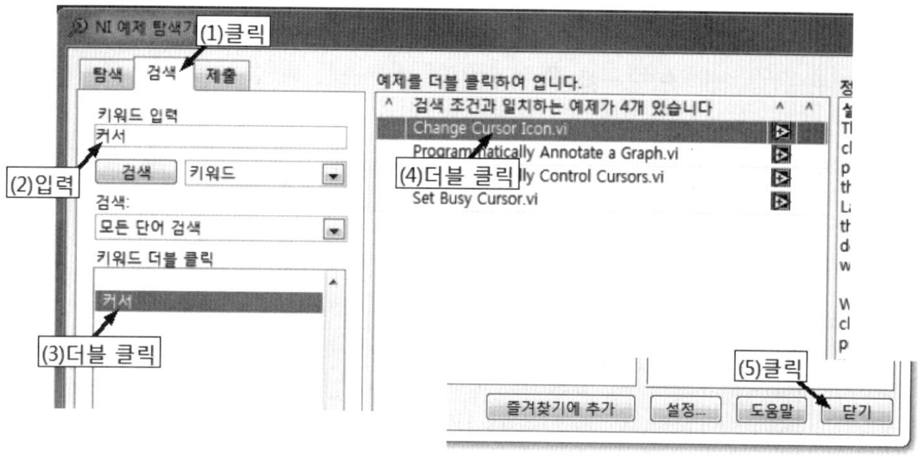

그림 1.10 키워드로 예제 프로그램 찾기

➲ 그림 1.11과 같이 프런트패널 왼쪽 상단에 있는 실행 버튼을 클릭하여 프로그램을 실행시켜라.

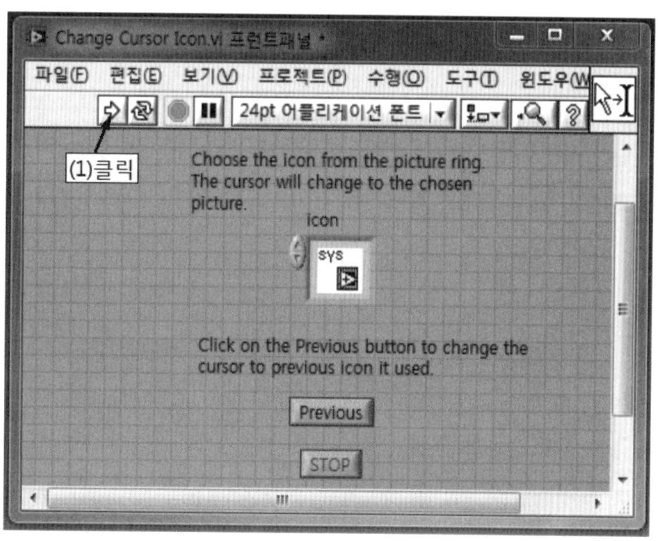

그림 1.11 '실행 버튼'을 클릭해서 프로그램 실행

➲ 그림 1.12와 같이 커서(Cursor) 변경 버튼을 클릭해서 원하는 커서 종류를 선택해보아라. 실제로 화면 상에 나타나는 커서 모양이 바뀌는지 확인해보아라.

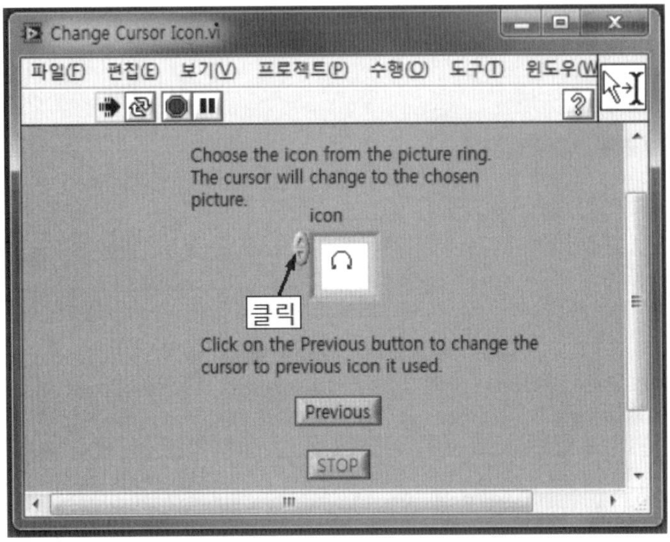

그림 1.12 커서(Cursor) 변경 버튼을 클릭하면 커서 모양이 바뀜.

➲ 그림 1.13과 같이 '윈도우 〉 블록다이어그램 보이기'를 실행해서 블록다이어그램(그림 1.14)을 확인해보자. (너무 복잡하죠! 하지만 이 책을 마치는 순간에서는 아주 간단하게 느낄 것입니다.)

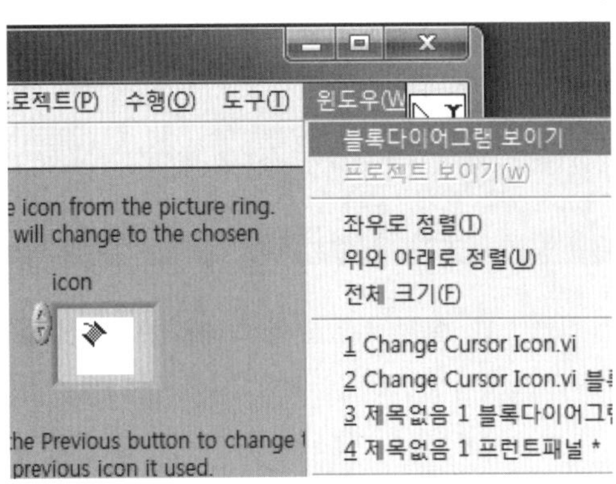

그림 1.13 블록다이어그램 불러오기

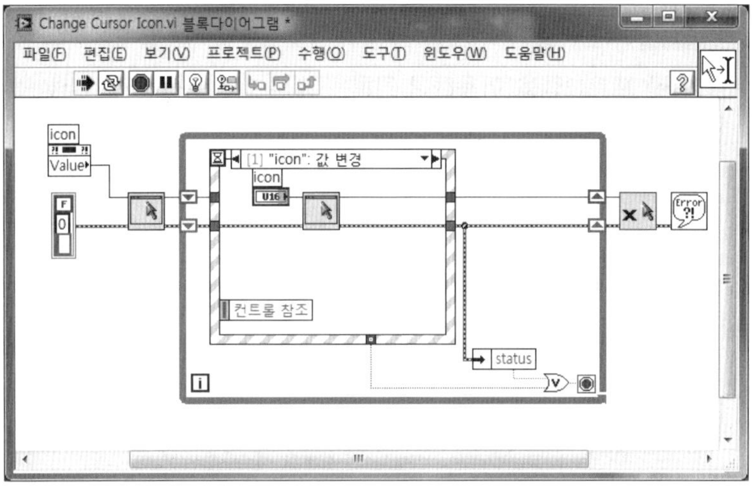

그림 1.14 예제 프로그램의 블록다이어그램

➲ 프로그램을 정지시키기 위해서는 그림 1.15와 같이 'STOP' 버튼을 클릭한다.

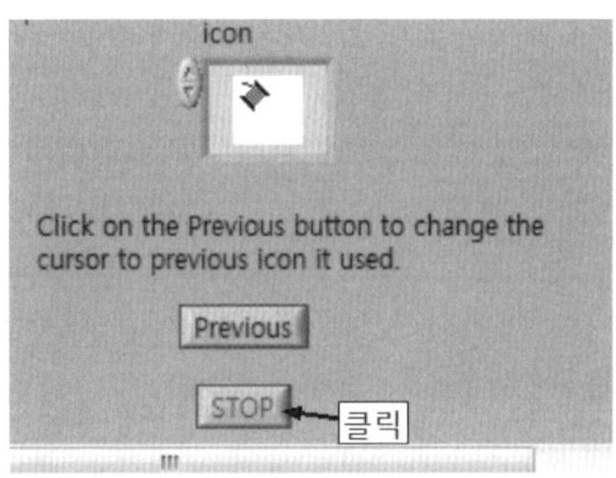

그림 1.15 프로그램 정지시키기

연습문제 1.2

템플릿(template) 프로그램을 이용하여 원하는 프로그램 작성하기(LabVIEW 프로그래밍 맛보기)

➲ 그림 1.16과 같이 '파일 〉 새로 만들기...'를 실행하면, 그림 1.17과 같은 '새로 만들기' 창이 열린다.

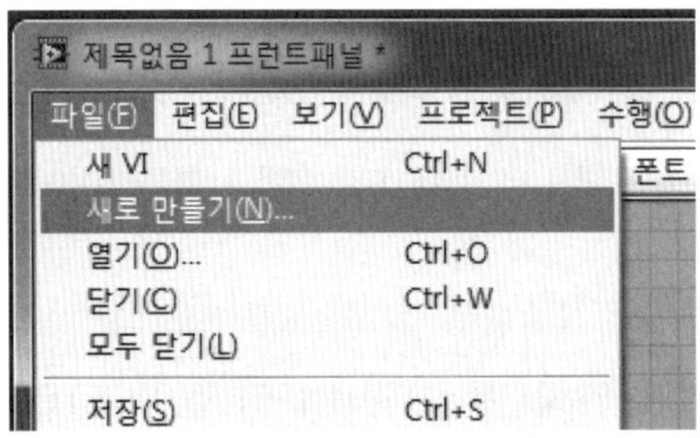

그림 1.16 '새로 만들기' 창 불러오기

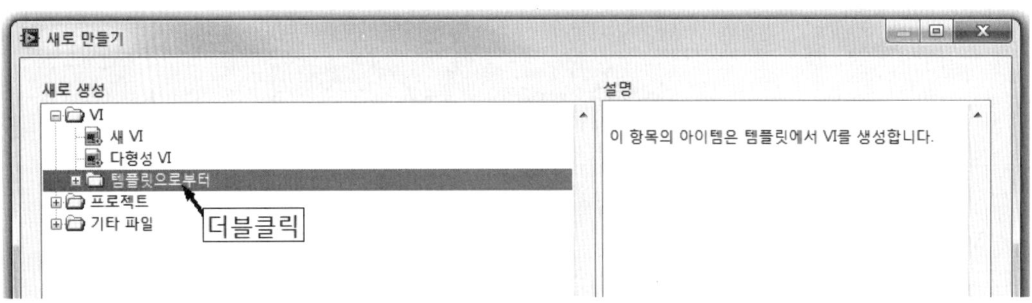

그림 1.17 새로 만들기 창

➲ 그림 1.17과 같이 '템플릿으로부터'를 더블 클릭한 후, 그림 1.18과 같이 '생성과 디스플레이'를 더블 클릭한다. 그러면, 그림 1.19과 같은 GenerateDisplay 4.vi 프로그램이 열린다.

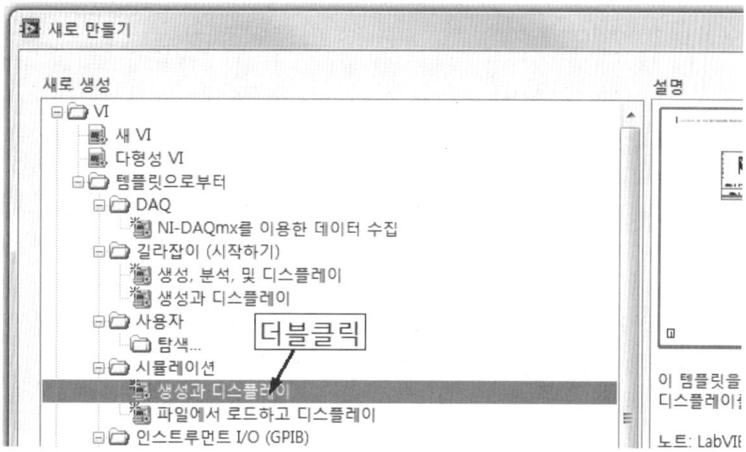

그림 1.18 템플릿 프로그램 GenerateDisplay 4.vi 열기

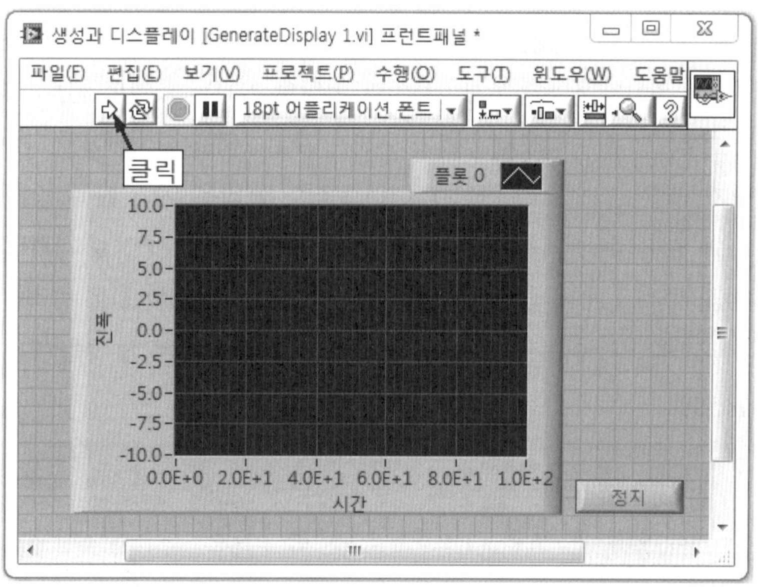

그림 1.19 템플릿 프로그램 GenerateDisplay 4.vi

➲ 그림 1.19에서 실행 버튼을 클릭해서 프로그램을 동작시켜보아라. 그림 1.20과 같이 프런트패널에 있는 그래프에서 나타나는 신호의 범위가 −1과 1사이인 사인파라는 것을 확인할 수 있을 것이다.

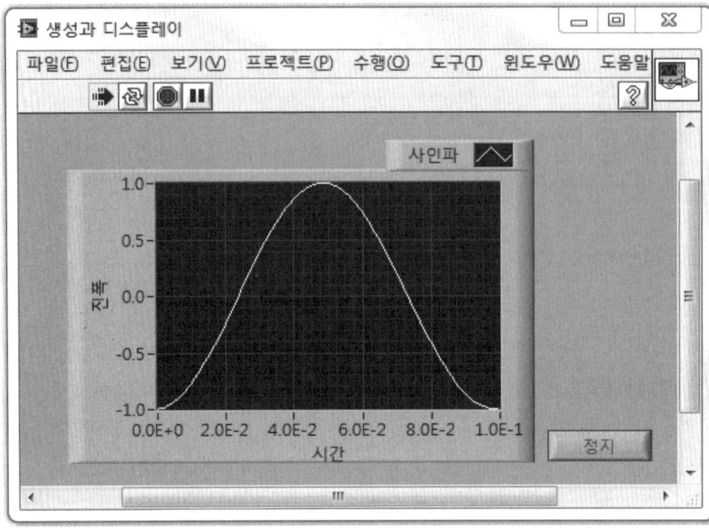

그림 1.20 프로그램 실행 모습

➲ 만약 우리가 원하는 신호는 0과 2사이의 범위를 가지는 사인파 신호라고 가정한다면, 본 뼈대 프로그램을 변경해서 우리가 원하는 프로그램을 작성해야 한다. 이를 위해 (그림 1.13과 같은 방법으로) 블록다이어그램을 불러온 후, 블록다이어그램을 그림 1.21a~e와 같이 수정한다.(프로그램을 정지 시킨 상태에서만 블록다이어그램 수정이 가능하므로 그림 1.20의 우측 하단에 있는 정지 버튼(정지)을 클릭한다.

➲ 그림 1.21a와 같이 와이어 위에서 마우스 오른쪽 버튼을 클릭한 다음 '와이어 곁가지 삭제'를 실행한다.

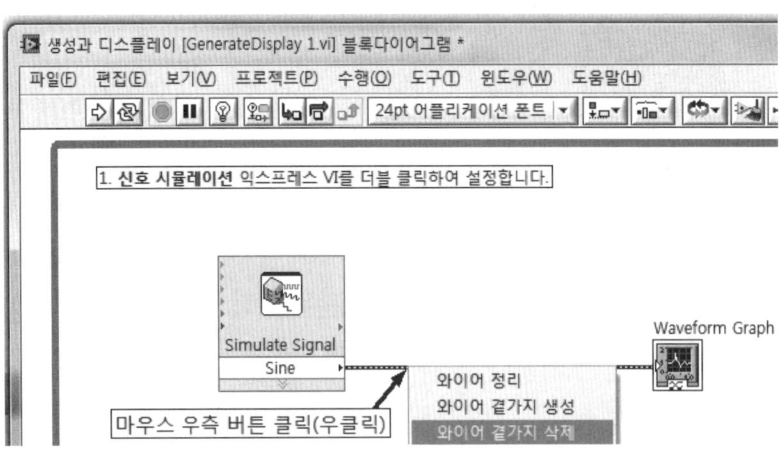

그림 1.21a 와이어 지우기(와이어 위에서 마우스 오른쪽 버튼 클릭)

➲ 그림 1.21b와 같이, 블록다이어그램 위에서 마우스 오른쪽 버튼을 클릭해서 함수 팔레트를 연 후, 1행 4열(1*4) 위치에 있는 '숫자형' 아이콘을 클릭한 후, '숫자형' 팔레트에서 2행 1열(2*1) 위치에 있는 '증가' 함수를 클릭한 후, 바로 블록다이어그램에 한 번 더 클릭한다. 그러면 그림 1.21c와 같이 될 것이다.

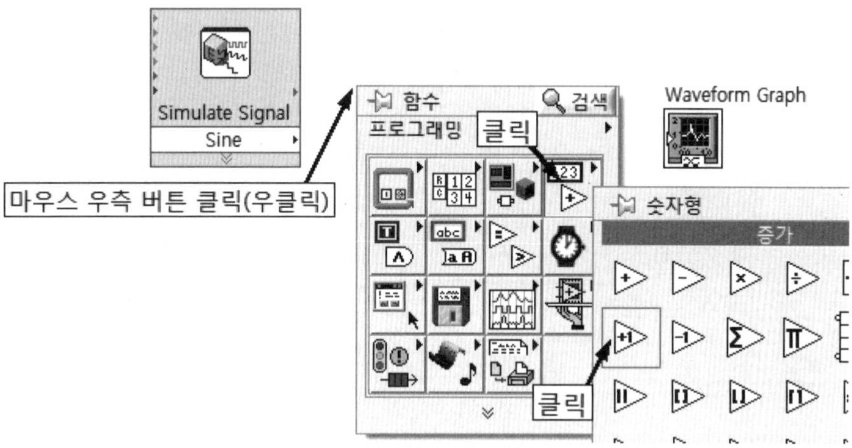

그림 1.21b 블록다이어그램에 '증가' 함수 추가하기

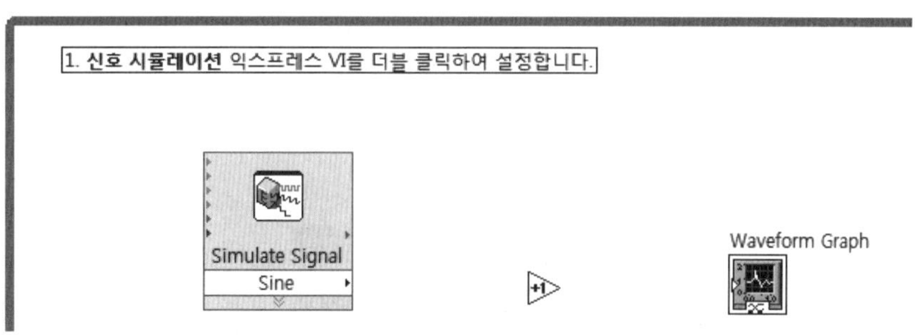

그림 1.21c '증가' 함수가 추가된 상태

➲ 그림 1.21d와 같이 클릭 과정을 거치면 그림 1.21e와 같이 와이어 연결이 완성된다.

그림 1.21d 와이어 연결하기

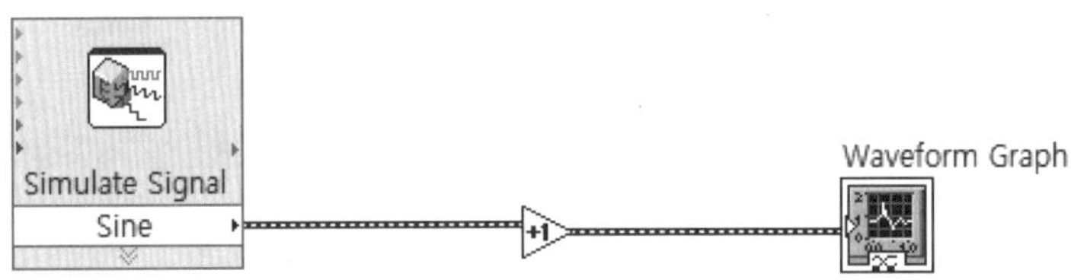

그림 1.21e 와이어가 연결된 상태

➲ 마지막으로 그림 1.22와 같이 실행 버튼을 클릭하여 프로그램을 실행시켜보자. 그림 1.22와 같이 그래프에 나타나는 사인파의 범위가 0과 2사이가 되었는지 확인해보아라.

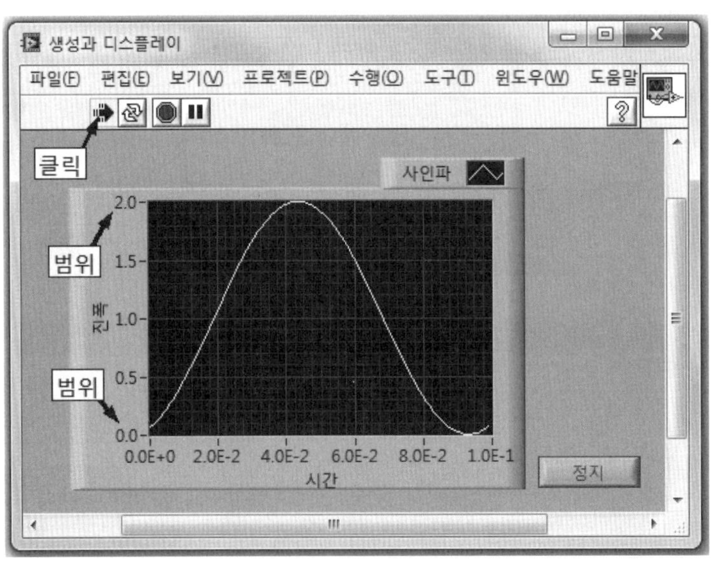

그림 1.22 프로그램 실행 상태

예제 02.

세 과목 점수의 총점과 평균 구하기

학/습/내/용

A. 숫자형 컨트롤과 숫자형 인디케이터
B. 블록다이어그램에 함수 추가하기
C. 기본 도움말 창 이용하기
D. 숫자 소수점 자리수 정하기
E. 프로그램 에러 찾기
F. 실행 하이라이트 기능 이용하기(연습문제 2.2)

① 예제 1에서 설명한 방법(그림 1.1~그림 1.2)으로 새로운 VI를 연다.

② 그림 2.1a와 같이 프런트패널 위에서 마우스 오른쪽 버튼을 클릭한 후, '일반' 팔레트의 1행 1열(1*1) 위치에 있는 '숫자형' 아이콘을 클릭한후, '숫자형' 팔레트의 1행 1열(1*1) 위치에 있는 '숫자형컨트롤'를 클릭한 후, 프런트 패널 위를 한 번 더 클릭해서 프런트 패널에 숫자형 컨트롤을 그림 2.1b 와 같이 추가한다.

➲ 본 교재에서는 ②의 과정은 간단히 '컨트롤 〉 일반(1*1) 〉 숫자형(1*1) 〉 숫자형컨트롤'로 기술한다.

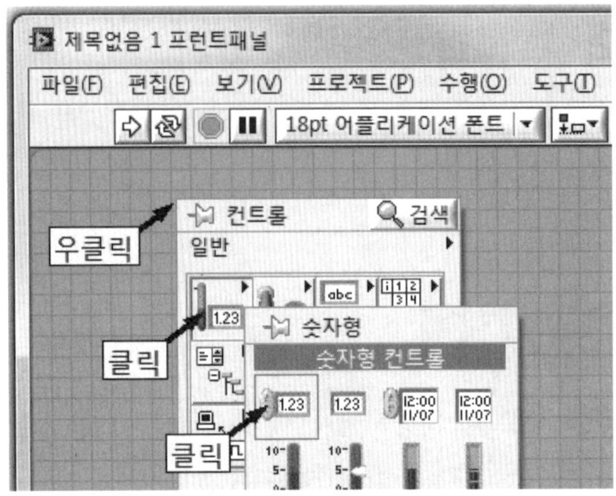

그림 2.1a 프런트패널에서 컨트롤 팔레트 열기

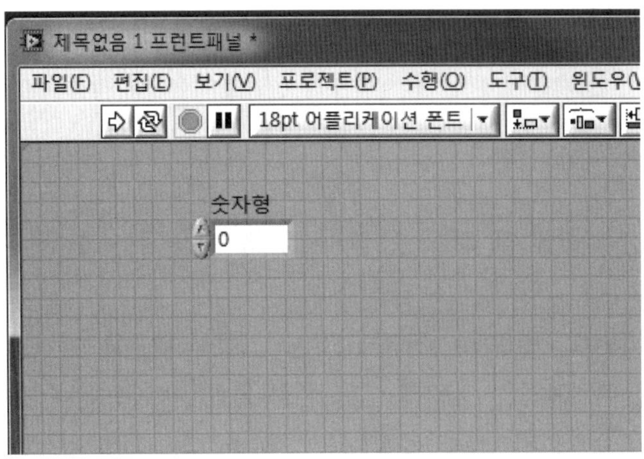

그림 2.1b 프런트패널에 배치된 '숫자형' 컨트롤

③ 그림 2.1b에 있는 '숫자형' 컨트롤의 라벨인 '숫자형' 글씨를 더블클릭해서 검게 변하면, 글씨 '영어'를 타이핑한다. 결과는 그림 2.1c와 같이 된다. 참고로, LabVIEW의 라벨은 다른 프로그래밍 언어에서의 변수 이름에 해당한다.

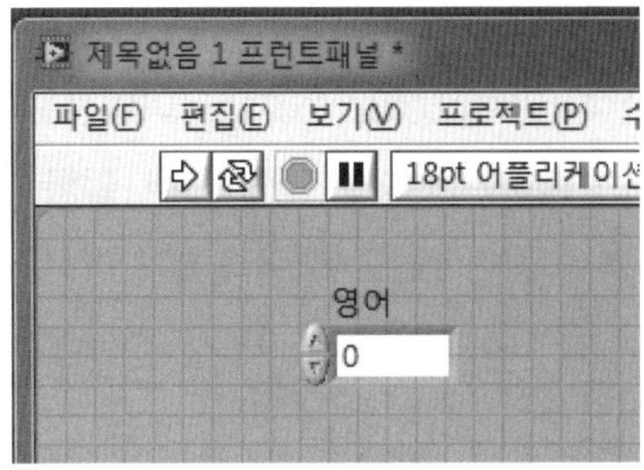

그림 2.1c '숫자형' 컨트롤의 라벨 수정

④ '컨트롤 〉 일반(1*1) 〉 숫자형(1*1) 〉 숫자형컨트롤'을 한 번 더 실행 한 후, 라벨을 '국어'로 수정한다. 다음으로, '컨트롤팔레트 〉 일반(1*1) 〉 숫자형(1*1) 〉 숫자형컨트롤'을 또 실행한 후, 라벨을 '영어'로 수정하여 그림 2.2와 같이 되도록 한다. 참고로 그림 2.2의 프런트패널과 블록다이어그램에 있는 컨트롤들은 마우스로 클릭해서 드래그 하는 방법에 의해 정렬된 상태이다.

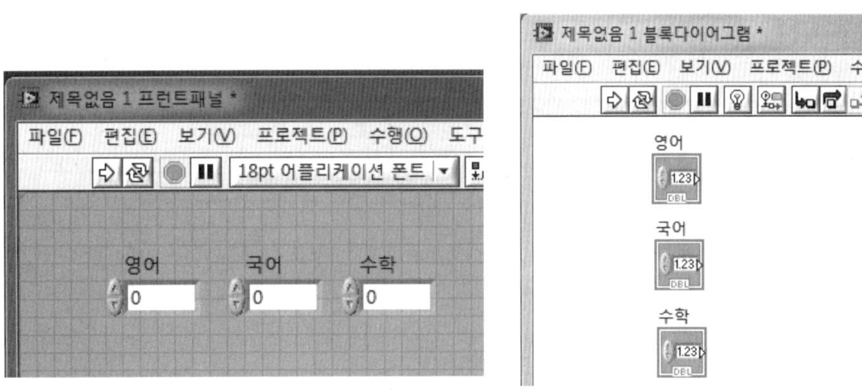

그림 2.2 세 개의 '숫자형' 컨트롤이 배치된 프런트패널과 블록다이어그램

⑤ 이제 그림 2.2의 블록다이어그램에서 세 과목의 총점과 평균을 구하는 프로그래밍을 해 보자.

⑥ 그림 2.3a와 같이 블록다이어그램 위에서 마우스 오른쪽 버튼을 클릭한 후, '프로그래밍' 팔레트의 1열 4행(1*4) 위치에 있는 '숫자형' 아이콘을 클릭한 후, '숫자형' 팔레트의 1행 1열(1*1) 위치에 있는 더하기 함수를 클릭한 후, 블록다이어그램 위를 한 번 더 클릭한다. 그러면 그림 2.3b와 같이 블록다이어그램에 더하기 함수가 추가된다.

➲ 본 교재에서는 ⑥의 과정은 간단히 '함수 〉 프로그래밍(1*4) 〉 숫자형(1*1) 〉 더하기함수'로 기술한다.

그림 2.3a 블록다이어그램에서 더하기 함수 추가

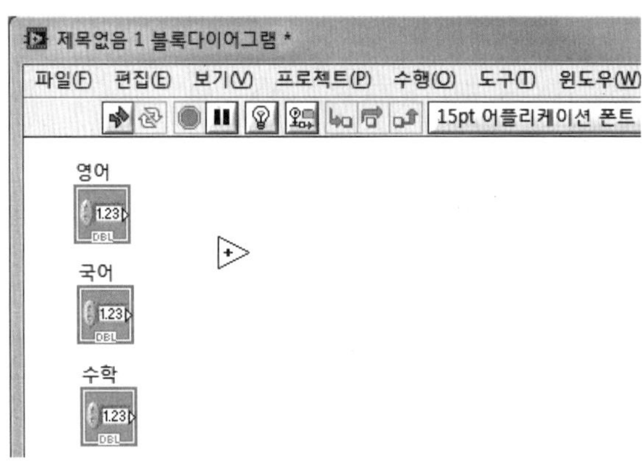

그림 2.3b 블록다이어그램에 추가된 '더하기' 함수

⑦ 그림 2.3b에 배치된 더하기 함수에 대한 도움말을 보기 위해, 그림 2.4a와 같이 블록다이어그램 메뉴에서 '도움말 〉 기본 도움말 보이기'를 실행한다. 그러면, 그림 2.4b와 같은 기본 도움말 창이 바탕화면에 나타날 것이다.

➲ 마우스 커서를 블록다이어그램의 더하기 함수 위에 올려놓아야만, 그림 2.4b와 같이 더하기 함수에 대한 도움말 내용이 나타난다.

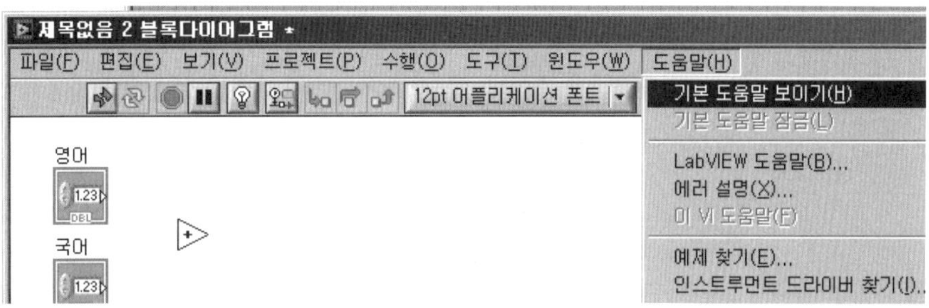

그림 2.4a 기본 도움말 창 불러오기(단축키: Ctrl+H)

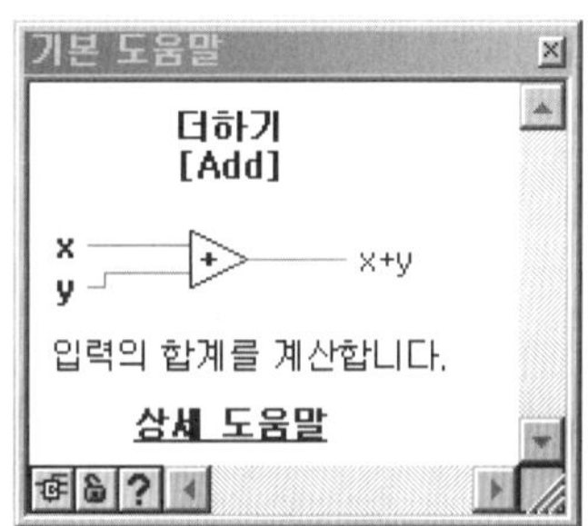

그림 2.4b 기본 도움말 창

➲ 그림 2.4b의 기본 도움말 창의 더하기 함수에 대한 설명을 분석해보면 다음과 같다. 더하기 함수는 좌측에 두 개의 입력단과, 우측에 한 개의 출력단을 가지고 있으며, 입력단 두 개에서 받은 두 수를 합친 결과를 출력단으로 내보내는 주는 함수이다.

⑧ 먼저, 영어 점수와 국어 점수를 더해주기 위하여 그림 2.5a와 같은 방법으로 클릭을 두 번 하여 와이어를 연결을 그림 2.5b와 같이 한다. 그림 2.5b의 더하기 함수의 출력단 a에서 영어와 국어 점수의 합이 출력되게 된다.

➲ 이제 수학 점수를 더해주기 위해서 더하기 함수를 그림 2.5c와 같이 하나 더 블록다이어그램에 추가한 후 와이어를 연결한다. 이를 위해 '함수 〉 프로그래밍(2*1) 〉 숫자형(1*1) 〉 더하기 함수'를 실행한다.

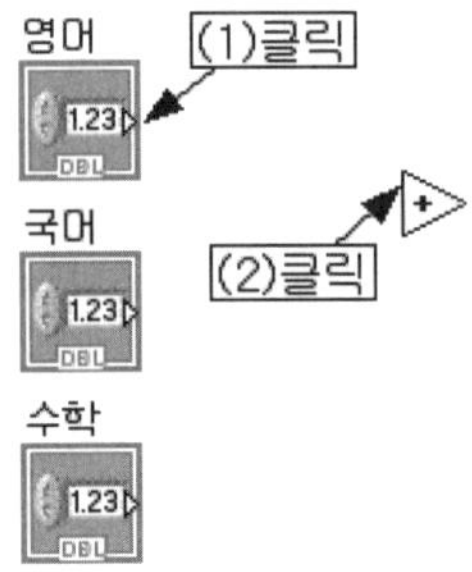

그림 2.5a 와이어 연결 방법

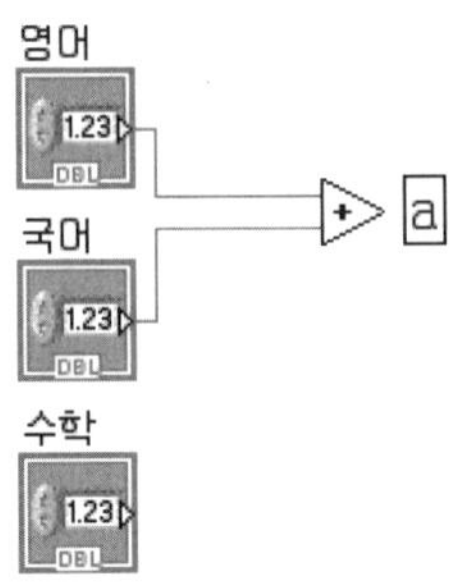

그림 2.5b 와이어 연결 상태

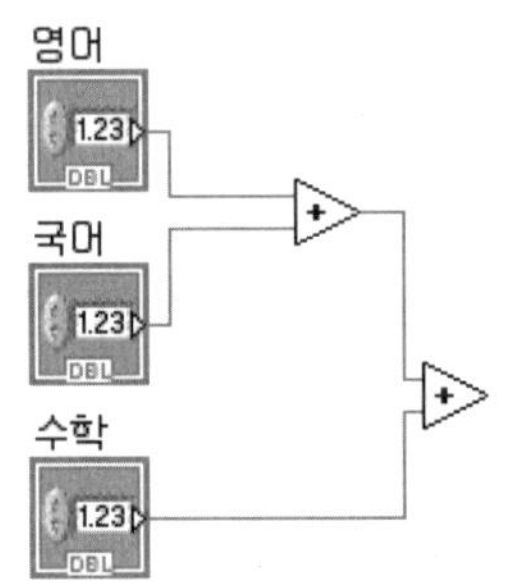

그림 2.5c 더하기 함수 추가 및 와이어 연결

⑨ 그림 2.5c의 오른쪽 더하기 함수의 출력단에서 출력되는 세 과목 점수의 총점을 프런트패널에서 보기 위하여, 프런트패널에서 '컨트롤 〉 일반(1*1) 〉 숫자형(1*2) 〉 숫자형 인디케이터'을 실행하여 숫자형 인디케이터를 프런트패널에 그림 2.6a와 같이 배치한다.

➲ 그림 2.6b와 같이 '숫자형' 글씨를 더블 클릭한 다음, 글씨 '총점'을 타이핑한다. 그리고 와이어 연결을 한다.

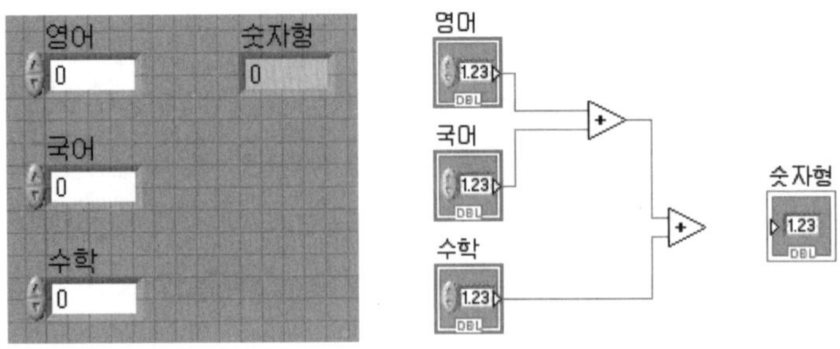

그림 2.6a 프런트패널에서 숫자형 인디케이터 추가

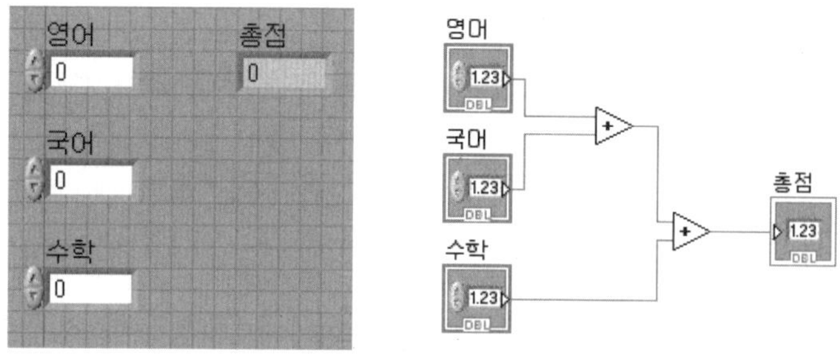

그림 2.6b 라벨 '총점' 타이핑 및 와이어 연결

⑩ 한 번 더, 프런트패널에서 '컨트롤 〉 일반(1*1) 〉 숫자형(1*2) 〉 숫자형 인디케이터'를 실행하여 숫자형 인디케이터를 프런트패널에 추가한 후 라벨을 '평균'으로 변경한다. 그 결과는 그림 2.7a와 같이 된다.

➲ 총점을 3으로 나눈 결과가 평균이 되므로, 블록다이어그램에서 '함수 〉 일반(2*1) 〉 숫자형(1*4) 〉 나누기'를 실행하여 그림 2.7b와 같이 나누기 함수를 추가한다.

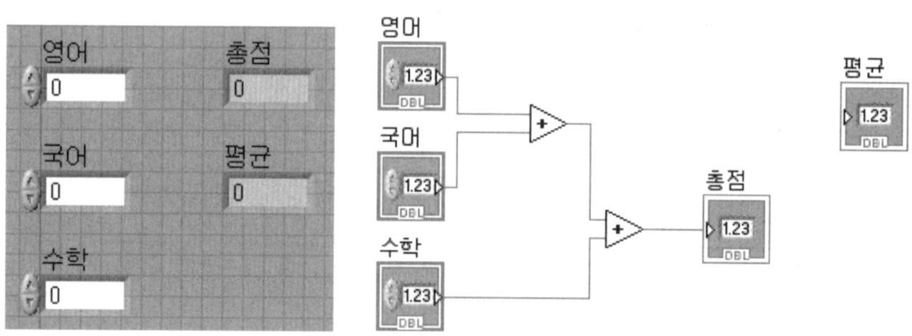

그림 2.7a 라벨인 '평균'인 인디케이터 추가

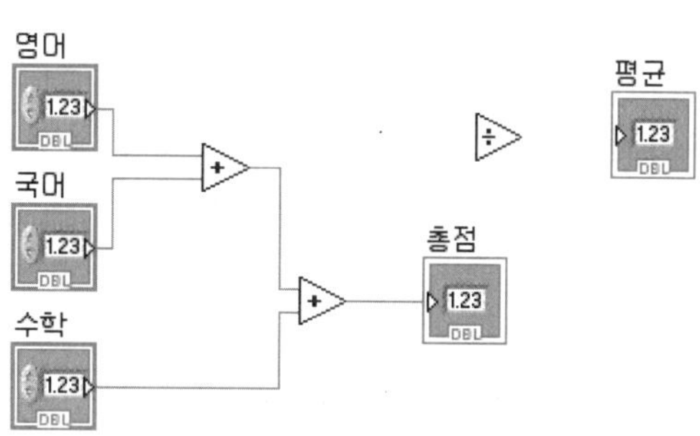

그림 2.7b 나누기 함수 추가

⑪ 그림 2.8a의 나누기 함수에 대한 기본 도움말 창을 확인해보면, 나누기 함수는 좌측에 두 개의 수 x와 y를 입력 받아서 x를 y로 나눈 값을 우측 출력단으로 출력한다는 것을 확인할 수 있다. 그래서 세과목의 평균을 구하기 위해 그림 2.8b와 같이 와이어 연결을 한다.

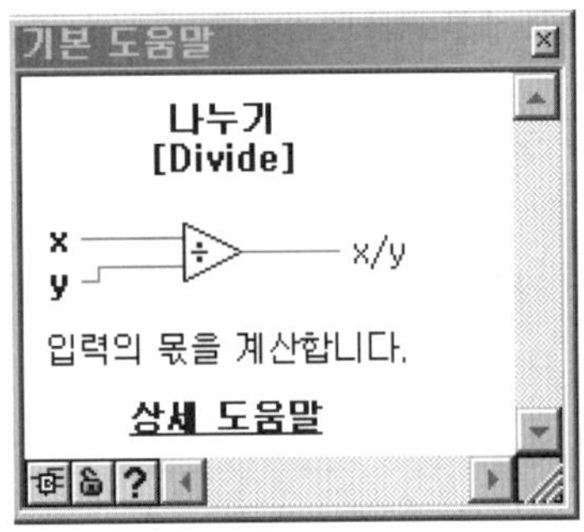

그림 2.8a 나누기 함수 기본 도움말 창

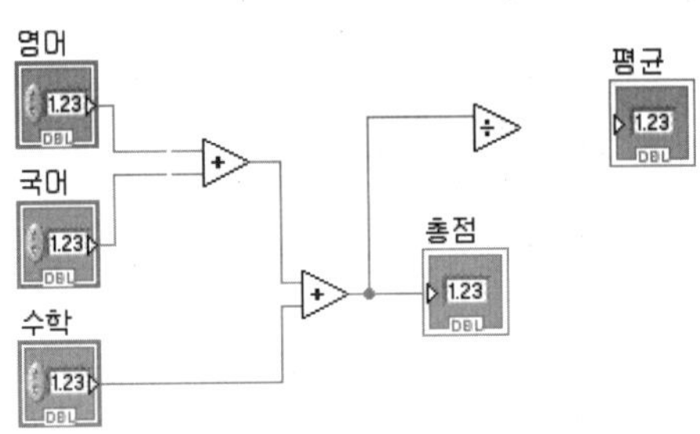

그림 2.8b 총점 계산 결과를 나누기 함수로 와이어 연결

⑫ 마지막으로, 그림 2.9a에서처럼 나누기 함수의 좌측 하단 입력단에서 마우스 오른쪽 버튼을 클릭해서 '생성 〉 상수'를 실행하면 그림 2.9b와 같이 된다. 그림 2.9b와 같은 상태에서 숫자 '3'을 타이핑한 후, 나누기 함수 출력단과 평균 인디케이터를 와이어 연결을 하면 그림 2.9c와 같이 된다.

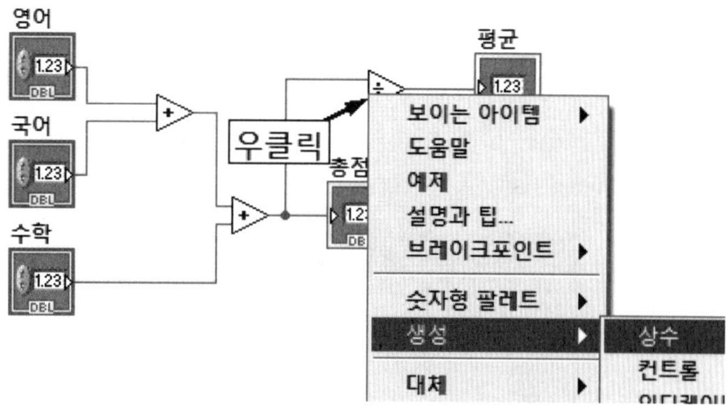

그림 2.9a 상수 추가 과정

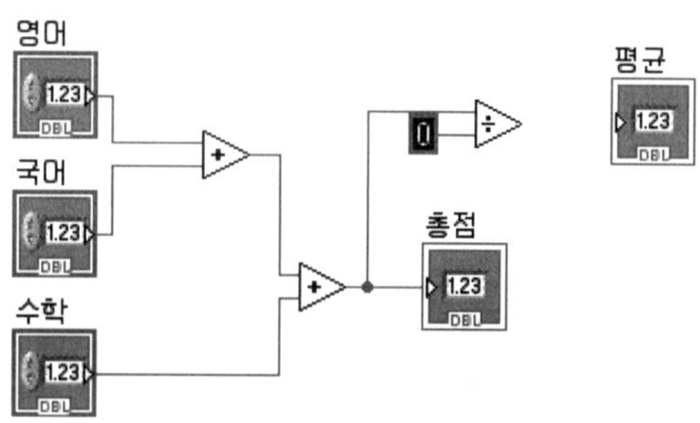

그림 2.9b 상수가 추가된 상태

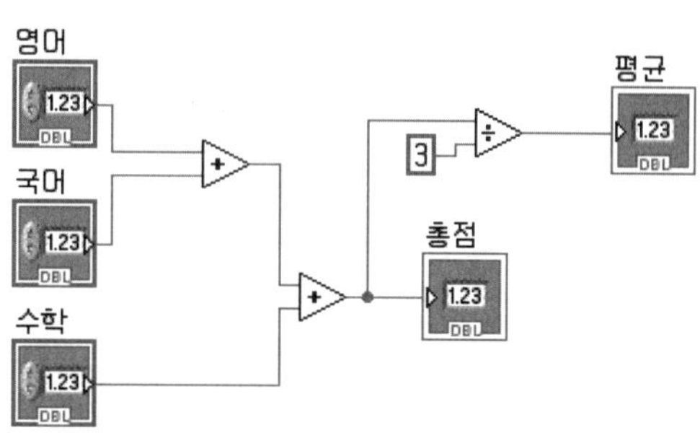

그림 2.9c 상수 값 변경과 와이어 연결 추가(상수 3을 클릭해서 드래그하면 위치가 이동됨.)

⑬ 이제 작성한 프로그램을 저장하도록 하자. 그림 2.10a와 같이 프런트패널(또는 블록다이어그램) 상단 메뉴에서 '파일 〉 저장'을 실행한 후, 그림 2.10b와 같이 파일명 '예제 2.vi'로 저장한다.

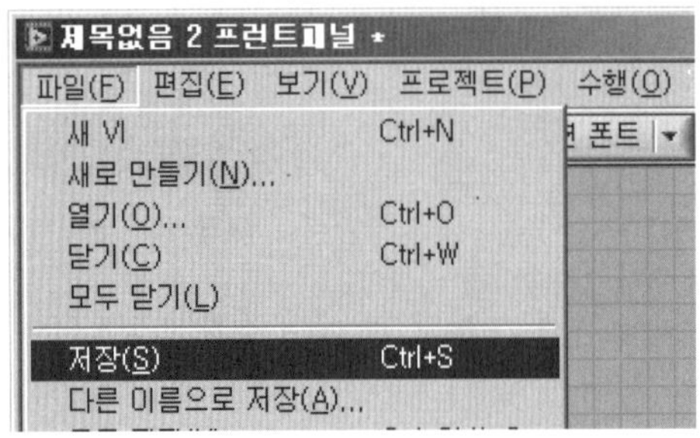

그림 2.10a 프로그램 저장 대화창 불러오기

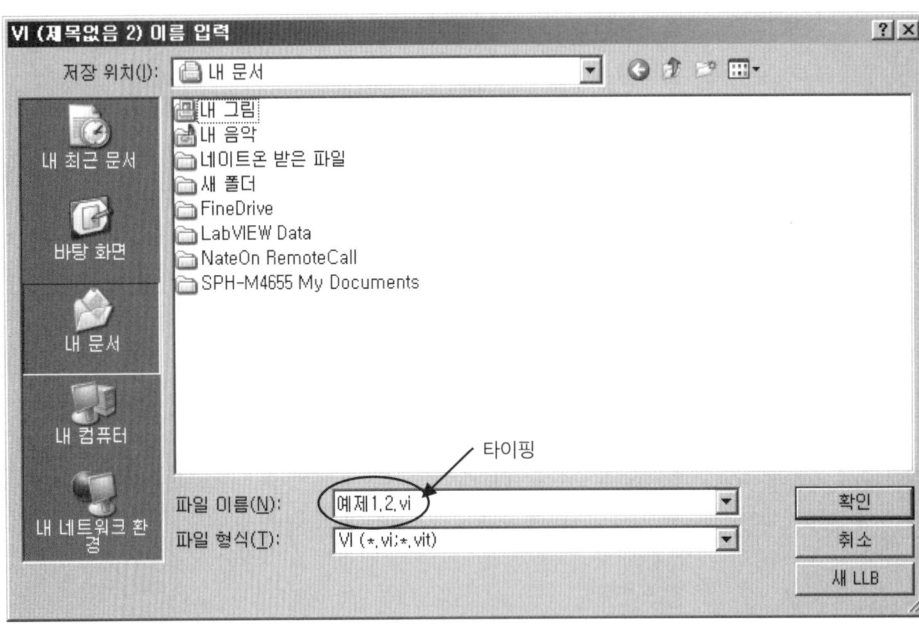

그림 2.10b 저장할 파일명 입력

⑭ 마지막으로 프로그램을 실행하기 위하여, 그림 2.11a와 같이 프런트패널에서 영어 95, 국어 90, 수학 92를 입력한 후 실행 버튼을 클릭하면, 그림 2.11b와 같은 결과를 얻는다.

➲ 평균 점수가 소수점 첫째 자리까지만 나오도록 하기 위해 그림 2.11c와 같이 '평균' 인디케이터 위에서 마우스 오른쪽 버튼을 클릭해서 '프로퍼터'를 클릭한다. 그러면 프로퍼티 창이 그림 2.11d와 같이 나타난다.

➲ 프로퍼티 창에서 '디스플레이 포맷' 탭을 클릭한 후 , 정밀도 타입을 '소수점 자릿수', 자릿수를 '1' 로 변경하고 '확인' 버튼을 클릭하면, 평균 점수가 소수점 1자리까지만 나타나게 된다.

그림 2.11a 점수 입력 후 실행

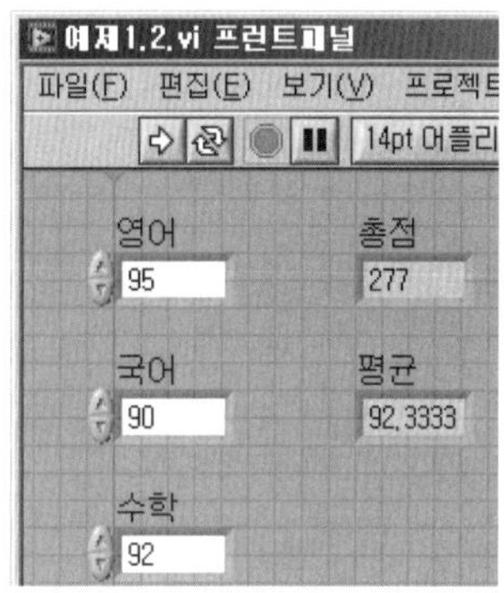

그림 2.11b 실행 결과

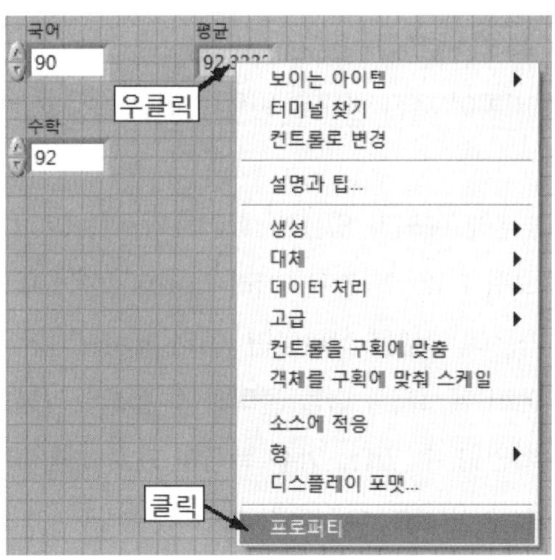

그림 2.11c 프로퍼티 창 불러오기

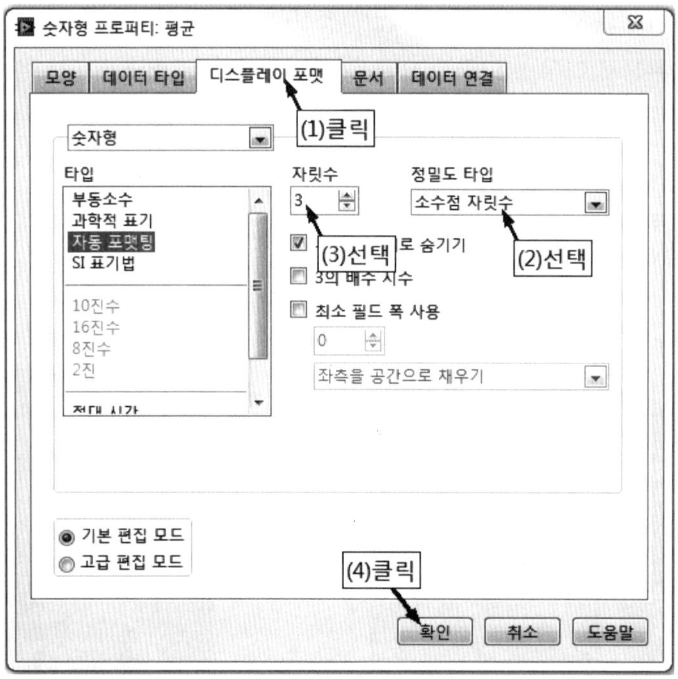

그림 2.11d 프로퍼티 창 설정

⑮ 이제 프로그램의 에러(버그)를 찾는 방법에 대해 공부해보도록 하자. 그림 2.12와 같이 숫자 '3'을 클릭한 후 키보드에서 Delete 버튼을 클릭해서 지우도록 하자. 그러면, 그림 2.12a와 같이 실행 버튼이 깨진 상태로 변할 것이다. 즉, 프로그램에 에러가 존재한다는 뜻이다.

➲ 프로그램의 어느 부분에 에러가 있는지 확인하기 위하여, 깨진 실행 버튼( )을 더블 클릭한다. 그러면 그림 2.12b와 같은 '에러 리스트' 창이 나타날 것이다.

➲ 에러 리스트 창의 가운데 부분을 살펴보면, 에러 메시지 '나누기: 연결되지 않은...'을 확인 할 수 있다. 이 에러 메시지를 더블 클릭하면, 블록다이어그램에서 에러가 있는 부분이 깜박이는 것을 확인할 수 있다. 아주 복잡한 프로그램이라도 이런 방식으로 에러의 종류와 위치를 찾을 수 있음을 숙지하기 바란다.

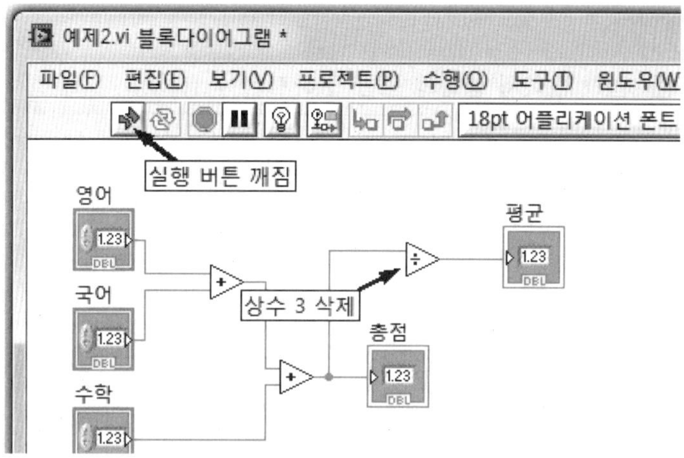

그림 2.12a 에러가 존재하는 프로그램

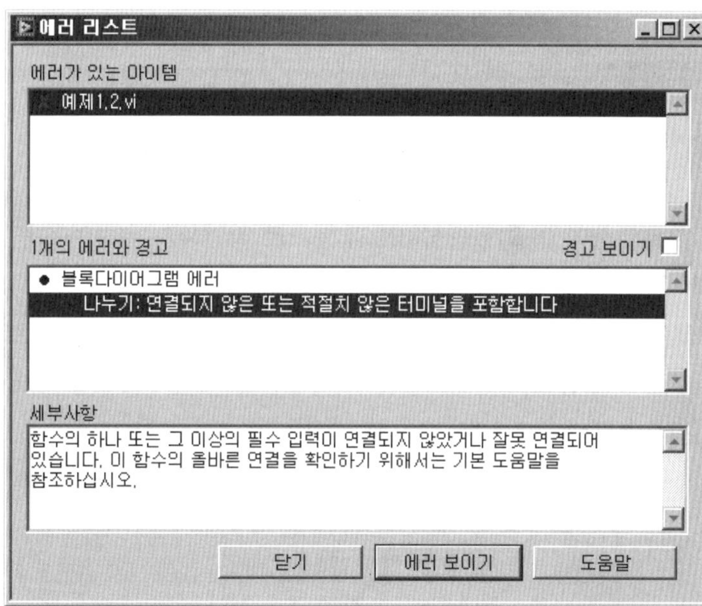

그림 2.12b 에러 리스트 창

연습문제 2.1

네 개의 숫자를 입력 받아서 총합과 평균 구하기

➲ 그림 2.13과 같은 프런트패널과 블록다이어그램을 작성하라.

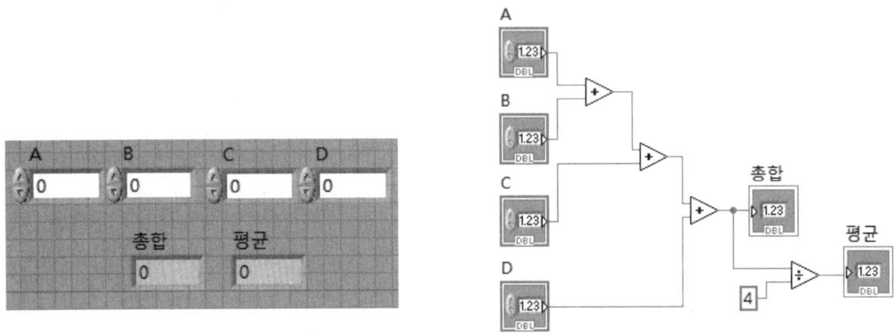

그림 2.13 프런트패널과 블록다이어그램

연습문제 2.2

실행 하이라이트 버튼 기능 익히기

➲ '예제2.vi' 프로그램이 어떻게 동작하는지 눈으로 확인하기 위하여 그림 2.14와 같이 실행 하이라이트 버튼을 클릭한 후 프로그램을 실행시켜 보아라.

➲ 실행 하이라이트 버튼이 활성화(노란색으로 바뀐 상태)한 상태에서 프로그램을 실행시키면, 블록다이어그램 상에서 와이어를 통해 전달되는 데이터 값들을 그림 2.14와 같이 눈으로 확인 가능하다.

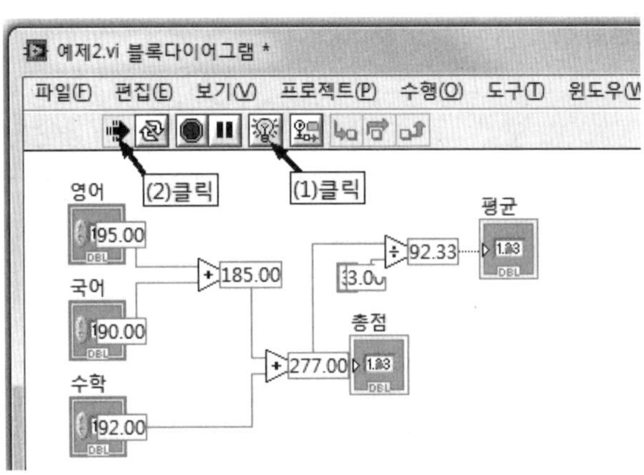

그림 2.14 실행 하이라이트 버튼을 이용하기

예제 03

두 수를 입력받아서 두 수가 같으면 LED 켜주기

학/습/내/용

A. 프런트패널에 글자 입력하기
B. LED 인디케이터
C. While 루프
D. 토글 스위치와 포인터 슬라이드(연습문제 3.1, 3.2)
E. 꼬인 와이어 정리하기(연습문제 3.3)
F. 프런트패널에서 객체 정렬하기(연습문제 3.4)

① 그림 3.1a와 같이 프런트패널에서 '컨트롤 〉 일반(1*1) 〉 숫자형(1*2) 〉 숫자형 컨트롤'을 두 번 실행하여, 그림 3.1b와 같이 프런트패널에 숫자형 컨트롤 2개를 추가한다. 그리고 라벨은 '숫자 1'과 '숫자 2'로 수정한다.

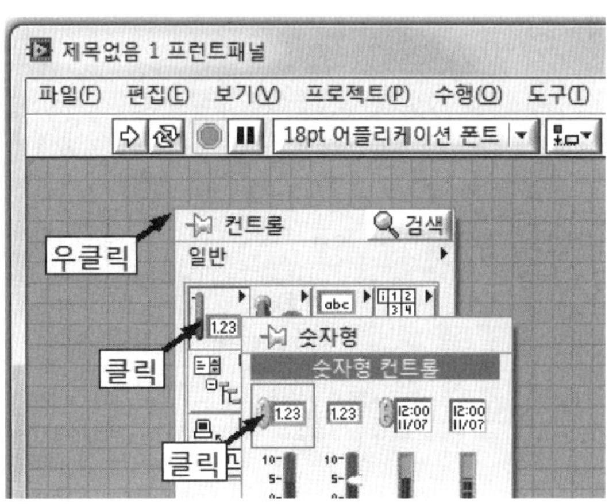

그림 3.1a 숫자형 컨트롤 추가 방법

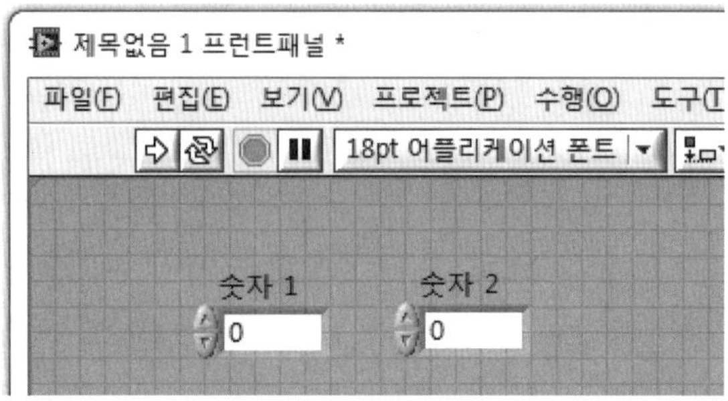

그림 3.1b 두 개의 숫자형 컨트롤 추가 및 라벨 수정

② 그림 3.2와 같이 프런트패널 위에서 마우스로 더블 클릭해서 글자 '과'와 '는 같다'를 프런트패널에 타이핑한다.

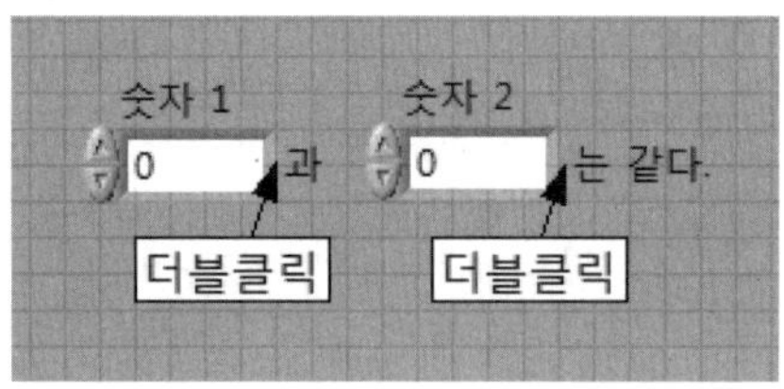

그림 3.2 프런트패널에 글씨 타이핑

③ 그림 3.3a와 같이 프런트패널에서 '컨트롤 〉 일반(1*2) 〉 불리언(2*1) 〉 원형 LED'를 실행하여 원형 LED를 프런트패널에 추가한 후 라벨은 '같음 LED'로 수정한다. 그 결과는 그림 3.3b와 같다.

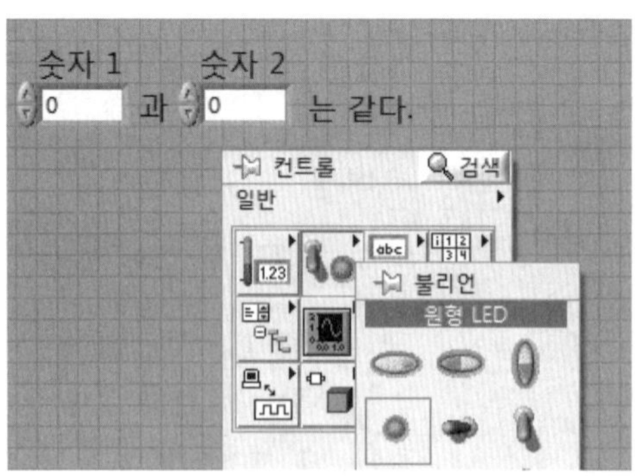

그림 3.3a 원형 LED 추가 방법

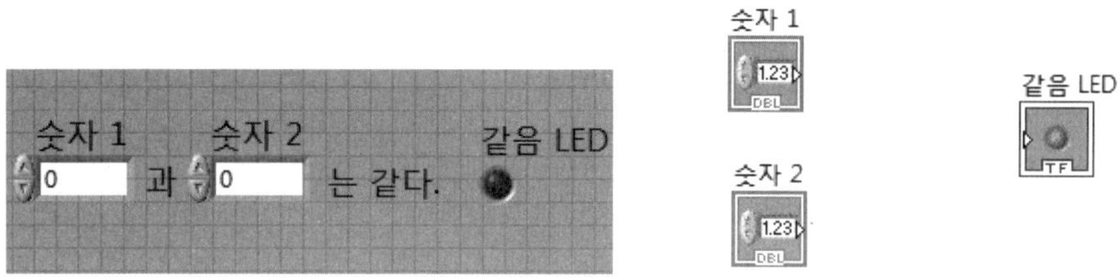

그림 3.3b LED 추가

④ 이제, 그림 3.3b의 블록다이어그램에서 '숫자 1'과 '숫자 2'가 같은지 비교하기 위해, 그림 3.4a와 같이 '함수 〉 일반(2*3) 〉 비교(1*1)'을 실행하여 '같음?' 함수를 그림 3.4b와 같이 추가하고 와이어를 연결한다.

➲ 그림 3.4c의 '같음?' 함수에 대한 기본 도움말 설명을 보면, 이 함수의 좌측 두 입력단으로는 두 개의 데이터가 입력되고, 우측 출력단으로는 하나의 데이터가 출력된다. 그런데, 우측 출력단의 와이어 색깔을 보면 초록색임을 확인할 수 있다. LabVIEW에서 초록색 데이터는 진리값(불리언, boolean) 데이터를 의미한다. 즉, '같음?' 함수의 출력단으로는 참(T) 또는 거짓(F) 진리값 중 하나가 출력된다는 것을 의미한다.

➲ '같음' 함수의 좌측입력단의 주황색 와이어는 실수 데이터 와이어를 의미한다. 참고로 파랑색 와이어는 정수 데이터 와이어를 의미한다.

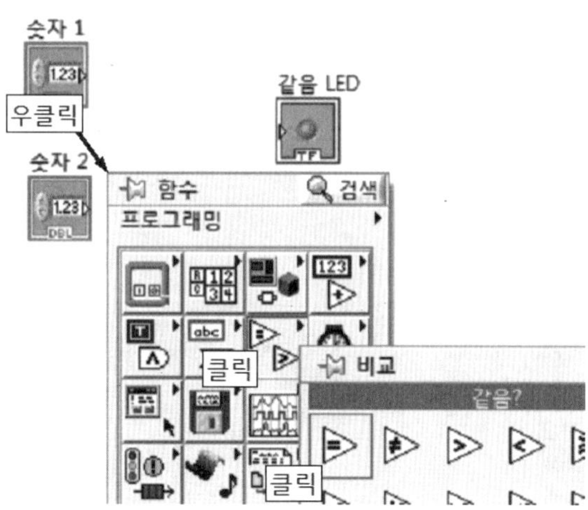

그림 3.4a '같음?' 함수 추가 방법

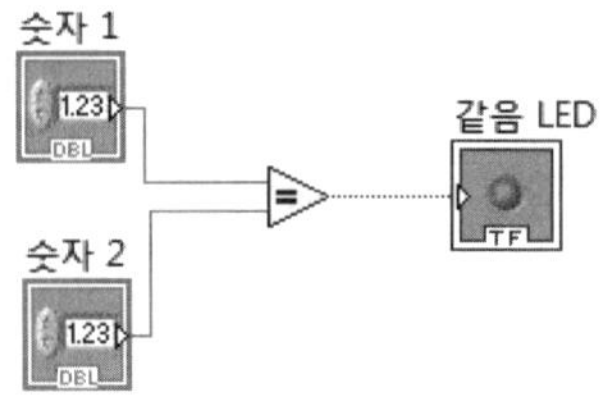

그림 3.4b '같음?' 함수 추가 및 와이어 연결

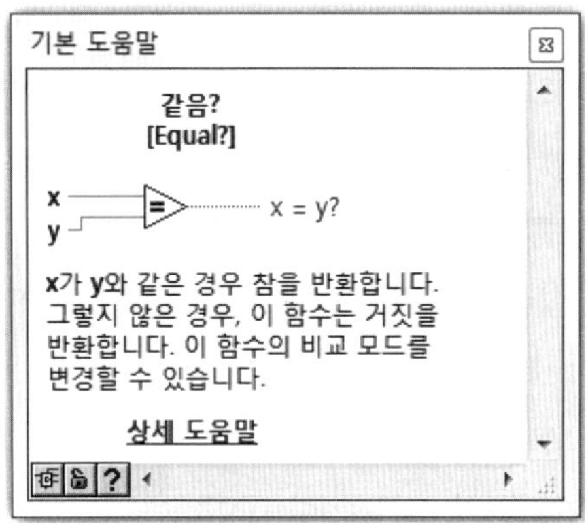

그림 3.4c '같음?' 함수 기본 도움말 창

⑤ 이제 프로그램이 계속 반복해서 실행되도록 하기 위해 While 루프를 추가하도록 하자. 그림 3.5a와 같이 '함수 〉 프로그래밍(1*1) 〉 구조(1*2) 〉 While 루프"를 클릭한 후, 그림 3.5b와 같이 좌측 상단에서 우측 하단으로 마우스로 드래그를 하면 While 루프가 그림 3.5c와 같이 추가된다.

➲ 그림 3.5c에서 While 루프는 조건 터미널(◉)의 입력단으로 진리값 참이 입력되면 루프가 중단된다.

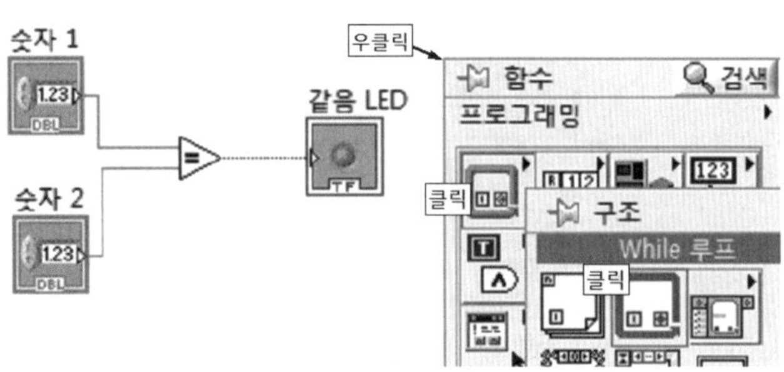

그림 3.5a While 루프 추가 방법

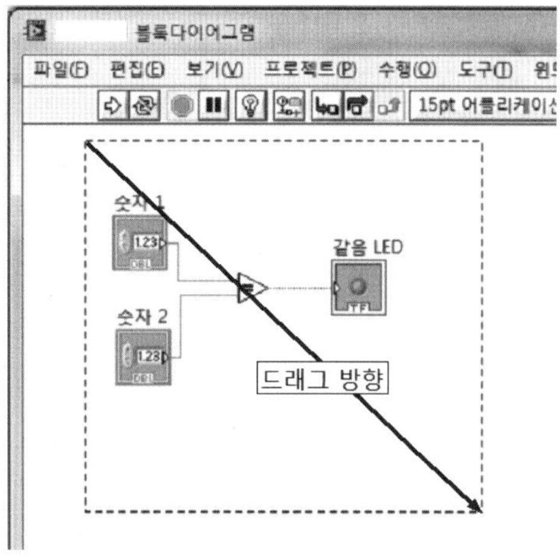

그림 3.5b 마우스로 드래그

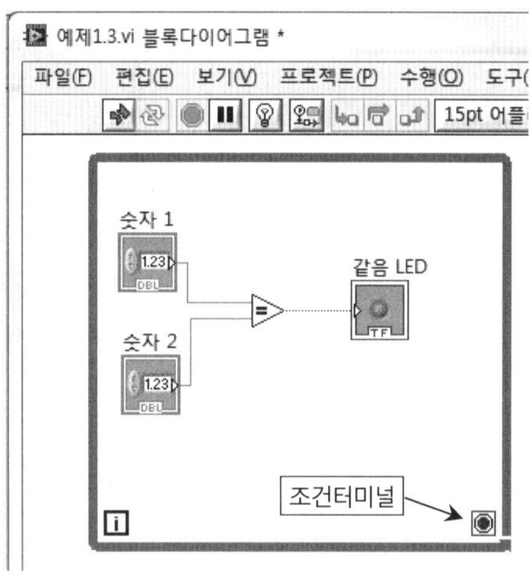

그림 3.5c While 루프 추가

⑥ While 루프를 정지시키기 위한 정지 버튼을 만들기 위해 그림 3.6a와 같이, 조건 터미널(◉)의 좌측 입력단에서 마우스 오른쪽 버튼을 클릭하여 '컨트롤 생성'을 실행한다. 그러면, 그림 3.6b와 같이 프런트패널과 블록다이어그램에 정지 버튼이 추가된다.

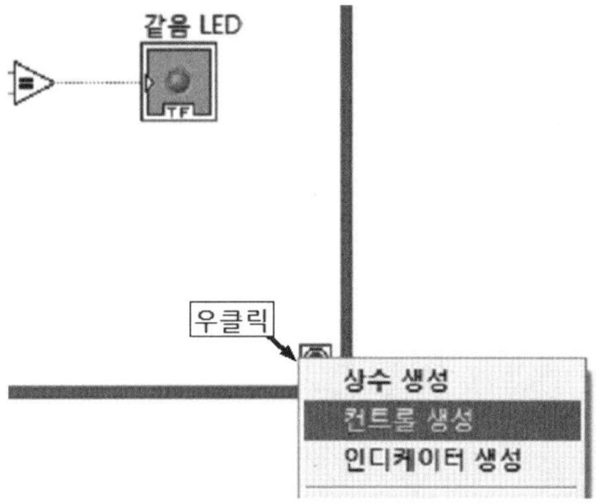

그림 3.6a While 루프 정지버튼 생성

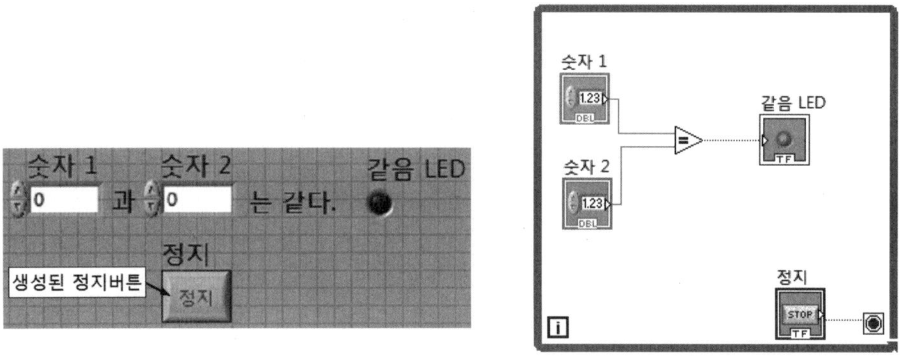

그림 3.6b '정지' 버튼이 추가된 상태

⑦ 프런트패널 메뉴에서 '파일 〉 저장'을 실행하여 파일명 '예제3.vi'로 저장한다.

⑧ 프런트패널의 실행 버튼(⇨)을 클릭하여 프로그램을 실행시킨 상태에서, 프런트패널에 '숫자 1'과 '숫자 2' 컨트롤에 같은 숫자를 입력하면 '같음 LED'가 켜짐을 확인할 수 있을 것이다.

➲ 프런트패널에 '숫자 1'과 '숫자 2'에 서로 다른 숫자가 입력된 경우에는, LED가 켜지지 않음을 확인해보아라.

➲ 프로그램을 정지하고자 한다면, 그림 3.7과 같이 '정지' 버튼을 클릭하면 된다.

➲ 그림 3.6b의 블록다이어그램에서 '정지' 버튼이 눌러지지 않은 상태에서는 정지 버튼에서 진리값 거짓이 나와서 루프 조건 터미널(◉)로 입력되게 된다. 이 경우에는 루프가 계속 반복하게 되며, '정지' 버튼을 누르게 되면, 정지 버튼에서 진리값 참이 나와서 루프 조건 터미널로 들어가게 되어서 루프가 정지되게 된다.

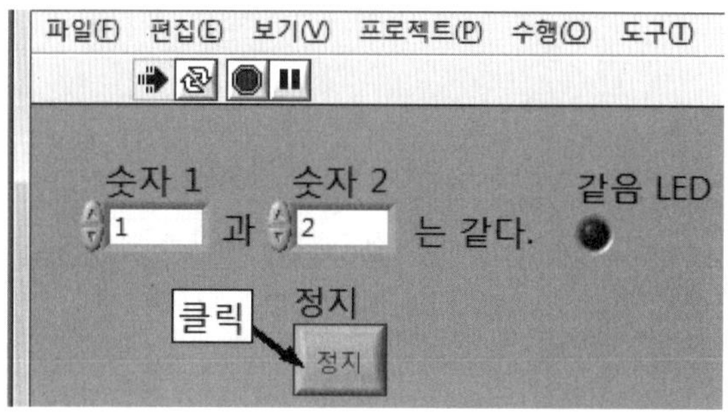

그림 3.7 While 루프 정지시키는 방법

연습문제 3.1

수직 토글 스위치로 LED를 켜거나 끌 수 있는 프로그램을 작성하라(While 루프 사용).

➲ 수직 토글 스위치는 그림 3.8과 같이 프런트패널에서 '컨트롤 〉 프로그래밍(1*2) 〉 불리언(2*3) 〉 수직토글스위치'를 실행해서 추가한다.

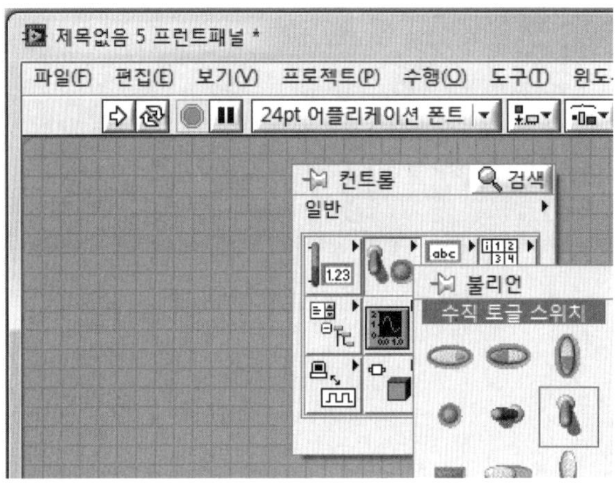

그림 3.8 수직 토글 스위치 추가 방법

➲ 그림 3.9와 같이 토글 스위치와 LED를 배치하고 와이어를 연결한다.

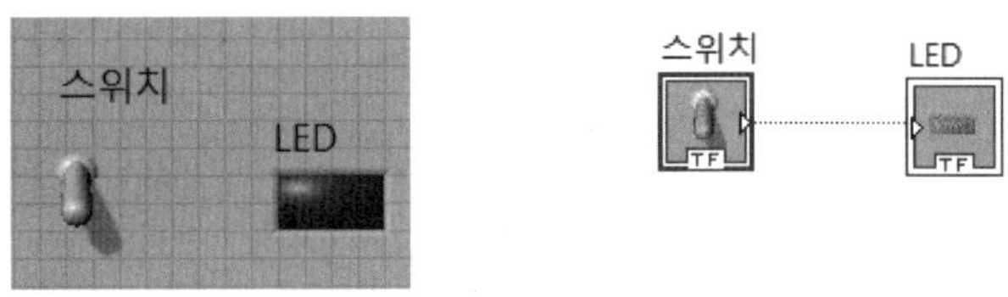

그림 3.9 프런트패널과 블록다이어그램 작성 중간 과정

➲ While Loop를 추가한 후, 프로그램을 실행시켜 보아라. 토글스위치를 조작했을 때 LED가 언제 켜지고 언제 꺼지는지 확인하라.

연습문제 3.2

수평 포인터 슬라이드 컨트롤을 이용하여 실수 a와 b를 입력 받아서, a〉b인 경우에 LED 가 켜지는 프로그램을 작성하라(While 루프 사용).

➲ 수평 포인트 슬라이드 컨트롤은 그림 3.10과 같이 '컨트롤 〉 일반(1*1) 〉 숫자형(3*2) 〉 수평 포인터 슬라이드'를 실행해서 추가한다.

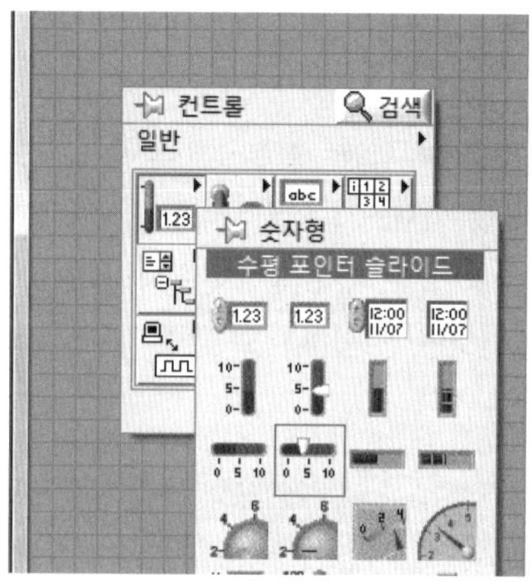

그림 3.10 수평 포인터 슬라이드 추가 방법

➲ '보다 큼?' 함수(▷)는 블록다이어그램에서 그림 3.11과 같이 '함수 〉 프로그래밍(2*3) 〉 비교(1*3) 〉 '보다 큼?'을 실행하여 추가한다.

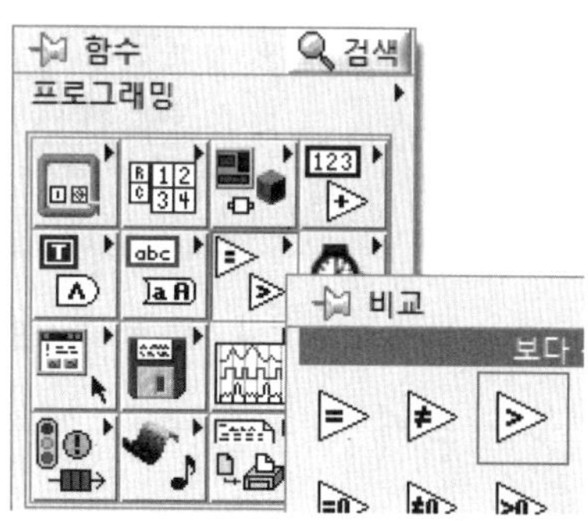

그림 3.11 '보다 큼?' 함수 추가 방법

➲ 그림 3.12와 같이 아이콘들을 배치하고 와이어를 연결한다.

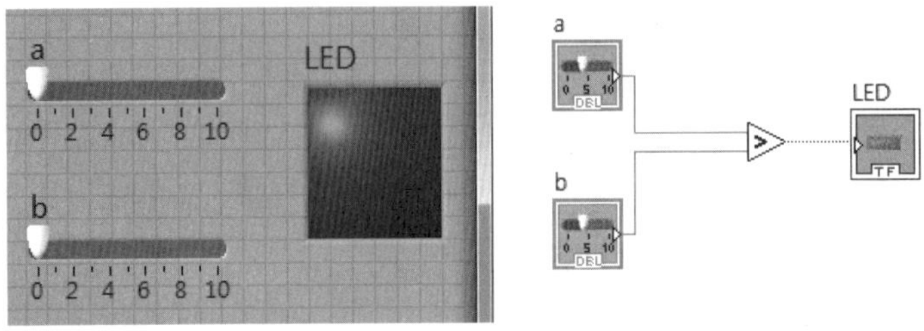

그림 3.12 프런트패널과 블록다이어그램 작성 중간 과정

➲ While 루프를 추가한 후 프로그램을 실행시켜 보아라. 두 슬라이더 값을 변화시켰을 때 LED가 언제 켜지고 언제 꺼지는지 확인하라.

➲ 그림 3.13과 같이 슬라이더 a 위에서 마우스 우측 버튼을 클릭해서 '보이는 아이템 〉 디지털 디스플레이'를 실행하면, 그림 3.14와 같이 슬라이더 값을 숫자로 확인 가능하다.

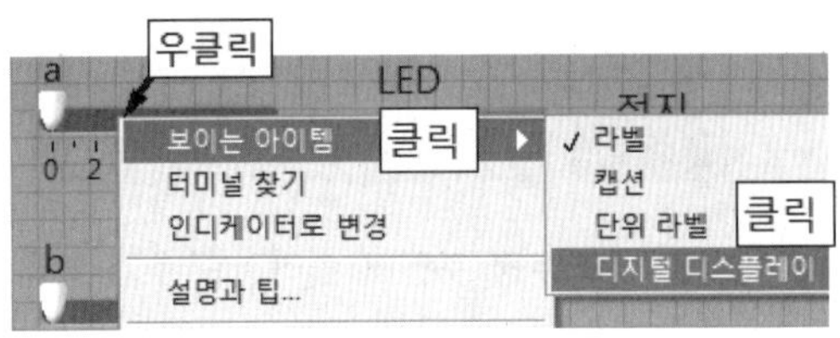

그림 3.13 디지털 디스플레이 보이기

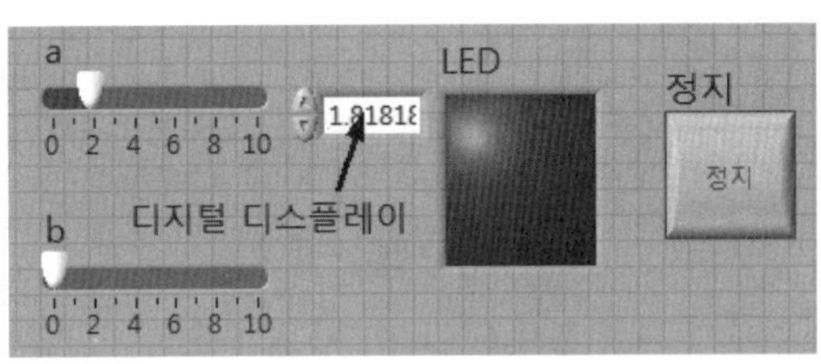

그림 3.14 슬라이더의 디지털 디스플레이 추가

연습문제 3.3

블록다이어그램에서 꼬인 와이어 정리하기

➲ 교재에서 제공하는 CD의 '연습문제3.3before.vi'를 연 후 블록다이어그램에서 그림 3.15a와 같이 꼬인 와이어를 정리하도록 하라.

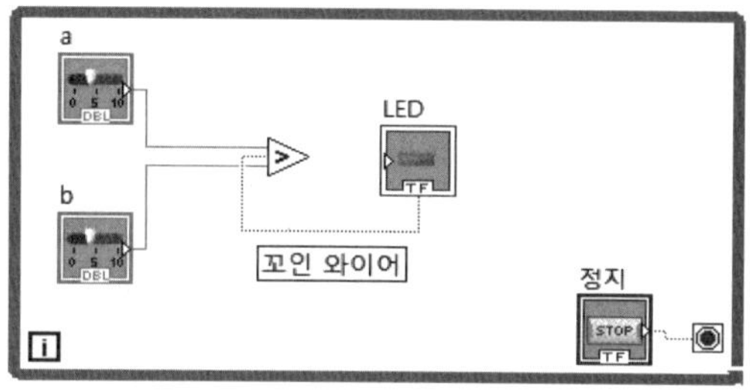

그림 3.15a 꼬인 와이어 위치

➲ 그림 3.15b와 같이 꼬인 와이어의 한 부분을 마우스 오른쪽 버튼으로 클릭한 후, '와이어 정리'를 실행하면 꼬인 와이어가 정렬되게 된다.

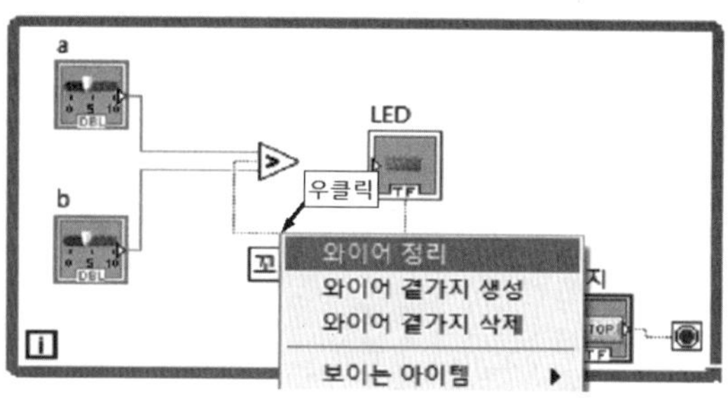

그림 3.15b 꼬인 와이어가 있는 블록다이어그램

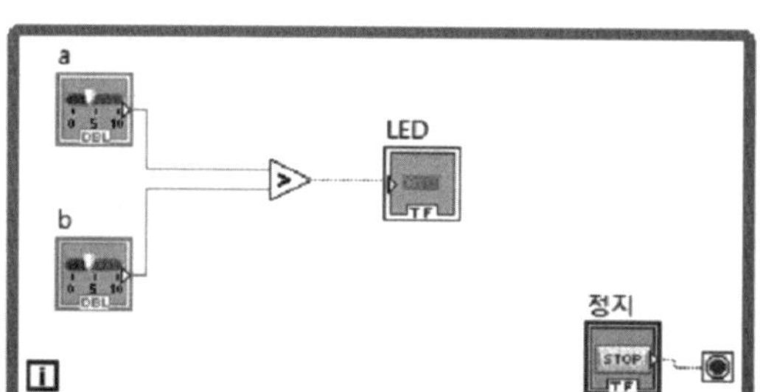

그림 3.15c 꼬인 와이어가 정리된 모습

연습문제 3.4

프런트패널에 위치한 객체들 정렬하기와 크기 조절하기

➲ 교재 CD에서 '연습문제3.4before.vi'를 연 후 그림 3.16과 같은 프런트패널을 그림 3.17과 같이 객체들을 정렬하고 객체들의 크기를 조절하는 과정을 수행한다. 구체적인 방법은 아래에 제시된다.

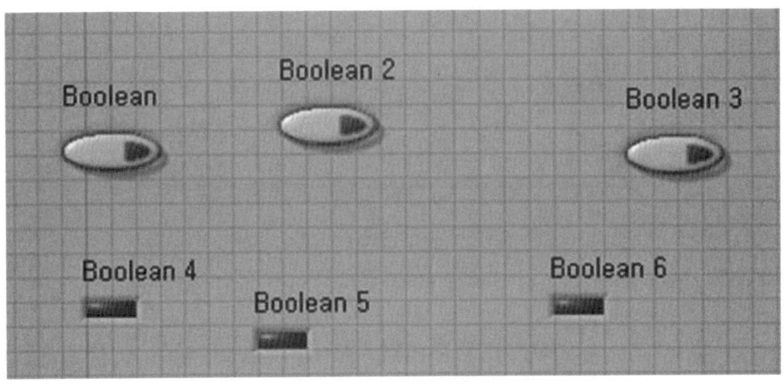

그림 3.16 정렬이 안된 프런트패널

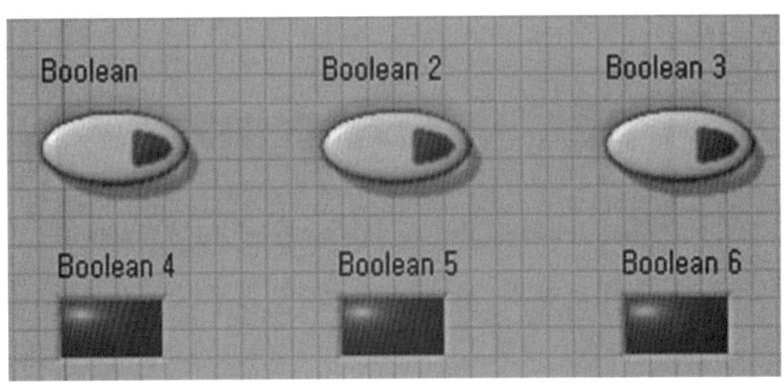

그림 3.17 정렬된 프런트패널

➲ 그림 3.18과 같이 정렬하기를 원하는 세 개의 컨트롤을 마우스로 드래그하여 선택한 후, '객체 정렬' 버튼을 클릭하여 '아래쪽 경계(1*3)'를 클릭한다.

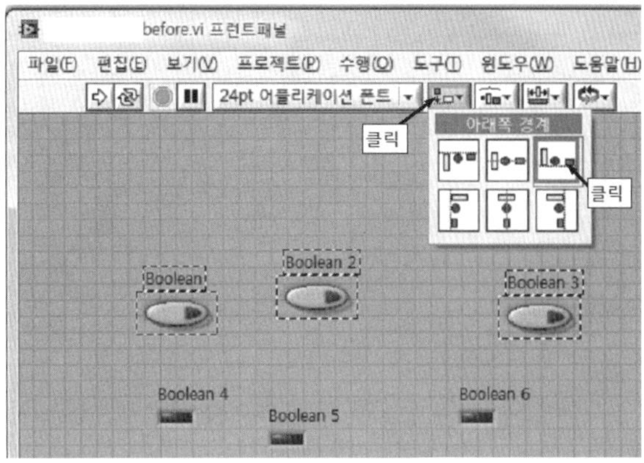

그림 3.18 컨트롤을 수평 정렬하는 방법

➲ 그림 3.19와 같이 정렬하기를 원하는 세 개의 컨트롤을 마우스로 드래그하여 선택한 후, '객체 간격 조절' 버튼을 클릭하여 '수평 중심(2*2)'을 클릭한다.

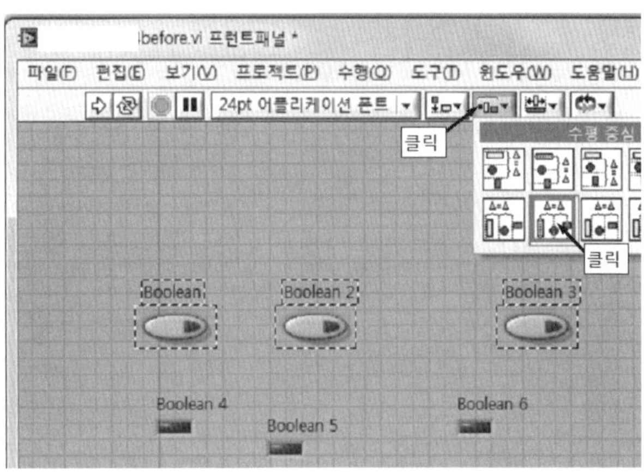

그림 3.19 컨트롤을 수평 배분하는 방법

➲ 다음으로, LED 사이즈를 크게 하기 위하여 'Boolean 4' 컨트롤의 가장자리를 드래그하여 그림 3.20a와 같이 확대한다.

➲ 나머지 두 개 LED의 크기도 같은 사이즈로 확대하기 위하여, 마우스로 세 개의 LED를 드래그 해서 선택한 후, 그림 3.20b와 같이 '객체 크기 조정' 버튼을 클릭하여 '최대 폭과 높이(1*3)'를 클릭한다. 그러면 그림 3.20c와 같이 된다.

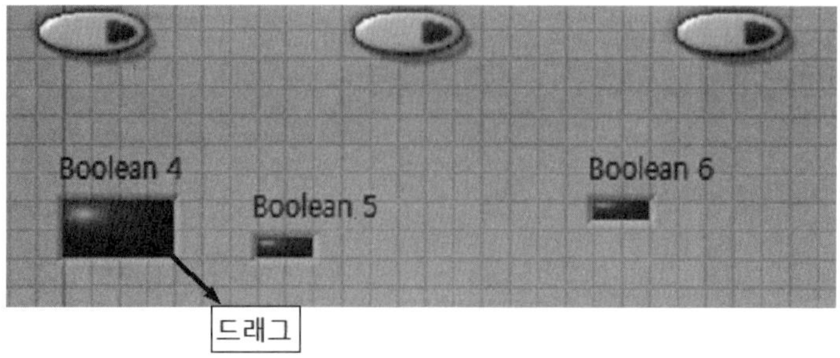

그림 3.20a 맨 좌측 LED 확대

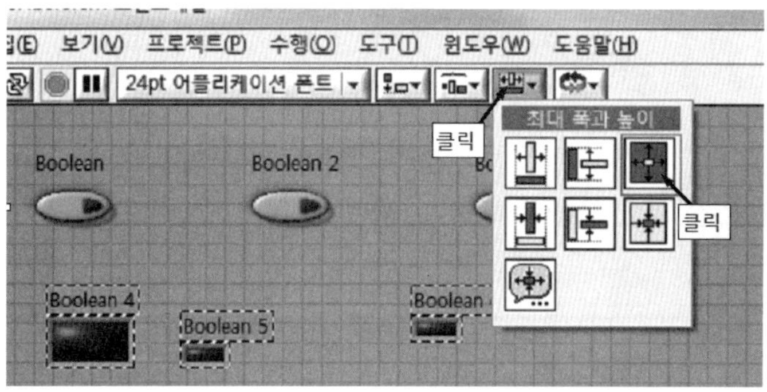

그림 3.20b 같은 사이즈로 LED 확대하는 방법

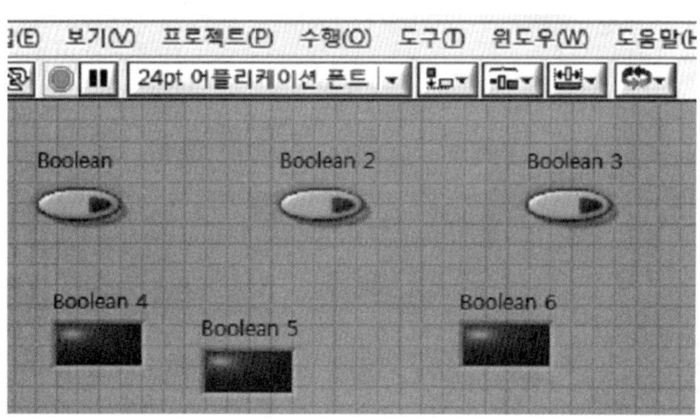

그림 3.20c 같은 사이즈로 확대된 LED 모습

➲ 세 개의 LED를 수평 정렬하는 추가적인 과정은 스스로 하라.

예제 04

두 개의 난수(random number) 발생기 함수에서 출력된 값을 10배 증폭시킨 결과를 하나의 차트(chart)에 나타내기

학/습/내/용

A. 난수 함수

B. 차트(chart) 인디케이터

C. While 루프 반복 시간 지연

D. 차트 속성 변경하기

E. 그래프(graph) 인디케이터(연습문제 4.3)

① 그림 4.1a~b와 같은 프런트패널과 블록다이어그램을 작성할 예정이다. 작성 요령은 단계 ②부터 설명된다.

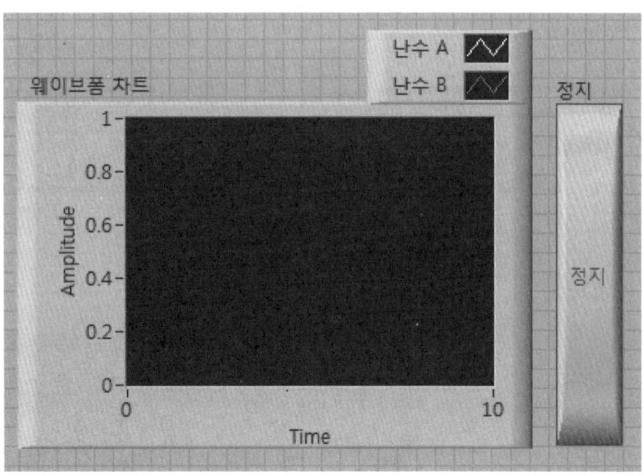

그림 4.1a 프런트패널

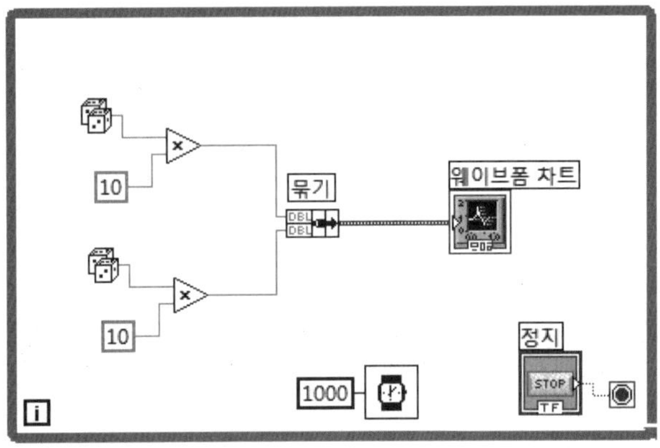

그림 4.1b 블록다이어그램

② 그림 4.2a와 같이 블록다이어그램에서 '함수 〉 프로그래밍(1*4) 〉 숫자형(5*4) 〉 난수(0–1) 함수'를 실행하여, 그림 4.2b와 같이 블록다이어그램에 '난수(0–1)' 함수를 추가한다.

➲ 그림 4.2c의 기본 도움말 창에 설명된 '난수(0–1)' 함수의 설명을 보면, 이 함수는 우측에 출력단 1개를 가지고 있으며, 0(0포함)과 1(1제외) 사이의 임의 실수를 출력해주는 함수이다.

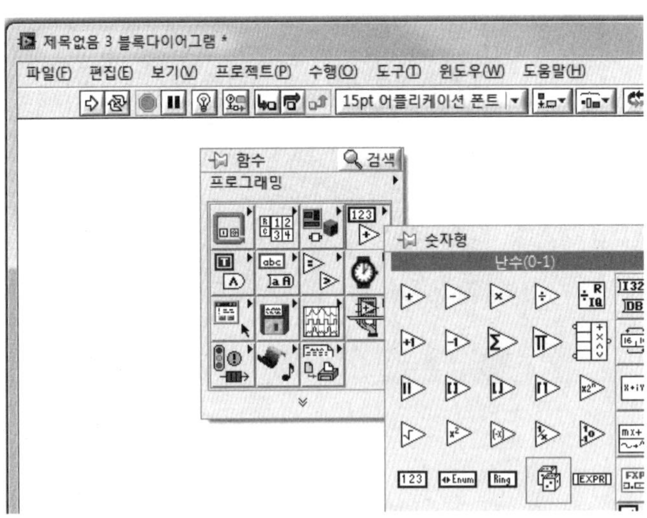

그림 4.2a 난수(0–1) 함수 추가하기

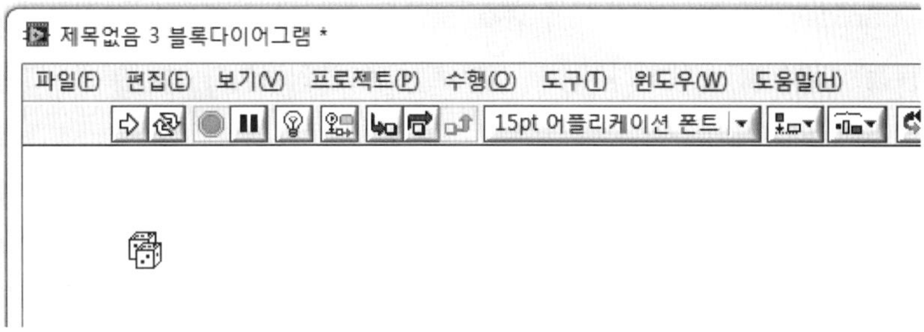

그림 4.2b 블록다이어그램에 난수(0–1) 함수 추가

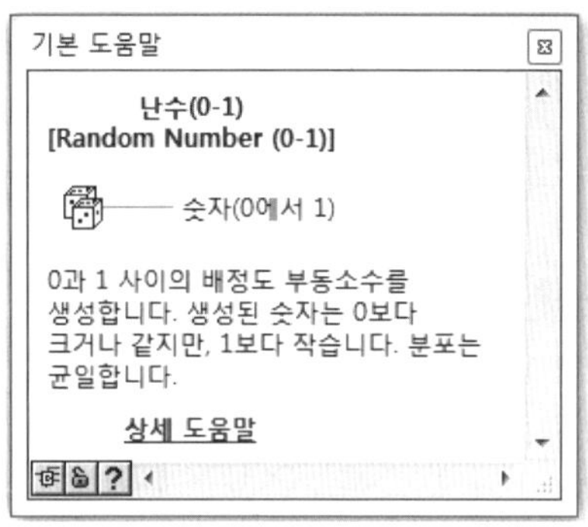

그림 4.2c 난수(0–1) 함수 기본 도움말

③ '함수 〉 프로그래밍(1*4) 〉 숫자형(1*3) 〉 곱하기 함수'를 실행하여 곱하기 함수를 그림 4.3a와 같이 추가한 후 와이어를 연결한다.

그림 4.3a 곱하기 함수 추가

④ 그림 4.3b와 같이 곱하기 함수의 좌측 하단 입력단에서 마우스 오른쪽 버튼을 클릭해서, '생성 〉 상수'를 실행한다. 상수 값으로는 10을 입력한다. 그 결과는 그림 4.3c와 같이 된다.

➲ 그림 4.3c의 곱하기 함수의 우측 출력단으로는 0과 10 사이의 임의 실수가 출력될 것이다.

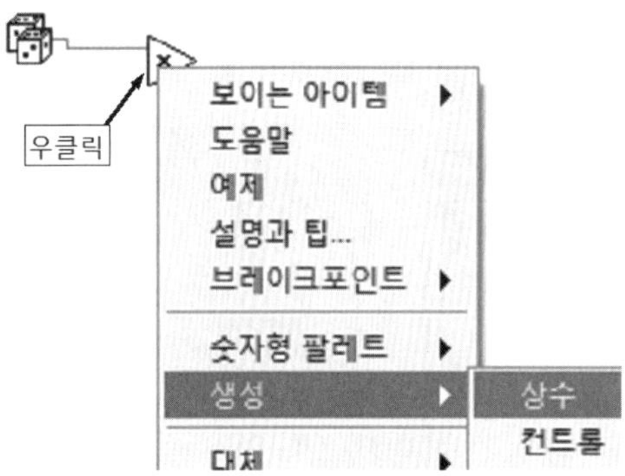

그림 4.3b 상수 추가 방법

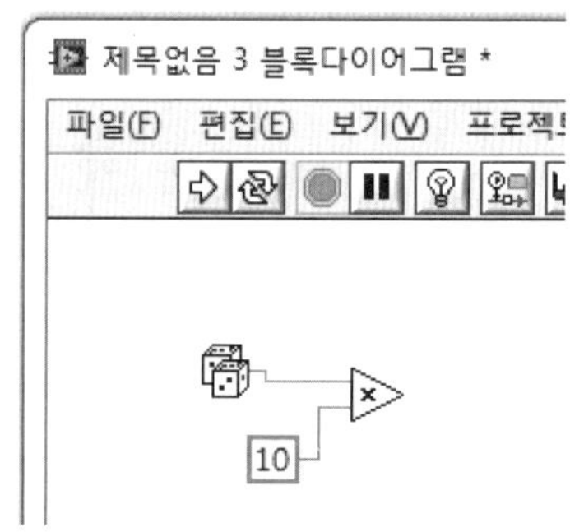

그림 4.3c 상수 추가 결과

⑤ 그림 4.4a와 같이, 복사하고자 하는 아이콘들을 마우스로 드래그 해서 선택을 하면 그림 4.4b와 같은 상태가 된다.

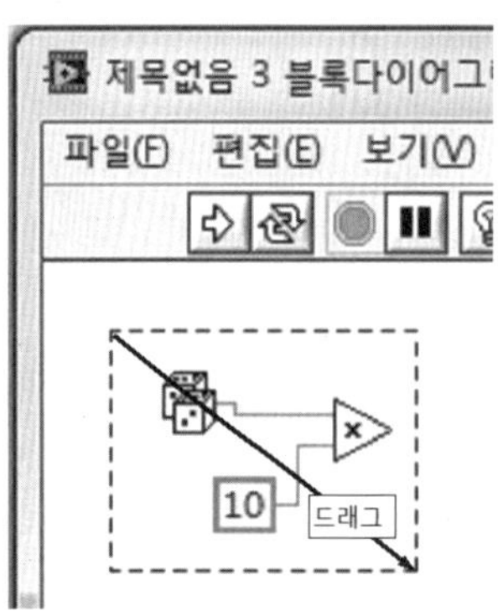

그림 4.4a 복사할 부분을 마우스로 드래그

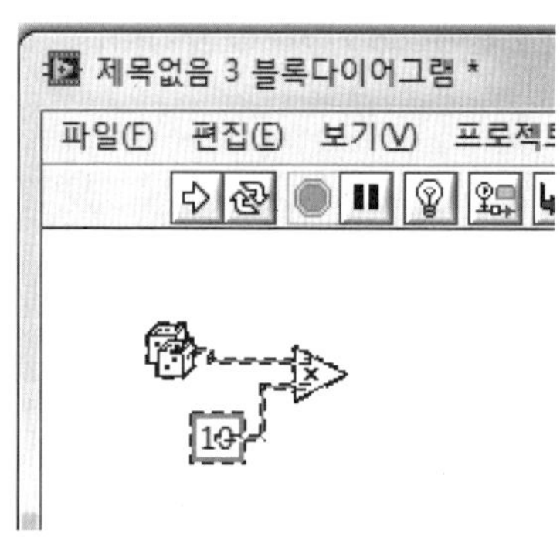

그림 4.4b 선택된 복사 대상

⑥ 그림 4.5a와 같이, 왼손으로 키보드의 Ctrl 버튼을 누르고 있는 상태에서 마우스로 선택된 부분을 클릭해서 밑으로 드래그하면 그림 4.5b와 같이 복사가 된다.

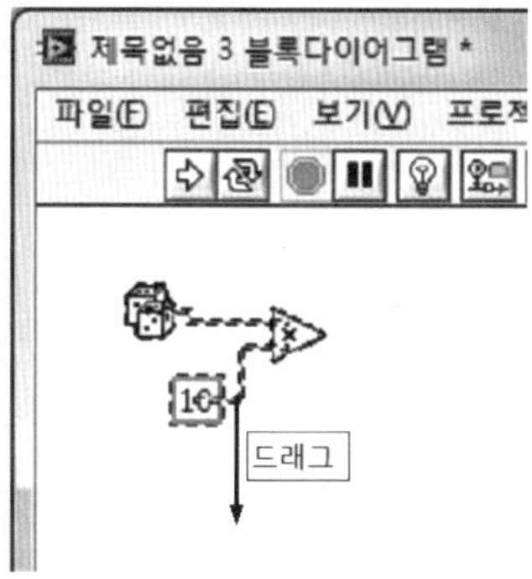

그림 4.5a 선택된 부분을 밑으로 드래그(키보드 Ctrl 버튼 누른 상태에서)

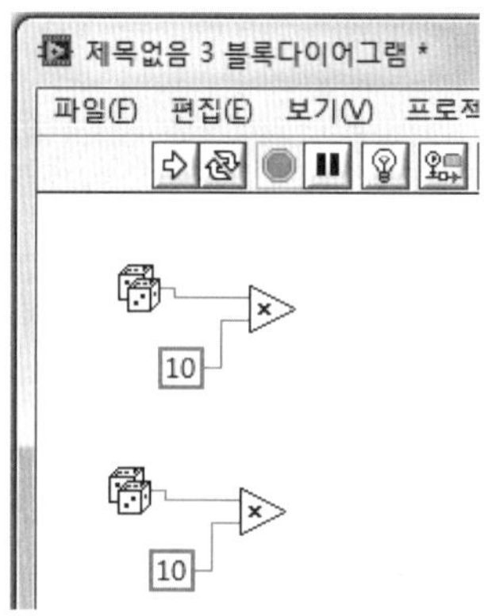

그림 4.5b 복사된 상태

⑦ 그림 4.6a와 같이 '함수 〉 프로그래밍(1*3) 〉 클러스터 (1*4)〉 묶기'를 실행하여, 묶기 함수를 블록다이어그램에 그림 4.6b와 같이 추가한 후 와이어를 연결한다.

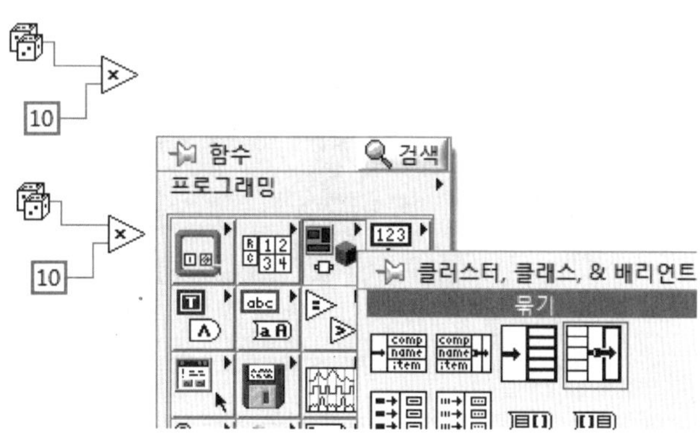

그림 4.6a '묶기' 함수 추가하는 방법

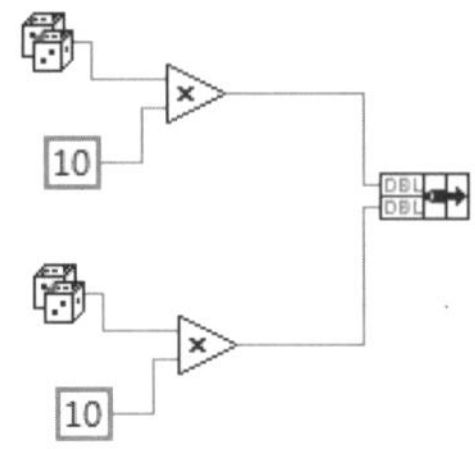

그림 4.6b 묶기 함수 추가 및 와이어 연결

⑧ 그림 4.7a와 같이 프런트패널에서 '컨트롤 〉 일반(2*2) 〉 그래프(1*1) 〉 웨이브폼 차트'를 실행해서, 그림 4.7b와 같이 웨이브폼 차트를 프런트패널에 추가한다.

그림 4.7a 웨이브폼 차트 추가 방법

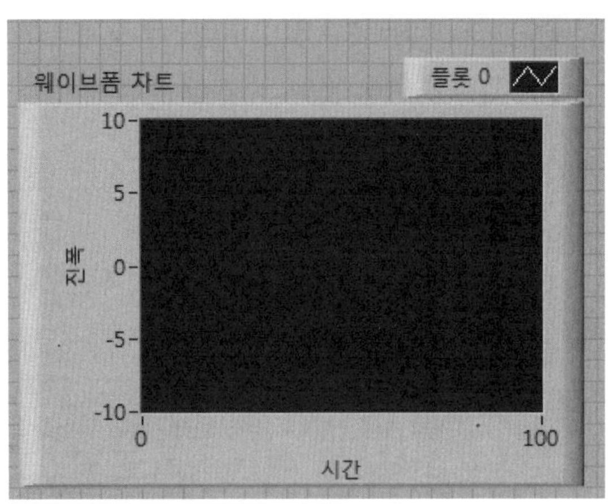

그림 4.7b 웨이브폼 차트 추가

⑨ 그림 4.8과 같이 블록다이어그램에서 묶기 함수의 출력단과 웨이브폼 차트를 와이어 연결을 한다.

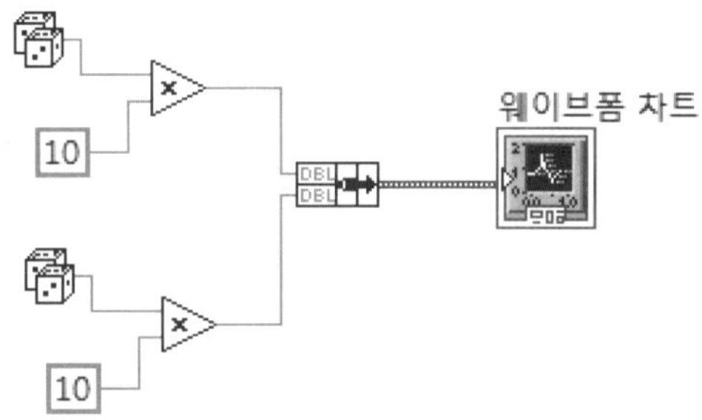

그림 4.8 웨이브폼 차트 와이어 연결

⑩ 블록다이어그램에서 '함수 〉 프로그래밍(1*1) 〉 구조(1*2) 〉 While 루프'를 그림 4.9와 같이 추가하고, '정지' 버튼도 추가한다.

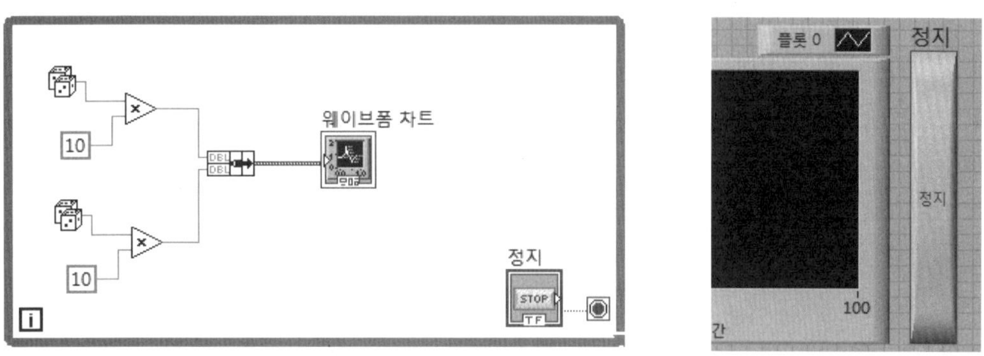

그림 4.9 While 루프와 정지 버튼이 추가된 모습

⑪ 그림 4.10a와 같이 블록다이어그램에서 '함수 〉 프로그래밍(2*4) 〉 타이밍(1*2)〉 기다림(ms)' 함수를 추가하면 그림 4.10b와 같이 된다.

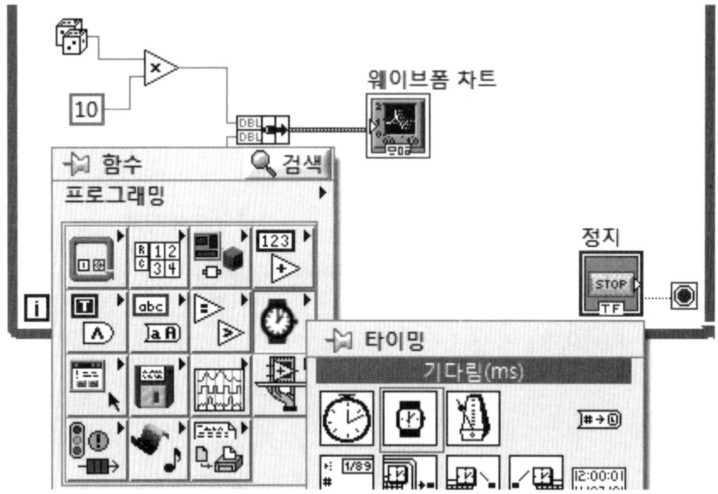

그림 4.10a 기다림(ms) 함수 추가 방법

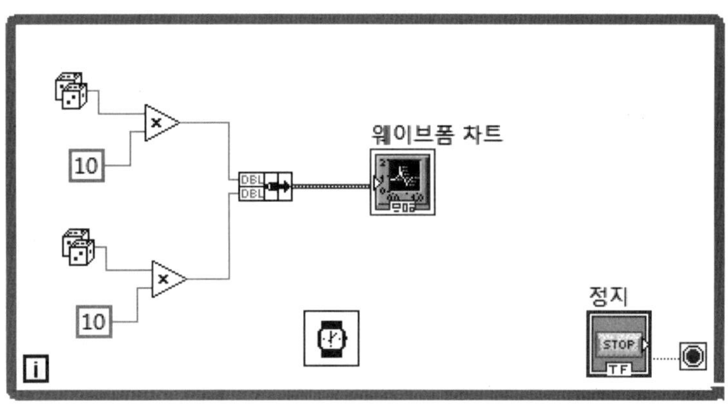

그림 4.10b 기다림(ms) 함수 추가

⑫ 기다림(ms)함수의 좌측 입력단에서 마우스 우측 버튼을 클릭해서 '생성 〉 상수'를 실행하고, 숫자 1000을 입력하면 그림 4.11과 같이 된다.

➲ 입력된 숫자 1000은 1000ms 즉 1초를 의미한다. 여기서 기다림(ms) 함수는 While 루프가 1초마다 한 번씩 실행되도록 해준다. 즉, 루프 내부 프로그램이 실행된 후 1초 동안 기다렸다가 다시 루프 내부 프로그램이 실행되는 과정이 반복된다.

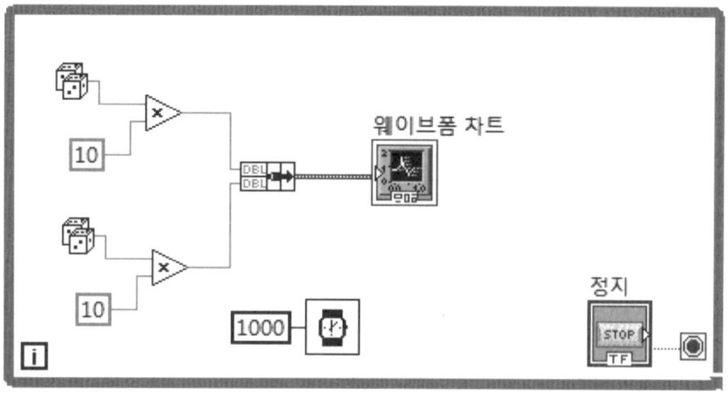

그림 4.11 기다림(ms) 함수에 시간 지연 값 1초(1000ms) 입력

⑬ 이제 프런트패널에 있는 웨이브폼 차트의 속성을 수정해보자. 그림 4.12a와 같이 글씨 '진폭'을 더블 클릭해서 '난수값'으로 수정 타이핑한다. 그림 4.12b와 같이 글씨 '시간'을 더블 클릭해서 '개수'로 수정 타이핑한다.

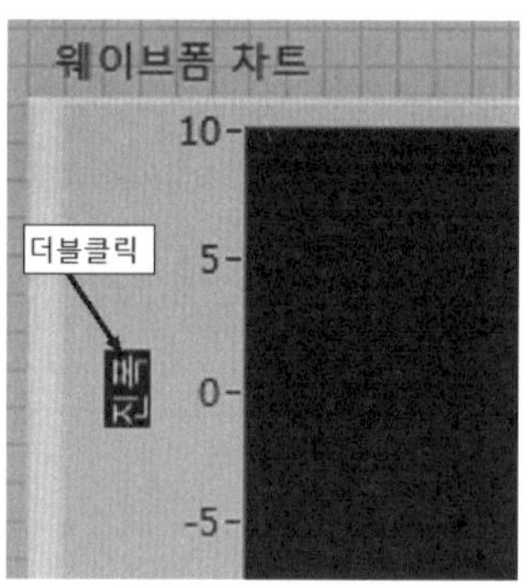

그림 4.12a y축 라벨 수정

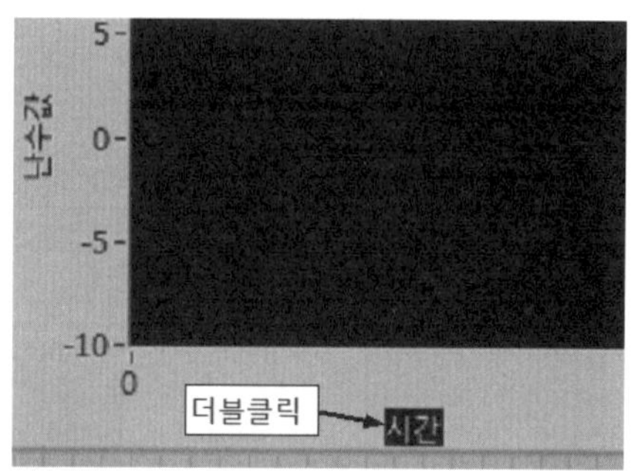

그림 4.12b x축 라벨 수정

⑭ 같은 방식으로, y축의 최소값과 최대값을 더블 클릭해서 0과 10으로 수정하고, x축 값의 최소값과 최대값을 더블 클릭해서 0과 10으로 수정한다. 그 결과는 그림 4.13과 같다

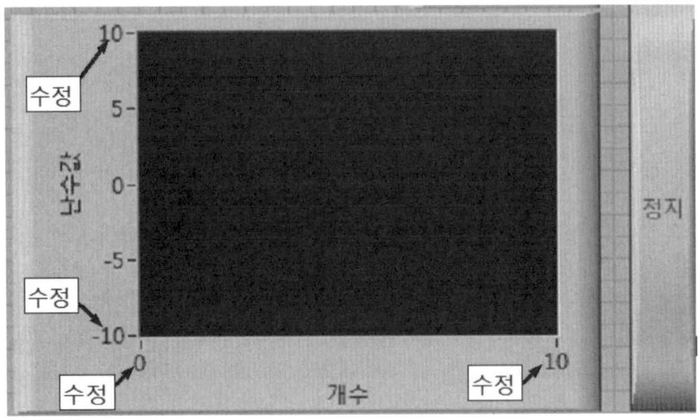

그림 4.13 x축과 y축 최대 최소값 수정

⑮ 두 개의 난수값이 차트로 입력되므로, 그림 4.14a와 같이 '플롯 0' 글씨 위에 마우스 커서를 올렸을 때 생기는 6개의 점 중에 상단 가운데 점을 클릭해서 위쪽 방향으로 드래그 한다. 그러면 그림 4.14b와 같이 된다.

➲ '플롯 0'와 '플롯 1' 글씨를 더블 클릭해서 '난수 A'와 '난수 B'로 수정 타이핑하면 그림 4.14c와 같이 된다.

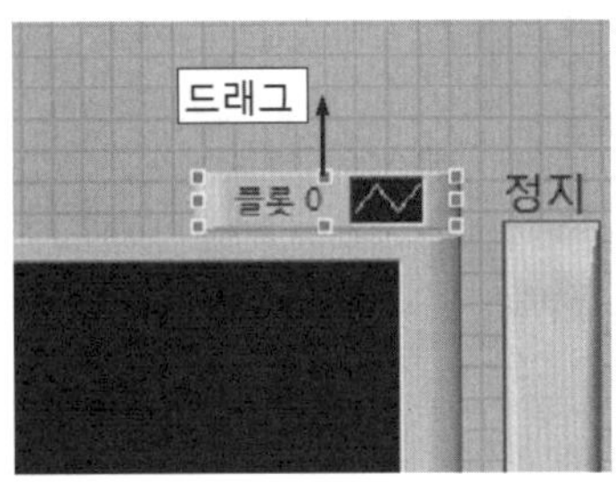

그림 4.14a 마우스 커서를 올린 상태

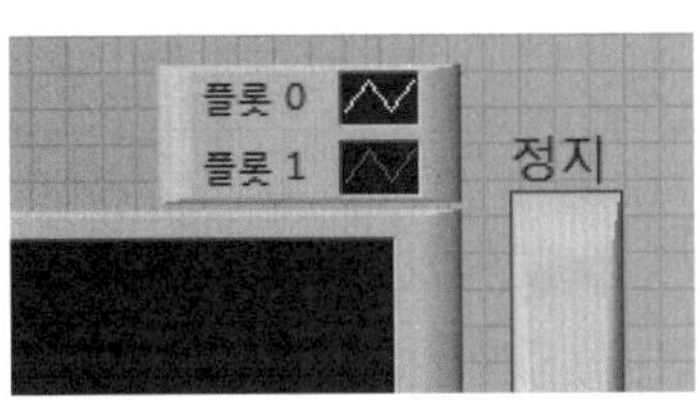

그림 4.14b 두 개의 플롯 설정

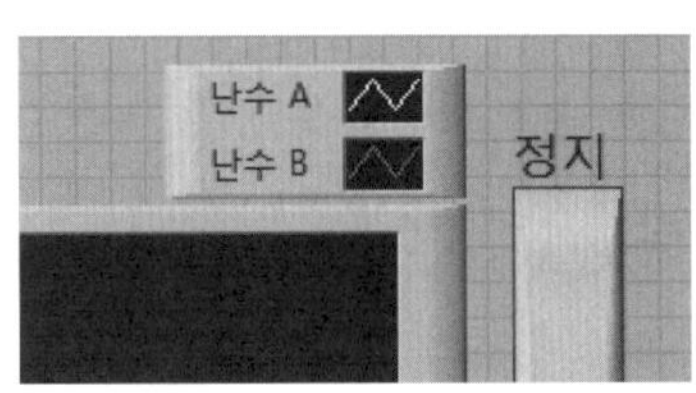

그림 4.14c 플롯 이름 변경

⑯ x축과 y축의 범위가 자동으로 변동되지 않도록 하기 위해, 그림 4.15와 같이 차트 위에서 마우스 우측 버튼을 클릭한 다음, 'X 스케일 〉 X 오토스케일'을 실행하여 체크 표시를 해제한다. 마찬가지로 'Y 스케일 〉 Y 오토스케일'의 체크 표시도 해제한다.

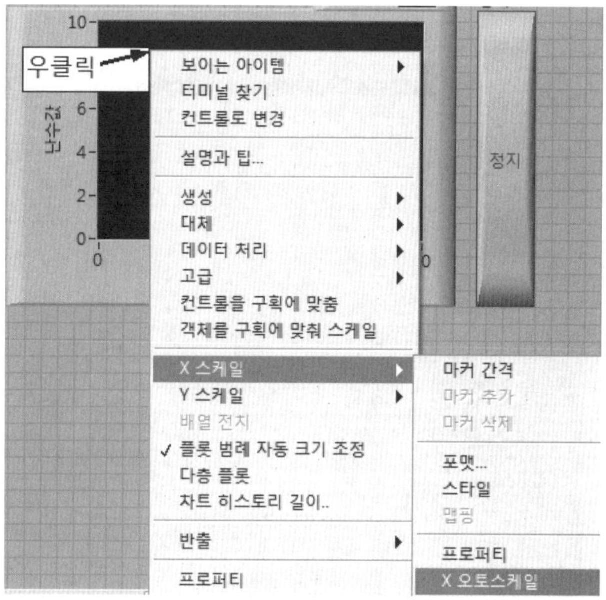

그림 4.15 X축 오토스케일 해제(체크 없앰)

⑰ 파일명을 예제4.vi'로 저장한 후 프로그램을 실행하면, 그림 4.16과 같이 1초마다 0과 10 사이의 임의 수가 차트에 찍힘을 확인할 수 있다.

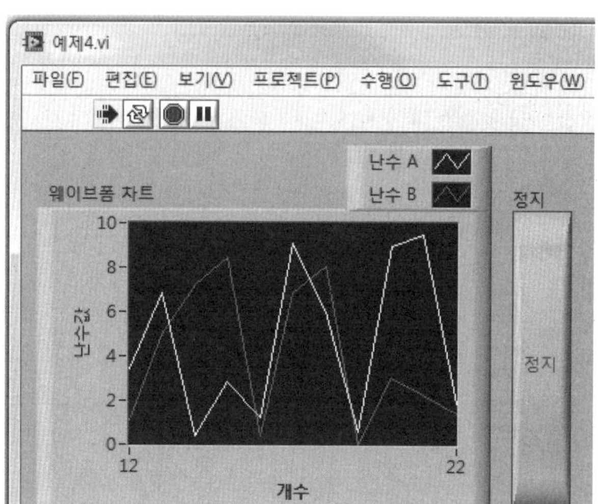

그림 4.16 프로그램 실행 상태

⑱ 현재 차트에서 나타나고 있는 선(라인)들을 점들로만 나타나게 하고 싶다면, 프로그램을 정지시킨 후, 그림 4.17과 같이 차트 위에서 마우스 우측 버튼을 클릭한 후 '프로퍼티'를 실행한다. 그러면 그림 4.18과 같은 프로퍼티 창이 나타난다.

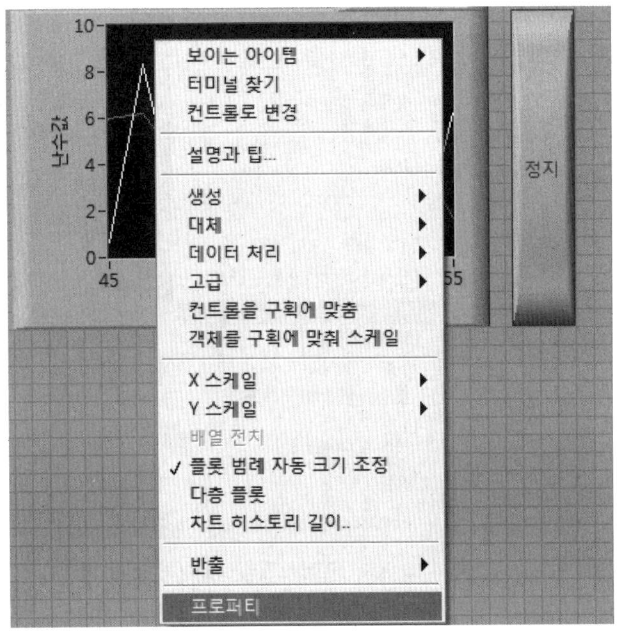

그림 4.17 프로퍼티 창 불러오기

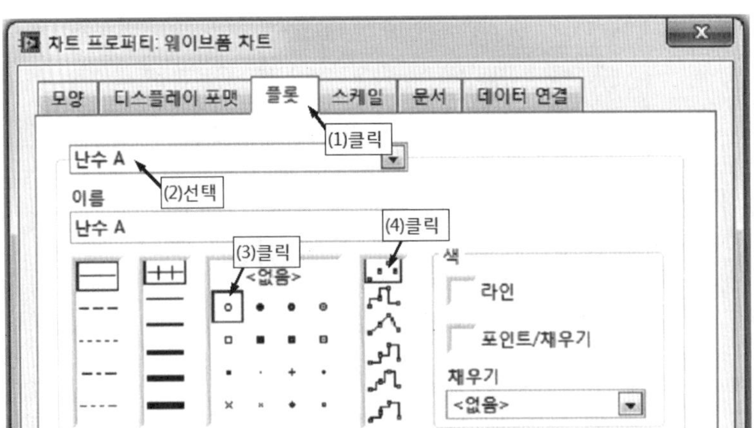

그림 4.18 프로퍼티 창에서 난수 A 플롯 속성 설정

⑲ 그림 4.18에서와 같이, '플롯'과 '난수 A' 선택한 다음 나머지 두 군데를 설정한다. 그림 4.19와 같이 '난수 B'를 선택한 다음 나머지 두 군데를 설정한 후 '확인' 버튼을 클릭하여 프로퍼티 창을 닫는다.

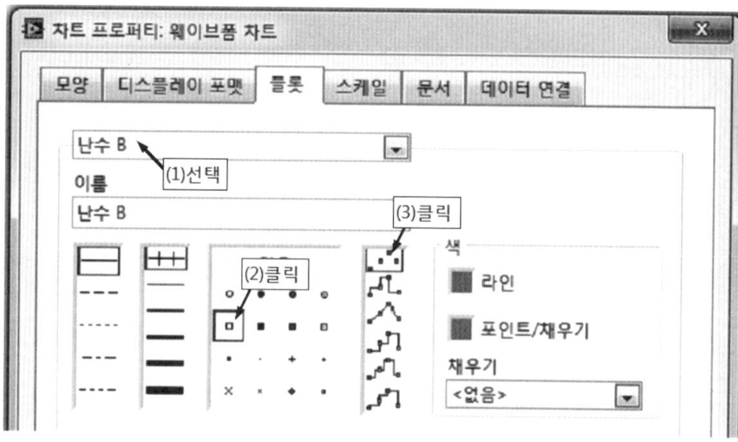

그림 4.19 난수 B 플롯 속성 설정

⑳ 다시 프로그램을 실행하면 그림 4.20과 같은 차트 모습을 확인할 수 있다.

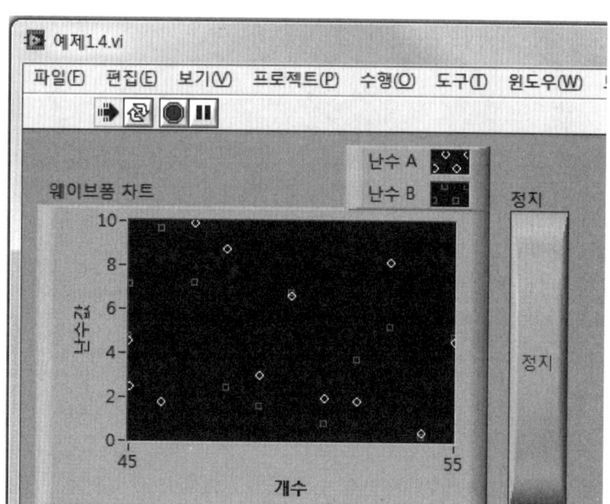

그림 4.20 프로퍼티 속성을 변경한 후 실행한 모습

연습문제 4.1

난수 발생기 세 개에서 발생한 값을 하나의 차트에 나타내어라(While 루프 사용).

➲ 그림 4.21과 같이 묶기 함수의 맨 하단을 마우스로 드래그하여 입력단을 세 개로 만들어라.

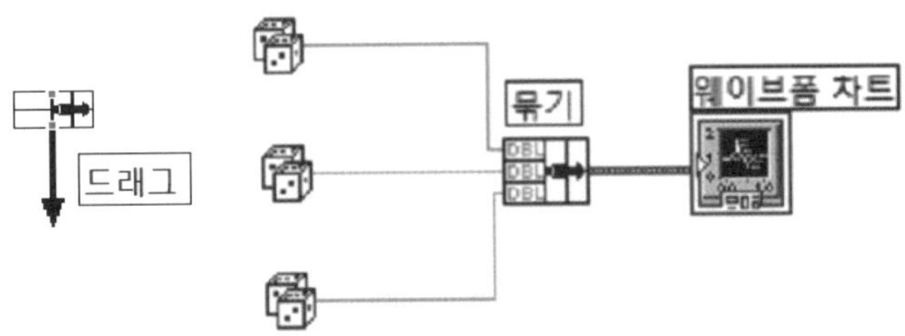

그림 4.21 좌측에 세 개의 입력단을 가진 묶기 함수

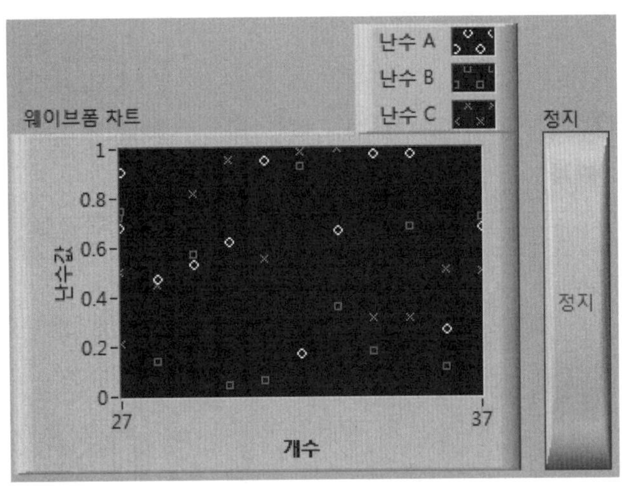

그림 4.22 프로그램 실행 모습

연습문제 4.2

로또 프로그램을 만들기 위한 기초 과정으로, 1과 45 사이(1과 45 포함)의 임의의 정수가 같은 확률로 1초에 한 번씩 차트에 나타나도록 하라(While 루프 사용).

➲ 그림 4.23과 같은 블록다이어그램을 작성하라. 여기서 반올림 함수([I▷)는 '함수 〉 프로그래밍(1*4) 〉 숫자형(3*2) 〉 반올림'을 실행하면 된다. 이 함수의 기본 도움말 창에서 함수의 특징을 파악하라. 이 함수는 소수점 첫째 자리가 5인 실수를 가까운 짝수 정수로 반올림(또는 반내림)한다. 예를 들면 0.5는 0으로, 1.5는 2로, 2.5는 2로, 3.5는 4로 변경(반올림)된다.

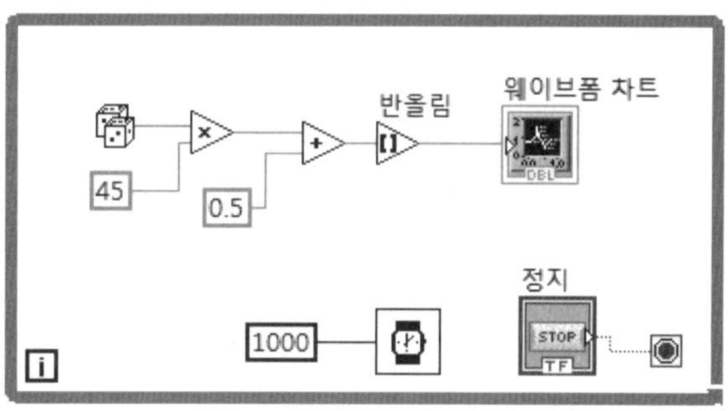

그림 4.23 블록다이어그램

➲ 그림 4.23에서 반올림 함수의 우측 출력단(와이어 a)에서 출력되는 실수의 범위가 0.5와 45.5 사이인지 확인해보아라.

연습문제 4.3

좌표점 (3, 2)가 그래프에 나타나게 하라.

➲ 그림 4.24와 같이 프런트패널에 '컨트롤 〉 일반(2*2) 〉 그래프(1*4) 〉 익스프레스 XY 그래프'를 실행한다.

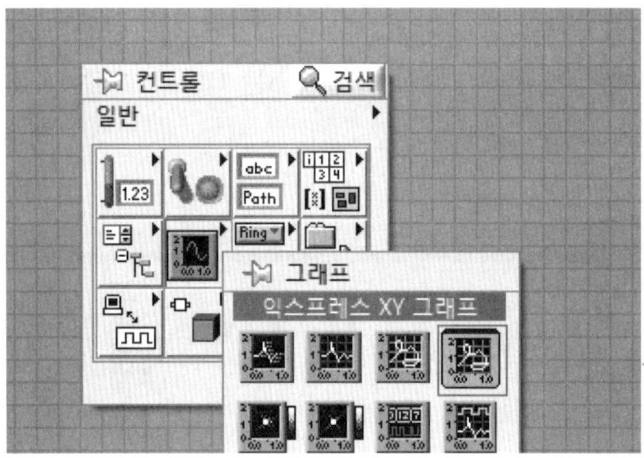

그림 4.24 익스프레스 XY 그래프 불러오기

➲ 블록다이어그램은 그림 4.25와 같이 작성하라.

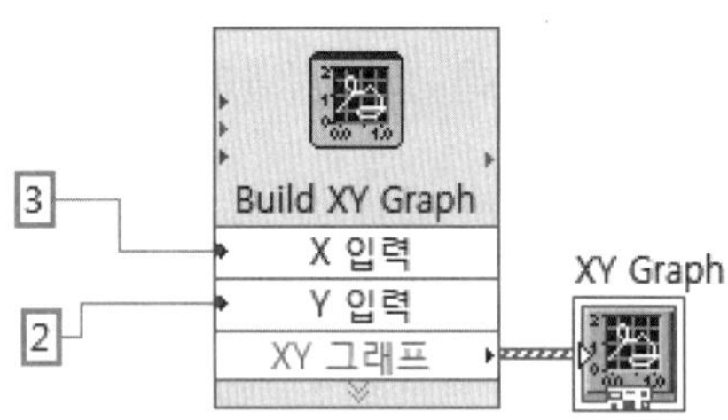

그림 4.25 블록다이어그램

➲ 프로그램을 실행시켰는데도, 그래프에 점 (3,2)가 나타나지 않을 경우에는, 그림 4.26과 같이 프로퍼티 창에서 플롯 속성을 바꾸어라.

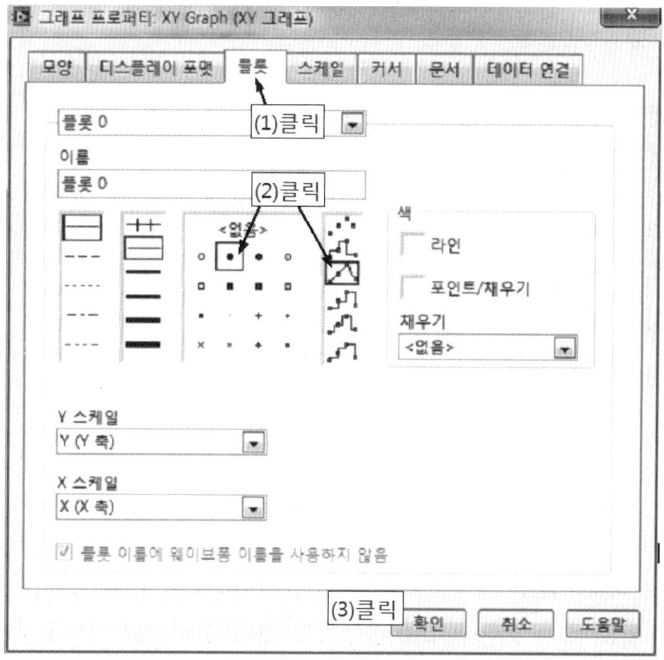

그림 4.26 프로퍼티 창에서 플롯 속성 변경

예제 05

난수(0과 1 사이의 임의 실수)를 1초에 한번씩 4번 발생시킨 후, 발생한 난수 4개를 배열(array) 형식으로 보여 주는 프로그램을 작성하라.

학/습/내/용

A. For 루프와 오토인덱싱
B. 숫자형 배열(array) 인디케이터
C. 인덱싱 활성화와 비활성화(연습문제 5.1)
D. 불리언(진리값) 배열 인디케이터(연습문제 5.2)

① 블록다이어그램에서 '함수 〉 프로그래밍(1*1) 〉 구조(1*1) 〉 For 루프'를 실행해서 For 루프를 그림 5.1과 같이 블록다이어그램에 추가하라.

➲ 그림 5.2와 같이 루프 카운트 아이콘(N)의 좌측 입력단에 마우스 우측 버튼을 클릭해서 '상수 생성'을 실행한 후 숫자 4를 입력한다. 숫자 4는 For 루프가 4번 반복 후 정지하게 하는 루프 카운트 값이다.

➲ 루프반복회수 아이콘(i)의 우측 출력단으로는 For 루프가 첫 번째 반복시 0이 출력되고, 두 번째 반복시 1이 출력되며, 최종적으로 4번째 반복될 때에는 3이 나오게 된다.

그림 5.1 For 루프 추가

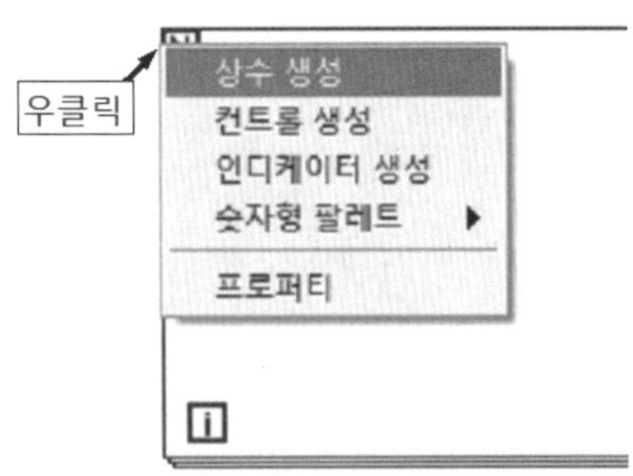

그림 5.2 루프 카운트 입력

② 블록다이어그램에서 '함수 〉 프로그래밍 (1*4) 〉 숫자형(5*4)'을 실행해서 '난수(0-1)' 함수를 그림 5.3과 같이 추가한 후, 난수 함수의 우측 출력단을 클릭하고 루프의 경계를 클릭하면 와이어가 연결된다.

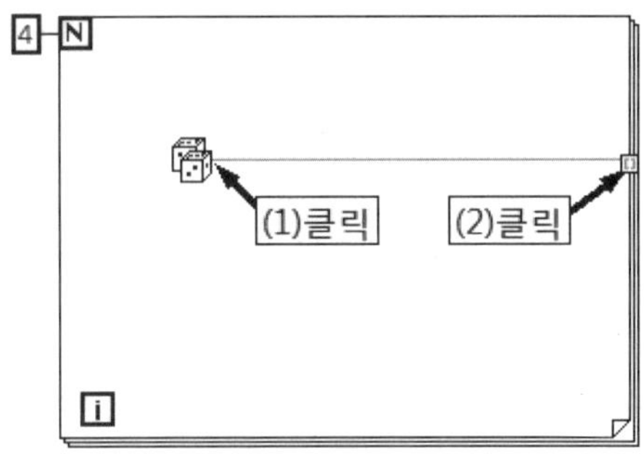

그림 5.3 난수 함수 추가 및 와이어 연결

③ '함수 〉 프로그래밍(2*4) 〉 타이밍(1*3)'을 실행하여 '다음 ms 배수까지 기다림' 함수를 그림 5.4와 같이 블록다이어그램에 추가한 후, 이 함수의 좌측 입력단에 상수 1000을 입력한다.

➲ 입력 상수 1000은 1000ms 또는 1초를 의미하며, 난수 함수가 1초에 한번씩 정확히 실행되도록 해준다.

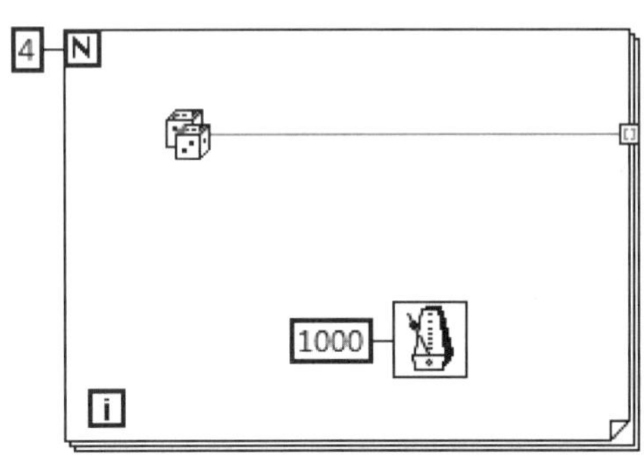

그림 5.4 기다림 함수 추가

④ 그림 5.5와 같이 오토인덱싱 터널의 우측 출력단에서 마우스 우측 버튼을 클릭해서, 배열 인디케이터를 생성하라. 그 결과는 그림 5.6과 같다.

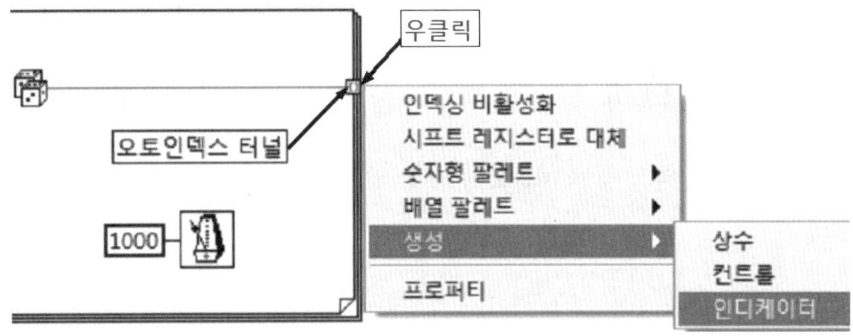

그림 5.5 배열 인디케이터 생성

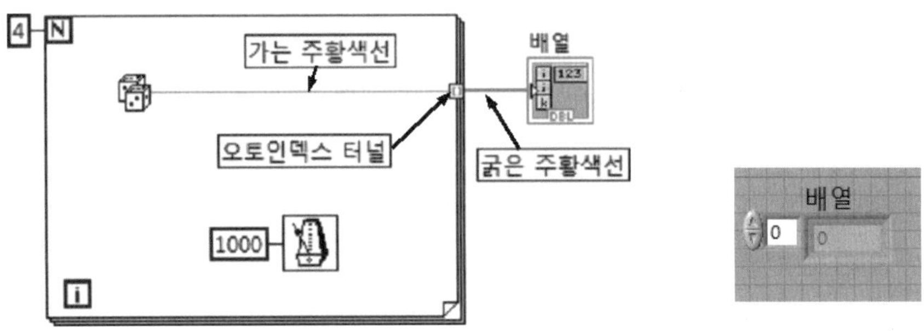

그림 5.6 생성된 배열 인디케이터

⑤ 그림 5.7a와 같이 프런트패널에서 마우스로 '배열' 인디케이터의 우측 맨 하단을 클릭한 다음, 밑으로 드래그해서 그림 5.7b와 같이 만든다.

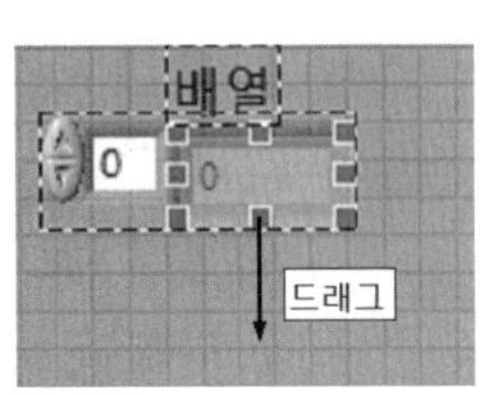

그림 5.7a 배열 원소 늘이기

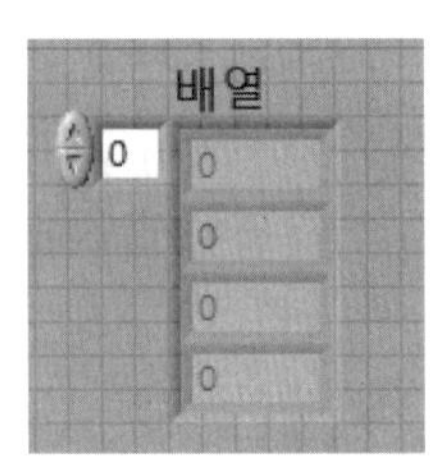

그림 5.7b 4개의 원소 가지는 배열

⑥ 마지막으로, For 루프의 루프 반복회수 아이콘(i)의 출력 값을 눈으로 확인하기 위해, 이 아이콘의 우측 출력단에서 마우스 우측 버튼을 클릭해서 그림 5.8과 같이 '인디케이터 생성'을 실행한 후 라벨은 '반복회수'로 수정한다. 그러면 그림 5.9와 같이 된다.

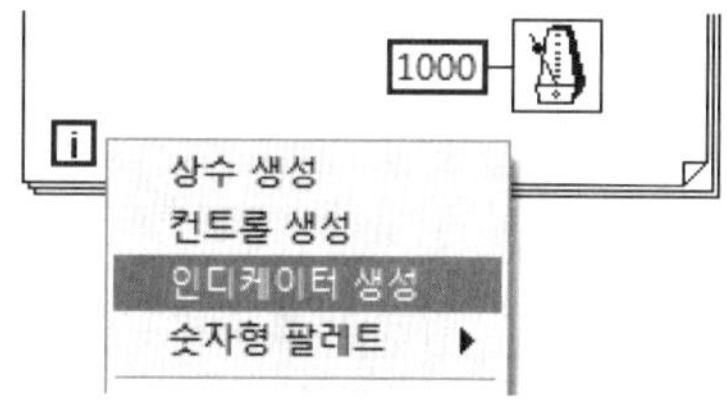

그림 5.8 인디케이터 생성

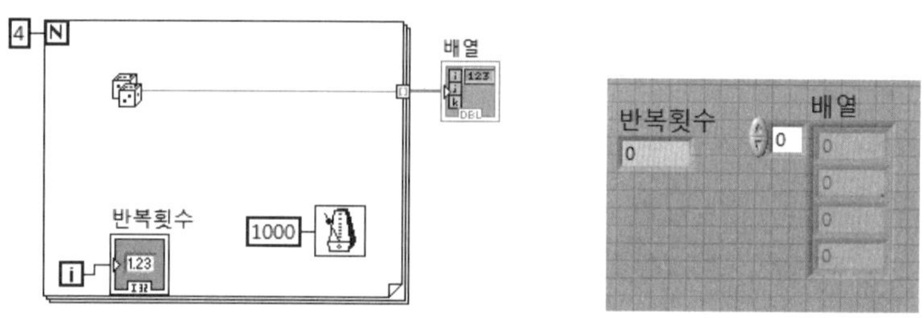

그림 5.9 블록다이어그램과 프런트패널

⑦ 추가적으로, 그림 5.10과 같이 와이어 위를 마우스 우측 버튼으로 클릭한 후, 인디케이터를 생성해서 와이어를 통해 출력(전달)되는 데이터가 무엇인지 프런트패널에서 확인할 수 있도록 한다.

➲ 생성된 인디케이터의 라벨은 '출력난수'로 수정하고 위치도 조정해서, 그림 5.11과 같이 되도록 한다.

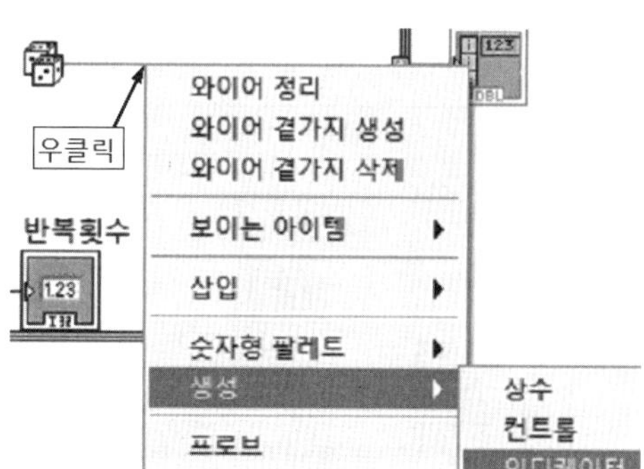

그림 5.10 와이어에서 인디케이터 생성하기

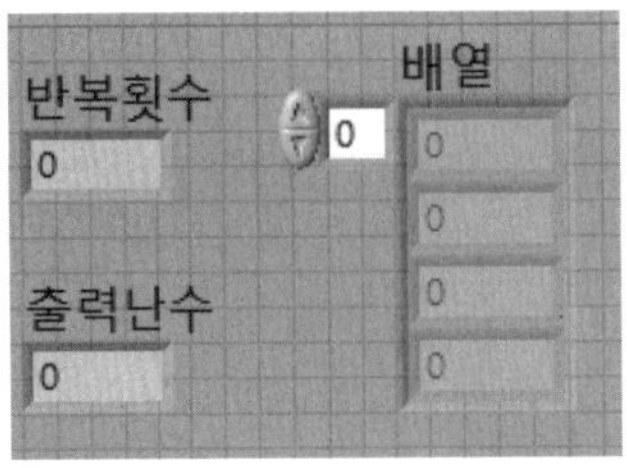

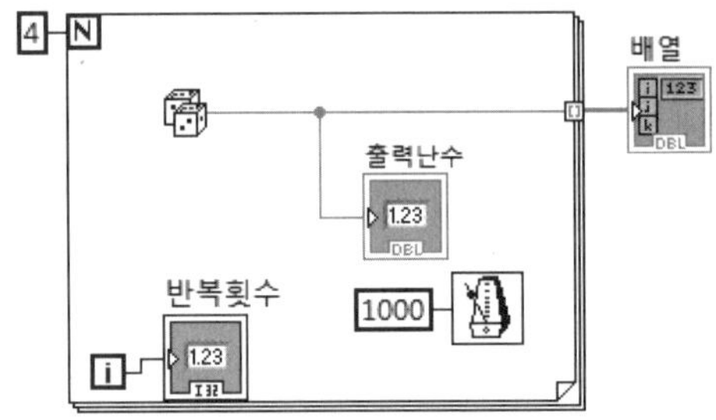

그림 5.11 최종 프로그래밍 결과

⑧ 파일명을 '예제5.vi'로 저장한 후 프로그램을 실행시켜 보자.

➲ 프런트패널에서 1초에 한번씩 '출력난수' 인디케이터에 난수가 나타나고, 동시에 '반복회수' 인디케이터 값이 0, 1, 2, 3으로 바뀐 후 프로그램이 종료되는지 확인하라.

➲ 블록다이어그램에서 실행 하이라이트 버튼(💡)을 클릭한 후, 프로그램을 실행시켜보아라. 그러면 그림 5.12와 같이 와이어를 통해 데이터가 전달되는 모습을 눈으로 확인할 수 있다. For 루프의 외부에 있는 '배열' 인디케이터로 데이터가 언제 전달되는지도 확인해보아라. 아마 For 루프가 반복될 때 마다 발생한 난수가 오토인덱스 터널까지만 전달되고, For 루프가 정지되면 오토인덱스 터널에 모인 4개의 난수가 '배열' 인디케이터로 전달되는 것을 확인할 수 있을 것이다.

➲ 결론적으로 말하면, (그림 5.13의 설명과 같이) For 루프가 반복되는 동안에는 루프 안에서 발생한 데이터가 루프 밖으로 나갈 수 없으며, 루프가 정지된 후에 데이터가 루프 밖으로 나갈 수 있다. While 루프인 경우도 마찬가지이다.

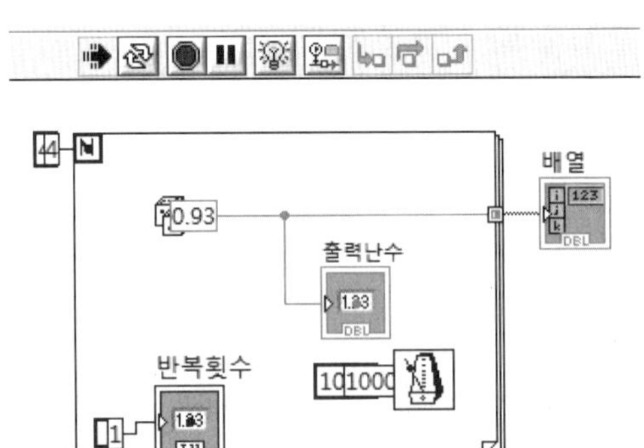

그림 5.12 실행 하이라이트 기능을 활성화한 상태

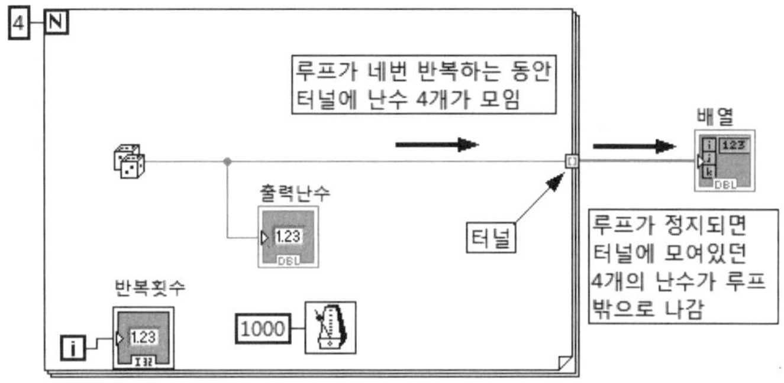

그림 5.13 For 루프의 터널을 통한 데이터 출력 시점

연습문제 5.1

루프 터널에서 (오토) 인덱싱 기능이 활성화된 경우와 비활성화된 경우의 차이점을 알아보자.

➲ 파일 '예제5.vi'을 열어서, 그림 5.14a와 같이 터널 위에서 마우스 우측 버튼을 클릭해서 '인덱싱 비활성화'를 실행하라. 그러면, 그림 5.14b와 같이 와이어가 깨진 상태가 될 것이다.

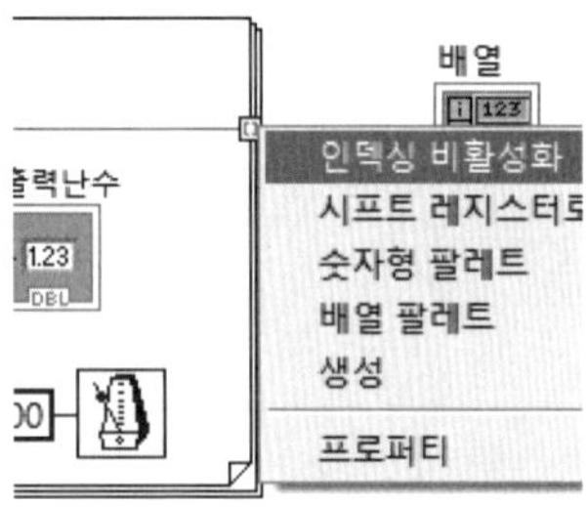

그림 5.14a 인덱싱 기능 비활성화 방법

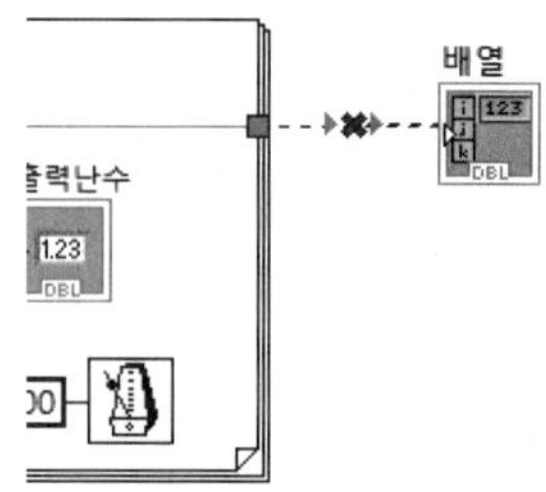

그림 5.14b 와이어가 깨진 상태

➲ 단축키 Ctrl ⊕ B를 실행해서 깨진 와이어를 제거하고, '배열' 인디케이터도 삭제하라. 다음으로 그림 5.15와 같이 터널의 우측 출력단에서 마우스 오른쪽 버튼을 클릭해서 인디케이터를 생성시킨 후, 라벨을 '마지막난수'로 수정해라. 그러면 그림 5.16과 같이 될 것이다.

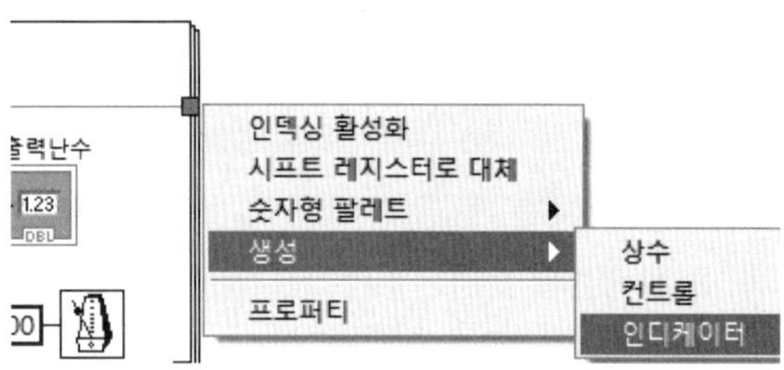

그림 5.15 인디케이터 생성

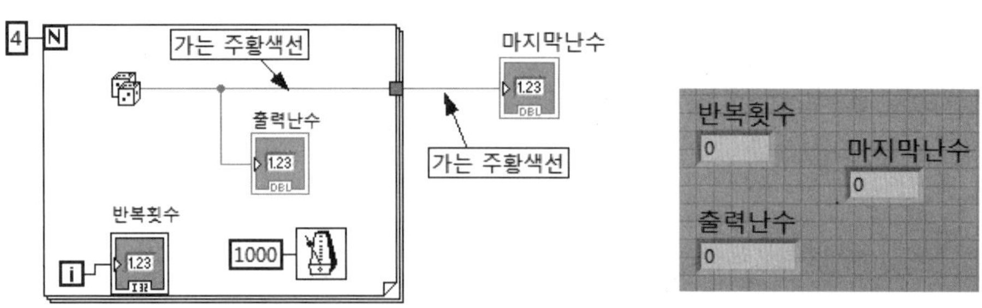

그림 5.16 블록다이어그램과 프런트패널(그림 5.7과 와이어선 굵기 비교)

➲ 블록다이어그램에서 실행 하이라이트 기능을 활성화한 상태에서 프로그램을 실행시켜 보아라. 루프 내부에서 발생한 4개의 난수가 터널에 저장되지만, 루프가 정지된 후에는 네 번째에 터널로 들어간 난수만이 '마지막난수' 인디케이터로 출력됨을 확인할 수 있을 것이다.

➲ 결론적으로 말하면, 루프 터널에서 인덱싱 기능이 비활성화되면, 루프가 반복되는 동안 터널에 모인 데이터들 중에 마지막에 터널로 들어온 데이터만이 터널 밖으로 출력되게 된다.

➲ 최종 작성한 파일을 파일명 '연습문제5.1.vi'으로 저장하라.

연습문제 5.2

'난수(0-1)' 함수를 이용하여 1에서 6 사이의 임의 정수를 여섯번 발생시키는 주사위 프로그램을 작성하고, 여섯번 발생시 정수 4가 몇 번째에 발생했는지를 LED 배열을 통해 알려주는 기능도 추가하라.

➲ 예제 5와 같은 방법으로 그림 5.17의 프런트패널과 블록다이어그램을 작성한 후, 실행시켜 보아라.

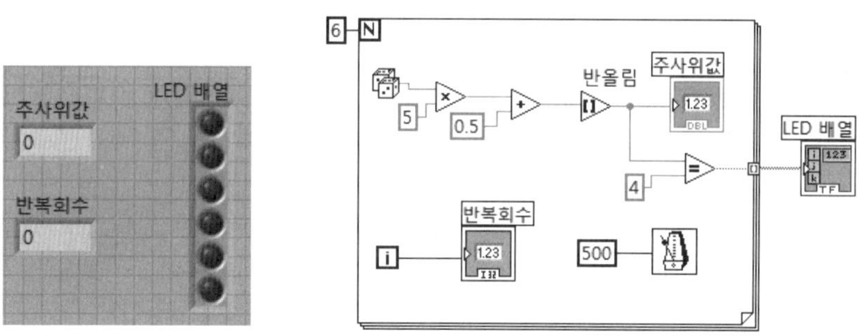

그림 5.17 프런트패널과 블록다이어그램

➲ 작성한 프로그램을 파일명 '연습문제5.2.vi'로 저장하라. 프로그램을 실행시켰을 때 프런트패널에 몇 번째 LED가 켜졌는지 확인해서 4가 몇 번째에 나왔는지 말하여 보아라.

연습문제 5.3

연습문제 5.2를 For Loop 대신 While Loop를 사용하여 작성하라.

➲ For 루프를 While 루프로 대체하기 위해, 그림 5.18과 같이 For 루프의 경계에서 마우스 우측 버튼을 클릭한 다음, 'While 루프로 대체'를 실행하라.

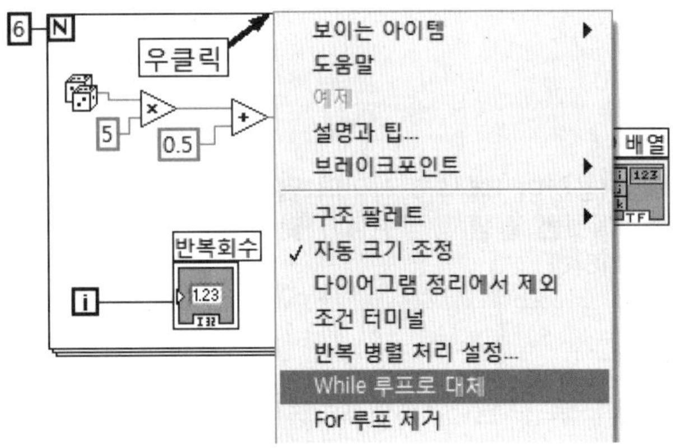

그림 5.18 For 루프를 While 루프로 대체 방법

➲ 최종적으로는 그림 5.19와 같은 프로그램을 작성하도록 하라. 그림 5.19에서 ? 부분에 어떤 숫자가 들어가야만 While 루프가 6번 반복하고 정지할지 고민해보아라.

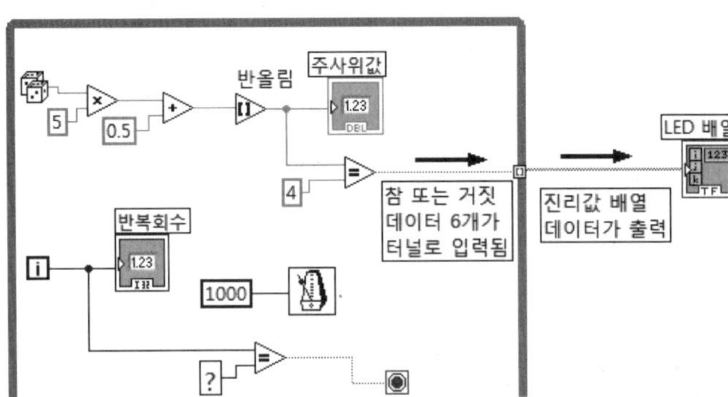

그림 5.19 While 루프로 대체된 상태

➲ 파일명 '연습문제5.3.vi'로 저장한 후 실행시켜 보아라.

예제 06

시프터 레지스트 기능을 이용하여 LED가 깜박이도록 하라.

학/습/내/용

A. 시프트 레지스트(Shift Register)
B. NOT 함수 사용하기
C. 불리언(진리값) 상수
D. '선택' 함수 이해하기(연습문제 6.4, 6.5)

① 그림 6.1과 같은 블록다이어그램과 프런트패널을 먼저 작성하라.

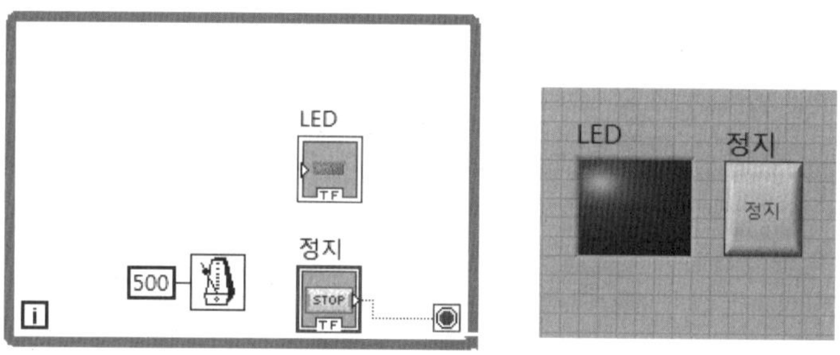

그림 6.1 블록다이어그램과 프런트패널

② While 루프에 시프트 레지스터 기능을 추가하기 위하여, 그림 6.2a와 같이 루프의 수직 테두리에서 위에서 마우스 우측 버튼을 클릭한 후 '시프트 레지스터 추가'를 클릭한다. 그러면 결과는 그림 6.2b와 같이 된다.

➲ 위의 밑줄 친 과정은 다음부터는 'MRC 〉 시프터 레지스터 추가'로 간단히 표현한다. (여기서 'MRC'는 'Mouse Right-button Click'을 의미)

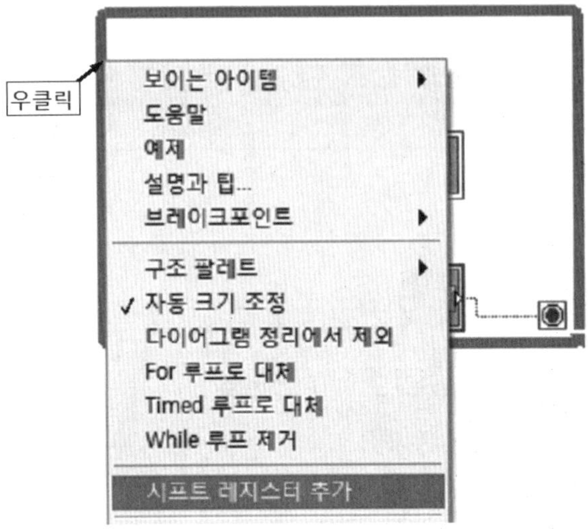

그림 6.2a 시프트 레지스터 추가방법

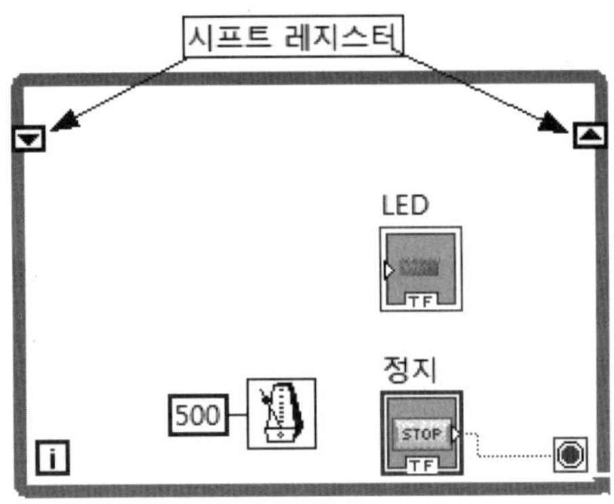

그림 6.2b 시프트 레지스터 추가

③ 블록다이어그램에서 '함수 〉 프로그래밍(2*1) 〉 불리언(1*4)'을 실행해서 'NOT' 함수를 그림 6.3과 같이 추가한 후 와이어 연결을 한다.

➲ NOT 함수의 양쪽 모두를 와이어로 연결해야만 깨진 와이어가 복구된다.

➲ 단축키 Ctrl ⊕ H를 실행해서 NOT 함수에 대한 기본 도움말 창을 확인해보면, 이 함수는 좌측 입력단으로 들어온 진리값과 반대되는 진리값을 우측 출력단으로 출력해준다. 예를들면, 입력단으로 진리값 참(T)이 들어오면 출력단으로 거짓(F)이 나가게 된다.

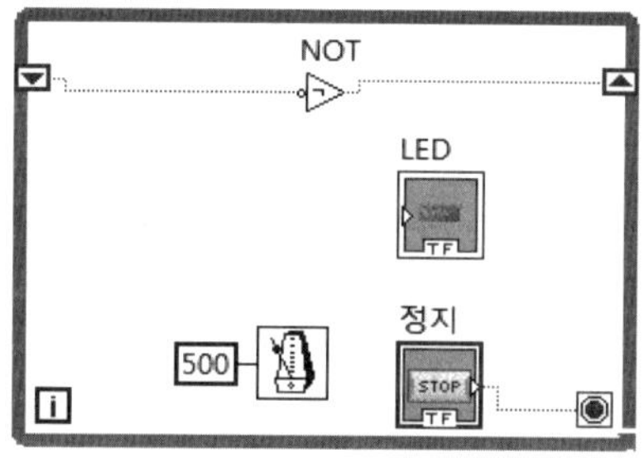

그림 6.3a NOT 함수 추가

④ 그림 6.4a와 같이, 시프트 레지스터의 좌측 입력단에 'MRC 〉 생성 〉 상수'를 실행한다. 그러면 그림 6.4b와 같이 진리값 상수(참 또는 거짓)가 시프트 레지스터의 초기값으로 설정된다.

➲ 그림 6.4b와 같이 'LED' 인디케이터에 와이어를 연결하라.

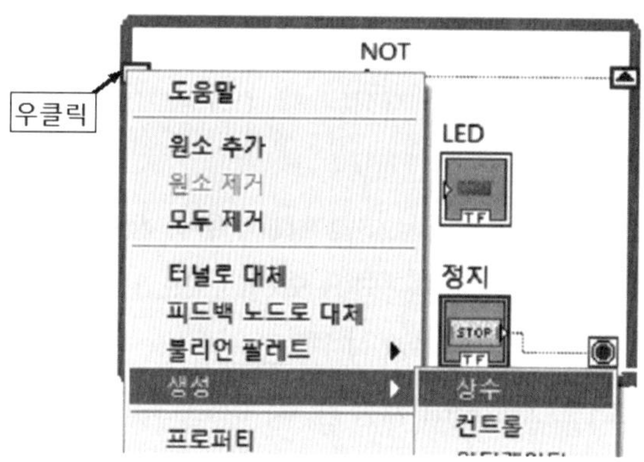

그림 6.4a 시프트 레지스터 초기값 추가 방법

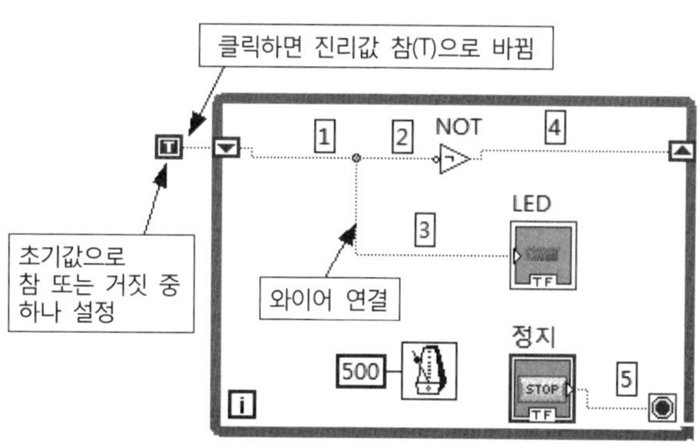

그림 6.4b 시프트 레지스터 초기값 추가

⑤ 파일명 '예제6.vi'로 저장한 후 프로그램을 실행시켜 보자. LED가 0.5초 마다 깜박이는 것을 확인할 수 있을 것이다.

➲ 블록다이어그램에서 '실행 하이라이트' 버튼을 클릭한 후에 프로그램을 실행시켜 보자. 다음과 같은 단계로 프로그램이 동작되고 있음을 확인해보자.

(1단계) 그림 6.4b에서 초기값 T가 루프 속으로 들어감.

(2단계) 루프가 첫 번째 반복되면서, 초기값 T가 와이어 1과 3을 지나 LED로 들어가서 LED 켜지게 되고, 동시에 초기값 T는 와이어 1과 2를 지나서 NOT 함수로 들어가 F로 출력되어서 와이어 4를 지나서 우측 시프터 레지스터에 저장된 후, 0.5초 기다림.(LED가 0.5초 동안 켜진 상태로 있음)

(3단계) 루프가 두 번째 반복되면서, 2단계에서 우측 시프터레지스터에 저장되었던 F가 좌측 시프트 레지스터를 통해 출력되어 와이어 1과 3을 지나 LED로 들어가서 LED 꺼지게 되고, 와이어 1과 2를 지나서 NOT 함수로 들어가 T로 출력되어서 와이어 4를 지나서 우측 시프터 레지스터에 저장된 후, 0,5초 기다림.(LED가 0.5초 동안 꺼진 상태로 있음)

(4단계) 루프가 세 번째 반복되면서, 3단계에서 우측 시프터레지스터에 저장되었던 T가 좌측 시프트 레지스터를 통해 출력되어 와이어 1과 3을 지나 LED로 들어가서 LED 켜지게 되고, 와이어 1과 2를 지나서 NOT 함수로 들어가 F로 출력되어서 와이어 4를 지나서 우측 시프터 레지스터에 저장된 후, 0,5초 기다림.(LED가 0.5초 동안 켜진 상태로 있음)

(5단계) 루프가 네 번째 반복되면서, 3단계와 같은 과정이 반복됨. (LED가 0.5초 동안 꺼진 상태로 있음)

(6단계 이후) LED가 0.5초 동안 켜졌다가 꺼지는 과정이 반복됨.

(정지버튼 클릭) '정지' 버튼을 클릭하면, 와이어 5을 통해 T가 루프조건(◉)으로 입력되어 루프가 정지되면서 프로그램도 멈춘다.

연습문제 6.1

시프트 레지스터를 이용하여 1부터 10까지 더한 결과를 출력해주는 프로그램을 작성하라.

- 그림 6.5와 같은 블록다이어그램과 프런트패널을 작성하라. '총합' 인디케이터는 그림 6.6과 같이 블록다이어그램을 완성한 상태에서 맨 나중에 시프트레지스터 우측 출력단에서 'MRC 〉 생성 〉 인디케이터'을 실행하면 된다.
- 루프 실행 하이라이트 버튼을 클릭한 상태에서 프로그램을 실행 시켜보아라. 루프가 반복될 때 마다 데이터 흐름이 와이어를 통해 어떻게 발생하는지 확인해보아라.
- 파일명 '연습문제6.1.vi'로 저장하라.

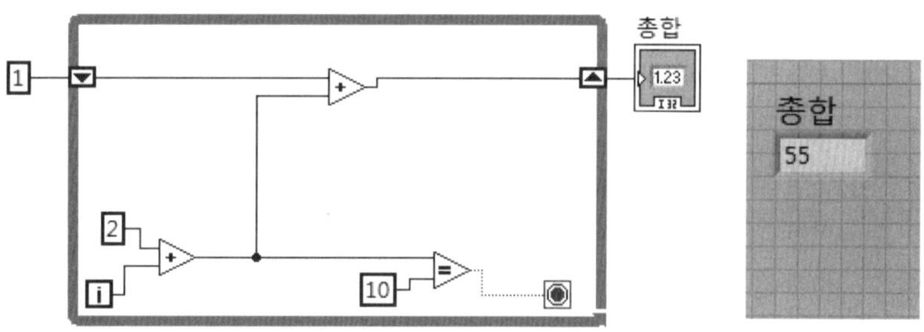

그림 6.5 블록다이어그램과 프런트패널

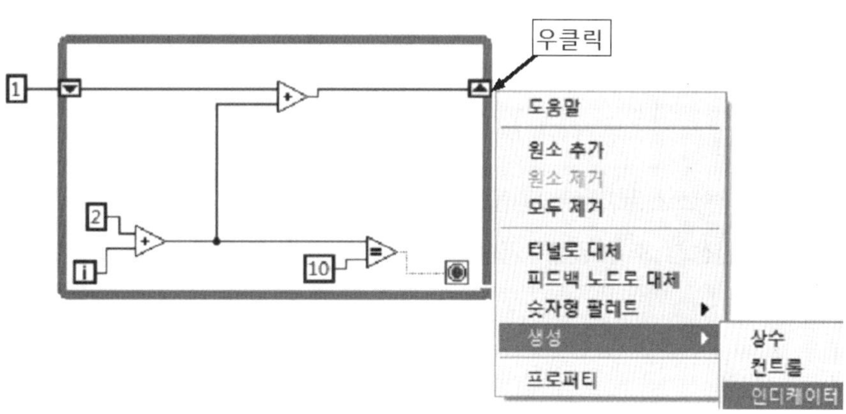

그림 6.6 '총합' 인디케이터 추가 방법

연습문제 6.2

2와 12 사이의 짝수 6개를 더한 결과를 출력해주는 프로그램을 작성하라.

➲ 그림 6.7과 같은 블록다이어그램을 작성하라. 여기서 ? 속에 들어갈 적당한 상수를 고민해보아라.

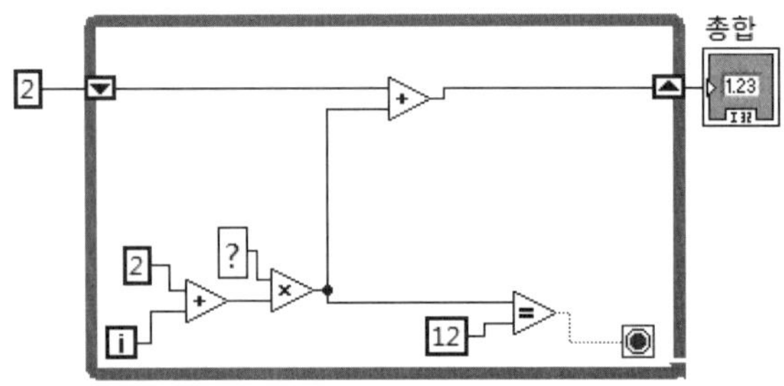

그림 6.7 미완성 블록다이어그램

➲ 파일명 '연습문제6.2.vi'로 저장 후 실행시켜 보아라. 총합 결과가 제대로 출력되는지 확인하라.

연습문제 6.3

5와 13 사이의 홀수 5개를 더한 결과를 출력해주는 프로그램을 작성하라.

➲ 힌트가 없으니, 스스로 프로그램을 완성하라.

➲ 프로그램을 완성한 후 파일명 '연습문제6.3.vi'로 저장하라.

연습문제 6.4

시프트 레지스터를 이용하여, 버튼을 클릭한 누적 회수를 실시간으로 보여주는 프로그램을 작성하라.

➲ 그림 6.8과 같이 프런트패널에서 '컨트롤 〉 일반(1*2) 〉 확인 버튼(4*1)'을 실행해서 '확인 버튼'을 추가한다.

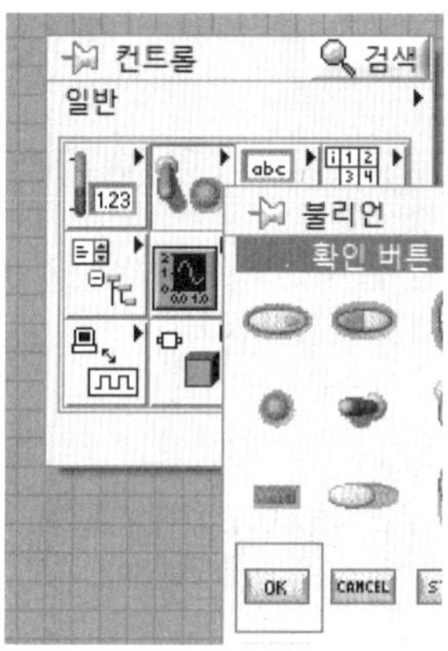

그림 6.8 '확인 버튼' 추가 방법

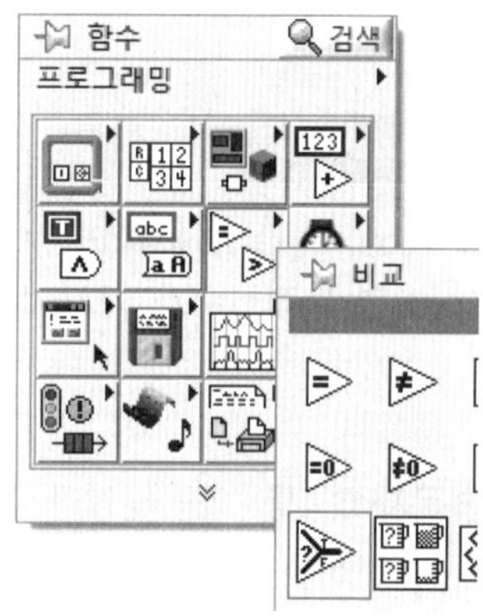

그림 6.9 '선택' 함수 추가 방법

➲ 그림 6.9와 같이 블록다이어그램에서 '함수 〉 프로그래밍(2*3)〉 비교(3*1) 〉 선택'을 실행해서 '선택' 함수()를 추가한다. 이 함수를 사용하여 그림 6.10과 같은 프로그램을 작성하라.

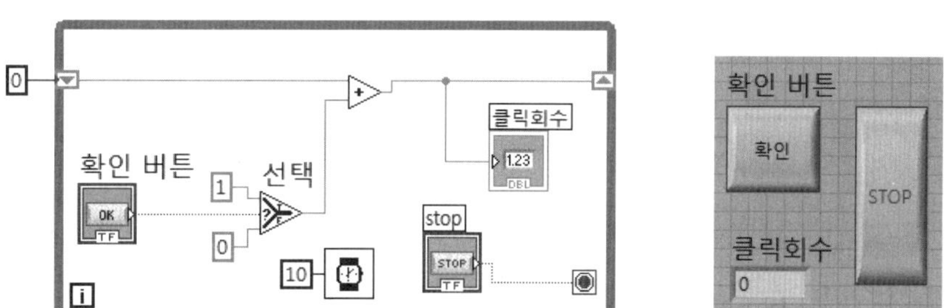

그림 6.10 최종 프로그램

➲ 단축키 Ctrl ⊕ H를 실행해서 '선택' 함수 기본 도움말을 확인해보면, 이 함수는 좌측에 세 개의 입력단을 가지며, 우측에 하나의 출력단을 가지고 있다. 좌측 가운데 입력단으로 참(T)가 입력되면, 좌측 상단으로 입력된 데이터가 우측 출력단으로 출력되게 된다. 반면에, 좌측 가운데 입력단으로 거짓(F)가 입력되면, 좌측 하단으로 입력된 데이터가 우측 출력단으로 출력되게 된다.

➲ 파일명 '연습문제6.4.vi'로 저장한 후 실행시켜보아라. 프런트패널에 있는 확인 버튼을 클릭할 때 마다 클릭회수가 1씩 증가됨을 확인해보아라.

연습문제 6.5

시프트 레지스터를 이용하여, 버튼을 클릭한 누적 회수를 실시간으로 보여주고 리셋 버튼을 클릭하면 누적회수가 다시 0으로 리셋되는 프로그램을 작성하라.

➲ 연습문제 6.4를 그림 6.11과 같이 수정하라. 블록다이어그램에서 ? 속에 들어갈 적당한 상수가 무엇인지 고민해보아라.

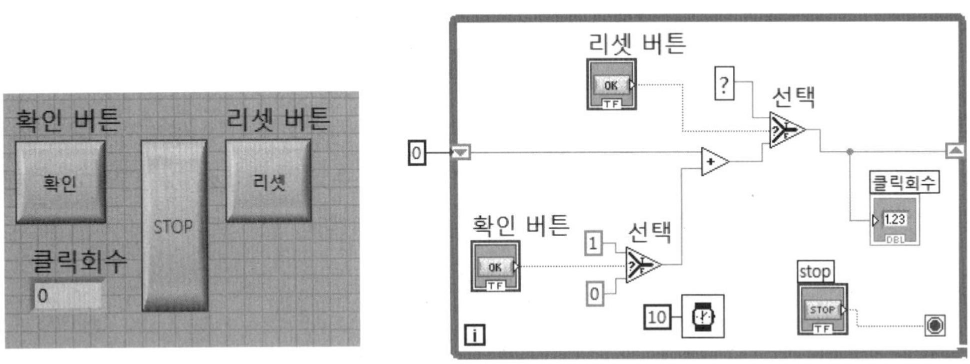

그림 6.11 리셋 버튼이 추가된 프로그램

➲ 파일명 '연습문제6.5.vi'로 저장한 후 실행시켜보아라. 프런트패널에 있는 확인 버튼을 클릭할 때 마다 클릭회수가 1씩 증가됨을 확인해보고. 리셋 버튼을 클릭하면 클릭 회수가 0이 되는지 확인하라.

예제 07

토글 스위치가 ON이 되면 '동작 중'이라는 문자열이 프런트패널에 나타나고, OFF가 되면 '동작 중단'이라는 문자열이 프런트패널에 나타나는 프로그램을 작성하라.

학/습/내/용

A. 문자열(텍스트) 인디케이터와 문자열 상수
B. 케이스 구조
C. 문자열 함수 익히기(연습문제 7.1, 7.2, 7.3)
D. 숫자형 데이터를 문자형 데이터로 변환하기(연습문제 7.2)

① 프런트패널에서 그림 7.1과 같이 '컨트롤 〉 일반(1*2) 〉 불리언(2*3)'을 실행해서 '수직 토글 스위치'를 추가한 후, 라벨은 '토글스위치'로 수정한다.

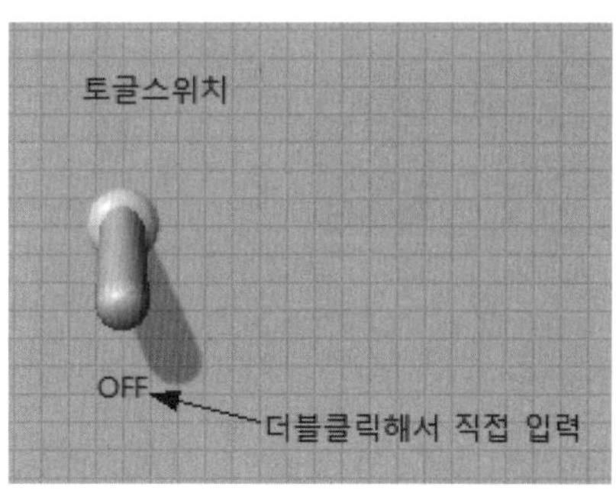

그림 7.1 토글 스위치 추가

② 블록다이어그램에서 그림 7.2a와 같이 '함수 〉 프로그래밍(1*1) 〉 구조(2*1)'를 실행하여, '케이스 구조'를 추가한 다음, 그림 7.2b와 같이 토글 스위치의 출력단을 케이스 구조의 케이스 선택자(?) 입력단에 정확히 와이어 연결한다.

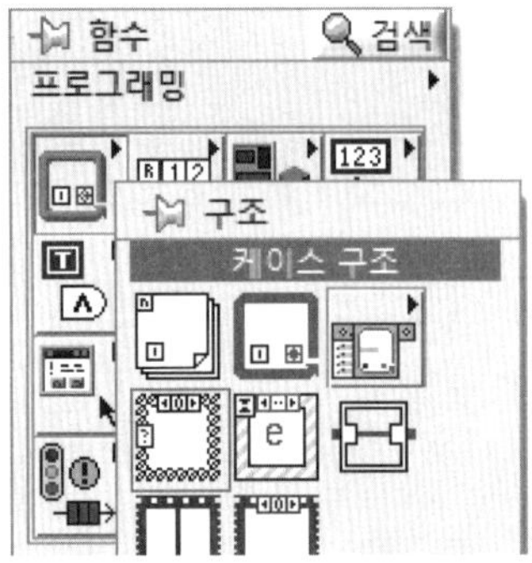

그림 7.2a '케이스 구조' 추가 방법

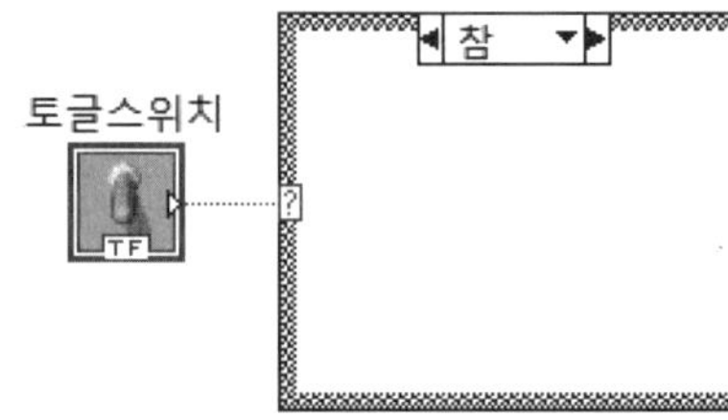

그림 7.2b 토글스위치와 케이스 구조 연결

③ 그림 7.3과 같이 '컨트롤 〉 일반(1*3) 〉 문자열&경로(1*2)'를 실행해서 '문자열 인디케이터'를 프런트패널에 추가한 후, 라벨은 '동작상태'로 수정한다. 문자열 인디케이터는 문자열(텍스트)을 출력해주는 역할을 한다.

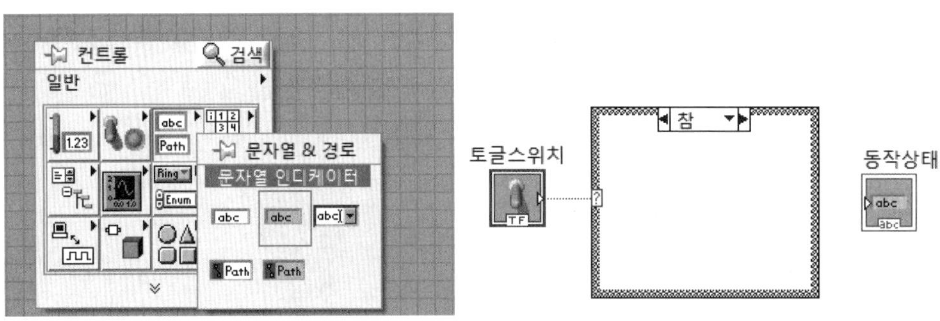

그림 7.3 '문자열 인디케이터' 추가

④ 그림 7.4와 같이 블록다이어그램에서 '함수 〉 프로그래밍(2*2) 〉 문자열(5*1)'을 실행하여 '문자열 상수'를 추가한 후, 글씨 '동작 중'을 문자열 상수에 입력한다. 그러면 그림 7.5와 같이 된다.

그림 7.4 문자열 상수 추가 방법

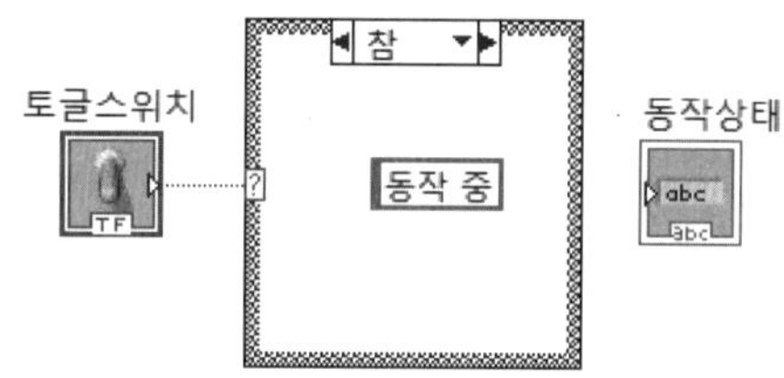

그림 7.5 '동작 중' 상수 문자열 추가

⑤ 그림 7.6과 같이 순서대로 두 번 클릭하는 방법에 의해 와이어를 연결한다.

➲ 문자열 와이어의 색깔은 분홍색임을 확인하라.(참고로, 실수 와이어는 주황색, 정수 와이어는 파랑색, 진리값 와이어는 초록색이다.)

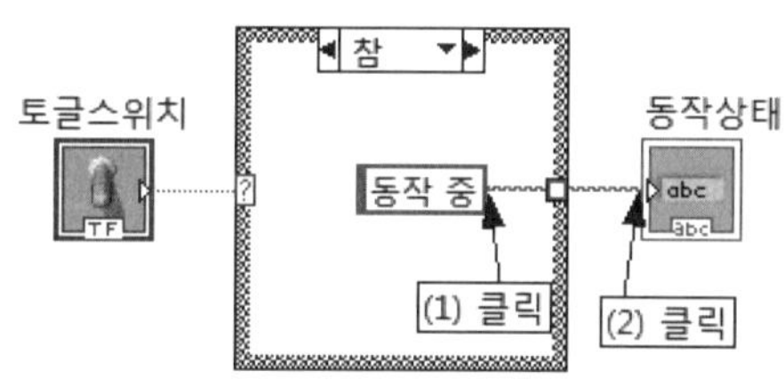

그림 7.6 와이어 연결

⑥ 그림 7.7과 같이 케이스 구조의 선택자 라벨(▶)을 클릭해서 '거짓' 케이스로 변경한 후, '동작 중단' 문자열을 그림 7.8과 같은 방법으로 추가해서 글씨 '동작 중단'을 입력하면 그림 7.9와 같이 된다.

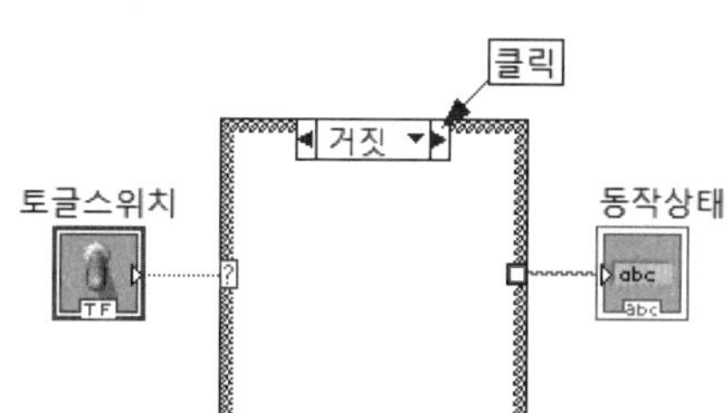

그림 7.7 케이스 구조 선택자 라벨 변경

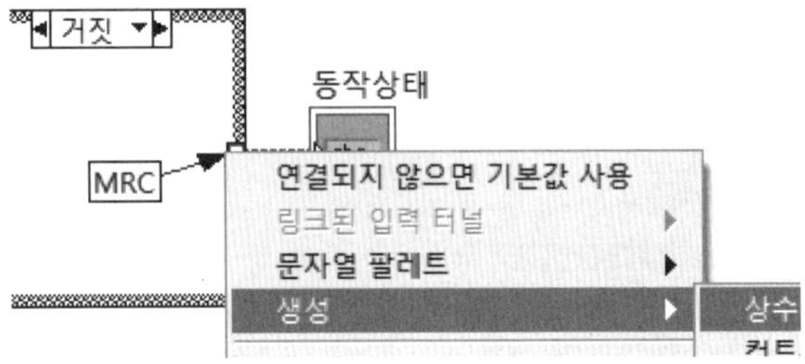

그림 7.8 문자 상수열 추가(MRC: 마우스 우측 버튼 클릭 약자)

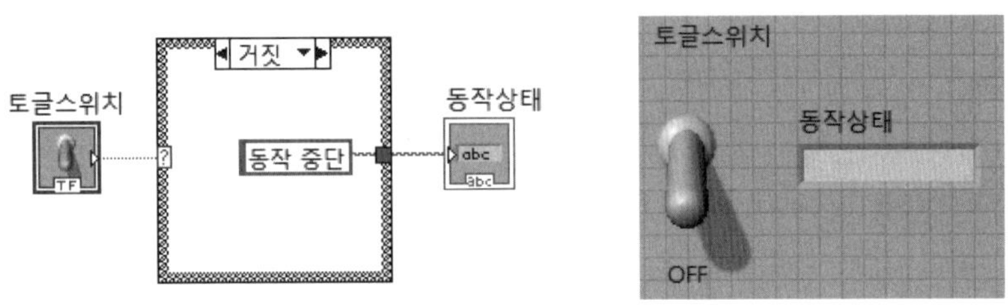

그림 7.9 '동작 중단' 상수 문자열 추가된 프로그램

⑦ 마지막으로 그림 7.10과 같이 While 루프를 추가한다. 파일명 '예제7.vi'로 저장하고 프로그램을 실행시켜보자. 토글 스위치의 on/off 상태에 따라 '동작상태' 인디케이터에 다른 문자열이 나타남을 확인하라.

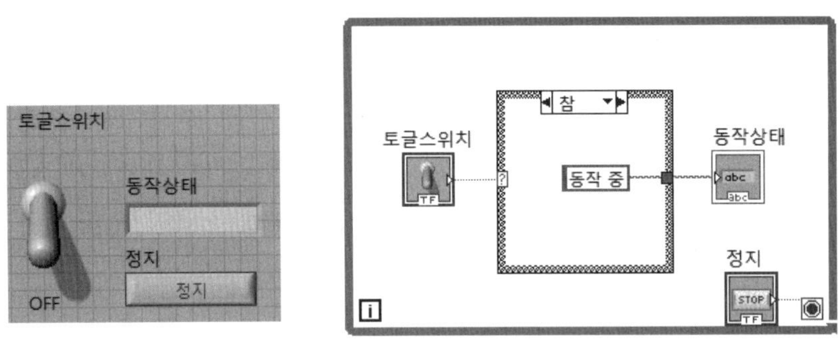

그림 7.10 최종 프로그램(거짓 케이스는 그림7.9와 같음)

⑧ 케이스 구조는 참과 거짓 케이스를 가지고 있으며, 케이스 선택자(?)로 진리값 참이 입력되면 참 케이스가 실행되며, 거짓이 입력되면 거짓 케이스가 실행됨을 '실행 하이라이트' 버튼을 클릭한 상태에서 프로그램을 실행시켜서 확인하라.

연습문제 7.1

사람의 이름(예: 홍길동)과 나이(예: 21)를 입력받아서 '홍길동의 나이는 21세이다.'라는 문자열이 출력되게 하라.

➲ 이름을 프런트패널에서 입력 받기 위해 '컨트롤 〉 일반(1*3) 〉 문자열&경로(1*1)'를 실행하여 '문자열 컨트롤'을 추가한 후, 라벨을 '이름'으로 변경해라.

➲ 나이를 프런트패널에서 입력 받기 위해 '컨트롤 〉 일반(1*3) 〉 문자열&경로(1*1)'를 실행하여 '문자열 컨트롤'을 추가한 후, 라벨을 '나이'로 변경해라.

➲ 블록다이어그램에서 '함수 〉 프로그래밍(2*2) 〉 문자열(2*2)'를 실행하여 '문자열 연결' 함수를 추가해라.

➲ While 루프를 추가하면 그림 7.11과 같이 된다.

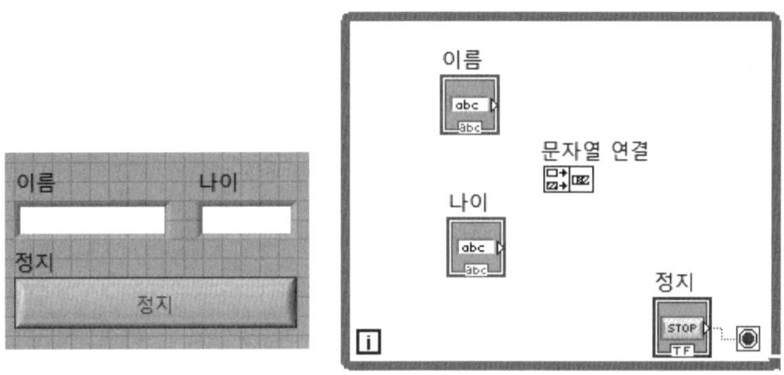

그림 7.11 프로그램 작성 중간 단계

➲ 그림 7.12와 같이, '문자열 연결' 함수를 클릭한 후, 하단 가운데 부분을 아랫방향으로 드래그해서 함수 입력단의 개수를 4개로 늘인다.

그림 7.12 문자열 연결 함수 입력단 늘이는 방법(좌측) 및 결과(우측)

➲ '문자열 연결' 함수의 두 번째 입력단에서 'MRC 〉 생성 〉 상수'를 실행한 후, 문자열 '의 나이는'을 타이핑한다.

➲ '문자열 연결' 함수의 네 번째 입력단에서 'MRC 〉 생성 〉 상수'를 실행한 후, 문자열 '세이다.'를 타이핑한다.

➲ '문자열 연결' 함수의 출력단에서 'MRC 〉 생성 〉 인디케이터'를 실행한 후, 라벨을 '출력문자열'로 수정한다.

➲ 프로그램 작성 최종 결과는 그림 7.13과 같다.

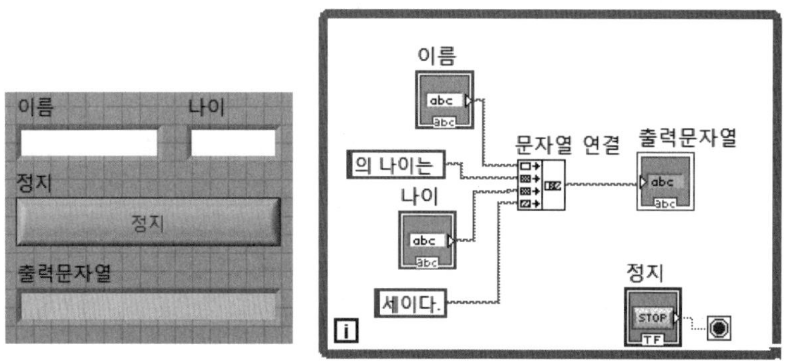

그림 7.13 프로그램 최종 작성 결과

연습문제 7.2

두 개의 난수(0-1) 함수를 이용해서 1에서 10 사이(1과 10 포함)의 임의 정수 2개가 출력되게 하고, '출력된 두 정수의 합은 ??이다'는 문자열을 출력해주는 프로그램을 작성하라.(??는 정수 2개를 더한 숫자)

➲ 블록다이어그램에서 '함수 〉 프로그래밍(2*2) 〉 문자열(2*6) 〉 문자열/숫자변환(1*1)'을 실행하여, '숫자를 10진수 문자열로' 함수( )를 추가하라. 이 함수의 기본 도움말(Ctrl ⊕H)을 보면 좌측 상단 입력단으로 10진수 숫자를 입력받아서, 우측 출력단으로 10진수 문자열로 변환해서 출력해주는 함수이다. 만약 소수점 자리를 가진 숫자가 입력되면, 반올림해서 정수로 바꾸어서 출력한다.

➲ '문자열 연결' 함수의 입력단으로는 문자열만 입력이 가능하므로, '숫자를 10진수 문자열로' 함수를 이용하여 숫자를 문자열로 바꾸어야 한다.

➲ 프로그램 작성 최종 결과는 그림 7.14와 같다. 파일명 '연습문제7.2.vi'로 저장한 후 실행시켜보아라. 출력문자열 결과가 제대로 나오는지 확인하라.

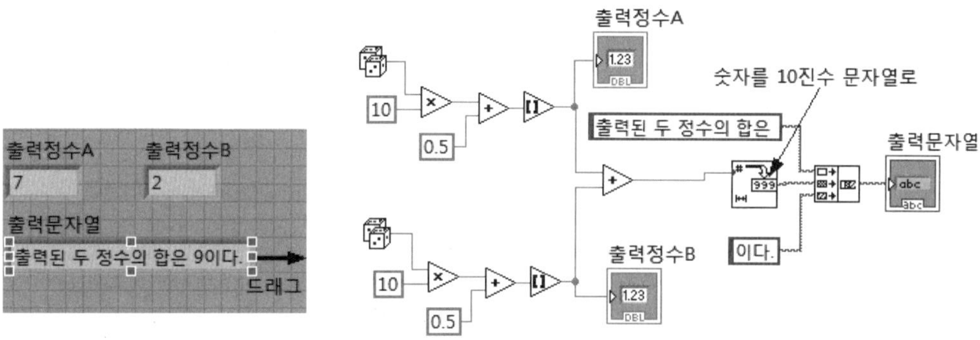

그림 7.14 프로그램 최종 결과

연습문제 7.3

입력 받은 문자열에서 특정 단어를 다른 단어로 대체 해주는 프로그램을 작성하라.

➲ 블록다이어그램에서 '함수 〉 프로그래밍(2*2) 〉 문자열(2*2)'을 실행하여, '문자열 검색과 대체' 함수를 추가한다.

➲ 이 함수의 좌측 첫 번째, 두 번째, 세번째 입력단에서 'MRC 〉 생성 〉 컨트롤'를 실행한다.

➲ 이 함수의 우측 첫 번째 출력단에서 'MRC 〉 생성 〉 인디케이터'를 실행한다.

➲ 그림 7.15와 같이 최종 프로그램을 작성하라. 파일명 '연습문제7.3.vi'로 저장한 후 실행시켜보아라. 결과 문자열 결과가 제대로 나오는지 확인하라.

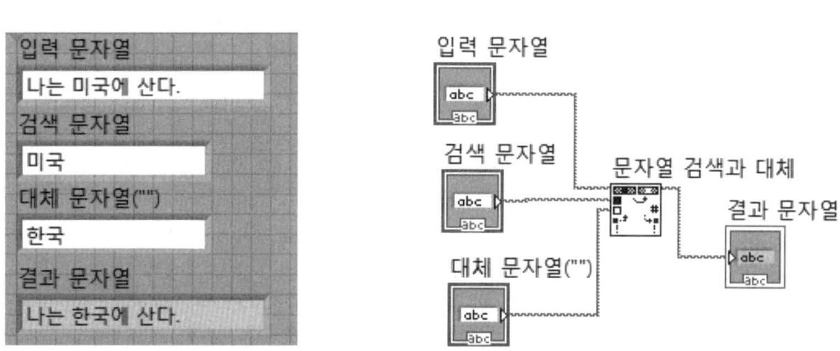

그림 7.15 최종 프로그램

예제 08

가상의 온도계의 온도 값을 2초 단위로 읽어서, 읽은 온도 값과 날짜/시간을 실시간으로 텍스트 파일(*.txt) 형식으로 저장해주고, 엑셀파일(*.xlsx)로도 변환 가능케 해주는 프로그램을 작성하라.

학/습/내/용

A. 텍스트 파일에 쓰기 함수
B. 날짜/시간 함수
C. 텍스트 파일을 엑셀 파일로 변환하기
D. 텍스트 파일로부터 읽기 함수(연습문제 8.2)
E. 숫자형 배열을 파일로 저장하기(연습문제 8.3)

① 그림 8.1과 그림 8.2와 같은 블록다이어그램 및 프런트패널을 작성하라. 작성 과정은 다음의 ②~④에 제시되어 있다.

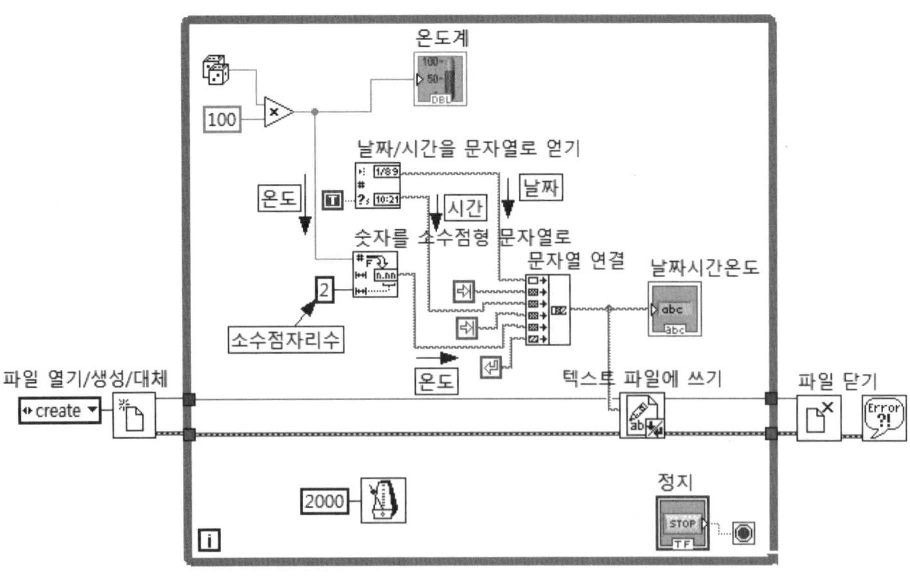

그림 8.1 블록다이어그램

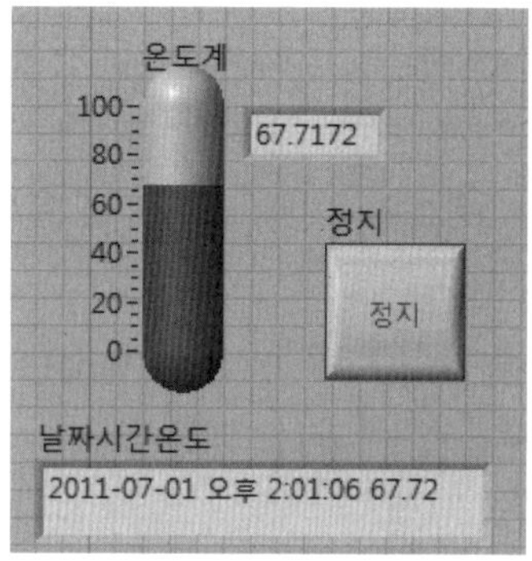

그림 8.2 프런트패널

② 프런트패널에서 '컨트롤 〉 일반(1*1) 〉 숫자형(5*2)'을 실행하여, '온도계' 인디케이터를 추가하라.

➲ 그림 8.3과 같이 온도계 인디케이터 위에서 'MRC 〉 보이는 아이템(1) 〉 디지털 디스플레이'를 실행하여, 온도계 눈금값이 숫자로도 나타나게 하라.

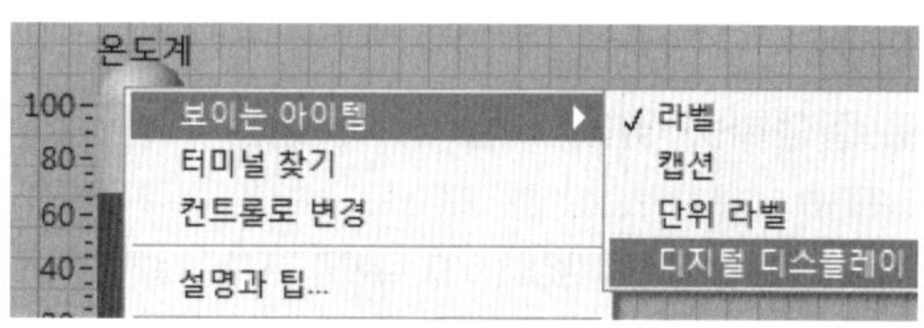

그림 8.3 온도계 인디케이터의 디지털 디스플레이 추가 방법

③ 블록다이어그램에서 다음을 실행하여 4개의 함수를 그림 8.4와 같이 추가하라.

파일 열기/생성/대체	함수 > 프로그래밍(3*2)> 파일 I/O(2*1) > 파일 열기/생성/대체 함수. 이 함수는 저장할 파일의 파일명(*.txt)을 지정해준다.
텍스트 파일에 쓰기	함수 > 프로그래밍(3*2)> 파일 I/O(3*1) > 텍스트 파일에 쓰기 함수. 이 함수는 좌측 입력단으로 입력되는 텍스트를 지정된 파일명(*.txt)을 가진 파일로 저장한다.
파일 닫기	함수 > 프로그래밍(3*2)> 파일 I/O(2*2) > 파일 닫기 함수. 이 함수는 파일(*.txt)를 닫는다.
	함수 > 프로그래밍(3*1)> 대화상자 & 사용자인터페이스(2*1) > 단순 에러 핸들러 함수. 이 함수는 에러 메시지를 보여 준다.

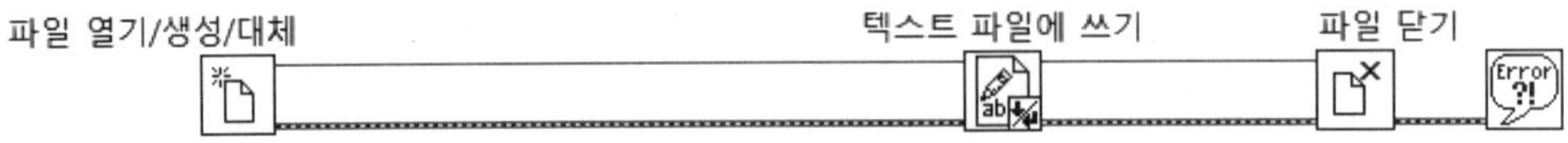

그림 8.4 텍스트 파일에 쓰기 관련 함수 추가 모습

④ '파일에 열기/생성/대체' 함수의 좌측 두 번째 입력단에서 'MRC 〉 생성 〉 상수'를 실행한 후, 그림 8.5의 펼침 버튼을 눌러서 'create'를 선택하라. 그러면, 그림 8.5와 같이 된다.

➲ 'create' 상수가 설정되었기 때문에, '파일에 열기/생성/대체' 함수가 실행될 때 새로운 파일명(*.txt)을 지정해주는 과정이 필요하다.

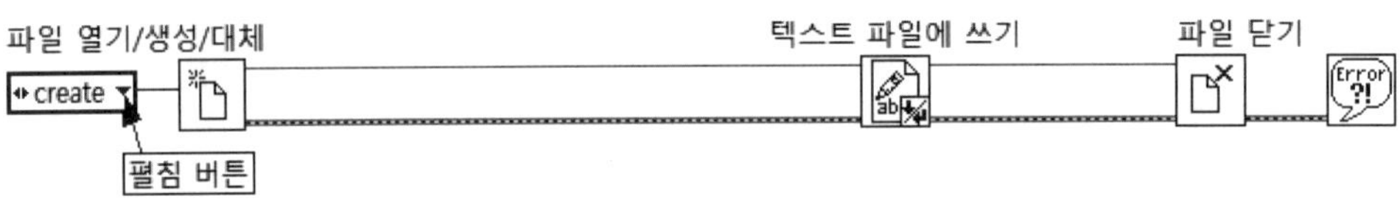

그림 8.5 'create' 상수 추가 방법

⑤ 다음을 추가적으로 실행하여 앞의 그림 8.1과 같은 최종 블록다이어그램을 작성하라.

날짜/시간을 문자열로 얻기 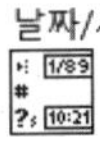	함수 〉 프로그래밍(3*2)〉 타이밍(2*1) 〉 날짜/시간을 문자열로 얻기 함수. 이 함수는 우측 출력단 두 곳으로 날짜와 시간을 출력해준다. 좌측 입력단 맨 하단에 진리값 참을 입력하면, 시간을 보여줄 때 초 단위까지 보여준다.
숫자를 소수점형 문자열로 	함수 〉 프로그래밍(2*2)〉 문자열(2*6) 〉 문자열/숫자 변환(1*4) 〉 숫자를 소숫점형 문자열로 함수. 이 함수는 입력된 숫자를 문자열로 바꾸어 준다. 좌측 하단에 정수 2는 출력되는 문자열(숫자)의 소수점 자리수를 나타낸다.
	함수 〉 프로그래밍(2*2) 〉 문자열(5*6) 〉 탭 상수. 이 상수는 문자와 문자 사이 간격을 탭(Tab)으로 띄어 준다.
	함수 〉 프로그래밍(2*2) 〉 문자열(5*3) 〉 캐리지 리턴 상수. 이 상수는 줄 바꿈을 해준다.

⑥ 파일명 '예제8.vi'로 저장한 후 프로그램을 실행시켜 보자. 프로그램이 실행됨과 동시에 그림 8.6과 같은 저장될 파일명을 지정할 대화창이 나타난다. 대화창에서 파일 이름을 temp.txt로 지정한 후 확인 버튼을 클릭하라. 그러면, 그림 8.7과 같이 2초마다 측정된 시간, 날짜, 온도가 프런트패널에 표시될 것이다.

그림 8.6 파일 이름을 temp.txt로 입력

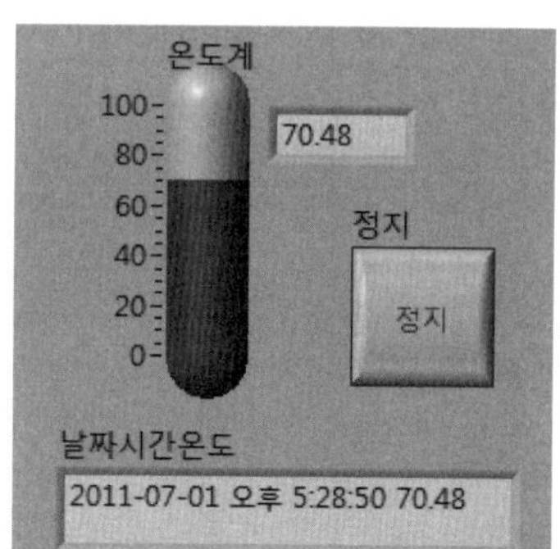

그림 8.7 실행 상태의 프런트패널

⑦ 프로그램이 실행되고 있는 상태에서, 바탕화면에 있는 temp.txt 파일을 더블 클릭해서 열면, 그림 8.8과 같이 파일 내용을 확인할 수 있다.

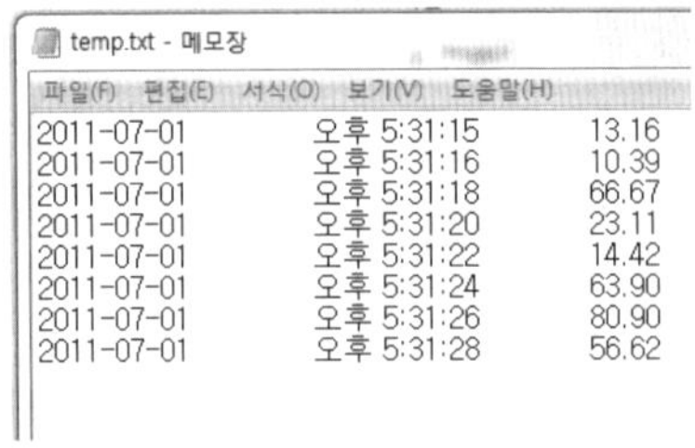
temp.txt - 메모장

파일(F) 편집(E) 서식(O) 보기(V) 도움말(H)

2011-07-01	오후 5:31:15	13.16
2011-07-01	오후 5:31:16	10.39
2011-07-01	오후 5:31:18	66.67
2011-07-01	오후 5:31:20	23.11
2011-07-01	오후 5:31:22	14.42
2011-07-01	오후 5:31:24	63.90
2011-07-01	오후 5:31:26	80.90
2011-07-01	오후 5:31:28	56.62

그림 8.8 저장된 파일 내용(temp.txt 파일)

⑧ 마지막으로, temp.txt를 엑셀 프로그램에서 열기 위하여, 그림 8.9와 같이 엑셀 프로그램을 연다. 그림 8.10과 같이 맨 상단에 있는 오피스 단추를 클릭해서 '열기'를 클릭한다. 그러면 그림 8.11과 같이 열기 대화창이 나타난다.

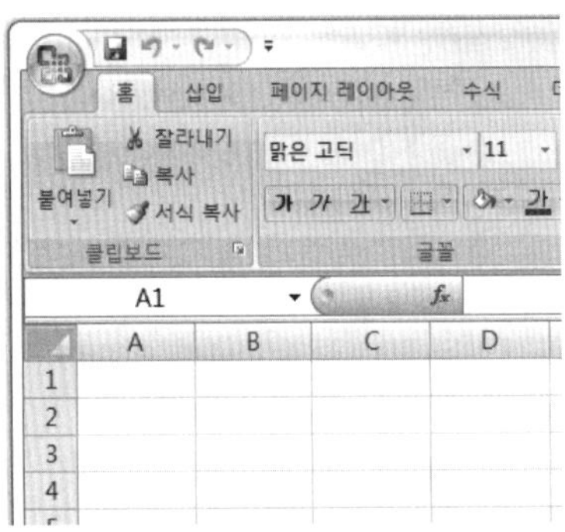

그림 8.9 엑셀 프로그램 열기

그림 8.10 '열기' 클릭

그림 8.11 열기 대화창

⑨ 열기 대화창에서 그림 8.12와 같이 파일 형식을 '텍스트 파일'로 변경한 후, temp.txt 파일을 선택하고 '열기' 버튼을 클릭한다.

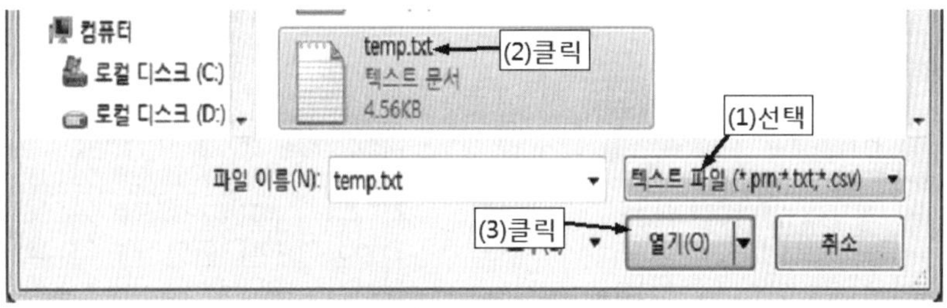

그림 8.12 파일 형식을 '텍스트 파일'로 변경

⑩ 그림 8.13과 같은 텍스트 마법사 창이 나나타면, '구분기호로 분리됨'을 선택한 후 '마침' 버튼을 클릭한다. 그러면, 그림 8.14a와 같은 엑셀 화면이 나타난다. 엑셀 화면에서 열(column)의 폭을 더 넓게 하면 그림 8.14b와 같이 나타난다.

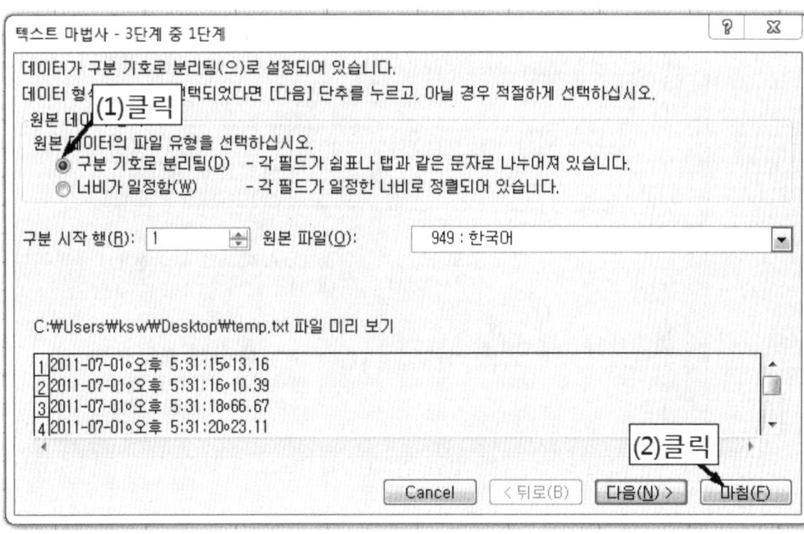

그림 8.13 텍스트 마법사 창 설정

그림 8.14a 불러온 temp.txt 파일

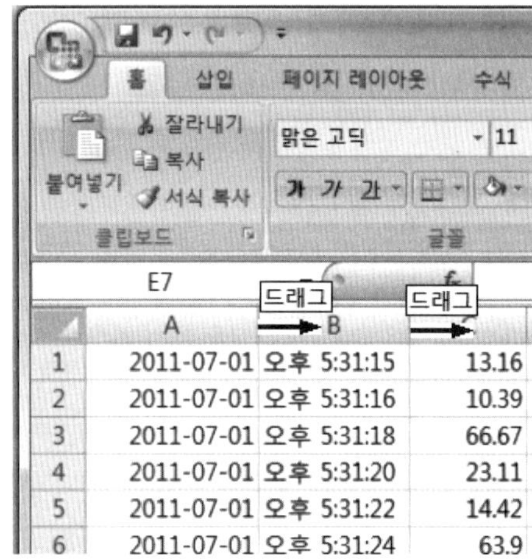

그림 8.14b 열(column) 폭 넓히기

⑪ 그림 8.15와 같이, 오피스단추를 클릭해서 '다른 이름으로 저장 〉 Excel 통합 문서'를 실행한다. 그리고 그림 8.16과 같은 대화창이 나타나면 '저장' 버튼을 클릭한다.

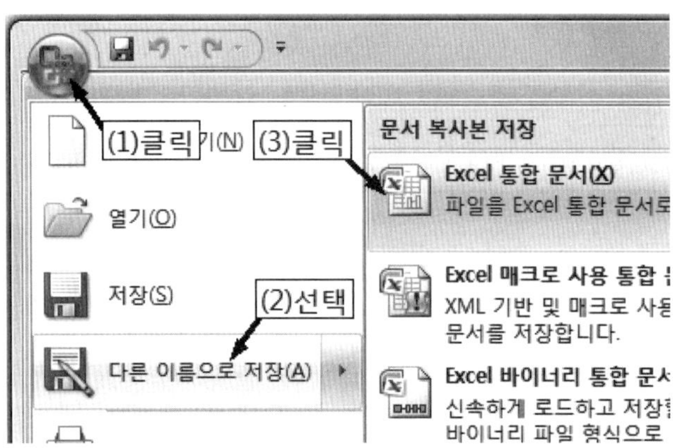

그림 8.15 엑셀 파일 형식(*.xlsx)으로 저장하기

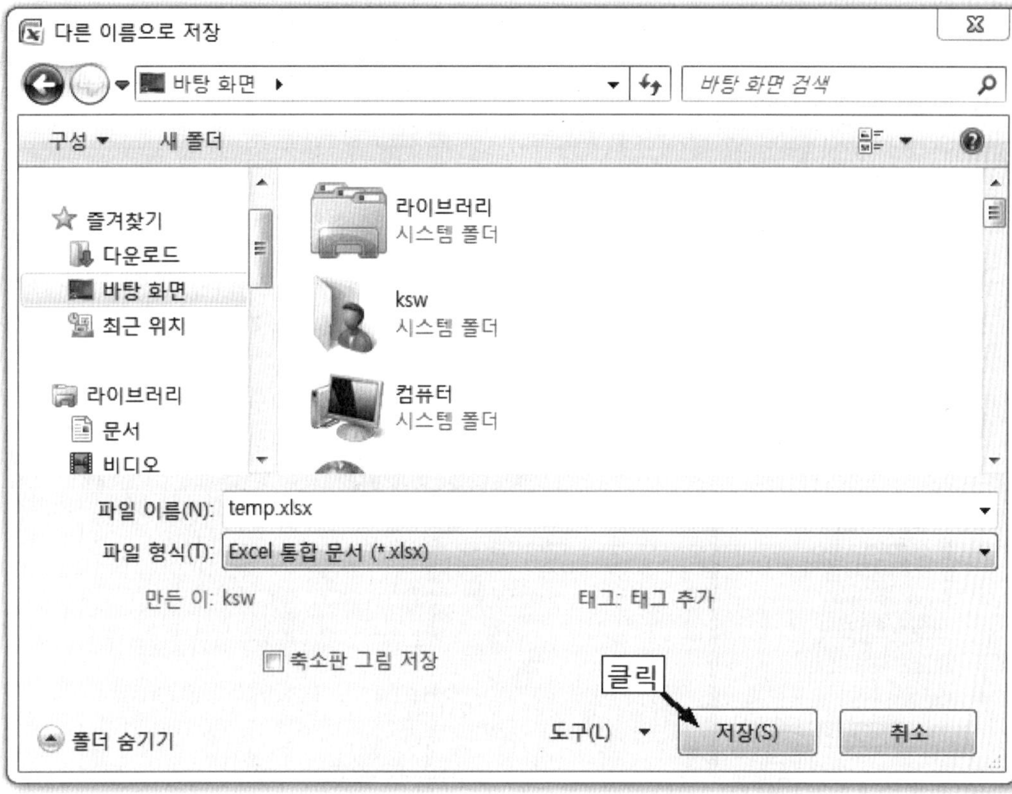

그림 8.16 다른 이름으로 저장 대화창

연습문제 8.1

예제8에 파일 대화 상자를 추가하여 파일 경로, 파일 이름, 파일 패턴 등을 미리 지정할 수 있게 하라.

➲ '예제8.vi' 파일을 연 후 파일명 '연습문제8.1.vi'로 저장한다.

➲ '함수 〉 프로그래밍(3*2) 〉 파일 I/O(6*2) 〉 고급 파일 기능(3*1)'을 실행하여 그림 8.17 좌측과 같이 파일 대화상자를 추가한다. (파일 대화 상자 추가 직후, 그림 8.17 우측과 같은 창이 나타나면 '확인' 버튼을 클릭한다.

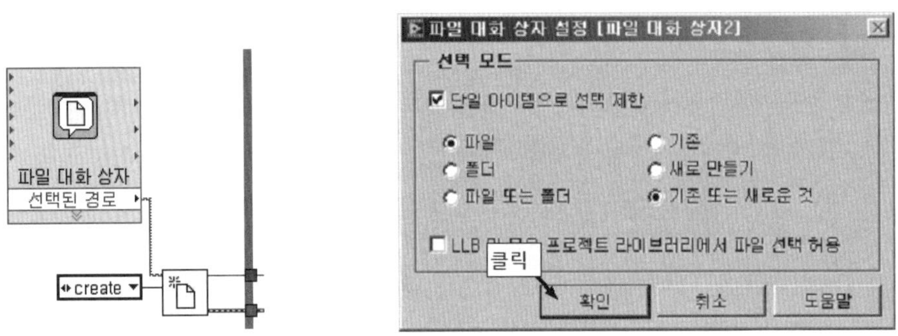

그림 8.17 파일 대화 상자 추가 과정

➲ 그림 8.18a와 같이 파일 대화 상자의 좌측 첫 번째 입력단에서 'MRC 〉 생성 〉 상수'를 실행하여 그림 8.18b와 같이 경로 상수를 추가한다.

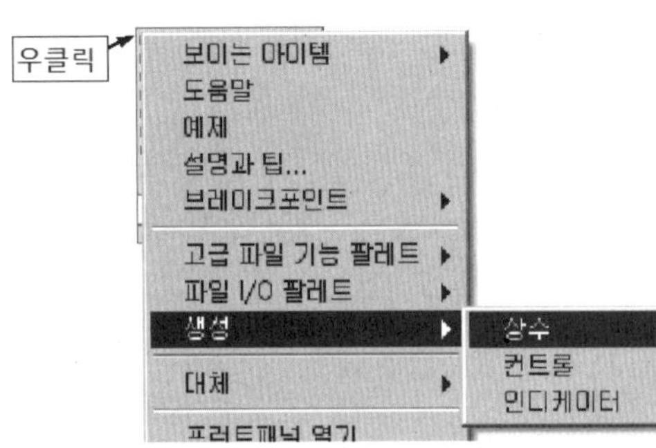

그림 8.18a 경로 상수 추가 방법

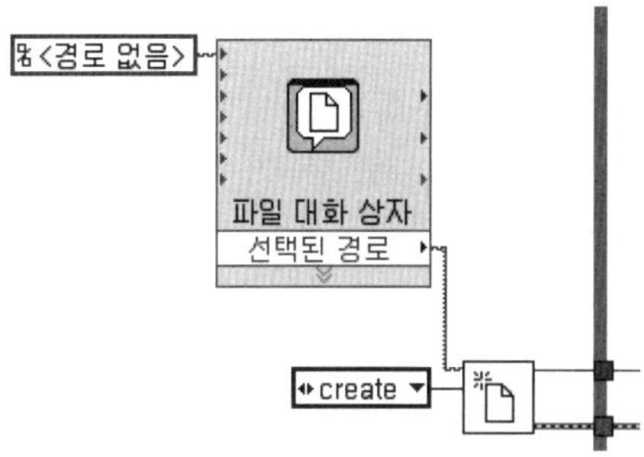

그림 8.18b 경로 상수 추가

➲ 다음으로, 그림 8.19와 같이 경로 상수 위에서 'MRC 〉 경로 탐색...'을 실행하여, 그림 8.20과 같은 탐색 창이 나타나면, 원하는 경로(바탕화면)를 설정한 후 '현재 디렉토리' 버튼을 클릭한다. (여기서는 바탕화면을 원하는 경로로 설정했다.)

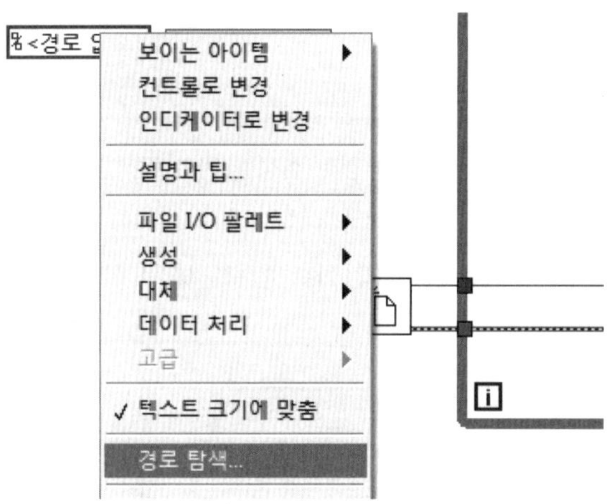

그림 8.19 경로 설정 방법

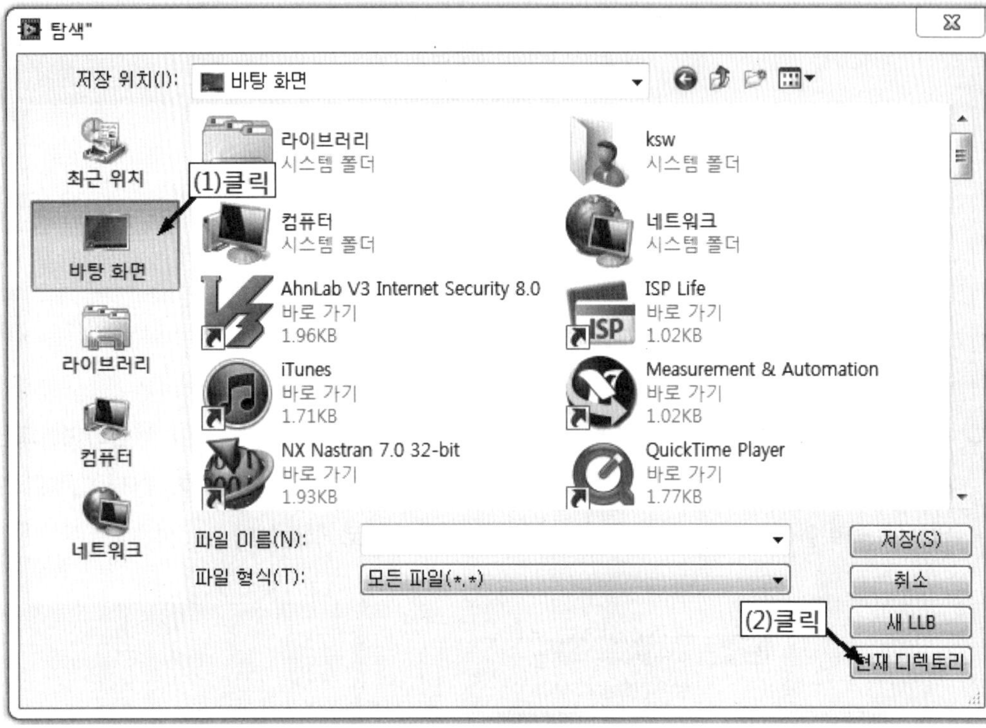

그림 8.20 경로 설정을 위한 탐색창

➲ 그림 8.21과 같이 파일 대화 상자의 좌측 입력단에서 4개의 문자열 상수를 추가하라.

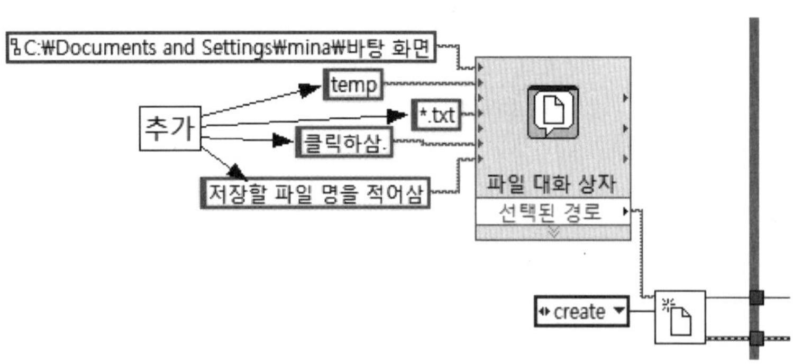

그림 8.21 문자열 상수를 추가한 상태

➲ 프로그램을 실행하면, 그림 8.22와 같은 대화 상자가 나타나는지 확인하라. 대화상자에 나타나는 텍스트들이 그림 8.21에서 추가한 문자열 상수와 같은지 확인하라. 마지막으로 파일을 저장하라.

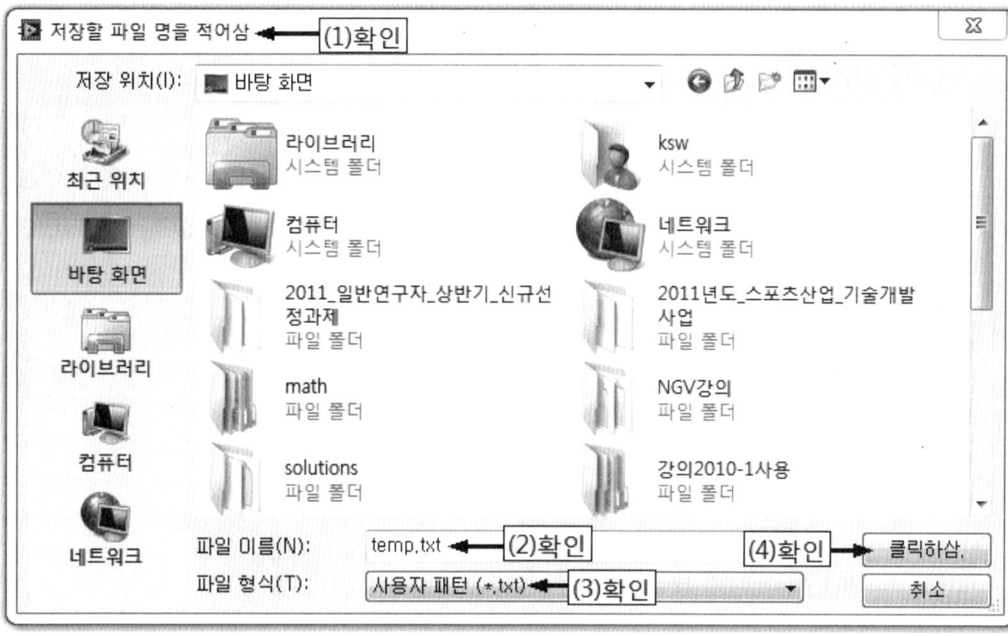

그림 8.22 파일 설정 대화 창

연습문제 8.2

예제 8에서 생성한 temp.txt 파일을 읽어서 프런트패널에서 보여주는 프로그램을 작성하라.

➲ '예제8.vi' 파일을 연 후, 파일명 '연습문제8.2vi'로 저장하라. 이 파일을 그림 8.23과 같이 변형하면 된다.

➲ 블록다이어그램에서 '함수 〉 프로그래밍(3*2)〉 파일 I/O(3*2)'를 실행하여, 텍스트 파일로부터 읽기 함수를 추가한 다음, 이 함수의 우측 두 번째 출력단에서 'MRC 〉 생성 〉 인디케이터'를 실행한 후, 라벨을 '읽은 텍스트'로 바꾸어라. 최종적으로는 그림 8.23과 같은 블록다이어그램을 작성하라.

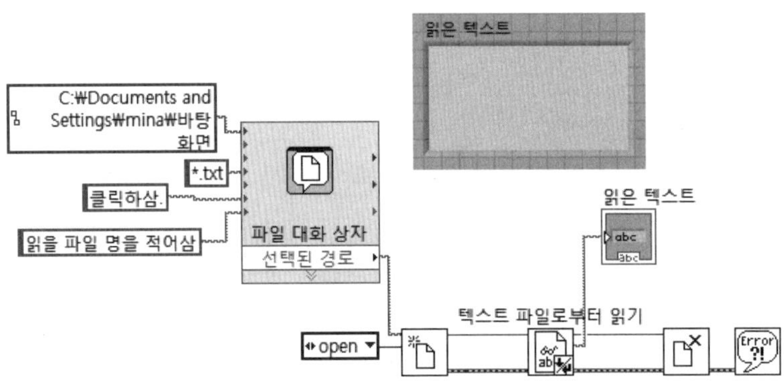

그림 8.23 최종 블록다이어그램과 프런트패널

➲ 프로그램을 저장한 후 실행시켜서, temp.txt 파일을 읽은 결과가 프런트패널의 '읽은 텍스트' 인디케이터에 나타나는지 확인하라.

연습문제 8.3

난수(0-1) 함수를 이용하여 생성한 배열(크기: 3*2)을 number.txt 파일로 저장하는 프로그램을 작성하라.

- 블록다이어그램에서 '함수 〉 프로그래밍(3*2)〉 파일 I/O(1*1)'를 실행하여, 스프레드시트 파일에 쓰기(Write To Spreadsheet File.vi) 함수를 추가하라.
- 블록다이어그램에서 '함수 〉 프로그래밍(1*2)〉 배열(2*2)'을 실행하여, 배열 만들기 함수를 추가하라.

- 그림 8.24와 같은 최종 프로그램을 작성하라.

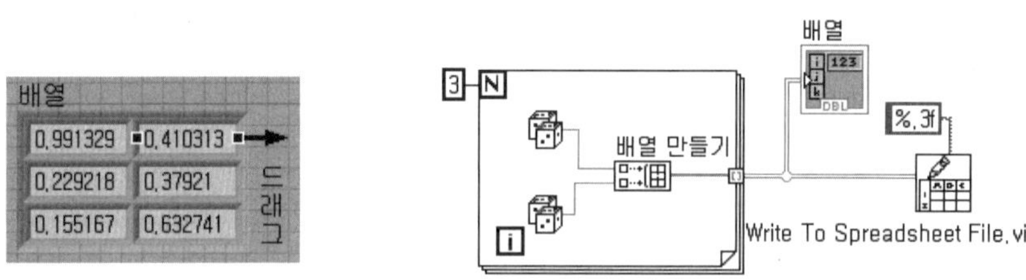

그림 8.24 프런트패널과 블록다이어그램

- 상기 블록다이어그램에서 %.3f의 의미는 배열의 원소 숫자를 저장할 때 소수점 셋째자리까지만 저장하라는 뜻이다. 만약 소수점 둘째자리까지만 저장하고 싶으면, %.2f로 하면 된다. 만약 배열의 원소가 문자열이라면 %s로 하면 된다.
- 파일명 '연습문제8.3.vi'로 저장한 후 실행시켜보아라.

예제 09

두 개의 숫자 a와 b를 입력받아서 a>b이면 'LED 1'만 켜지고, a=b이면 'LED 2'만 켜지고, a<b이면 'LED 3'만 켜지는 프로그램을 작성하라.

학/습/내/용

A. 로컬변수

B. 이중 케이스 구조

C. 메뉴 링 컨트롤과 텍스트 링 컨트롤(연습문제 9.1, 9.2)

① 그림 9.1과 같이 프런트패널에 세 개의 LED를 추가한 후, 라벨은 'LED 1', 'LED2', 'LED 3'로 수정한다. 또, 프런트패널에 숫자형 컨트롤 2개를 추가한 후, 라벨은 'a'와 'b'로 수정한다.

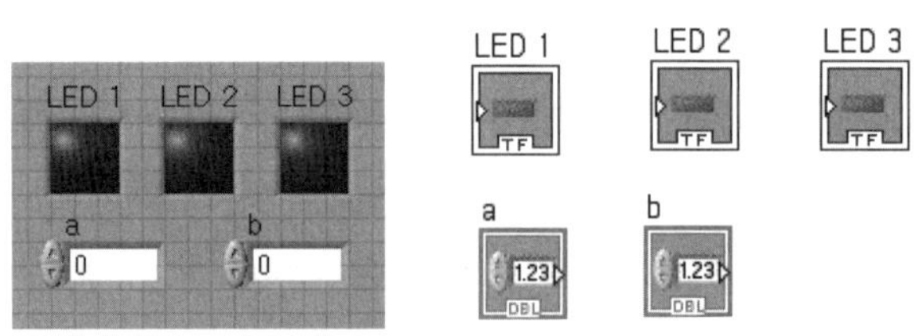

그림 9.1 프런트패널과 블록다이어그램

➲ 블록다이어그램에 보이는 아이콘들의 크기를 작게 하기 위하여, 그림 9.2 좌측과 같이, 아이콘 위에서 'MRC 〉 아이콘으로 보기'를 실행하여 체크를 해제한다. 그러면 결과는 그림 9.2 우측과 같이 된다.

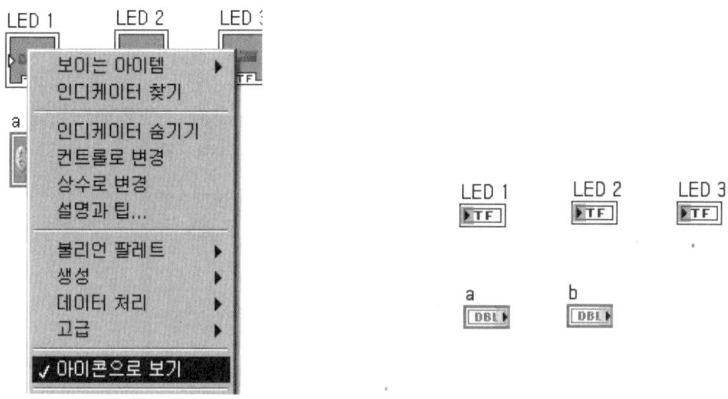

그림 9.2 아이콘의 크기를 작게 하기

② 그림 9.3과 같이 '보다 큼?' 함수와 '케이스 구조'를 추가한 후 와이어 연결을 한다.

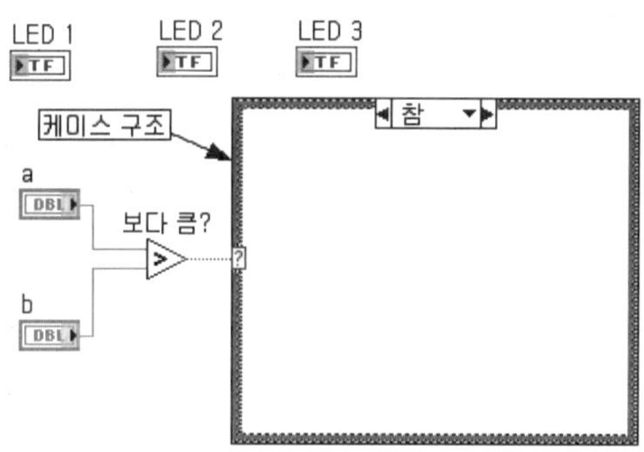

그림 9.3 수정된 블록다이어그램

③ 그림 9.4와 같이, 'LED 1' 아이콘 위에서 'MRC 〉 생성 〉 로컬 변수'를 실행한 후, 로컬 변수를 그림 9.5와 같이 케이스 구조 안에 추가한다.

➲ LED 2와 LED 3의 로컬 변수도 같은 방법으로 추가한다. 결과는 그림 9.6과 같이 되게 한다.

➲ LED 1의 로컬변수는 LED 1과 같은 객체(쌍둥이)이다.

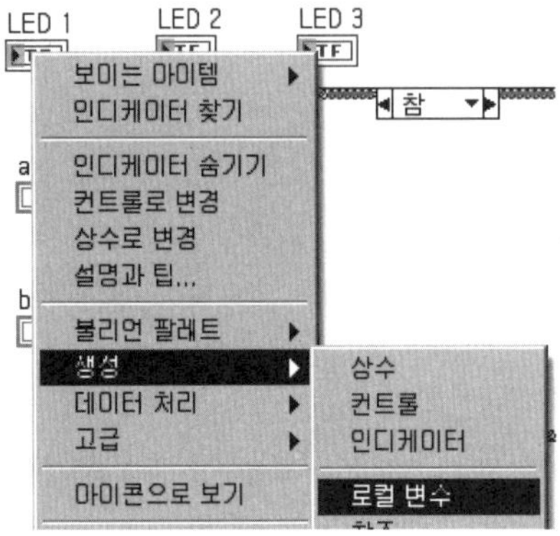

그림 9.4 로컬변수 추가 방법

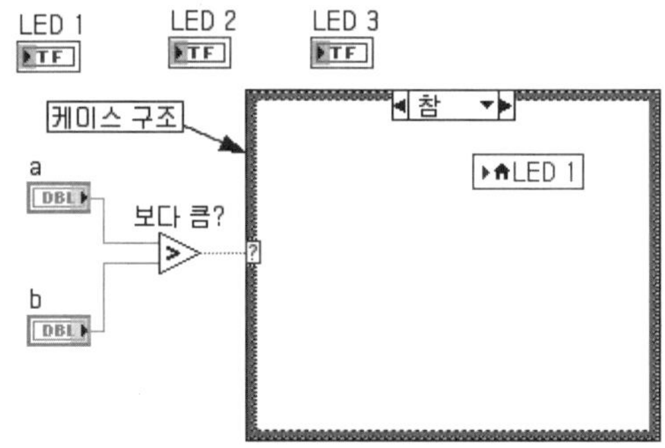

그림 9.5 로컬변수 추가

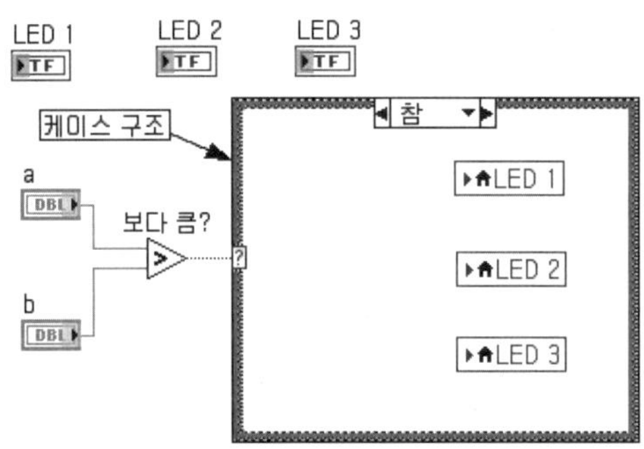

그림 9.6 LED 1, LED 2, LED 3 로컬변수 추가

④ 그림 9.7과 같이, LED 1 로컬 변수의 좌측 입력단에서 'MRC 〉 생성 〉 상수'를 실행하여 그림 9.7과 같이 진리값 참을 입력한다. LED 2와 LED 3 로컬변수에는 진리값 거짓을 입력한다.

➲ LED 1의 로컬변수는 LED 1과 같은 객체(쌍둥이)이므로, LED 1 로컬변수로 참이 입력되면, LED 1이 켜지게 된다. LED 2와 LED 3의 경우도 마찬가지이다.

➲ 그림 9.7의 블록다이어그램을 분석해보면, 만약 a=5, b=3라면 a〉b이므로 와이어 1을 통하여 진리값 참이 전달된다. 결과적으로 케이스 구조 중에 참 케이스가 실행되므로 LED 1은 켜지고 나머지 LED는 꺼지게 된다.

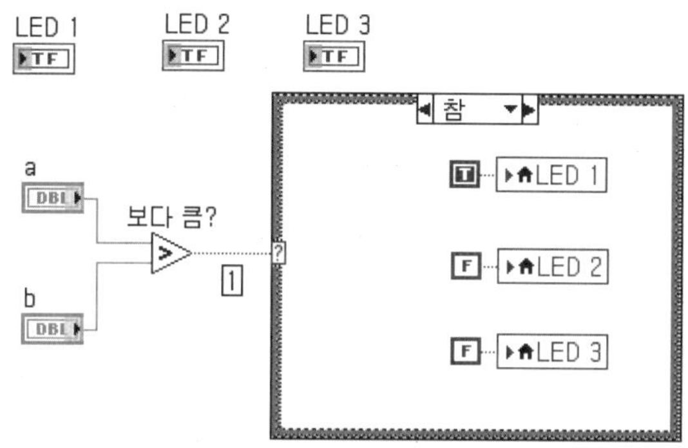

그림 9.7 LED 1만 켜지게 하는 로컬 변수 설정

⑤ 이제, 케이스 구조의 거짓 케이스를 프로그래밍 하자. 그림 9.8과 같이 거짓 케이스 내부에 케이스 구조를 추가하라. 왜냐하면, a=b인 경우와 a<b인 경우를 구분하기 위해서이다.

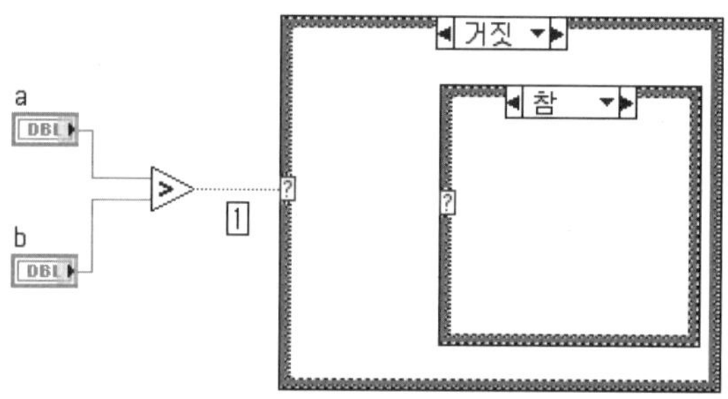

그림 9.8 케이스 구조 내부에 케이스 구조 추가

⑥ 그림 9.9와 같이 '같음?' 함수를 추가한 후 와이어 연결을 하라.

➲ 만약 a=3, b=3이라면 a=b이므로, 와이어 1을 통해서는 거짓이 들어가므로 외부 거짓 케이스가 실행되고, 와이어 2을 통해서는 참이 들어가므로 내부 참 케이스를 실행하게 될 것이다. 그래서 내부 참 케이스에는 LED 2만 켜지는 프로그래밍을 그림 9.10과 같이 하면 된다.

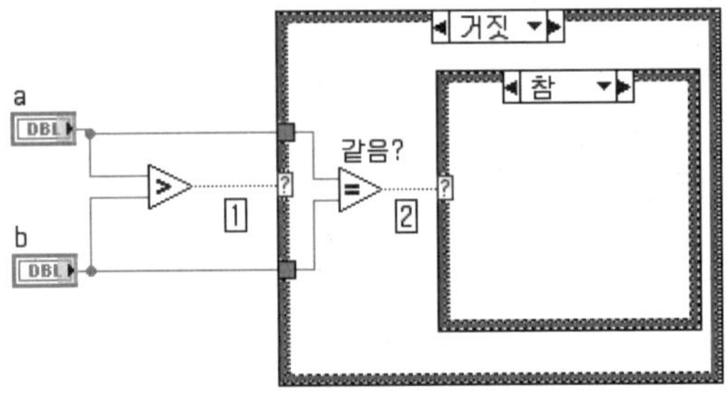

그림 9.9 '같음?' 함수 추가 및 와이어 연결

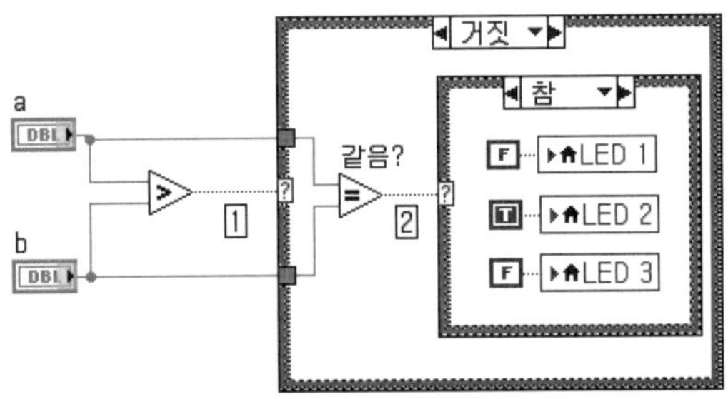

그림 9.10 LED 2만 켜지게 하는 로컬 변수 설정

⑦ 마지막으로, a=3, b=5라면 a<b이므로, 와이어 1을 통해서는 거짓이 들어가고 와이어 2를 통해서도 거짓이 들어가므로, 외부 및 내부 케이스 구조 모두 거짓 케이스가 실행되게 된다. 그래서 그림 9.11과 같이 내부 거짓 케이스에서 LED 3만 켜지게 하는 프로그래밍을 한다.

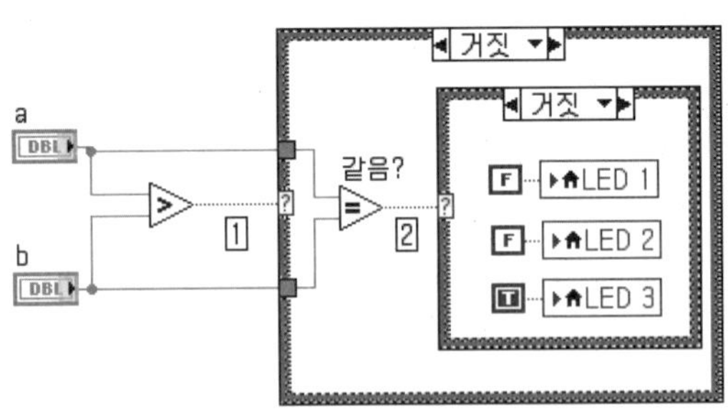

그림 9.11 LED 3만 켜지게 하는 로컬 변수 설정

⑧ 그림 9.12와 같이 While 루프를 추가한 후, 파일명 '예제9.vi'로 저장한 후 프로그램을 실행한다. 컨트롤 a와 b에 다양한 숫자들을 입력했을 때 어떤 LED가 켜지는지 확인하라.

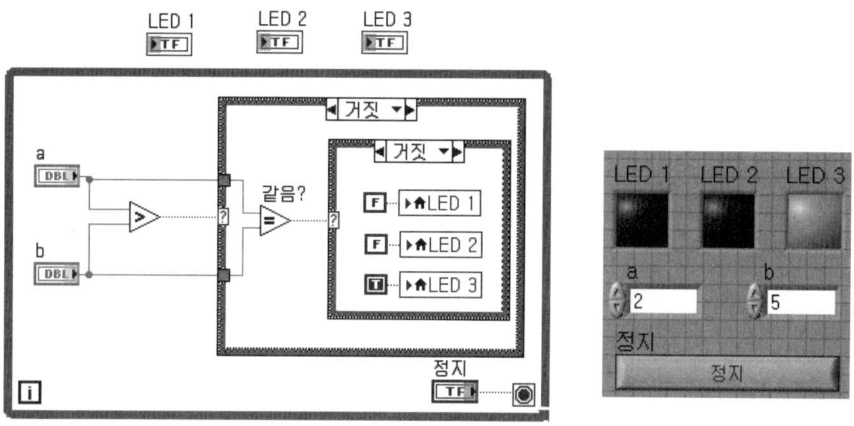

그림 9.12 최종 프로그램

연습문제 9.1

메뉴 링 컨트롤을 이용하여 입력 받은 두 수를 더하거나, 빼거나, 곱한 결과를 출력해주는 프로그램을 작성하라.

➲ 프런트패널에서 '컨트롤 〉 일반(2*3) 〉 링&열거형(1*2)'을 실행하여 '메뉴 링' 컨트롤을 그림 9.13과 같이 추가한 후, 라벨은 '연산 방법'로 수정한다.

➲ 그림 9.13과 같이 두 개의 숫자형 컨트롤(라벨은 'a'와 'b')과 하나의 숫자형 인디케이터(라벨은 'Result'로 수정)를 추가한다.

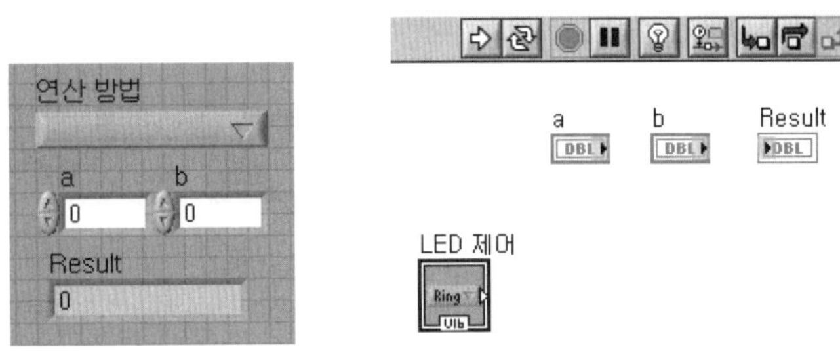

그림 9.13 프런트 패널과 블록다이어그램

➲ 다음으로 그림 9.14와 같이 케이스 구조를 추가한 후 와이어를 연결한다.

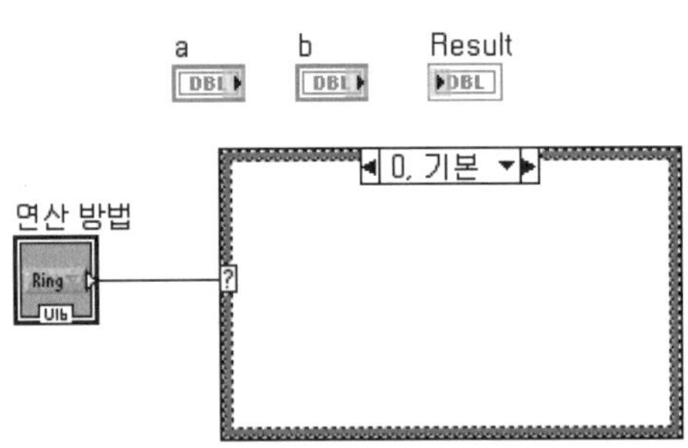

그림 9.14 케이스 구조 추가와 와이어 연결

➲ '연산 방법' 메뉴 링 위에서 'MRC 〉 프로퍼티'를 실행하여 그림 9.15와 같은 창을 연 후, 상단 탭에서 '아이템 편집' 탭을 선택한다.

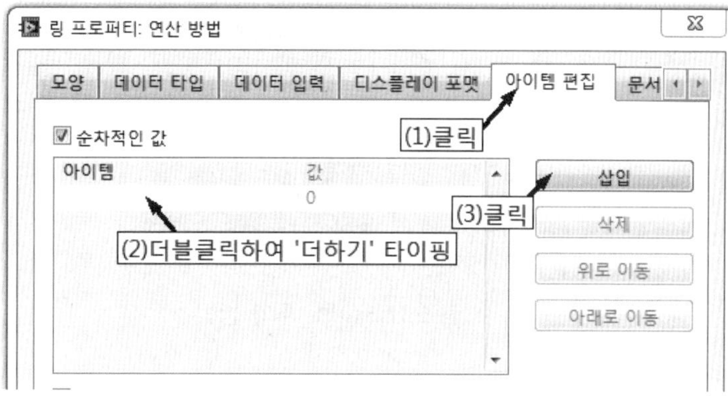

그림 9.15 링 프로퍼티 설정 창

➲ 그림 9.15와 같이 아이템 칸을 더블 클릭해서 '더하기'를 입력하고, 삽입 버튼을 누른다. 이런 방법으로 '빼기'와 '곱하기'를 입력하여 그림 9.16과 같이 설정한 후 하단에 있는 확인 버튼을 클릭한다.

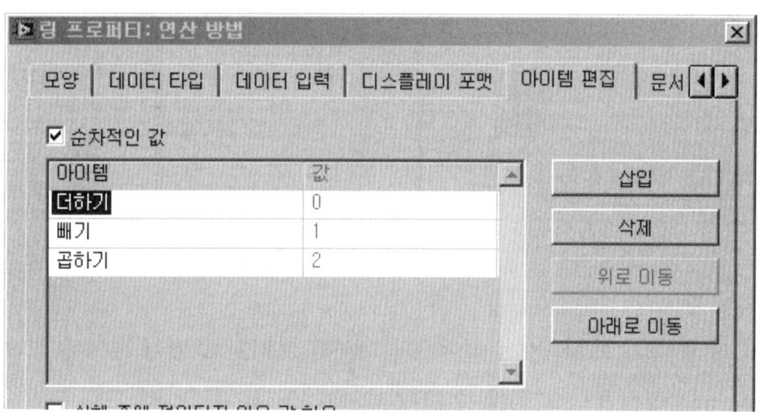

그림 9.16 링 프로퍼티 설정

➲ 블록다이어그램의 케이스 구조의 선택자 라벨 위에서 그림 9.17과 같이 'MRC 〉 다음 케이스 추가'를 실행한다. 이제 0, 1, 2 케이스가 생성되었음을 확인할 수 있을 것이다.

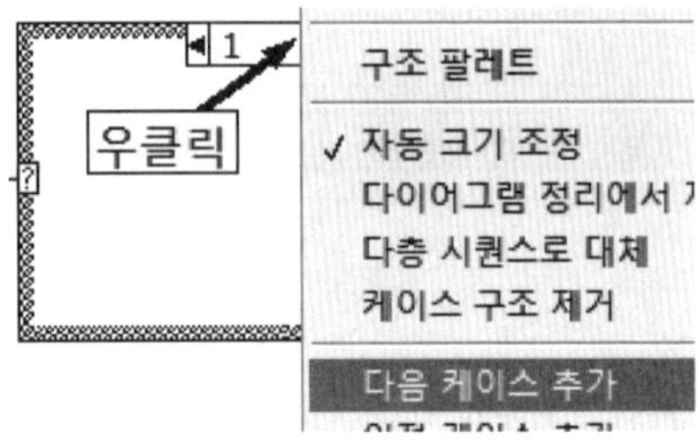

그림 9.17 케이스 추가 방법

➲ 앞의 그림 9.16의 링 프로퍼티 설정에서 더하기 아이템의 값은 0이므로, 프런트패널의 '연산 방법' 링 메뉴에서 더하기가 선택되어진다면, 그림 9.18과 같이 와이어 1을 통하여 0이 출력되기 때문에 0 케이스가 실행되게 된다. 그래서 0 케이스에는 a와 b를 더해주는 프로그램을 작성한다.

➲ 그림 9.18과 같이 컨트롤 'a'와 'b'와 인디케이터 'Result'에 대한 로컬 변수를 생성한다.

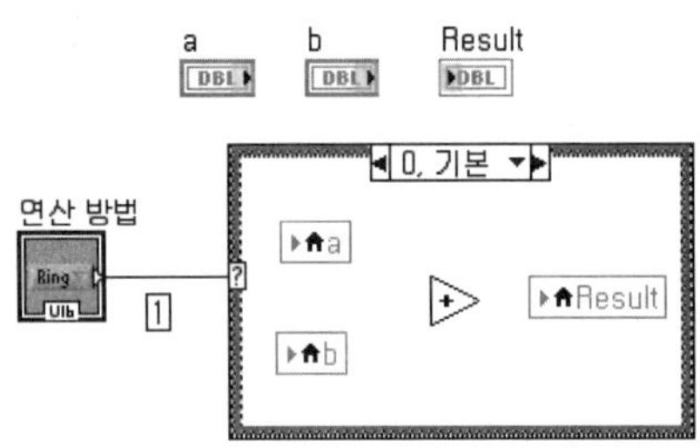

그림 9.18 로컬 변수 3개 생성

➲ 그림 9.19와 같이 로컬 변수 'a' 위에서 'MRC 〉 읽기로 변경'을 수행한다. 로컬변수 'b'에 대해서도 마찬가지 과정을 수행한 후 와이어를 연결하면 그림 9.20과 같이 된다.

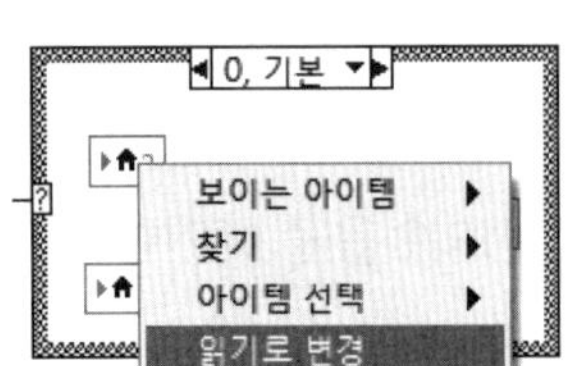

그림 9.19 읽기로 변경 실행

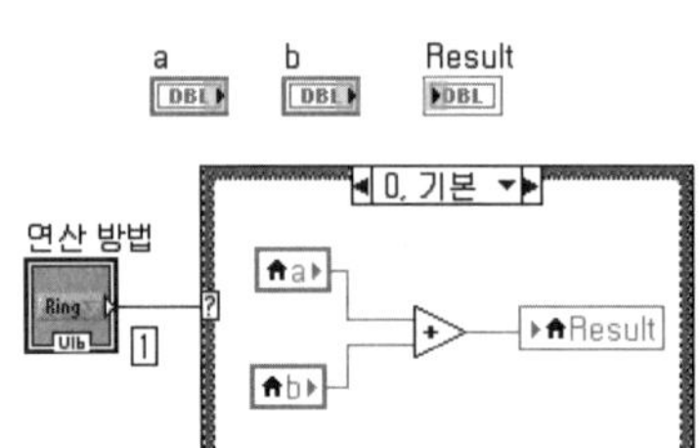

그림 9.20 0 케이스 완성

➲ 1 케이스와 2 케이스에 대해서도 그림 9.21과 같이 작성하면 된다.

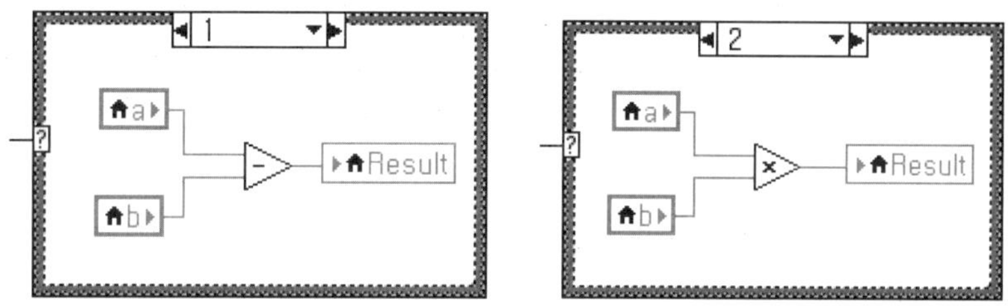

그림 9.21 1 케이스와 2 케이스 프로그래밍

➲ 마지막으로 그림 9.22과 같이 While 루프를 추가한 후, 파일명 '연습문제 9.1.vi'로 저장하라. 프로그램을 실행시킨 상태에서 '연산 방법' 링 메뉴를 클릭해서 변경시켜 보아라. 'Result' 값이 생각한 바와 같이 출력되는지도 확인하라.

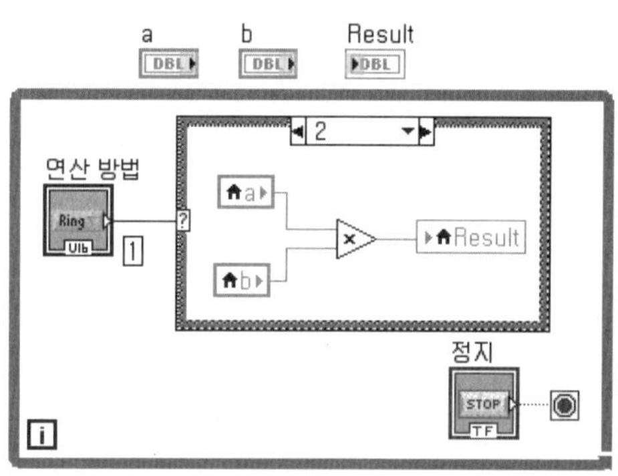

그림 9.22 최종 블록다이어그램

연습문제 9.2

메뉴 링 컨트롤 대신에 텍스트 링 컨트롤 이용하여 연습문제 9.1을 작성하라.

➲ '연습문제9.1.vi' 파일을 연 후, 파일명 '연습문제9.2.vi'로 저장한다.

➲ 그림 9.23과 같이 '연산 방법' 메뉴 링 위에서 'MRC 〉 대체 〉 일반(2*3) 〉 링&열거형(1*1)'를 실행하여 '텍스트 링' 컨트롤을 '메뉴 링' 컨트롤 대신에 대체한다.

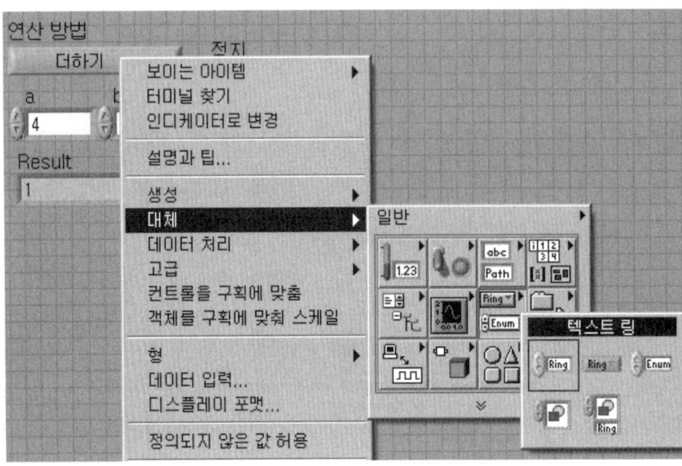

그림 9.23 텍스트 링 컨트롤로 대체 방법

➲ 최종 작성한 프로그램을 저장한 후 실행시켜 보아라.

연습문제 9.3

메뉴링 컨트롤을 사용하여 LED 하나를 켜거나 끄는 프로그램을 작성하라.

➲ 그림 9.24와 같이 'LED 켜기'와 'LED 꺼기' 아이템을 가진 메뉴링 컨트롤을 사용하여 LED 하나를 켜거나 끄는 프로그램을 작성하라.

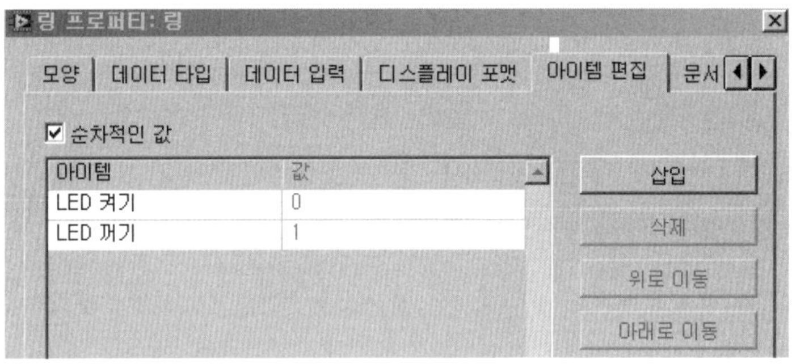

그림 9.24 메뉴 링 프로퍼티 설정 내용

➲ 최종 작성한 프로그램을 파일명 '연습문제9.3.vi'로 저장하라.

예제 10

"연예인 김태희와 신민아 중 더 좋아하는 사람은 누구입니까?"라는 질문을 대화 상자를 통해 하고, 둘 중 한 사람을 선택하면, 선택한 사람의 사진이 프런트패널에 나타나게 하라.

학/습/내/용

A. 사용자 정의 컨트롤 만들기
B. 블록다이어그램에서 아이콘 사이즈 줄이기
C. 대화 상자(dialog box) 이용하기
D. Visible 프로퍼티 노드
E. 플랫 시퀀스 구조(연습문제 10.1)

① 그림 10.1과 같이 프런트패널에 LED를 추가하고 라벨을 '김태희'로 입력한다.

그림 10.1 LED 추가 및 라벨 입력

② 그림 10.2와 같이 '김태희' LED 위에서 'MRC 〉 고급 〉 사용자정의'를 실행하여, 그림 10.3과 같은 컨트롤 편집 창을 연다.

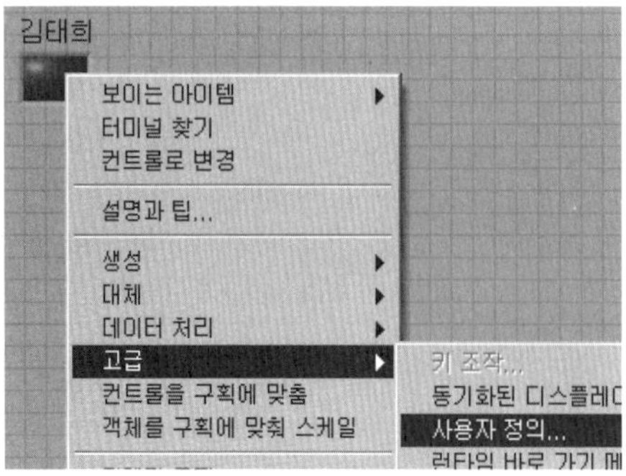

그림 10.2 컨트롤 편집 창 열기

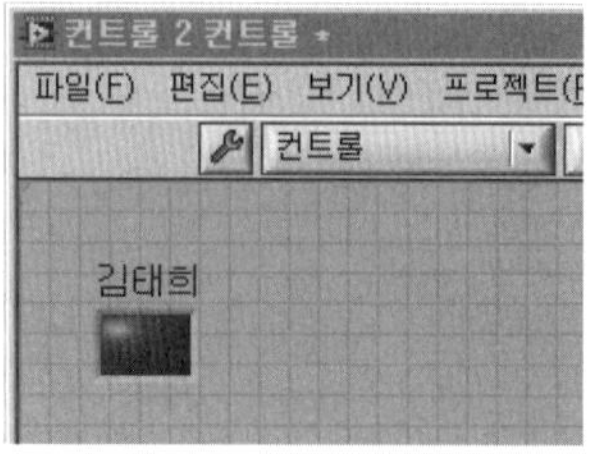

그림 10.3 컨트롤 편집 창

③ 네이버(www.naver.com)에 인터넷 접속하여, 검색어로 '김태희'를 입력해서 김태희 사진을 찾는다. 그림 10.4와 같이 사진 위에서 'MRC 〉 복사'를 실행하여 사진을 복사한다. 다음으로, 그림 10.5와 같이 컨트롤 편집 창의 '편집' 메뉴에서 '붙여넣기'를 실행하면, 그림 10.6과 같이 사진이 복사된다. 그림 10.7과 같이 사진을 드래그(이동)해서 LED가 보이지 않도록 이동한다. 사진을 미세하게 이동하기 위해선 사진이 선택된 상태에서 키보드 화살표 버튼을 사용하면 된다.

그림 10.4 김태희 사진 복사

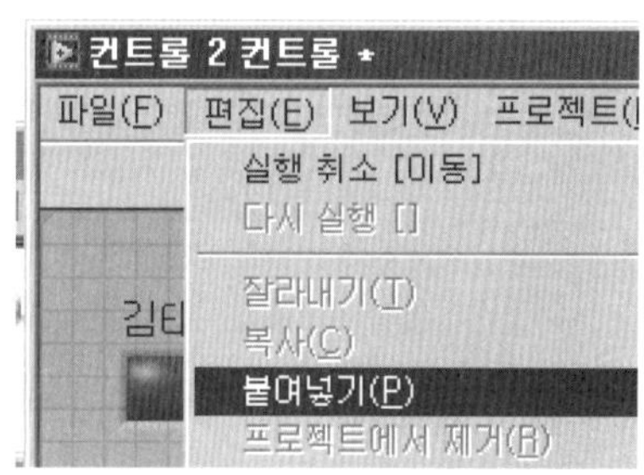

그림 10.5 사진 붙여넣기 실행

그림 10.6 복사된 결과

그림 10.7 사진 이동하기

④ 그림 10.8과 같이 컨트롤 편집 창의 '파일' 메뉴에서 '저장'을 실행한다. 그리고 그림 10.9와 같은 대화 창에서 파일 이름을 '김태희'라고 입력한 후 확인 버튼을 클릭한다.

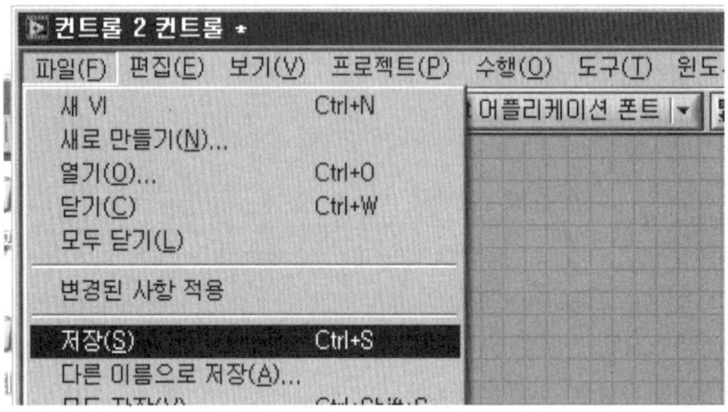

그림 10.8 사용자가 직접 만든 '김태희' 컨트롤 저장

그림 10.9 사용자가 직접 만든 컨트롤 이름 지정

⑤ 이제 열려 있는 컨트롤 편집 창과 프런트패널을 닫는다. 닫는 과정에서 그림 10.10과 그림 10.11과 같은 대화 창이 나타나면, '아니오'과 '저장 안함' 버튼을 클릭한다.

➲ 방금 만든 '김태희' 컨트롤은 파일명 '김태희.ctl'로 저장되어졌다. 나중에 불러와서 사용해야 되니, 저장된 폴더를 기억하길 바란다.

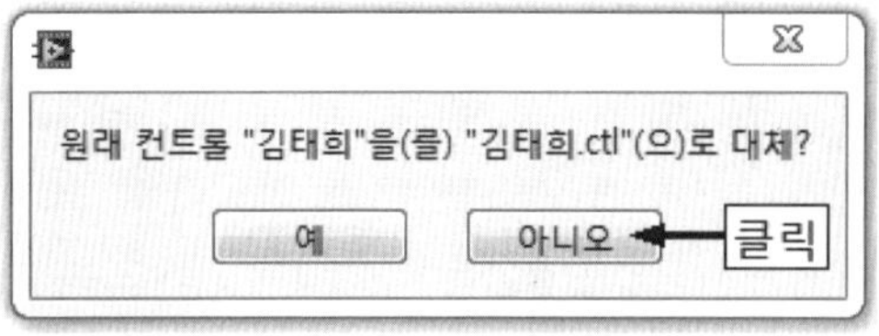

그림 10.10 사용자 정의 컨트롤 대체 여부 묻는 대화창

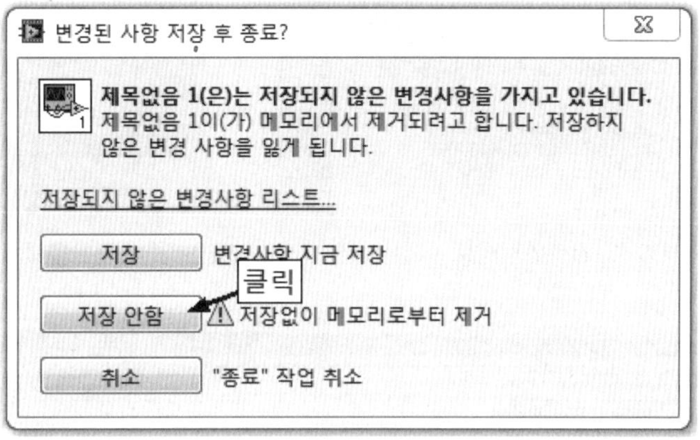

그림 10.11 프런트패널 저장 여부 묻는 대화 창

⑥ 새로운 프런트패널을 열고, 그림 10.12와 같이 LED를 추가하고 라벨을 '신민아'로 입력한다. '신민아' LED에 대해서도 ①~⑤의 과정을 반복해서, 파일명 '신민아.ctl'로 저장한다.

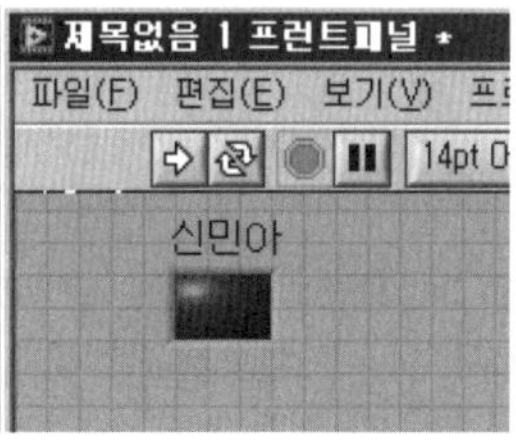

그림 10.12 LED 추가 및 라벨 입력

⑦ 새로운 프런트 패널에서 그림 10.13과 같이 '컨트롤 〉 펼침버튼'을 실행한 후, 그림 10.14와 같이 '컨트롤 선택'을 클릭한다. 그러면 그림 10.15와 같은 대화창에서 나타난다. 대화창에서 '김태희.ctl'을 선택하고 '확인' 버튼을 클릭한 후, 바로 프런트패널 위를 클릭해서 '김태희.ctl'을 추가한다.

➲ '신민아.ctl'도 같은 방식으로 추가한다. 그 결과는 그림 10.16과 같이 된다.

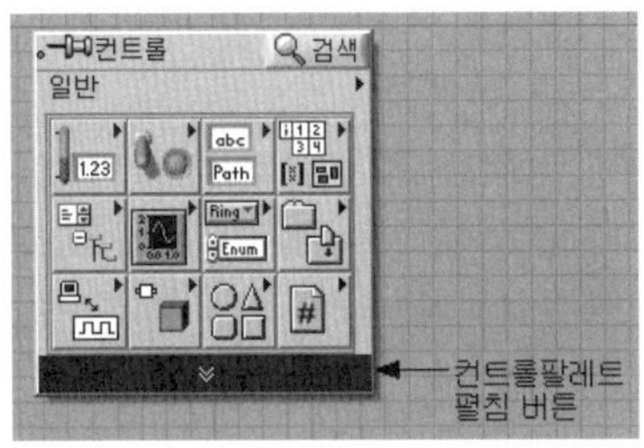

그림 10.13 컨트롤팔레트 펼침 버튼

그림 10.14 '컨트롤 선택' 클릭

그림 10.15 김태희 컨트롤 불러오는 대화창

그림 10.16 사용자 정의 김태희 컨트롤과 신민아 컨트롤 추가

⑧ 그림 10.16의 프런트패널을 파일명 '예제10.vi'로 저장한다. 그림 10.17과 같이 블록다이어그램에서 신민아 아이콘 위에서 'MRC 〉 아이콘으로 보기'를 실행해 아이콘의 크기를 작게 만든다. 같은 방식으로 김태희 아이콘의 크기도 줄여라.

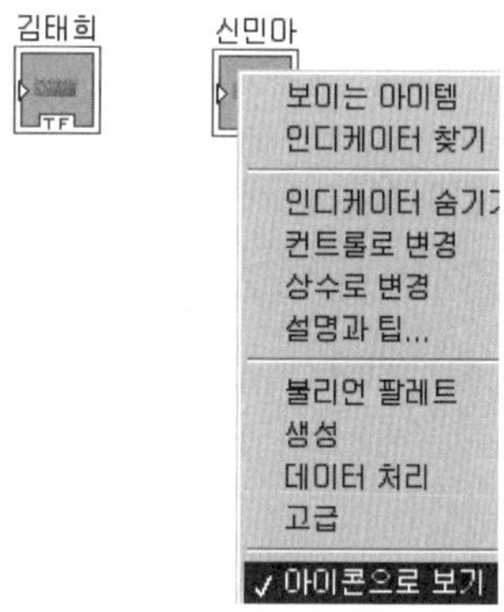

그림 10.17 아이콘 크기 줄이기

⑨ 블록다이어그램에서 '함수 〉 프로그래밍(3*1) 〉 대화상자&사용자인터페이스(1*2)'를 실행하여 '두 버튼 대화상자'를 그림 10.18과 같이 추가한 후, 우측 입력단 세 군데에 문자열 상수들을 추가한다. 또, 케이스 구조도 추가하고 와이어도 연결하라.

➲ 프로그램을 실행시켜보면, 그림 10.19와 같은 대화상자가 나타난다. 대화상자에서 '김태희' 버튼을 클릭하면, 블록다이어그램의 와이어 1로 진리값 참이 출력되어 참 케이스가 실행되게 된다. '신민아' 버튼을 클릭하면, 와이어 1로 진리값 거짓이 출력되어 거짓 케이스가 실행되게 된다.

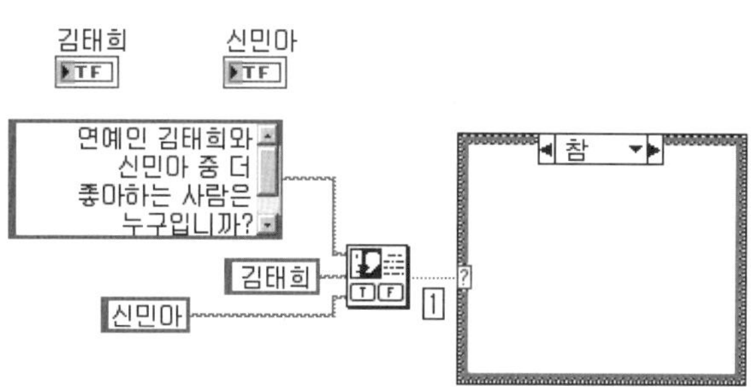

그림 10.18 대화 상자 및 구조 케이스 추가

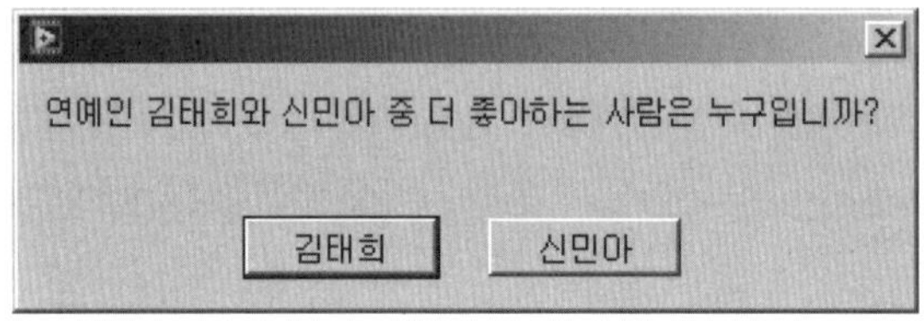

그림 10.19 대화 상자

⑩ 그림 10.20과 같이 블록다이어그램에서 '김태희' 아이콘 위에서 'MRC 〉 생성 〉 프로퍼티 노드 〉 보이기'를 실행하여 그림 10.21과 같이 추가한다. '신민아' 아이콘에 대해서도 프로퍼티 노드 '보이기'를 추가한다.

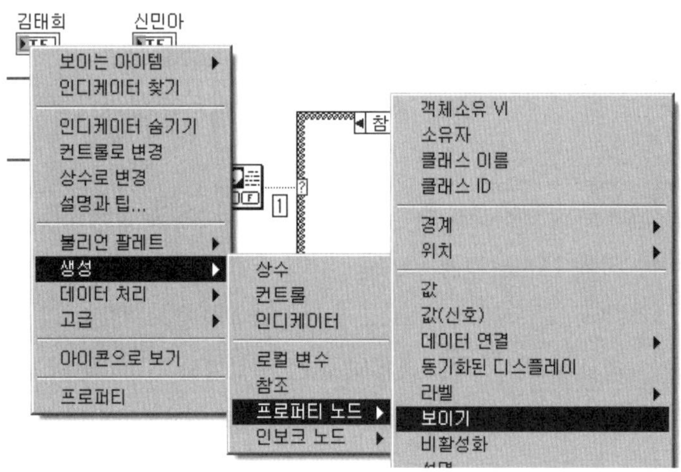

그림 10.20 프로퍼티 노드 '보이기' 추가 방법

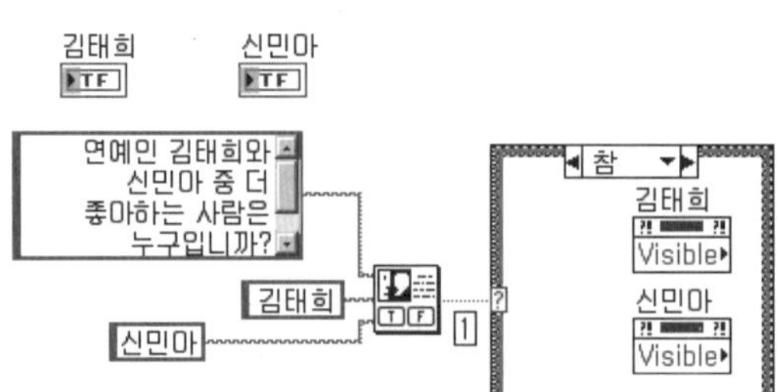

그림 10.21 프로퍼티 노드 '보이기' 추가

⑪ 그림 10.22와 같이 '김태희' 프로퍼티 노드 위에서 'MRC 〉 쓰기로 변경'을 실행한다. '신민아' 프로퍼티 노드 위에서도 'MRC 〉 쓰기로 변경'을 실행한다. 다음으로, 두 프로퍼티 노드에 진리값 상수를 그림 10.23과 같이 입력한다. 또한, 케이스 구조를 거짓 케이스로 변경한 후 프로퍼티 노드를 추가하고 진리값을 반대로 입력한다.

➲ 참 케이스가 실행되면, '김태희' 프로퍼티 노드(보이기)에 참이 입력되므로, 프런트패널에 있는 '김태희' LED는 보이게 되고, '신민아' 프로퍼티 노드(보이기)에 거짓이 입력되므로, 프런트패널에 있는 '신민아' LED는 보이지 않게 된다. 거짓 케이스가 실행되면 반대 경우가 발생한다.

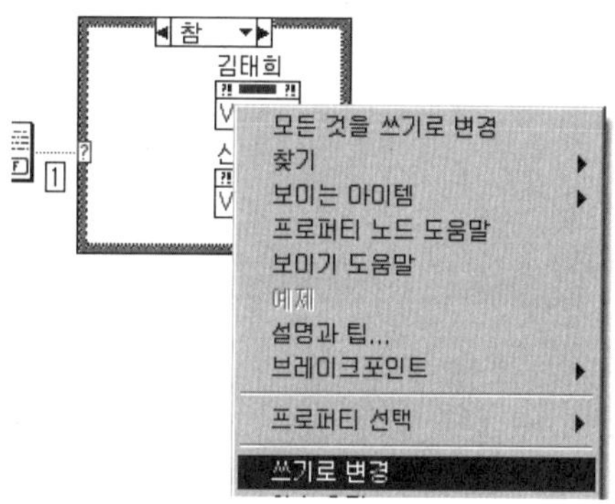

그림 10.22 '쓰기로 변경' 설정

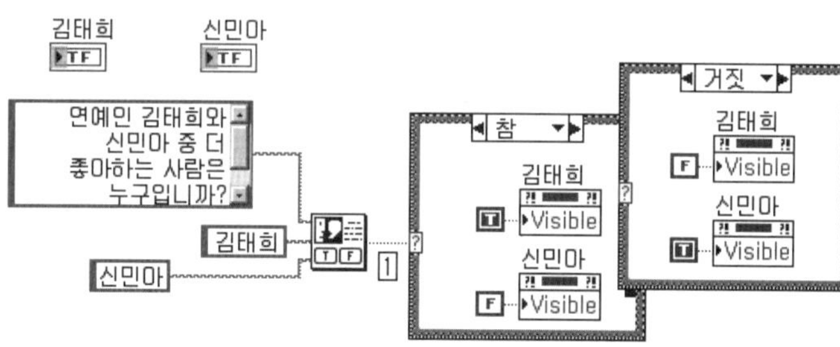

그림 10.23 참 케이스와 거짓 케이스에 프로퍼티 노드 추가

⑫ 프로그램을 저장한 후 실행시켜보자. 대화 상자에서 김태희를 선택했다면, 프런트패널에 '김태희' 사진만이 나타날 것이다. 신민아를 선택한 경우도 제대로 작동하는지 확인하라.

연습문제 10.1

예제 10에서 프로그램을 실행하면 김태희와 신민아 사진 중 하나가 프런트패널에 나타나 있는데, 프로그램 처음 실행 시 아무 사진도 나타나지 않도록 하는 프로그램을 시퀀스 구조를 사용하여 작성하라.

➲ 파일 '예제10.vi'을 파일명 '연습문제10.1.vi'로 저장한다.

➲ '연습문제10.1.vi'에서 그림 10.24와 같이 블록다이어그램에서 '함수 〉 프로그래밍(1*1) 〉 구조(3*1)'을 실행하여 '플랫 시퀀스 구조'를 클릭하고, While 루프와 같은 방식으로 좌상단에서 우하단 방향으로 드래그하여, 그림 10.25와 같이 플랫 시퀀스 구조를 추가한다.

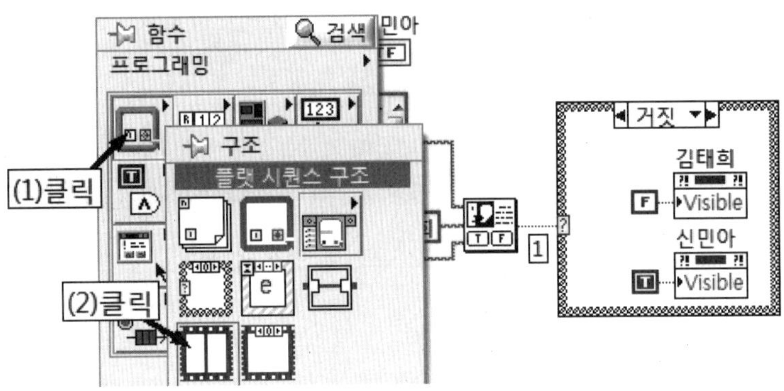

그림 10.24 플랫 시퀀스 구조 추가 방법

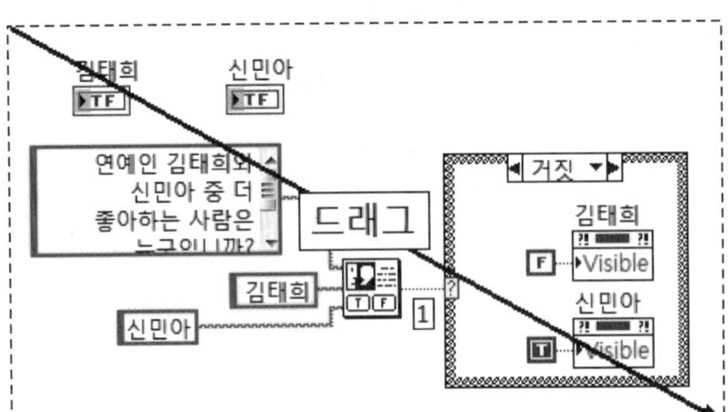

그림 10.25 플랫 시퀀스 구조 추가

➲ 그림 10.26(좌측)과 같이 플랫 시퀀스 구조의 좌측 수직 경계에서 'MRC 〉 이전에 프레임 추가'를 실행한다. 그림 10.26(우측)과 같이 프레임을 드래그해서 프레임 폭을 크게 한다.

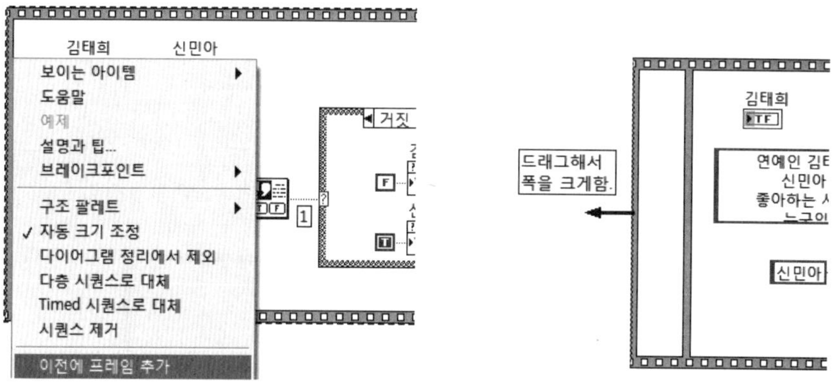

그림 10.26 프레임 추가 및 프레임 폭 확대

➲ 그림 10.27과 같이 첫 번째 프레임에 두 개의 프로퍼티 노드를 추가하면 된다. 아래의 두 개의 프레임을 가진 시퀀스 구조는 두 개의 프레임이 좌측 프레임부터 순서대로 실행되게 하는 역할을 한다.

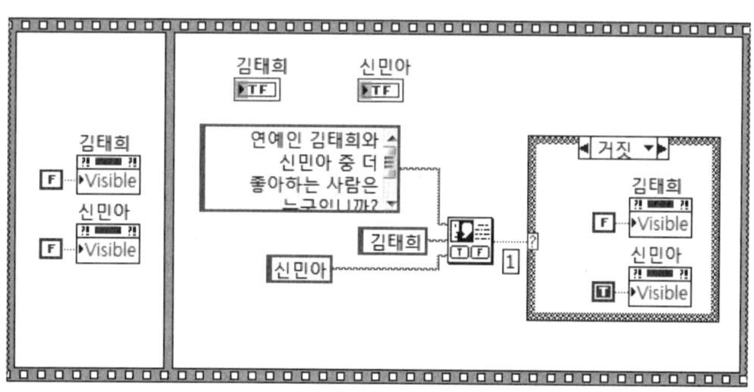

그림 10.27 최종 작성된 블록다이어그램

연습문제 10.2

플랫 시퀀스 구조를 사용하여, 김태희 사진과 신민아 사진이 대략 1초 간격으로 교대로 나타나는 것을 반복하는 프로그램을 작성하라.

➲ 그림 10.28과 같은 블록다이어그램을 작성하라. 프로그램을 실행해본 후 블록다이어그램을 분석해보아라.

➲ 파일명 '연습문제10.2.vi'로 저장하라.

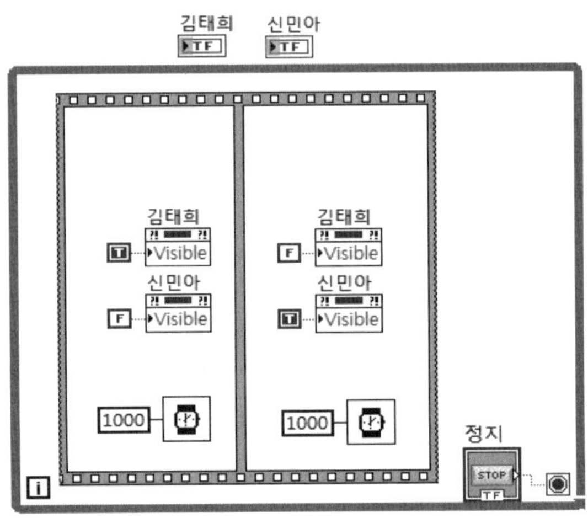

그림 10.28 2개의 프레임을 가진 플랫 시퀀스 구조

연습문제 10.3

네이버에서 인터넷 검색을 하여 자동차 사진을 복사하여 예제 10과 같은 방식으로 '자동차.ctl' 컨트롤을 만든 후, 새로운 프런트패널(연습문제10.3.vi)에 추가하라.

➲ 그림 10.29는 프런트패널에서 '자동차.ctl'을 불러온 모습이다. 나중에 '자동차.ctl'이 사용되니 저장된 폴더를 잘 기억하라.

그림 10.29 '자동차.ctl' 컨트롤을 불러온 모습

➲ 그림 10.29의 프런트패널을 파일명 '연습문제10.3.vi'로 저장하라.

예제 11

수직 토글 스위치 2개와 LED 1개를 만들고, 이들 스위치의 on/off에 의해 LED의 위치와 크기가 변경되게 하라.

학/습/내/용

A. Position 프로퍼티 노드와 Btn Size 프로퍼티 노드

B. 프런트패널에서의 좌표

C. Value 프로퍼티 노드(연습문제 11.1)

D. YScale.NameLbl 프로퍼티 노드(연습문제 11.2)

① 그림 11.1과 같이 프런트패널에 수직 토글 스위치 2개와 LED 1개를 추가하라.

➲ 블록다이어그램에 있는 아이콘 위에서 그림 11.2와 같이 'MRC 〉 아이콘으로 보기'를 실행하여 아이콘 사이즈를 줄여라.

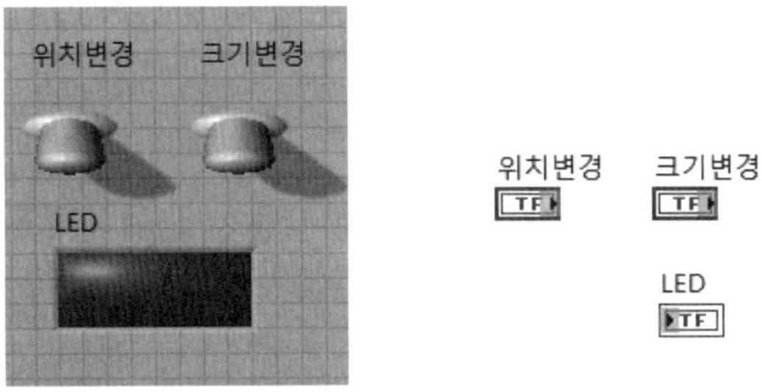

그림 11.1 프런트패널과 블록다이어그램

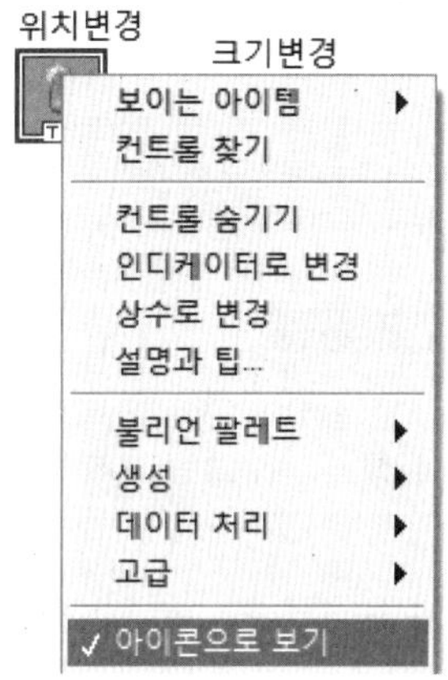

그림 11.2 아이콘 사이즈 줄이기

② 그림 11.3과 같이 'LED' 아이콘 위에서 'MRC 〉 생성 〉 프로퍼티 노드 〉 위치 〉 모든 원소'을 실행하여 'Position' 프로퍼티 노드를 추가하라. 그림 11.4와 같이 'Position' 프로퍼티 노드 위에서 'MRC 〉 모든 것을 쓰기로 변경'을 실행하라. 그러면 그림 11.5와 같이 된다.

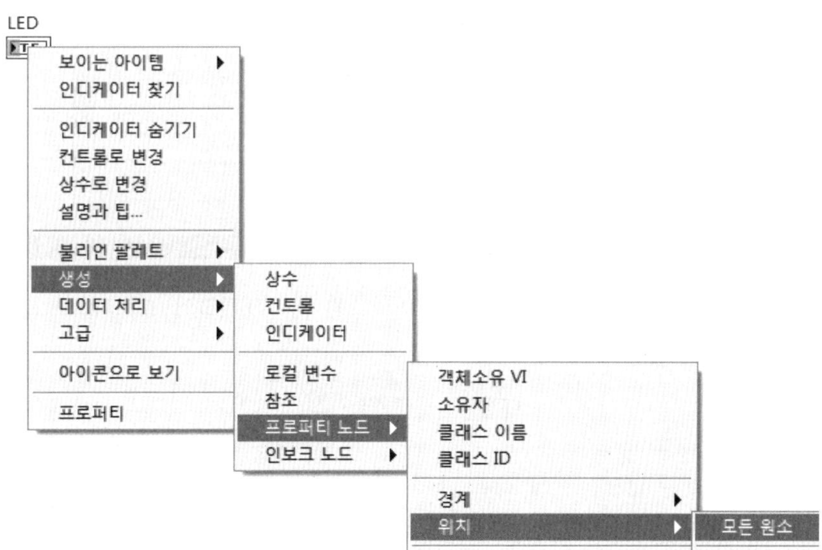

그림 11.3 'Position' 프로퍼티 노드 추가 방법

그림 11.4 쓰기로 변경 실행

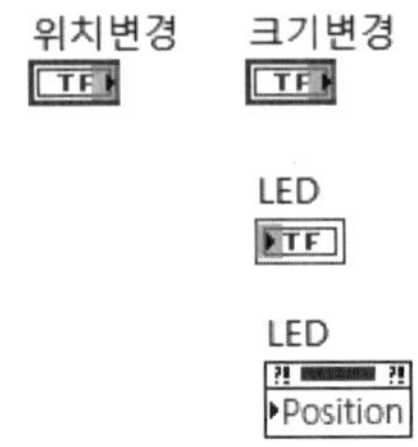

그림 11.5 'Position' 프로퍼티 노드 추가

③ 키보드의 Ctrl 버튼을 누른 상태에서 'Position' 프로퍼티 노드를 드래그해서 그림 11.6과 같이 하나 더 복사하라. 그림 11.7과 같이 마우스로 클릭하여 '버튼 크기 〉 모든 원소'를 실행하여 'Btn Size' 프로퍼티 노드로 변경하라. 그러면 그림 11.8과 같이 된다.

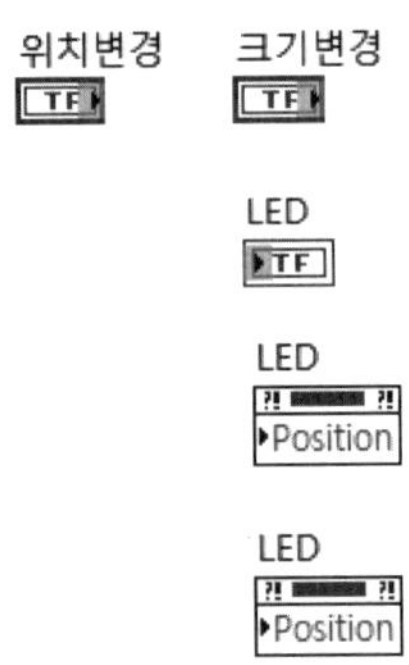

그림 11.6 프로퍼티 노드 복사

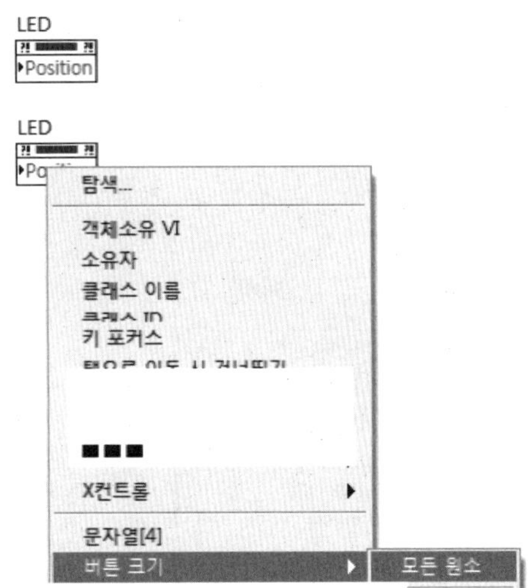

그림 11.7 '버튼크기' 프로퍼티 노드 설정

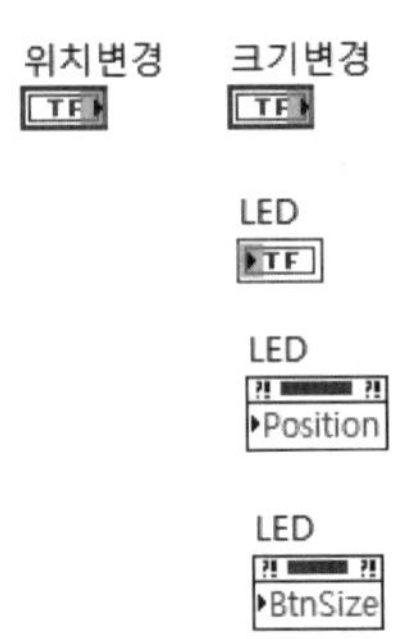

그림 11.8 'Btn Size' 프로퍼티 노드 추가

④ 이제 그림 11.9와 같이 케이스 구조를 추가하고 아이콘들을 재배치하라.

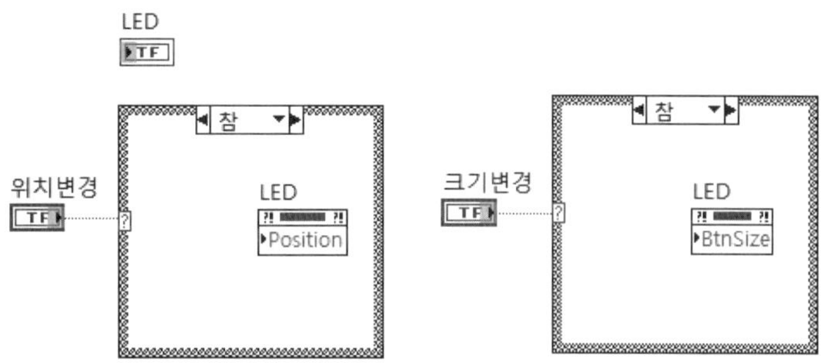

그림 11.9 케이스 구조 추가 및 아이콘 재배치

⑤ 참 케이스 내부에 있는 'Position'과 'Btn Size' 프로퍼티 노드의 좌측 입력단에서 'MRC 〉 생성 〉 상수'를 실행한 후, 그림 11.10과 같이 상수값을 입력하라.

➲ 입력된 상수 값의 단위는 픽셀이며, 현재 사용되고 있는 모니터의 화면 해상도와 같은 단위이다. 일반적으로 17인치 모니터의 가로 폭은 1280픽셀, 세로 폭은 720픽셀이다.

➲ 그림 11.10과 같이 'Position' 프로퍼티 노드로 (100, 50)이 입력될 경우, LED의 위치는 그림 11.11과 같이 결정된다. 프런트패널에 있는 LED의 기준점은 그림 11.11.과 같이 라벨 LED의 좌측 상단이다. 프런트패널의 좌측 상단이 위치가 (0,0)이 되는 원점이다.

➲ 그림 11.10과 같이 'Btn Size' 프로퍼티 노드로 (40, 30)이 입력될 경우, LED의 크기는 그림 11.11과 같이 결정된다.

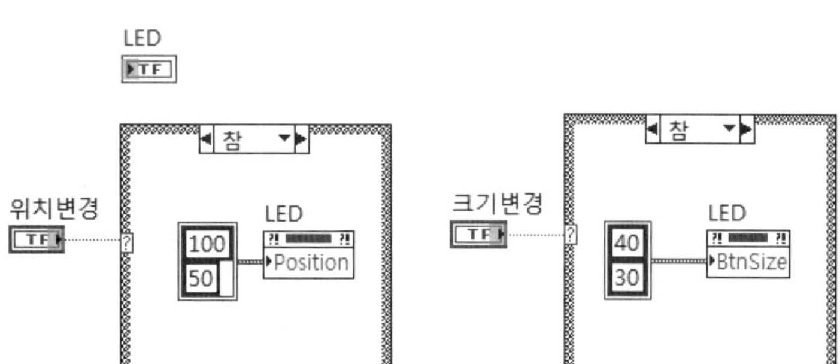

그림 11.10 프로퍼티 노드 상수값 입력

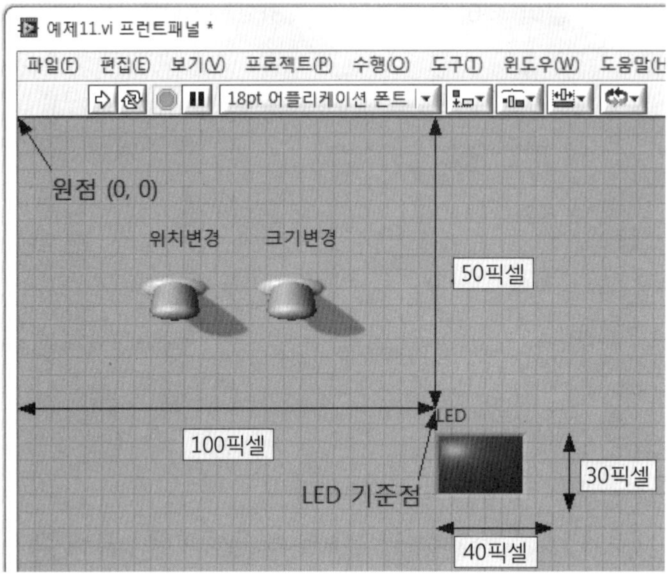

그림 11.11 '위치' 및 '버튼 크기' 프로퍼터 노드 입력 값들의 의미

⑥ 그림 11.12와 같이 거짓 케이스 두 곳을 프로그래밍하라.

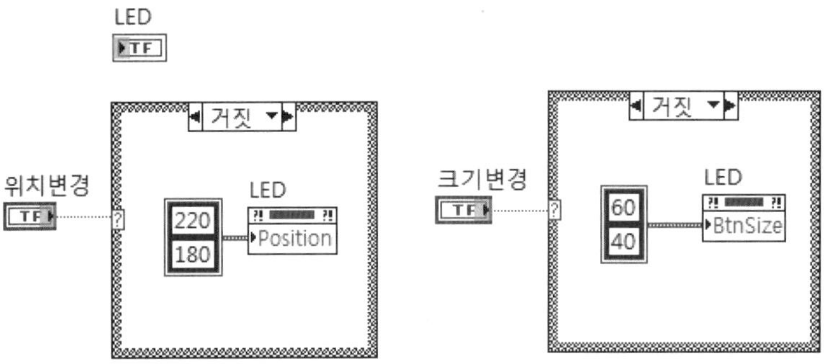

그림 11.12 거짓 케이스 프로그래밍

⑦ 마지막으로 그림 11.13과 같이 While 루프를 추가한 후 파일명 '예제11.vi'로 저장하라. 프로그램을 실행 시켜서 본인이 예상한 바와 같이 동작하는지 확인하라.

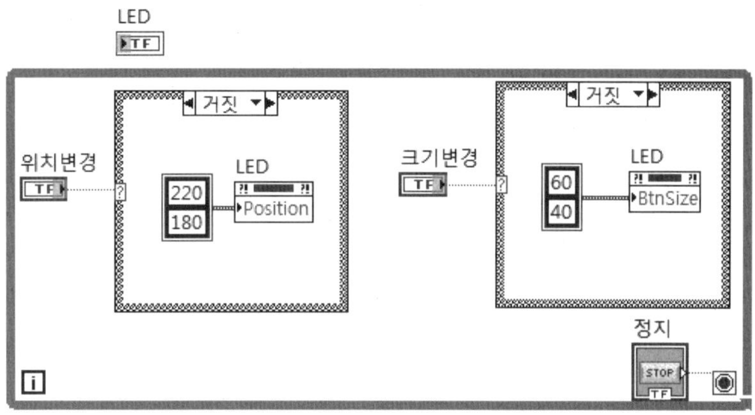

그림 11.13 While 루프가 추가된 최종 블록다이어그램

연습문제 11.1

프로퍼티 노드를 이용하여, 토글 스위치로 LED를 켜거나 끌 수 있는 프로그램을 작성하라.

➲ 그림 11.14와 같이 블록다이어그램과 프런트패널을 작성하라.

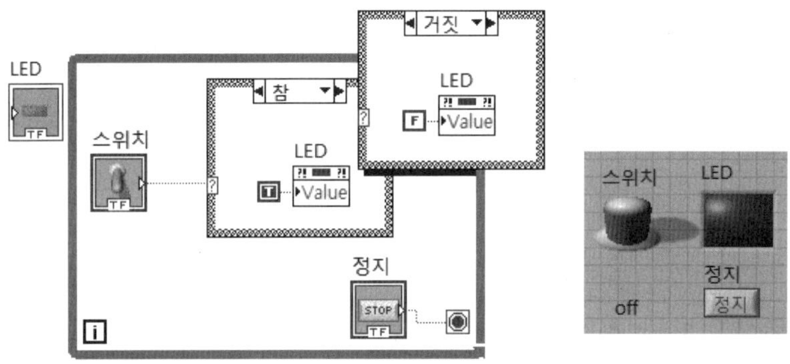

그림 11.14 최종 프로그램

➲ 참 케이스 내부에 들어 있는 LED의 'Value' 프로퍼티 노드를 생성하기 위해선, 블록다이어그램의 'LED' 아이콘 위에서 'MRC 〉 생성 〉 프로퍼티노드 〉 값'을 실행하면 된다.

연습문제 11.2

프로퍼티 노드를 이용하여, 토글 스위치를 켜면 차트의 Y축 라벨이 '온도'로 나타나게 하고, 토글 스위치를 끄면 Y축 라벨이 '습도'로 나타나게 하라.

- 그림 11.15와 같은 블록다이어그램과 프런트패널을 작성하라.
- 케이스 구조 안에 있는 'YScale.NameLbl.Text' 프로퍼티 노드를 생성하기 위해선, 블록다이어그램의 웨이브폼 차트 아이콘 위에서 'MRC 〉 생성 〉 프로퍼티노드〉 Y스케일 〉 이름라벨〉 텍스트'를 실행하라.
- 파일명 '연습문제11.2.vi'로 저장하고 프로그램을 실행했을 때, 스위치의 on/off 상태에 따라 차트의 Y축 라벨 값이 어떻게 바뀌는지 확인하라.

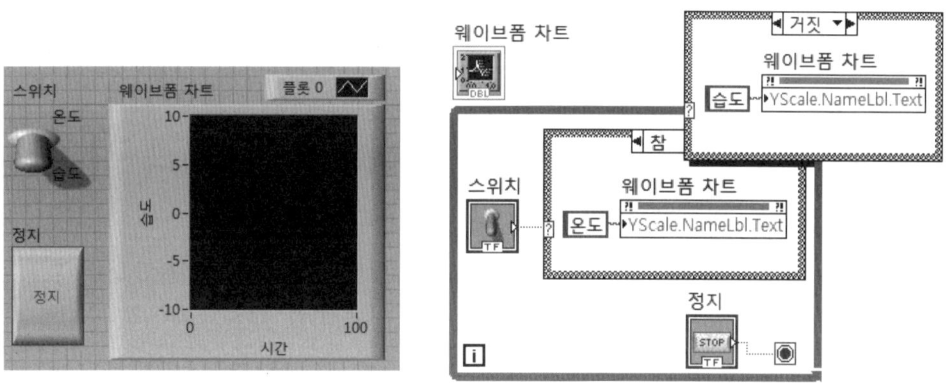

그림 11.15 프런트패널과 블록다이어그램

예제 12

두 개의 While 루프를 동시에 정지시키는 프로그램을 작성하라.

학/습/내/용

A. 두 개의 While 루프 제어
B. 버튼의 기계적 동작 설정 변경
C. 눌러진 버튼의 자동 복귀(연습문제 12.1)
D. '정지' 함수 이용하기(연습문제 12.3)

① 그림 12.1과 같은 블록다이어그램과 프런트패널을 작성하라.

➲ 좌측 While 루프의 루프 반복회수 아이콘(i)의 우측 출력단에서 'MRC 〉 생성 〉 인디케이터'를 실행한 후 라벨을 '반복회수A'로 수정한다.

➲ 우측 While 루프의 루프 반복회수 아이콘(i)의 우측 출력단에서 'MRC 〉 생성 〉 인디케이터'를 실행한 후 라벨을 '반복회수B'수정한다.

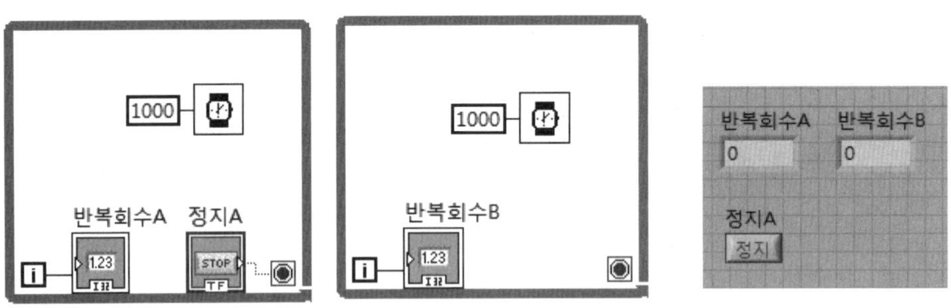

그림 12.1 블록다이어그램과 프런트패널

② 그림 12.2와 같이 블록다이어그램의 '정지A' 아이콘 위에서 'MRC 〉 생성 〉 지역변수'를 실행하여 로컬 변수를 추가한 한 후 그림 12.3과 같이 로컬변수 위에서 'MRC 〉 읽기로 변경'을 실행한다. 그리고 와이어를 그림 12.4와 같이 연결한다.

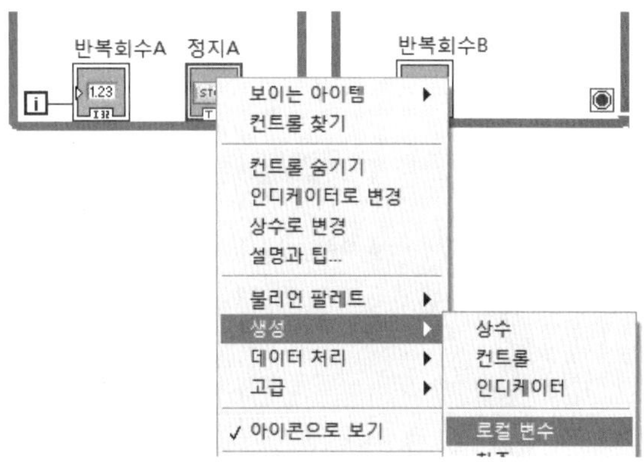

그림 12.2 로컬 변수 추가 방법

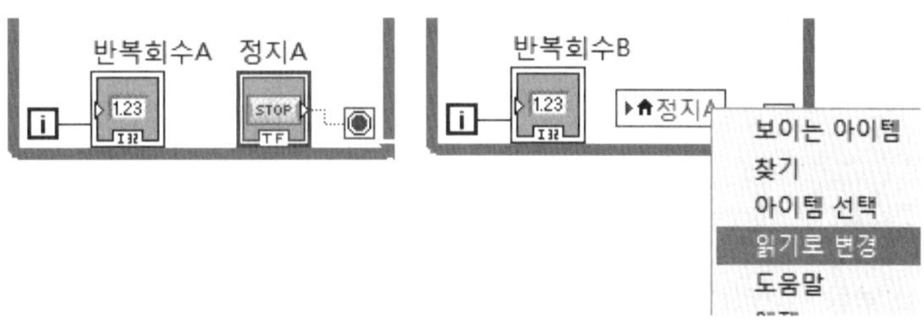

그림 12.3 '읽기로 변경' 설정 방법

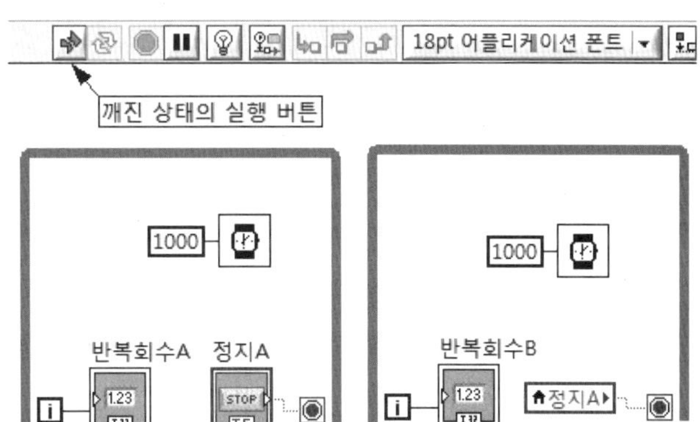

그림 12.4 로컬 변수 추가

③ 그림 12.4의 실행 버튼을 보면 깨진 상태인 것을 알 수 있을 것이다. 이를 해결하기 위해 그림 12.5와 같이 프런트패널에의 '정지A' 버튼 위에서 'MRC 〉 기계적 동작 〉 놓을 때 스위치'를 실행한다.

➲ 원래 '정지A' 버튼은 한번 눌러주면 자동으로 다시 복귀되는 기계적 동작을 가졌으나, 현재의 경우는 '놓을 때 스위치' 설정을 했기 때문에 한번 눌러주면 눌러진 상태를 계속 유지하게 된다.

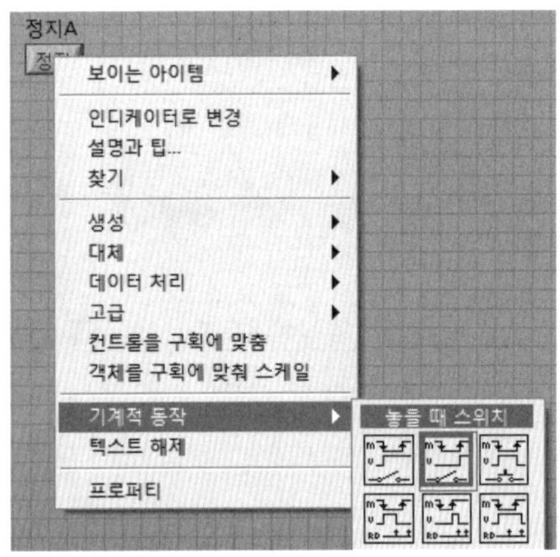

그림 12.5 버튼의 기계적 동작 방법 변경

④ 파일명 '예제 12.vi'로 저장한 후 실행시켜 보자.

➲ '정지A' 버튼을 누르면 두 개의 While 루프가 모두 다 정지하는지 확인하라.

➲ 프로그램이 정지된 후 '정지A' 버튼이 어떤 상태인지 확인하라. 아마 눌러져 있는 상태에 있을 것이다. 그림 12.6과 같이 프런트패널의 눌러진 '정지A' 버튼 위에서 'MRC 〉 데이터 처리 〉 거짓값으로 변경'을 실행하면 버튼이 다시 올라올 것이다.

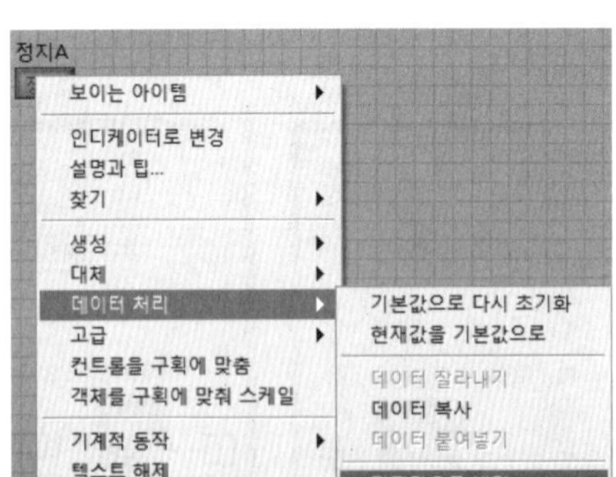

그림 12.6 눌러진 버튼을 복귀시키기

연습문제 12.1

예제 12에서 While 루프 정지 버튼을 눌렀을 경우, 버튼이 자동으로 복귀되면서 프로그램이 정지되게 하라.

- 예제12.vi 파일을 연습문제12.1.vi 파일로 저장한 후, 플랫 시퀀스 구조를 추가하여 그림 12.7과 같이 프로그래밍을 완성하라.
- 프로그램을 실행시켰다가 정지시켰을 때 '정지A' 버튼이 다시 복귀(위로 올라옴)가 되는지 확인하라.

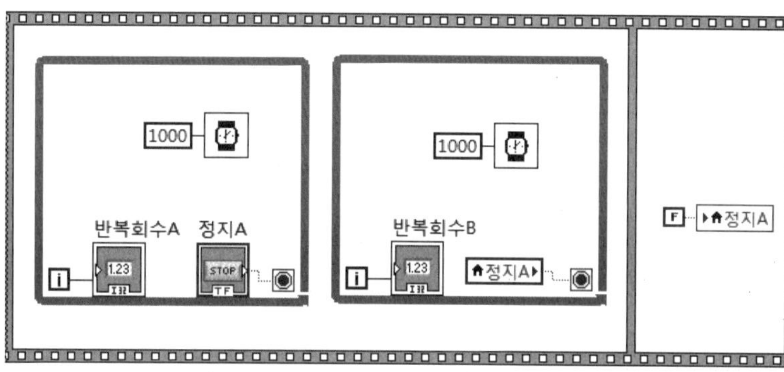

그림 12.7 눌러진 정지 버튼이 자동으로 복귀되는 기능 추가

연습문제 12.2

두 개의 While 루프 중 하나가 정지된 후 다른 하나가 실행되는 프로그램을 작성하라.

➲ 그림 12.8과 같은 프로그램을 작성해서 파일명 '연습문제12.2.vi'로 저장하라. 프로그램을 실행시키면, 좌측 루프만 시작되고 '정지A' 버튼을 눌러서 정지시키면 우측 루프가 시작하는 것을 확인할 수 있을 것이다.

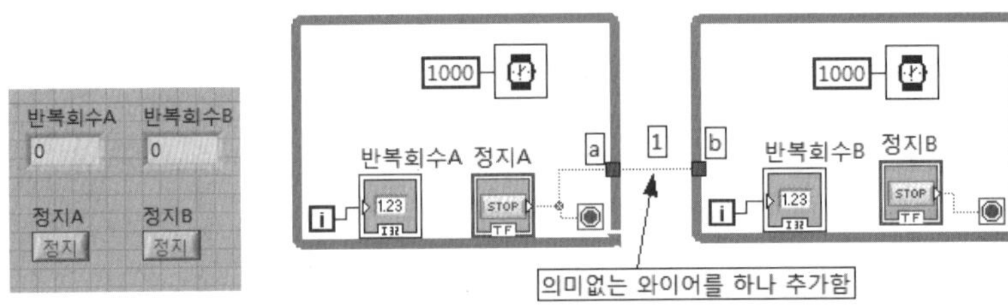

그림 12.8 최종 프로그램

➲ 좌측 루프가 정지되어만 우측 루프가 시작하는 이유는 다음과 같다. 우측 루프는 터널 b를 통해 데이터를 받아야만 루프가 시작한다. 반면에 좌측 루프는 프로그램이 정지되어야만 터널 a를 통해 데이터가 출력된다. 이 두 가지를 종합해보면, 프로그램 실행버튼이 클릭될 경우 좌측 루프만 시작되고 우측 루프는 시작되지 않고 대기 상태에 있다가, 좌측 루프가 정지되면서 터널 a, 와이어 1, 터널 b를 통해 데이터를 받으면 우측 루프가 시작되게 된다.

연습문제 12.3

While 루프에서 정지 버튼을 눌렀거나 반복회수(i) 값이 4가 되면 루프가 정지하는 프로그램을 '정지' 함수를 이용하여 작성하라.

➲ 그림 12.9와 같이 블록다이어그램에서 'MRC 〉 프로그래밍(3*4) 〉 어플리케이션컨트롤(4*2)'를 실행하여 '정지' 함수를 추가한 후, 그림 12.10과 같이 프로그램을 작성한다.

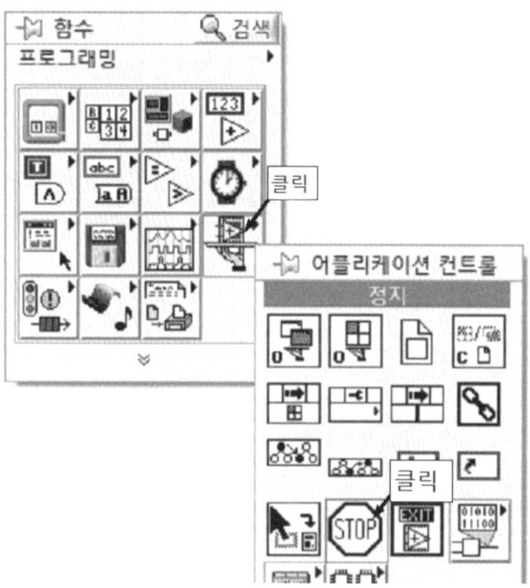

그림 12.9 '정지' 함수 불러오기

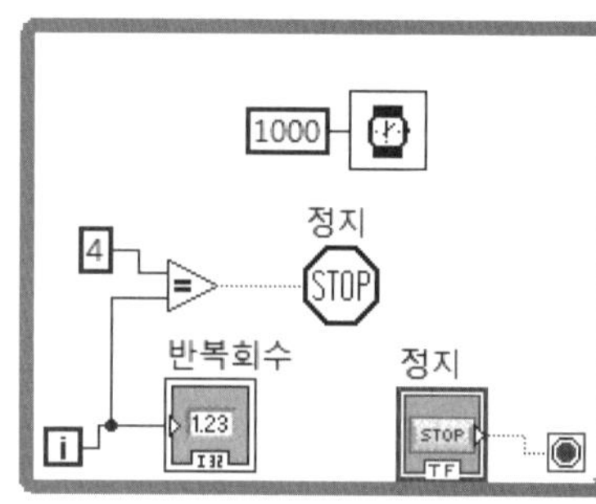

그림 12.10 최종 블록다이어그램

➲ 프로그램을 실행시킨 상태에서 프런트패널의 정지버튼을 눌러도 프로그램이 정지되지만, 반복회수(i) 값이 4가 되면 자동으로 프로그램이 정지됨을 확인할 수 있을 것이다.

➲ 파일명 '연습문제12.3.vi'로 저장하라.

2장

심화예제와 연습문제

LabVIEW 기초부터 게임 제작 심화 프로그래밍까지

예제로 LabVIEW 완전 정복

예제 13

프런트패널에 있는 버튼 두 개로 사용자 정의 자동차 컨트롤을 좌우로 움직이게 하는 프로그램을 작성하라.

학/습/내/용

A. 이벤트 구조

B. Left 프로퍼티 노드

C. 키보드 버튼 클릭 이벤트 프로그래밍

D. Top 프로퍼티 노드 (연습문제 13.1)

① 그림 13.1과 같이 'MRC 〉 일반(1*2) 〉 불리언(4*1)'을 실행하여 그림 13.2와 같이 두 개의 '확인' 버튼을 추가한 후, 라벨을 '좌측'와 '우측'으로 수정하라.

➲ 'MRC 〉 일반(1*2) 〉 불리언(4*3)'을 실행하여 '정지' 버튼도 추가하라.

그림 13.1 확인 버튼 추가

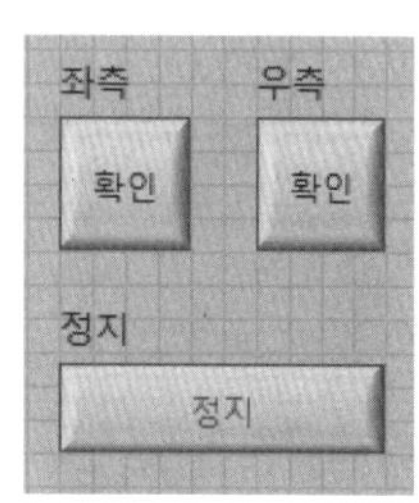

그림 13.2 버튼 3개 추가

② 그림 13.3과 같이 '함수 〉 프로그래밍(1*1) 〉 구조(2*2)'를 실행하여 '이벤트 구조'를 그림 13.4와 같이 추가하라.

➲ 그림 13.5와 같이 이벤트 구조의 선택자 라벨('타임아웃') 위에서 'MRC 〉 이 케이스에의해 핸들되는 이벤트 편집'을 실행해서 그림 13.6과 같은 편집 창을 연다.

그림 13.3 이벤트 구조 추가 방법

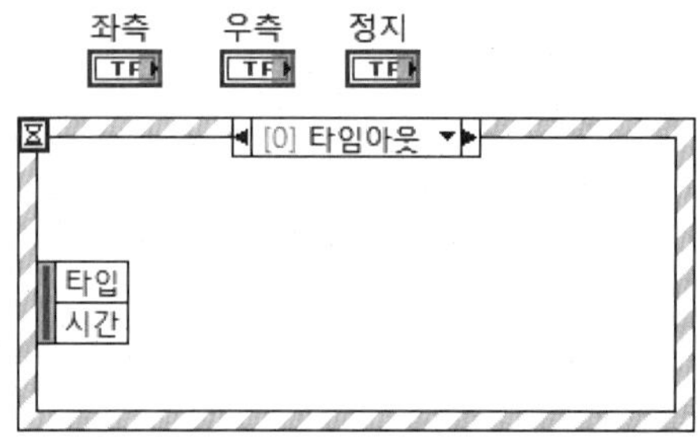

그림 13.4 이벤트 구조 추가

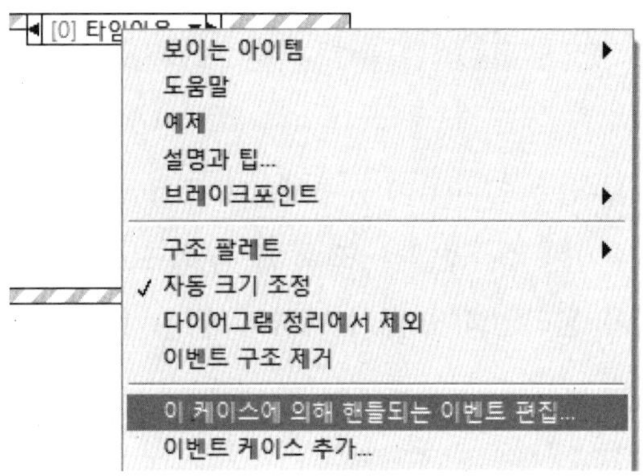

그림 13.5 이벤트 편집 창 열기

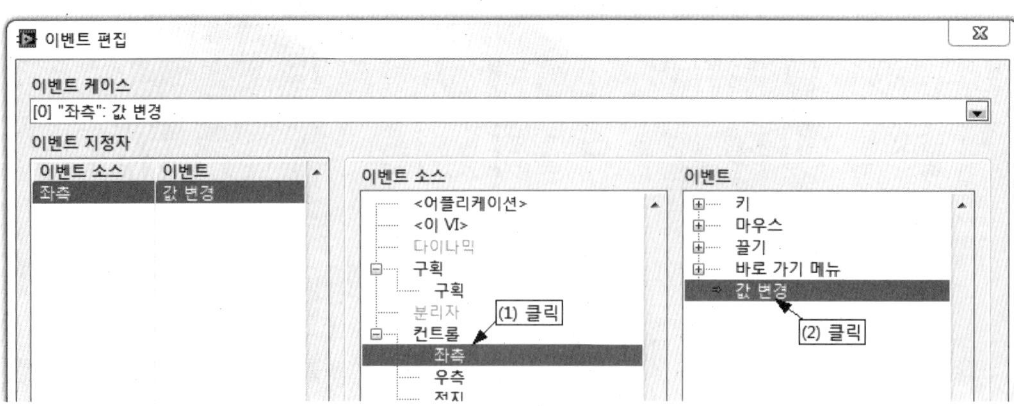

그림 13.6 이벤트 편집 창 설정 방법(좌측 버튼)

③ 그림 13.6과 같은 순서로 두 번 클릭한 후 '확인' 버튼을 클릭한다. 그러면 이벤트 구조가 그림 13.7과 같이 변경되었음을 확인 할 수 있다. 현재의 케이스는 '좌측' 버튼이 클릭되어 '값 변경'이 발생하면, 실행되는 케이스이다. 프런트 패널의 버튼이 클릭되면 진리값이 거짓에서 참으로 변경(값 변경)되어 출력된다는 사실을 이미 알고 있을 것이다.

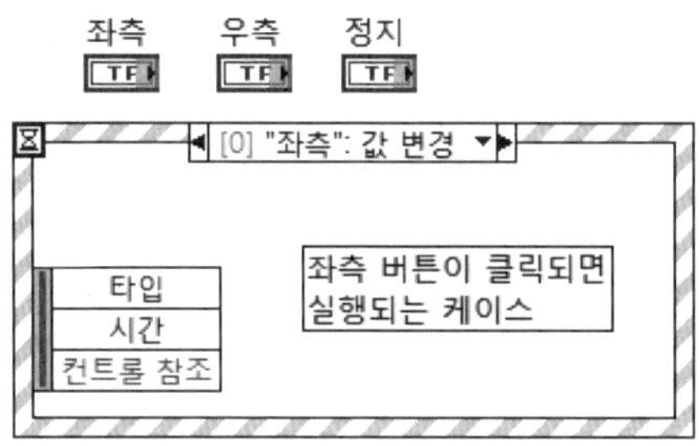

그림 13.7 좌측 버튼 클릭 시 실행되는 케이스 0 설정 완료

④ '우측' 버튼 클릭 시 실행되는 케이스를 만들기 위해, 그림 13.8과 같이 선택자 라벨 위에서 'MRC 〉 이벤트 케이스 추가'를 실행한다. 그러면 그림 13.9와 같은 편집창이 열릴 것이다.

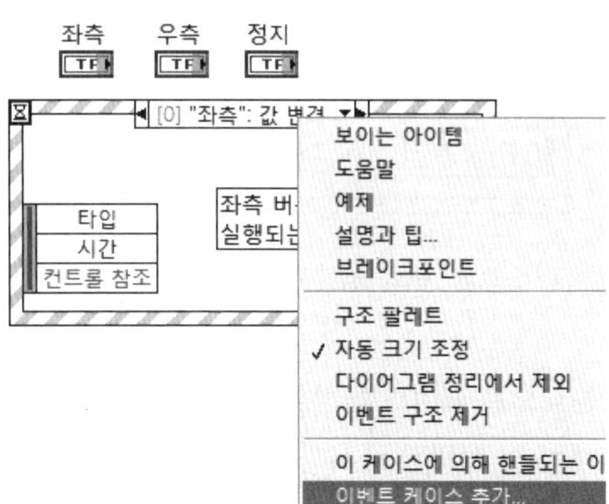

그림 13.8 이벤트 케이스 추가

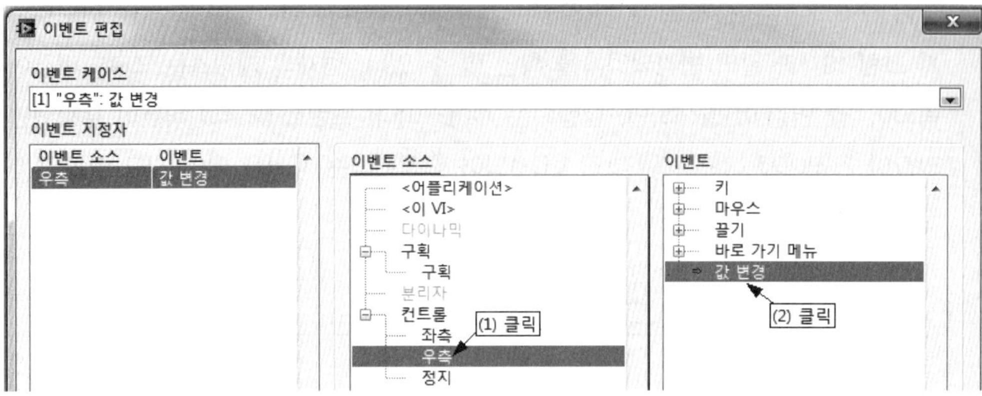

그림 13.9 이벤트 편집 창 설정 방법(우측 버튼)

⑤ 그림 13.9와 같은 순서로 클릭한 후 '확인' 버튼을 클릭하면 그림 13.10과 같은 케이스가 추가되었음을 확인할 수 있다. 방금 추가된 케이스는 '우측' 버튼이 클릭되면 실행되는 케이스이다.

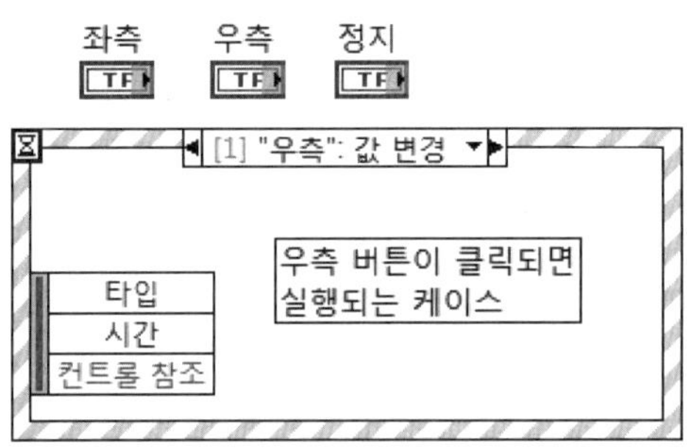

그림 13.10 우측 버튼 클릭 시 실행되는 케이스 1 설정 완료

⑥ 그림 13.11과 같은 방식으로 케이스 하나를 더 추가한다. 그러면 그림 13.12와 같은 편집 창이 열린다. 편집 창에서 설명된 순서대로 클릭을 한 후 '확인' 버튼을 클릭한다. 그러면, 그림 13.13과 같은 케이스가 추가될 것이다.

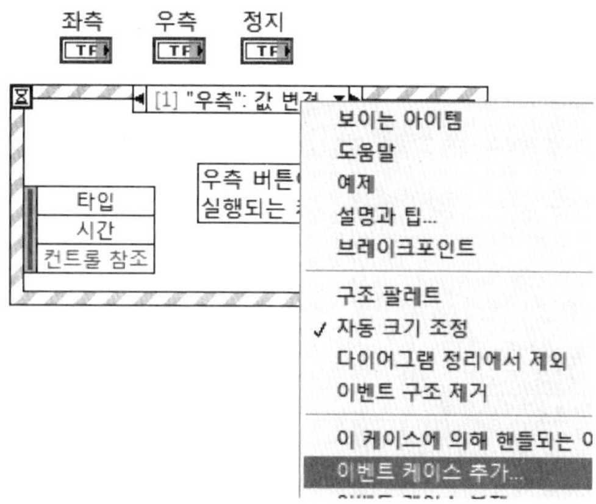

그림 13.11 이벤트 케이스 추가

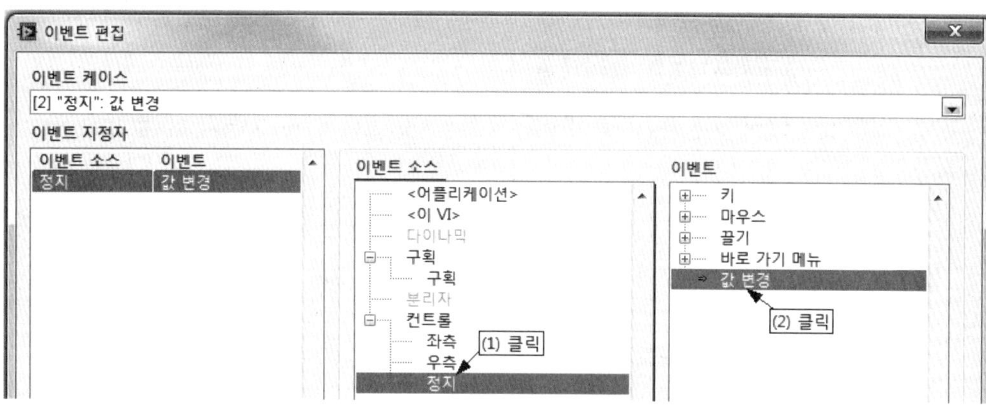

그림 13.12 이벤트 편집 창 설정 방법(정지 버튼)

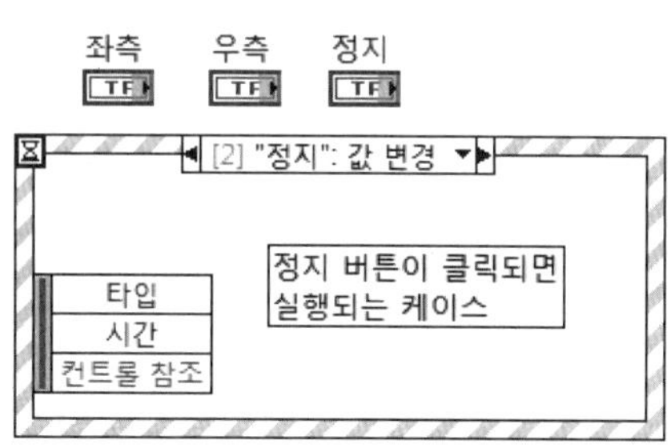

그림 13.13 정지 버튼 클릭 시 실행되는 케이스 2 설정 완료

⑦ 그림 13.14와 같이 '컨트롤 〉 펼침버튼 〉 컨트롤 선택'을 실행하여 프런트패널에 연습문제 10.3에서 만든 '자동차.ctl'을 그림 13.15와 같이 추가한다. (자동차.ctl 파일이 없을 경우, LED를 프런트패널에 추가한 후 라벨을 '자동차'로 수정하라.)

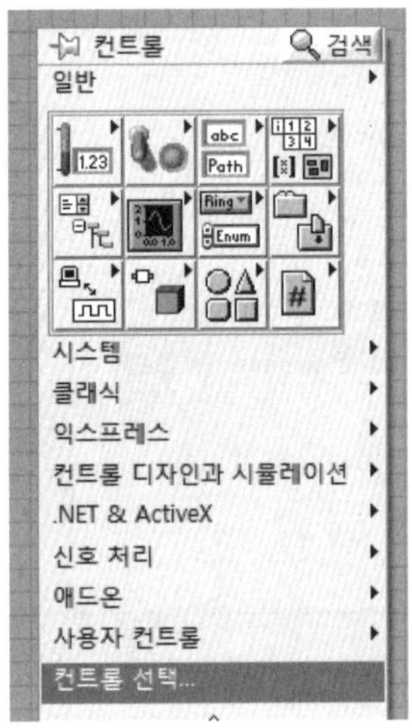

그림 13.14 '자동차.ctl' 추가 방법

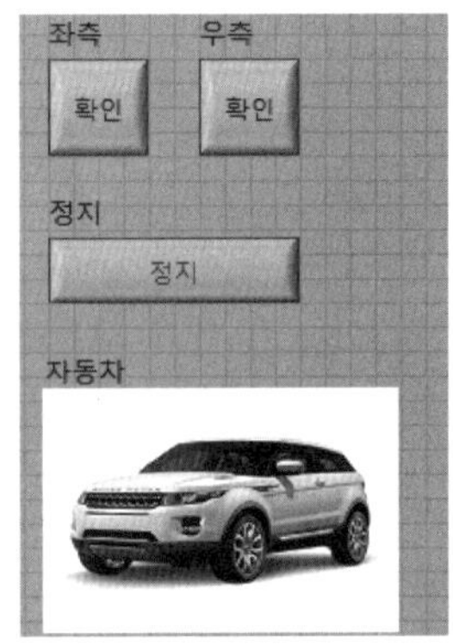

그림 13.15 '자동차.ctl' 추가

⑧ 그림 13.16과 같이 '자동차' 아이콘 위에서 'MRC 〉 생성 〉 프로퍼티노드 〉 위치 〉 왼쪽'을 실행한 후, 그림 13.17과 같이 'Left' 프로퍼티 노드를 케이스 0에 추가하라.

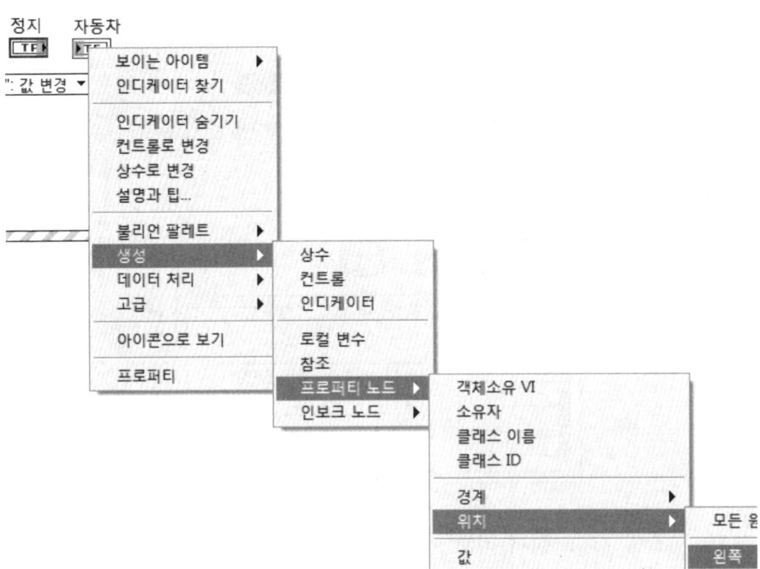

그림 13.16 자동차의 'Left' 프로퍼티 노드 생성 방법

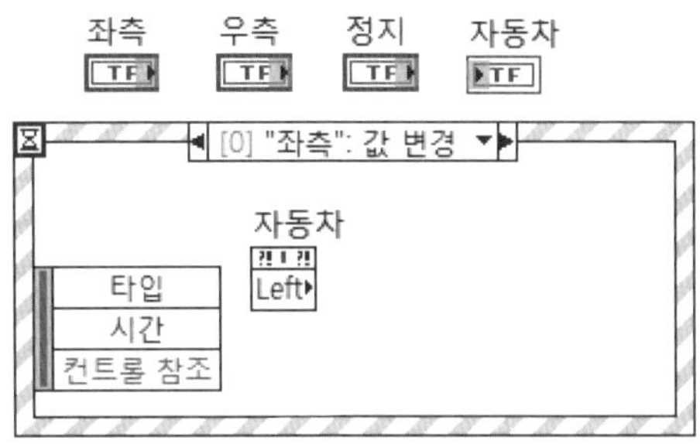

그림 13.17 케이스 0에 'Left' 프로퍼티 노드 추가

⑨ 그림 13.17에 있는 자동차의 'Left' 프로퍼티 노드의 우측 출력단으로는 그림 13.18과 같이 자동차의 수평 좌표 값이 출력된다. 그림 13.18과 같은 경우에는 300이 출력될 것이다. 본 프로그램에서는 현재 수평 좌표 값에서 100픽셀을 뺀 값을 새로운 수평 좌표 값으로 부여하는 프로그램을 그림 13.19와 같이 작성한다.

➲ 그림 13.19의 케이스 0에 있는 프로퍼티 노드 a를 b의 형태로 변경하기 위해선, 그림 13.20과 같이 a를 하나 더 복사한 후, b 위에서 'MRC 〉 모든 것을 쓰기로 변경'을 수행하면 된다.

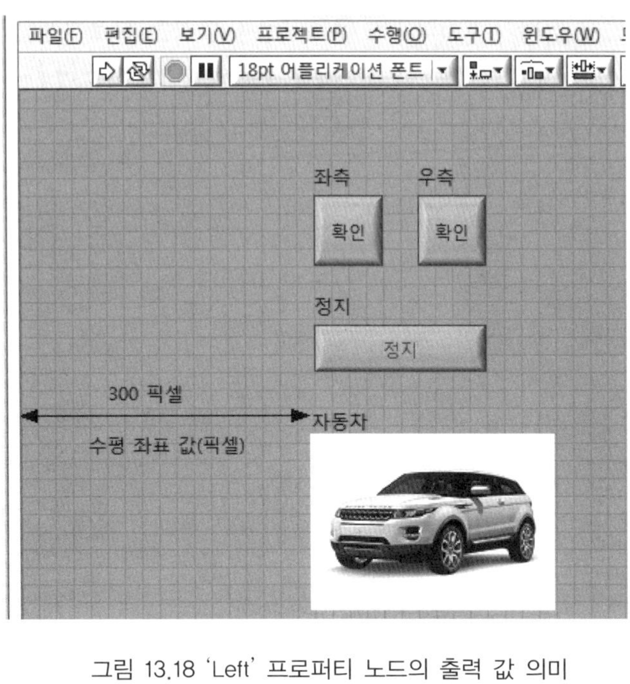

그림 13.18 'Left' 프로퍼티 노드의 출력 값 의미

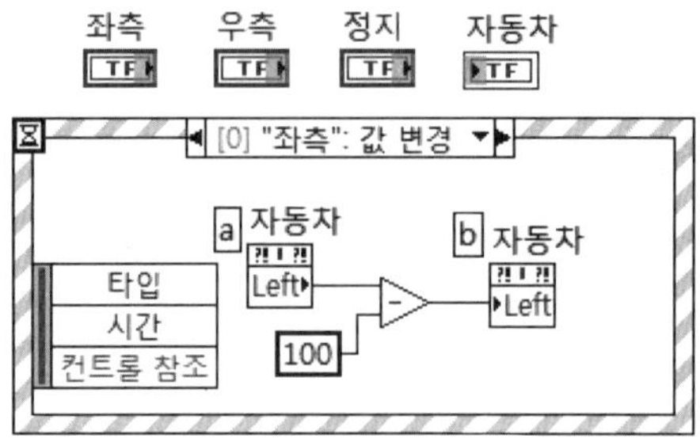

그림 13.19 자동차를 왼쪽으로 100픽셀 이동시키는 프로그램

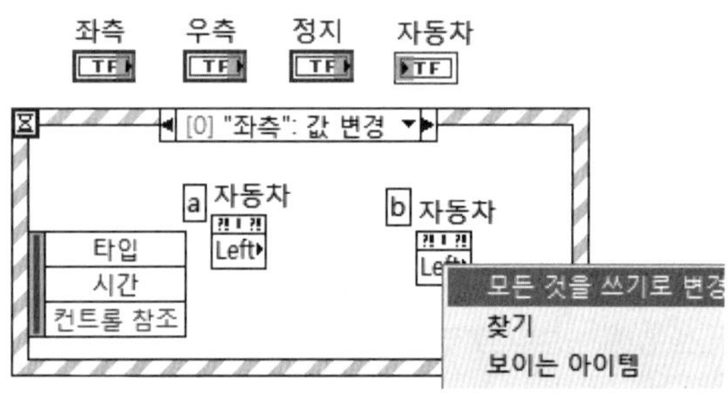

그림 13.20 읽기용 프로퍼티 노드를 쓰기용으로 변경

⑩ 케이스 1에서는 자동차가 100픽셀씩 우측으로 이동하는 프로그램을 작성하기 위해, 그림 13.21과 같이 케이스 0 내부 프로그램을 선택한 후, 키보드의 Ctrl 버튼을 누른 상태에서 드래그해서 복사한다. 그러면 그림 13.22와 같이 된다.

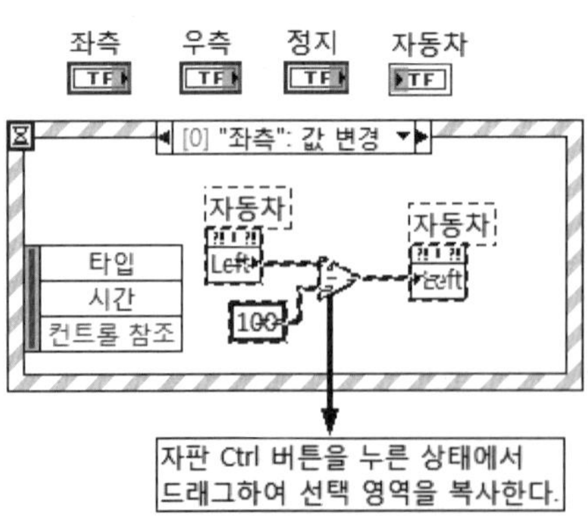

그림 13.21 선택 영역 복사 방법

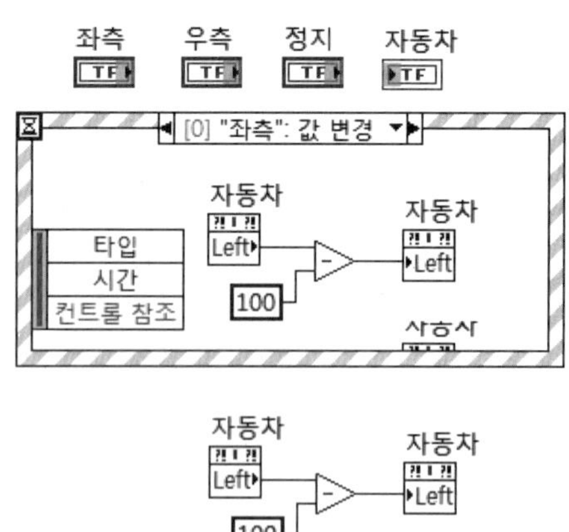

그림 13.22 선택 영역 복사 결과

⑪ 그림 13.23과 같이 방금 복사한 부분 전체를 선택한 후 드래그해서 케이스 1로 이동시킨다. 그리고 그림 13.24와 같이 프로그램을 수정해서 우측 버튼이 클릭 시 자동차의 수평좌표가 100픽셀씩 증가되도록 해준다.

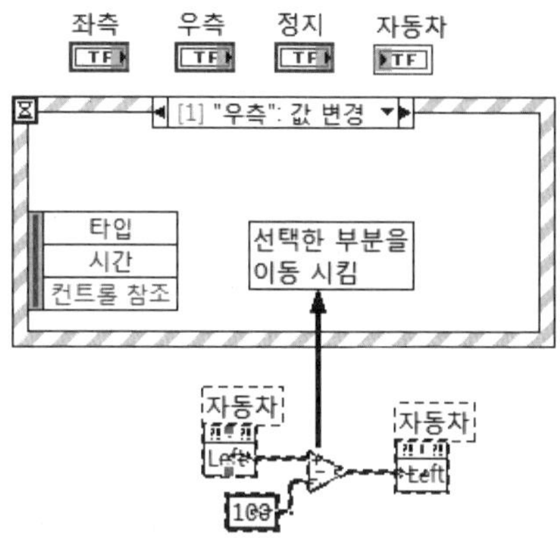

그림 13.23 선택한 영역 이동

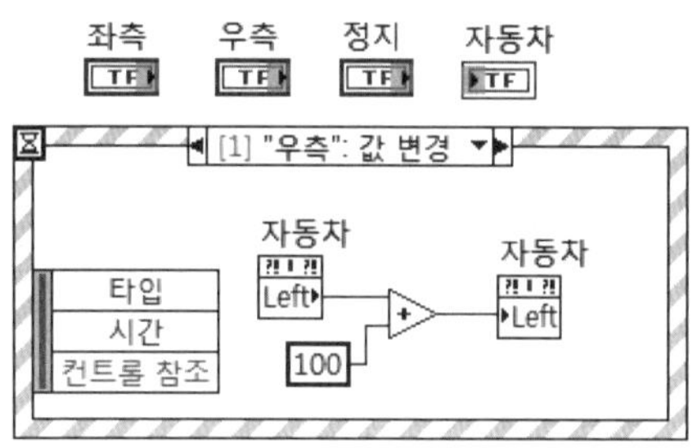

그림 13.24 자동차를 오른쪽으로 100픽셀 이동시키는 프로그램

⑫ 다음으로, 그림 13.25와 같이 While 루프를 추가한다.

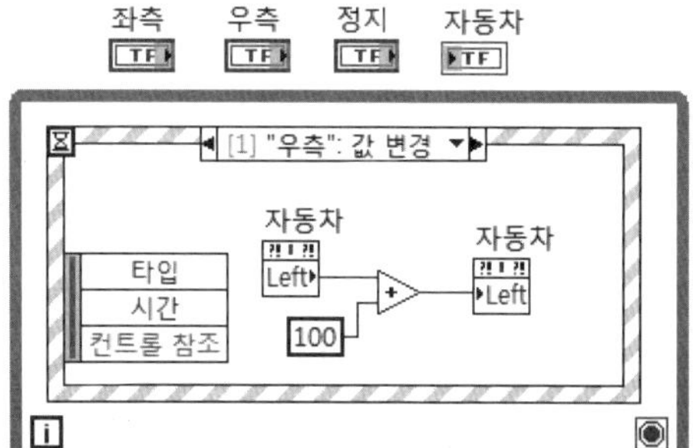

그림 13.25 While 루프 추가

⑬ 그림 13.26과 같이 '함수 〉 프로그래밍(2*1) 〉 불리언(4*1)'을 실행하여 '참 상수'를 케이스 2 내부에 추가한 후, 그림 13.27과 같이 와이어 연결을 한다.

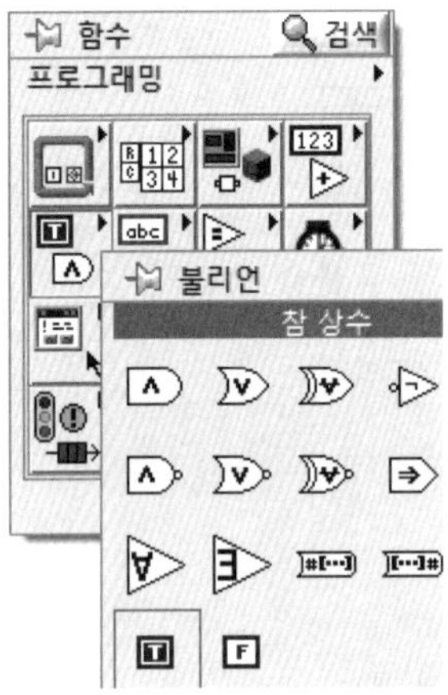

그림 13.26 진리값 상수 참 추가 방법

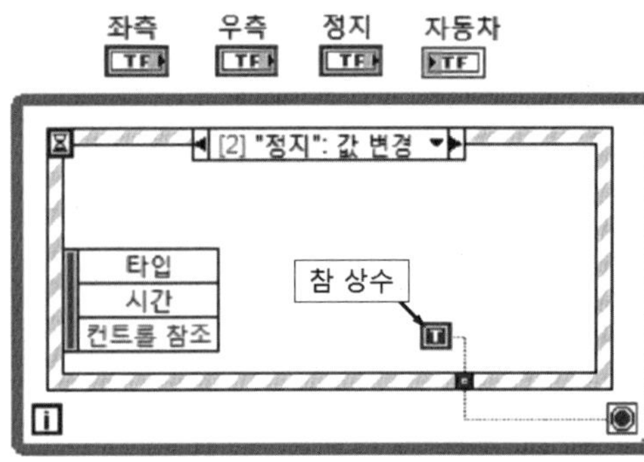

그림 13.27 케이스 2에서 와이어 연결 방법

⑭ 파일명 '예제13.vi'로 저장한 후 프로그램을 실행시켜 보자.

➲ 좌측 버튼을 누를때 마다 자동차가 왼쪽으로 100픽셀씩 이동하는지 확인하라.

➲ 우측 버튼을 누를때 마다 자동차가 오른쪽으로 100픽셀씩 이동하는지 확인하라.

➲ 정지 버튼을 누르면 프로그램이 정지하는지 확인하라.

연습문제 13.1

키보드 왼쪽 화살표 버튼을 클릭하면 자동차가 왼쪽으로 이동하고, 키보드 오른쪽 화살표 버튼을 클릭하면 오른쪽으로 이동하는 프로그램을 작성하라.

➲ 파일 '예제13.vi'를 파일 '연습문제13.1.vi'로 저장하라.

➲ '연습문제13.1.vi' 파일을 연 후, 프런트패널에 있는 '좌측' 버튼과 '우측' 버튼을 삭제하라.

➲ 그림 13.28a와 같이 케이스 1을 삭제한다.

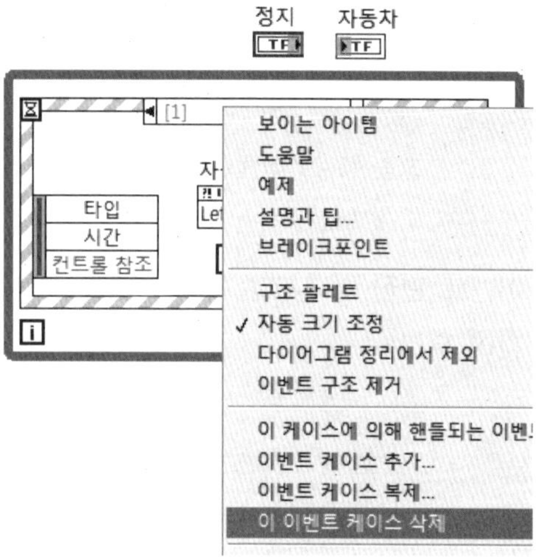

그림 13.28a 케이스 1 삭제

➲ 그림 13.28b와 같이 케이스 0 내부에 있는 프로그램을 밖으로 이동시킨다.

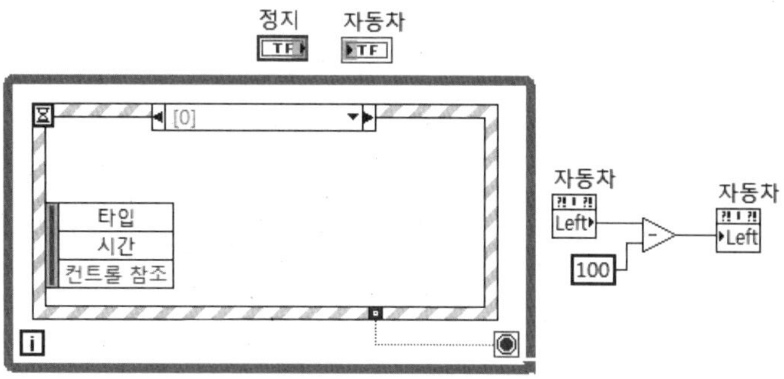

그림 13.28b 케이스 0 수정

➲ 그림 13.29와 같이 이벤트 편집 창을 연다.

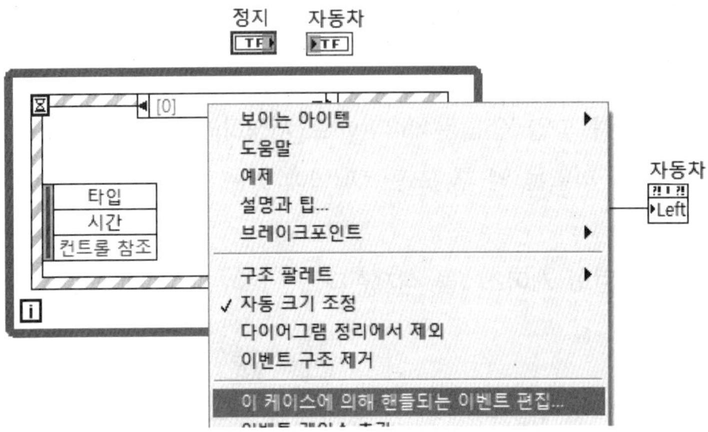

그림 13.29 이벤트 편집 창 열기

➲ 그림 13.30과 같이 이벤트 편집 창에서 순서대로 클릭한 후 '확인' 버튼을 클릭한다. 그러면 그림 13.31과 같이 된다.

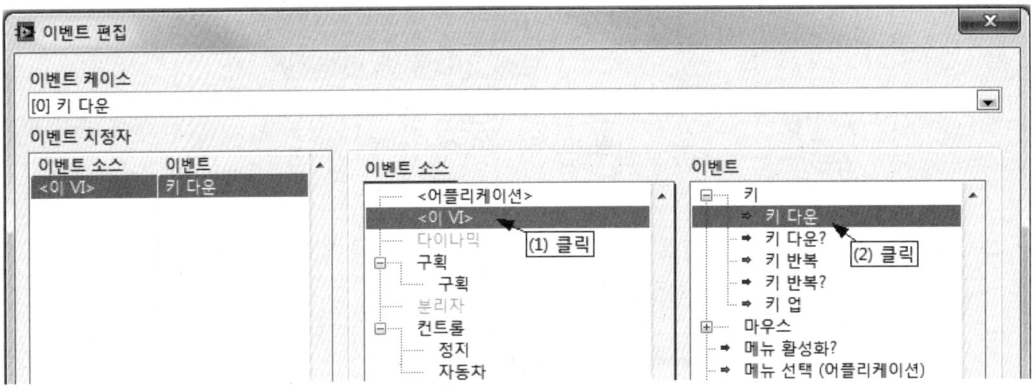

그림 13.30 이벤트 편집 창 편집 방법(키다운 이벤트 케이스)

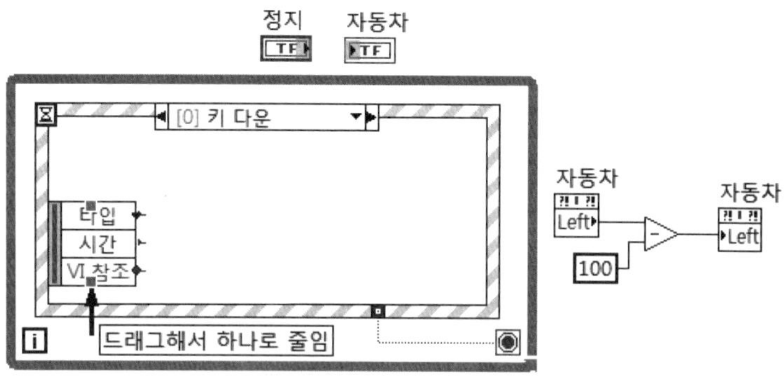

그림 13.31 '키 다운' 이벤트 케이스 설정

➲ 그림 13.32와 같이 '타입' 위에서 마우스를 클릭해서 'V키'를 선택한다. 다음으로 그림 13.33과 같이 'V키'의 출력단에서 'MRC 〉 생성 〉 상수'를 실행하면 그림 13.34와 같이 'ASCII' 상수가 생성된다. 다음으로 그림 13.34와 같이 드래그해서 그림 13.35와 같이 이동한다.

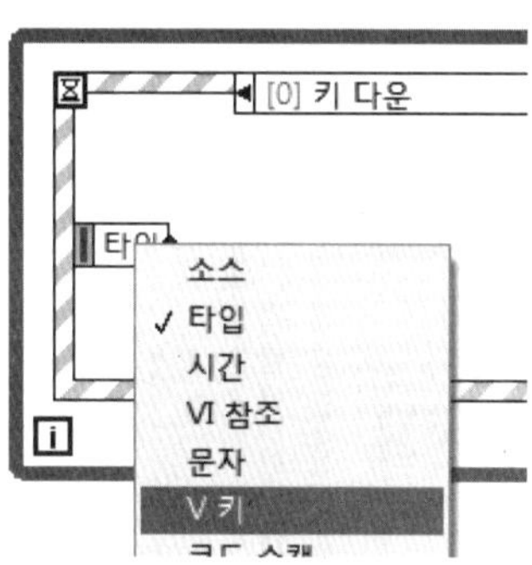

그림 13.32 'V키' 선택

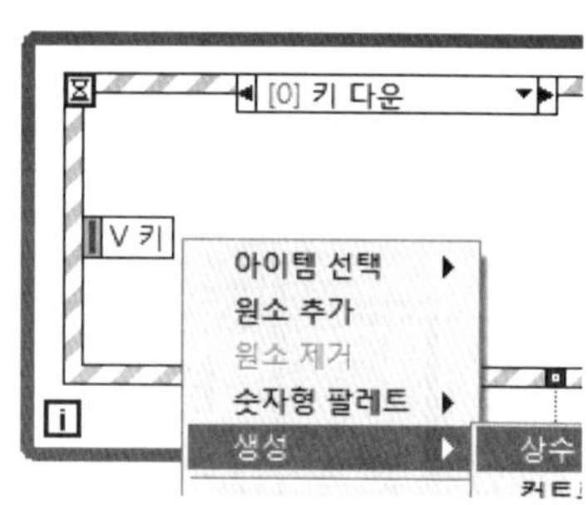

그림 13.33 'V키' 상수 생성 방법

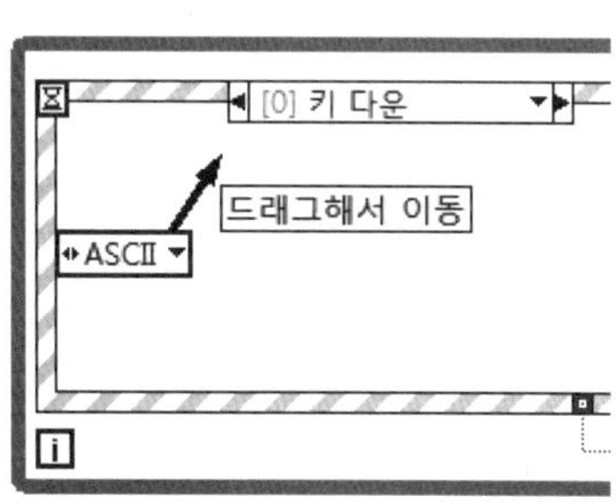

그림 13.34 'ASCII' 상수 추가

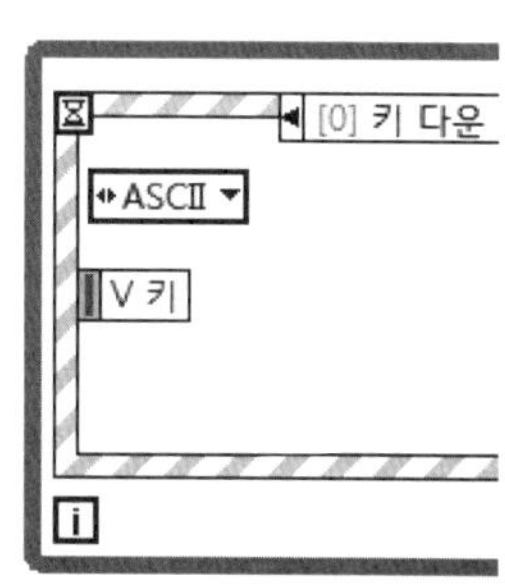

그림 13.35 'ASCII' 상수 이동 배치

➲ 다음으로 그림 13.36과 같이 'ASCII' 상수 위를 클릭하여 'Left'를 선택한다. 이 'Left'는 키보드의 왼쪽 화살표 버튼의 아스키 코드 값(정수)에 해당한다. (중요: 'Left' 프로퍼티 노드와는 완전히 다른 의미이다.)

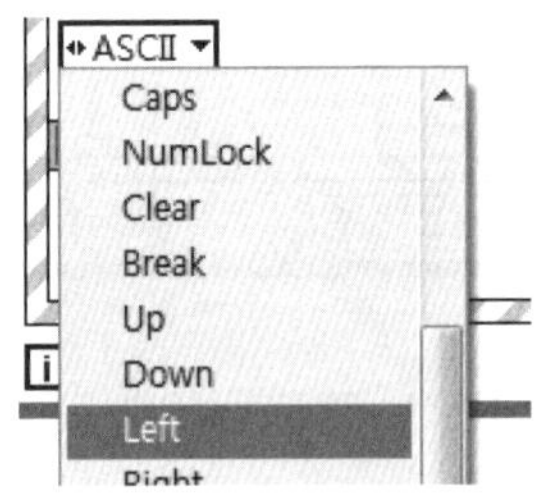

그림 13.36 'Left' 상수 설정

➲ 이제 그림 13.37과 같이 프로그램을 작성한 후 프로그램을 실행시켜보자. 키보드의 왼쪽 화살표 버튼을 클릭하면 자동차가 왼쪽으로 이동하는지 확인하라.

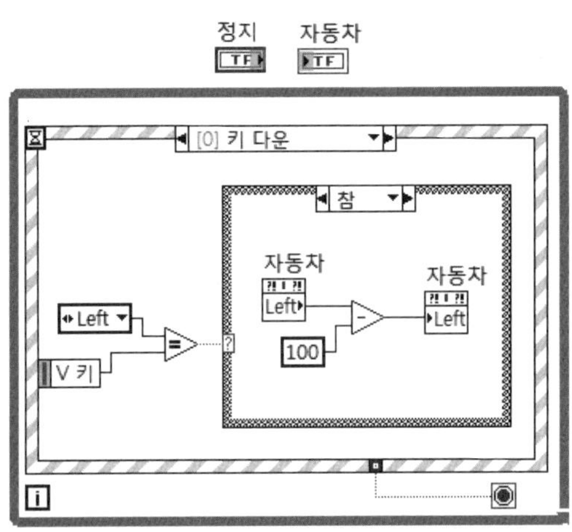

그림 13.37 블록다이어그램

➲ 키보드의 오른쪽 화살표 버튼을 클릭하면 자동차가 오른쪽으로 이동되게 하기 위해, 그림 13.38과 같이 프로그램을 작성하라.

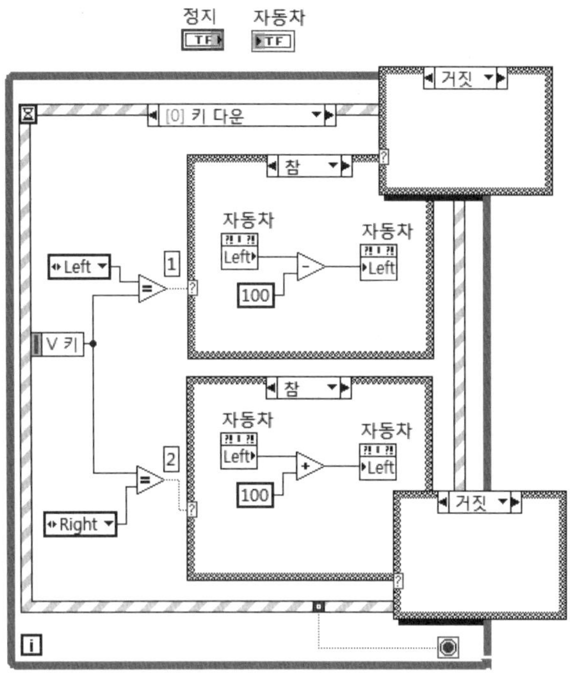

그림 13.38 최종 프로그램

➲ 그림 13.38을 분석해보면 다음과 같다. 키보드 왼쪽 화살표 버튼을 클릭하면, 왼쪽 화살표 버튼의 아스키 코드 값이 V 키 출력단에서 나온다. 결과적으로 와이어 1로는 참이 나오고 와이어 2로는 거짓이 나와서 상단 케이스 구조는 참 케이스가 실행되고, 하단 케이스 구조는 거짓 케이스가 실행된다.

➲ 키보드 오른쪽 화살표 버튼을 클릭하면, 오른쪽 화살표 버튼의 아스키 코드 값이 V 키 출력단에서 나온다. 결과적으로 와이어 1로는 거짓이 나오고 와이어 2로는 참이 나와서 상단 케이스 구조는 거짓 케이스가 실행되고, 하단 케이스 구조는 참 케이스가 실행된다.

➲ 파일을 저장한 후 실행시켜보아라.

연습문제 13.2

프런트패널에 있는 버튼 두 개로 사용자 정의 자동차 컨트롤을 상하로 움직이는 프로그램을 작성하라.

➲ 파일 '예제13.vi'를 '연습문제13.2.vi'로 저장하라.

➲ '연습문제13.2.vi'를 열어서 그림 13.39와 같이 프런트패널에서 '좌측'과 '우측' 버튼의 라벨을 '위로'와 '아래로'로 수정하라.

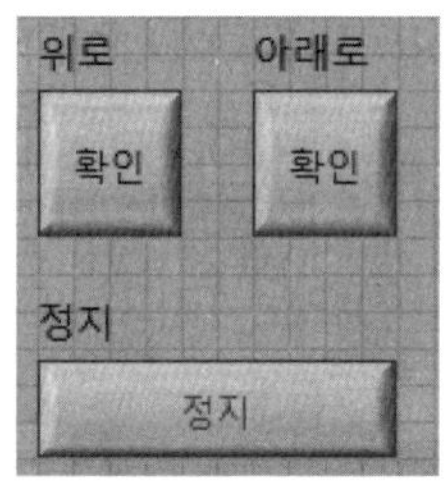

그림 13.39 라벨 수정

➲ 그림 13.40과 같이 케이스 0에서 프로퍼티 노드 a를 클릭해서, '위치 〉 위쪽'을 실행한다. 프로퍼티 노드 b도 똑같이 실행한다. 그러면 그림 13.41과 같이 된다. 프런트패널에 있는 '위로' 버튼이 클릭되면 그림 13.41의 케이스 0이 실행되게 된다. 'Top' 프로퍼티 노드 a에서 출력되는 값은 그림 13.42와 같이 수직 좌표에 해당하는 값(픽셀)이 출력단다. 현재의 경우는 400이 출력될 것이다. 참고로 자동차가 더 위로 올라오면 수직 좌표 값은 작아지게 된다.

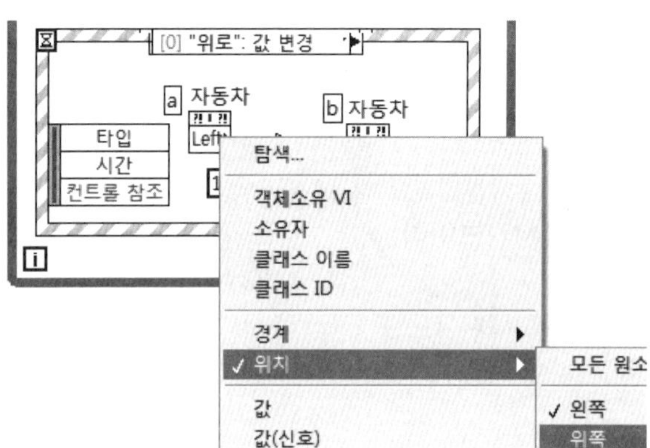

그림 13.40 'Top' 프로퍼티 노드로 설정 변경

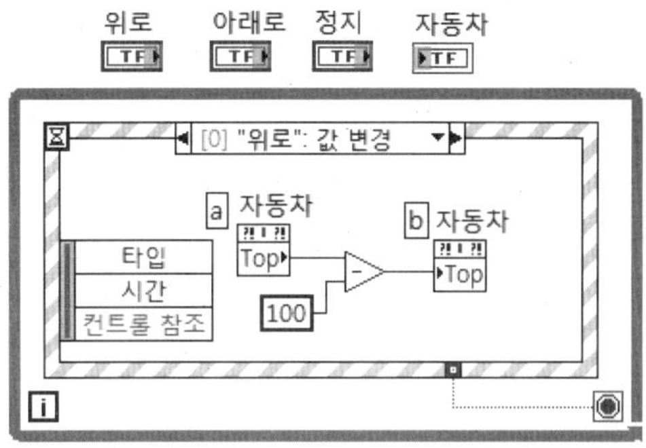

그림 13.41 '위로' 버튼 클릭시 실행되는 이벤트 케이스 0 완성

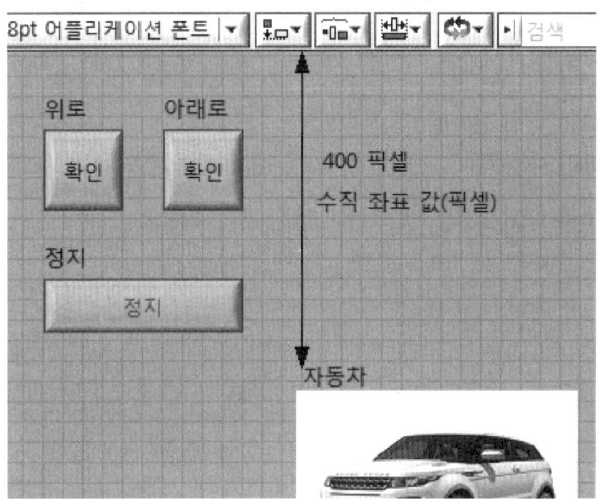

그림 13.42 'Top' 프로퍼티 노드 출력 값의 의미

➲ 케이스 0과 같은 방법으로 케이스 1도 그림 13.43과 같이 수정하라.

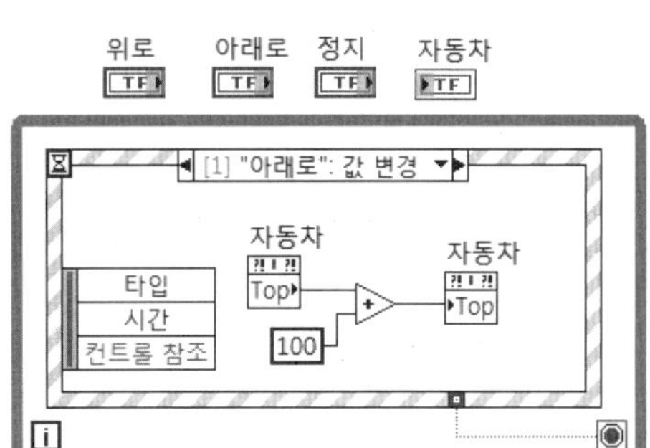

그림 13.43 '아래로' 버튼 클릭 시 실행되는 이벤트 케이스 1 완성

➲ 마지막으로 케이스 2가 그림 13.44와 같은지 확인하라.

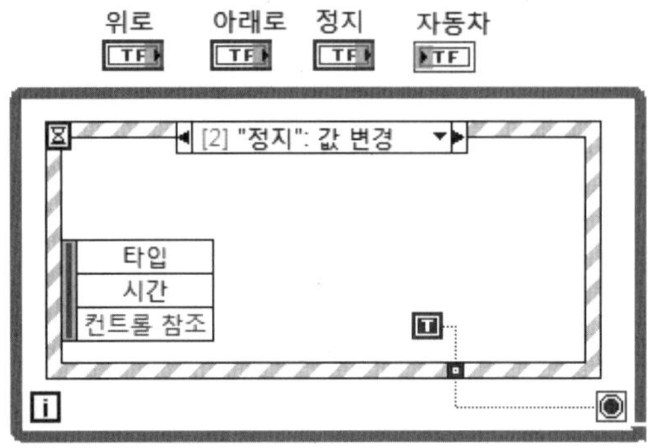

그림 13.44 '정지' 버튼 클릭시 실행되는 이벤트 케이스 2

➲ 파일을 저장 후 실행시켜보자. '위로' 버튼을 클릭하면 자동차가 위로 이동하고, '아래로' 버튼을 클릭하면 밑으로 이동하는지 확인하라.

연습문제 13.3

예제 13에서 프로그램을 처음 시작했을 때, 자동차가 좌표 (150, 250)에 위치하도록 하라.

➲ 프로그램을 실행했을 때 그림 13.45와 같이 자동차가 좌표 (150, 250)에 위치하도록 프로그램을 추가 작성한다.

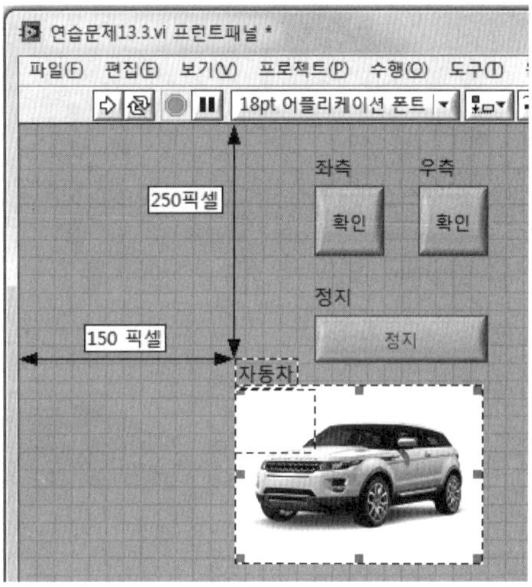

그림 13.45 자동차 초기 좌표

➲ '예제13.vi' 파일을 '연습문제13.3.vi'로 저장한 후, 그림 13.46과 같이 플랫 시퀀스 구조를 추가해서 첫 번째 프레임에 초기 좌표 값을 부여하는 'Left' 및 'Top' 프로퍼티 노드를 추가하라.

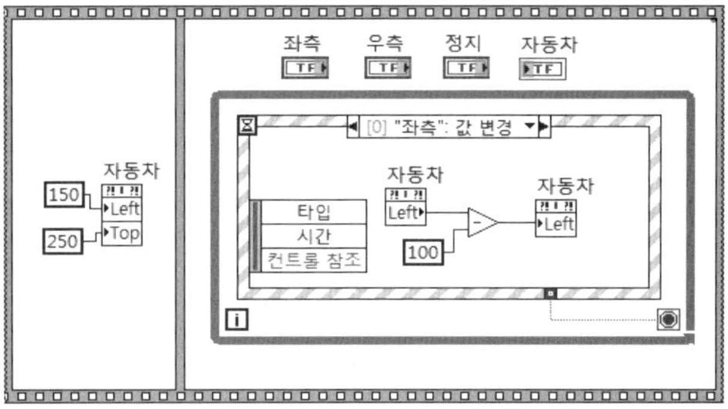

그림 13.46 초기 좌표 값 부여하는 프로그램 추가

연습문제 13.4

버튼 네 개로 사용자 정의 자동차 컨트롤을 상하 좌우로 움직이는 프로그램을 작성하라.

➲ 예제 13과 연습문제 13.2를 이용하라.

➲ 그림 13.47과 같이 네 개의 버튼을 프런트패널을 배치하라.

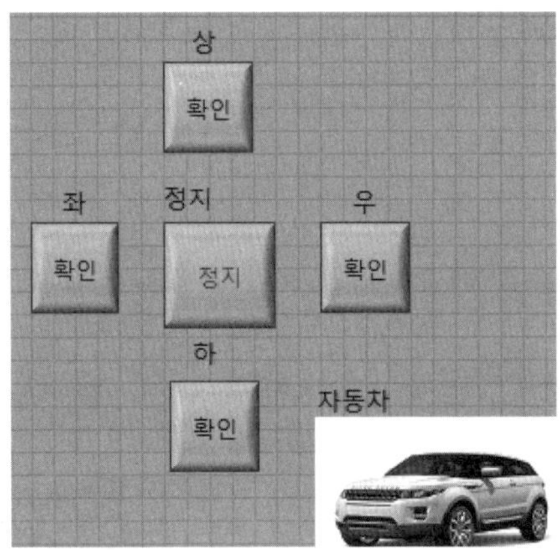

그림 13.47 프런트패널

➲ 프로그램을 완성한 후 파일명 '연습문제13.4.vi' 로 저장하라.

예제 14

자동차가 마우스 커서를 따라 움직이게 하는 프로그램을 작성하라.

학/습/내/용

A. 마우스 커서 이동 이벤트 인식 프로그래밍

B. 프런트패널 실행 화면 꾸미기

C. 마우스 좌우 버튼 클릭 이벤트 인식 프로그래밍(연습문제 14.3)

① 먼저 본 교재에 첨부된 CD에서 '마우스커서좌표출력.vi'파일을 연 후, 파일명 '예제14.vi'로 저장한다.

② '예제14.vi'의 프런트패널과 블록다이어그램은 그림 14.1과 같다.

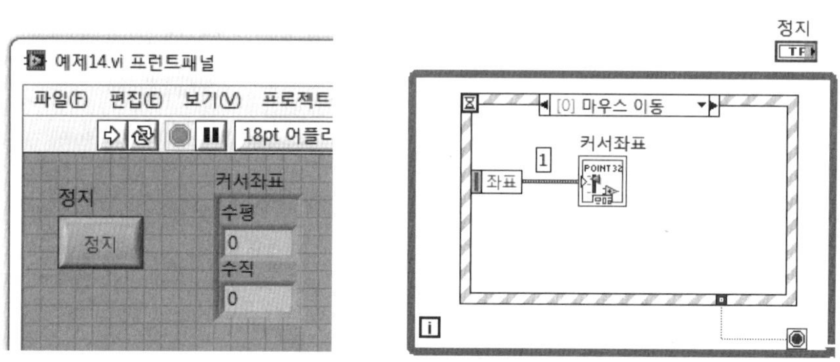

그림 14.1 프로그램 작성 시작용 프런트패널과 블록다이어그램

③ 프로그램을 실행시킨 상태에서 프런트패널 내부에서 마우스 커서를 움직이면 마우스 커서의 좌표가 프런트패널의 '커서좌표' 인디케이터에 나타남을 확인할 수 있다. 마우스 커서가 프런트패널 위에 있을 때에만 커서 좌표 값을 출력함을 확인할 수 있을 것이다.

➲ 커서가 프런트패널의 우측 하단으로 이동할수록 수평 및 수직 좌표가 증가됨을 확인하라.

➲ 마우스 커서가 움직이는 이벤트가 발생하면(즉, 마우스 커서가 움직이면), 블록다이어그램의 케이스 0이 실행되면서 와이어 1을 통해 마우스 커서의 좌표가 출력되어 '커서좌표' 인디케이터에 나타나게 된다.

④ 그림 14.2와 같이 '컨트롤 〉 펼침버튼 〉 컨트롤 선택'을 실행하여 프런트패널에 연습문제 10.3에서 만든 '자동차.ctl'을 그림 14.3과 같이 추가한다. (자동차.ctl 파일이 없을 경우, LED를 프런트패널에 추가한 후 라벨을 '자동차'로 수정하라.)

그림 14.2 '자동차.ctl' 추가 방법

그림 14.3 '자동차.ctl' 컨트롤 추가

⑤ 그림 14.4와 같이 '자동차' 아이콘 위에서 'MRC 〉 생성 〉 프로퍼티노드 〉 위치 〉 모든원소'를 실행해서 그림 14.5와 같이 'Position' 프로퍼티 노드를 추가한다.

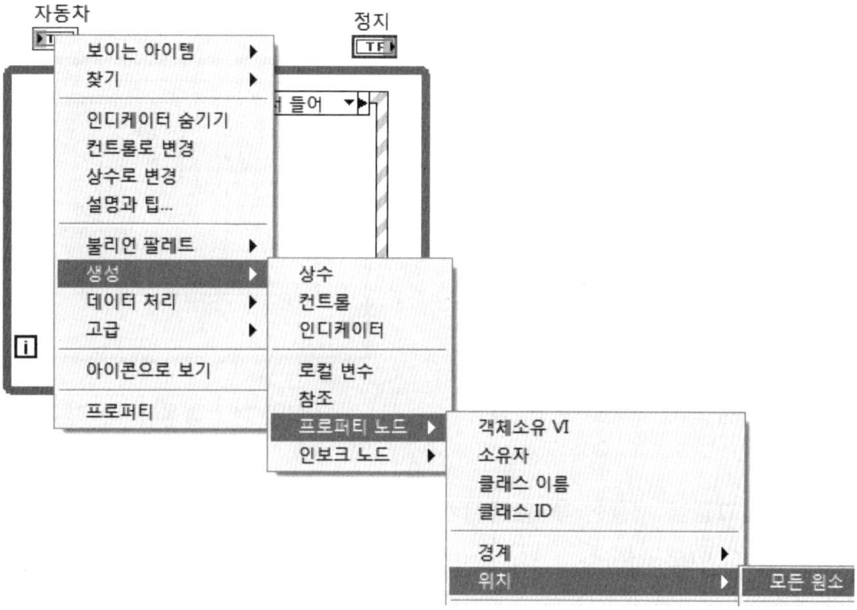

그림 14.4 'Position' 프로퍼티 노드 추가 방법

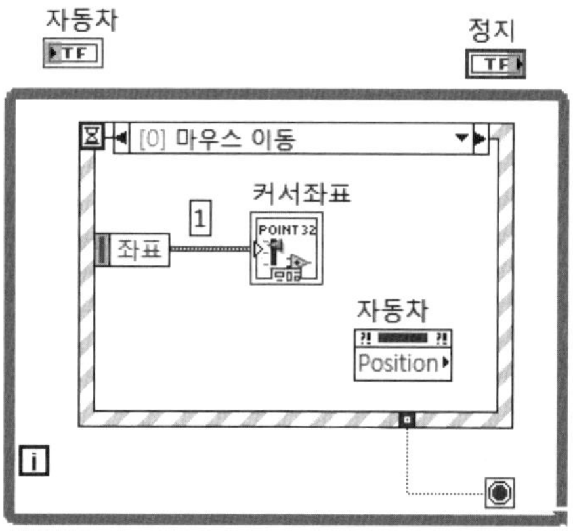

그림 14.5 'Position' 프로퍼티 노드 추가

⑥ 그림 14.6과 같이 'Position' 프로퍼티 노드 위에서 'MRC 〉 모든 것을 쓰기로 변경'을 실행한 후 그림 14.7과 같이 와이어 연결을 한다.

그림 14.6 '쓰기로 변경' 실행

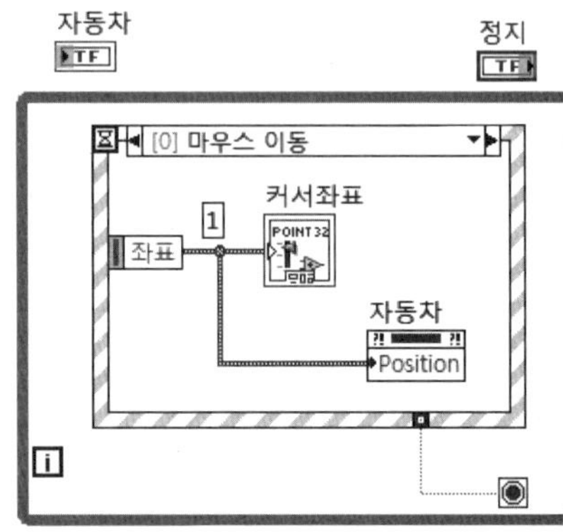

그림 14.7 블록다이어그램

⑦ 작성한 프로그램을 저장한 후 실행시켜보자. 마우스 커서를 따라 자동차가 움직이는 것을 확인할 수 있을 것이다.

➲ 만약, 자동차가 마우스 커서를 따라 움직일 때 시간 지연을 주고 싶다면(일종의 관성 효과 부여), 그림 14.8과 같이 '기다림(ms)' 함수를 추가한 후 프로그램을 실행시켜라. 시간 지연 효과를 느낄 수 있는지 확인해보자.

➲ 프로그램을 정지시키기 위해서는 그림 14.9와 같이 강제 종료 버튼을 클릭하라.

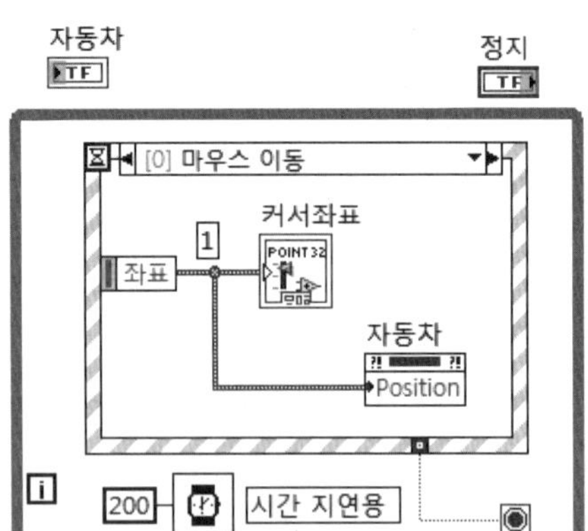

그림 14.8 '기다림(ms)' 함수 추가

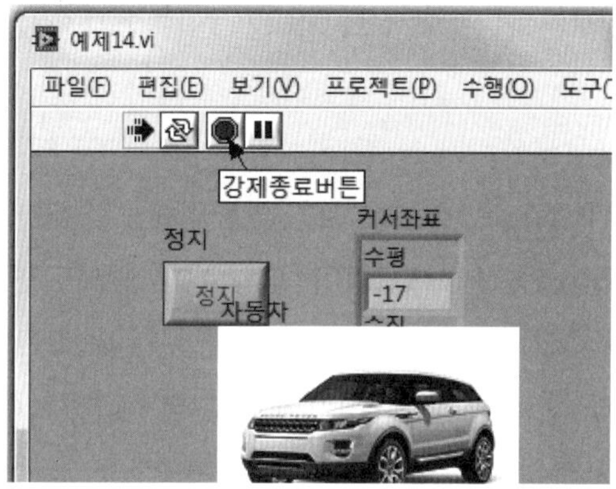

그림 14.9 프로그램 강제 종료 방법

⑧ 프로그램 실행 상태에서 프로그램을 정지시키기 위해 마우스 커서로 프런트패널에 있는 '정지' 버튼을 클릭하더라도 정지가 되지 않음을 확인할 수 있다. 현재 마우스 커서가 '자동차' 아이콘 위에 있는 것으로 인식되기 때문에, '정지' 버튼을 클릭하더라도 '자동차' 아이콘이 클릭되는 것으로 프로그램은 인식한다. 그래서 '자동차' 아이콘이 마우스 커서 보다 수평과 수직 방향으로 1픽셀 만큼 우측 및 하단에 위치하도록 하기 위해, 그림 14.10과 같이 블록다이어그램을 수정한다.

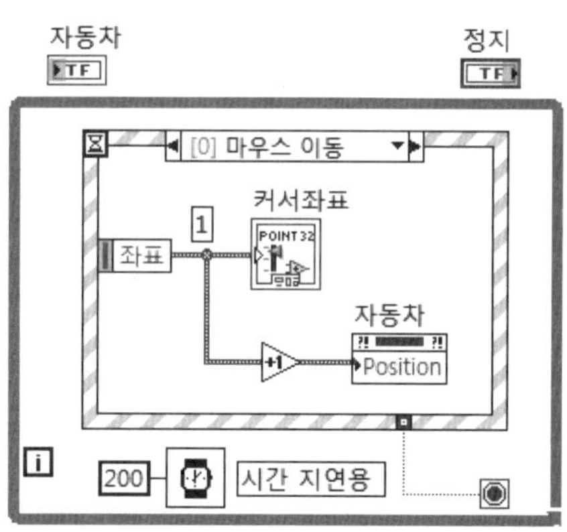

그림 14.10 최종 블록다이어그램

⑨ 프로그램을 저장한 후 다시 실행시켜라. 프로그램을 실행 상태에서 프런트패널의 '정지' 버튼을 클릭하면 프로그램이 정지함을 확인할 수 있다.

➲ 마우스 커서와 '자동차' 아이콘의 좌표 차이가 1픽셀이기 때문에 눈으로 거의 차이를 확인할 수가 없다.

⑩ 마지막으로 프런트패널 실행 화면의 모양을 변경해보자. 먼저 파일 '예제14.vi'를 '예제14-1.vi'로 저장하라. 그림 14.11과 같이 '파일 〉 VI 프로퍼티'를 실행해서 VI 프로퍼티 창을 연 후 그림 14.12와 같이 VI 프로퍼티 설정을 한다. 프런트패널을 사이즈를 적당히 조절하고 파일을 저장한 후 실행을 시켜 보면 그림 14.13과 같은 실행 화면이 나타남을 확인할 수 있다. 어떤 차이가 있는 지 확인해보아라.

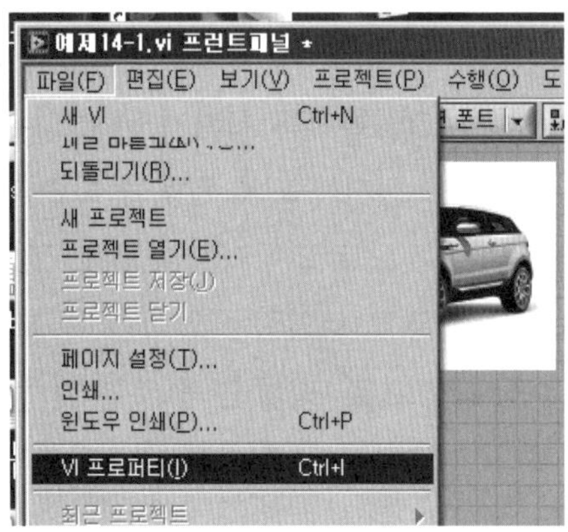

그림 14.11 VI 프로퍼티 창 열기

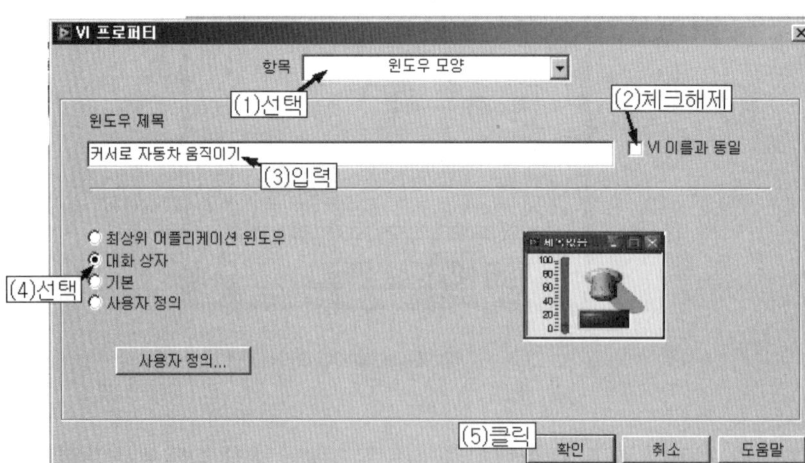

그림 14.12 프런트패널 실행 화면 모양 설정

그림 14.13 프런트패널 실행 화면

연습문제 14.1

자동차가 마우스 커서를 따라 좌우로만 움직이게 하는 프로그램을 작성하라.

➲ 파일 '예제14.vi'를 '연습문제14.1.vi'로 저장한다.

➲ 블록다이어그램을 그림 14.14와 같이 연결된 와이어를 삭제한다.

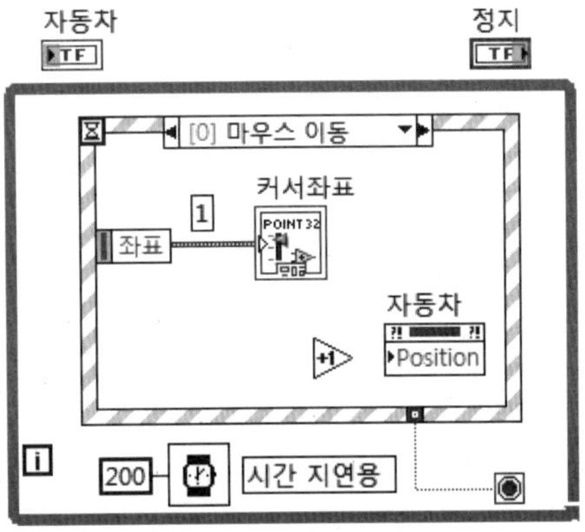

그림 14.14 와이어 삭제

➲ 자동차를 좌우 방향으로만 움직이게 하기 위해선, 자동차의 수평 좌표만 마우스 커서의 수평 좌표와 같도록 해주면 된다. 그래서 그림 14.15와 같이 'position' 프로퍼티 노드를 클릭하여 '위치 〉 왼쪽'을 실행하여 'Left' 프로퍼티 노드로 변경한다.

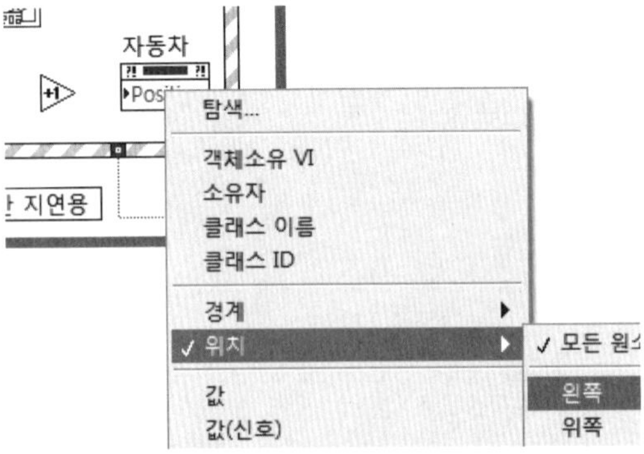

그림 14.15 'Left' 프로퍼티 노드로 변경

➲ 그림 14.16과 같이 '함수 〉 프로그래밍(1*3) 〉 클러스터...(1*3)'을 실행하여 그림 14.17과 같이 '풀기' 함수를 추가한다.

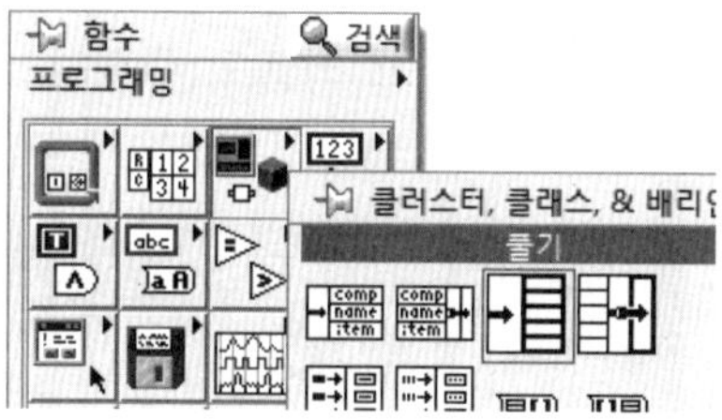

그림 14.16 '풀기' 함수 추가 방법

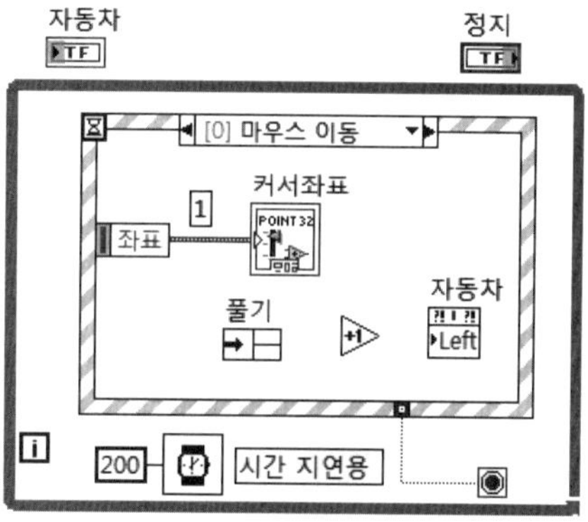

그림 14.17 '풀기' 함수 추가

➲ 그림 14.18과 같이 와이어를 연결한다. 풀기 함수의 우측 출력단들 중에 상단 출력단에서는 마우스 커서의 수평좌표가 출력되고 하단 출력단에서는 수직 좌표가 출력된다. 여기서는 상단 출력단만을 와이어 연결하였다.

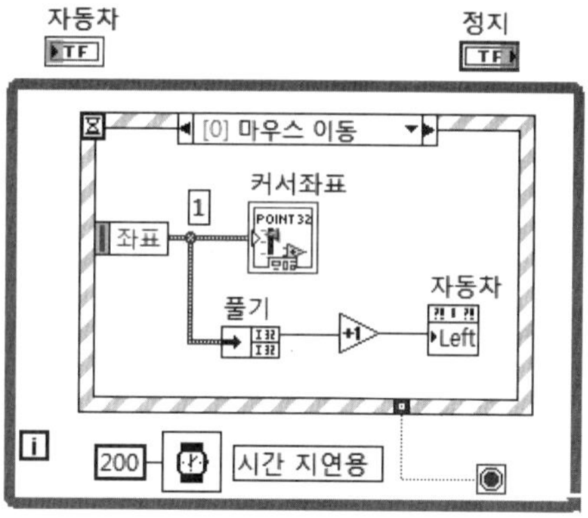

그림 14.18 최종 프로그램

➲ 프로그램을 저장한 후 실행시켜보아라. 마우스 커서를 움직이면 자동차가 좌우로만 움직이는지 확인하라.

연습문제 14.2

마우스 커서가 LED 위에 위치하면 LED가 켜지면서 'LED 안에 커서'라는 문장이 나타나고, 커서가 LED 밖에 있으면 LED가 꺼지면서 'LED 밖에 커서'라는 문장이 나타나게 하는 프로그램을 작성하라.

➲ 그림 14.19와 같이 프런트패널에 LED와 정지버튼을 추가하고 라벨도 수정하라.

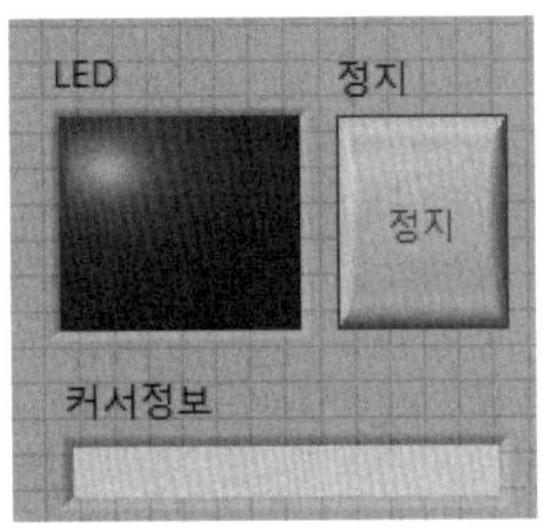

그림 14.19 프런트패널

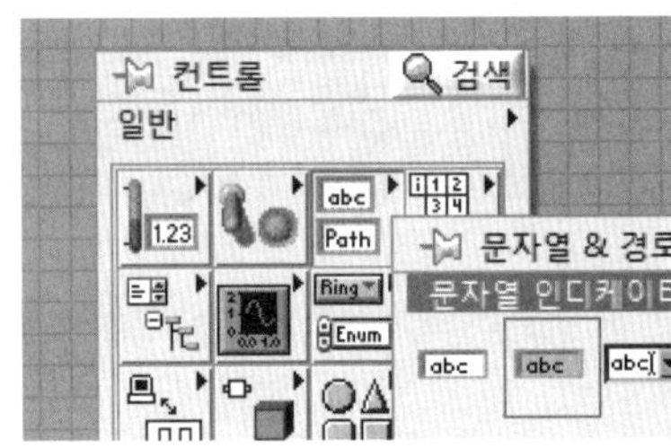

그림 14.20 문자열 인디케이터 추가 방법

➲ 그림 14.20과 같이 '컨트롤 〉 일반(1*3) 〉 문자열..(1*2)'을 실행하여 '문자열' 인디케이터도 추가한 후, 라벨을 '커서정보'로 수정하여 그림 14.19와 같이 되도록 하라.

➲ 그림 14.21과 같이 While 루프 내부에 이벤트 구조를 추가하라. 선택자 라벨(타임아웃) 위에서 'MRC 〉 이 케이스에 의해 핸들되는 이벤트 케이스 편집'을 실행해서 이벤트 편집 창을 그림 14.22와 같이 열어라.

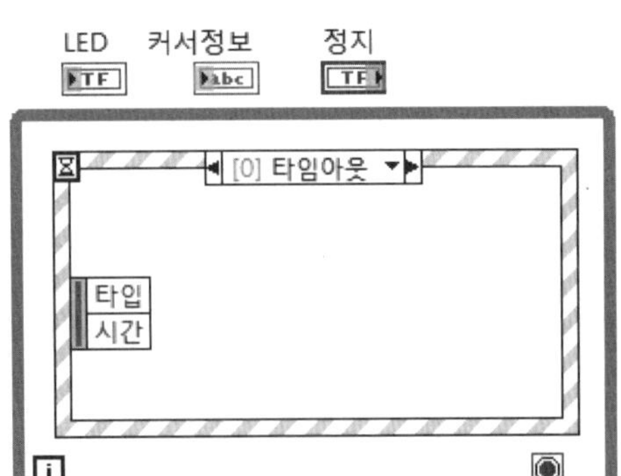

그림 14.21 블록다이어그램에 이벤트 구조 추가

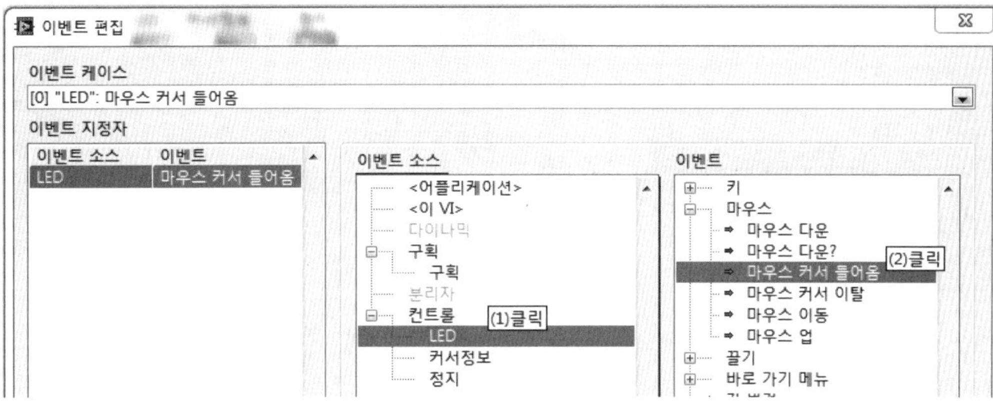

그림 14.22 이벤트 케이스 0 설정

➲ 그림 14.22의 이벤트 편집 창에서 순서대로 클릭을 한 다음 '확인' 버튼을 클릭하라. 그러면 그림 14.23과 같은 결과를 얻는다.

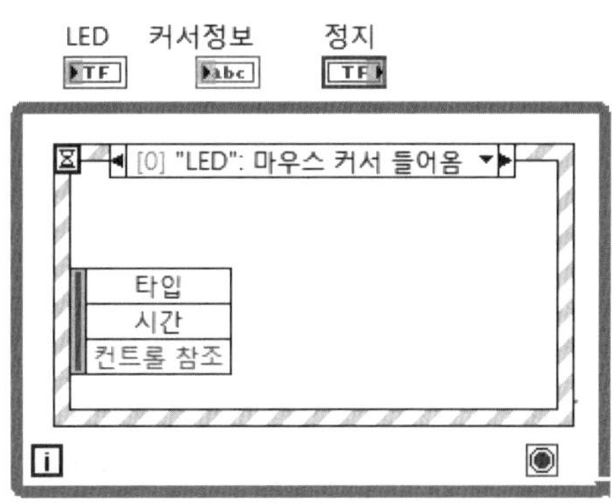

그림 14.23 LED 안으로 커서가 이동하면 실행되는 이벤트 케이스 0

➲ 이벤트 구조의 선택자 라벨 위에서 'MRC 〉 이벤트 케이스 추가'를 실행해서 이벤트 케이스를 추가하면, 그림 14.24와 같은 이벤트 편집 창이 나타난다. 이벤트 편집 창에서 지시된 순서대로 두 번 클릭을 한 후 '확인' 버튼을 클릭하라. 그러면 그림 14.25와 같이 된다.

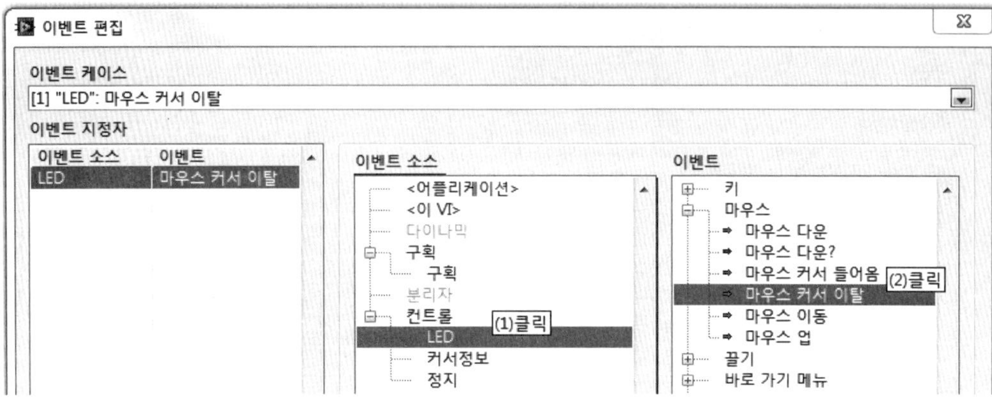

그림 14.24 이벤트 케이스 1 설정

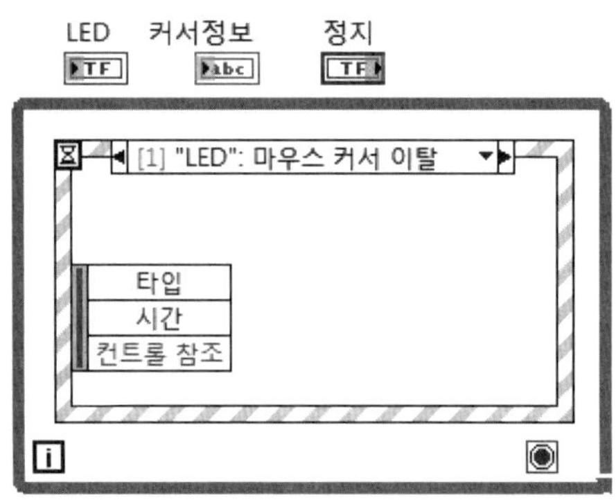

그림 14.25 LED 밖으로 커서가 이동하면 실행되는 이벤트 케이스 1

➲ 마찬가지 방식으로 이벤트 케이스를 하나 더 추가하여 그림 14.26과 같이 '정지' 버튼이 클릭되었을 때 실행되는 케이스 2를 완성하라.

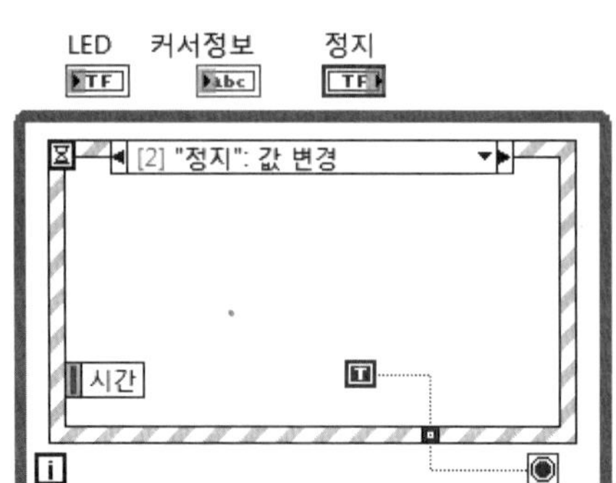

그림 14.26 정지 버튼 클릭 시 실행되는 이벤트 케이스 2

➲ 케이스 0은 그림 14.27과 같이 작성하라. 이를 위해 'LED' 아이콘과 '커서정보' 아이콘의 로컬변수를 생성하라.

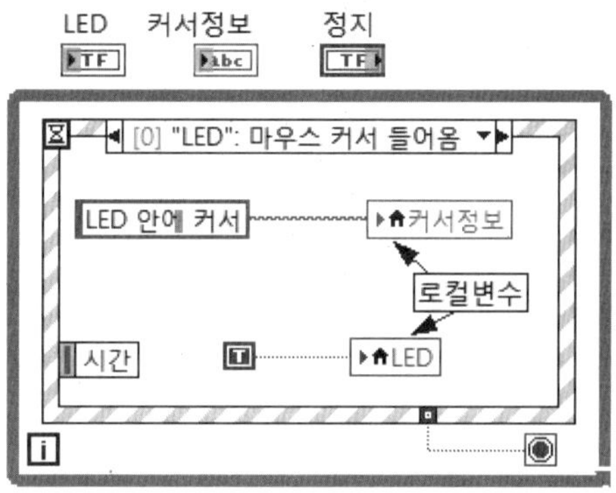

그림 14.27 이벤트 케이스 0 프로그래밍

➲ 케이스 1은 그림 14.28과 같이 작성하라. 이를 위해 케이스 0에 있는 'LED'과 '커서정보' 로컬변수들을 복사해서 이용하라.

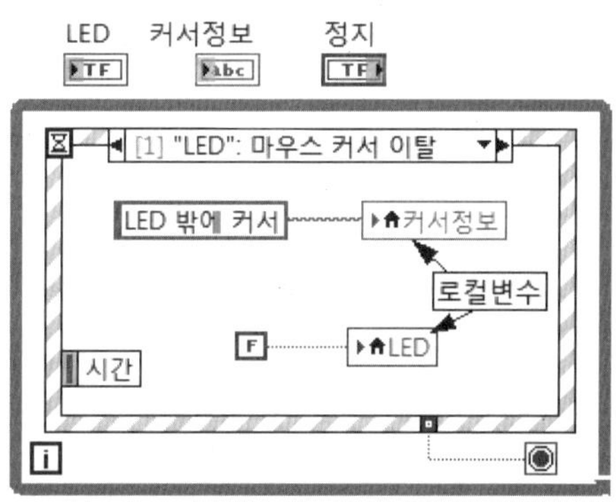

그림 14.28 이벤트 케이스 1 프로그래밍

➲ 파일명 '연습문제14.2.vi'로 저장한 후 실행시켜 보아라. 마우스 커서를 LED 안으로 이동시키면 LED가 켜지면서 'LED 안에 커서'라는 문장이 나타나는지 확인하라. 또한, 마우스 커서를 LED 밖으로 이동시키면 LED가 꺼지면서 'LED 밖에 커서'라는 문장이 나타나는지도 확인하라.

연습문제 14.3

마우스 좌측 버튼을 누르면 자동차가 왼쪽으로 이동하고, 우측 버튼을 누르면 자동차가 오른쪽으로 이동하는 프로그램을 작성하라.

➲ 교재에서 제공하는 CD에서 '마우스좌우버튼클릭감지.vi' 파일을 그림 14.29와 같이 열어서 실행시켜 보자. 프런트패널 위에서 마우스 좌측 버튼을 클릭하면, 와이어 a를 통해서 정수 1이 출력되어 '출력정수' 인디케이터에 1이 나타나고, 마우스 우측 버튼을 클릭하면, 와이어 a를 통해서 정수 2가 출력되어 '출력정수' 인디케이터에 2가 나타남을 확인하라.

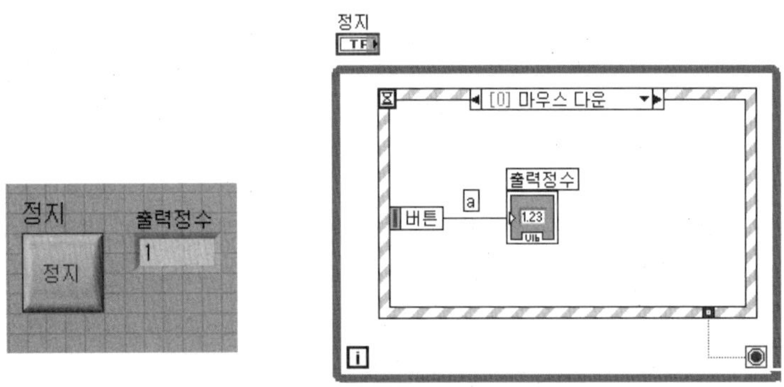

그림 14.29 마우스 좌우 버튼 클릭을 구분해서 감지하는 프로그램

➲ '마우스좌우버튼클릭감지.vi'를 파일명 '연습문제14.3.vi'로 저장한 후, 그림 14.30과 같이 '출력정수' 인디케이터를 삭제하고 케이스 구조를 추가 및 와이어 연결을 한다. 그리고 그림 14.30과 같이 선택자 라벨 변경 버튼(▸)을 클릭하여 케이스 0으로 바꾼다.

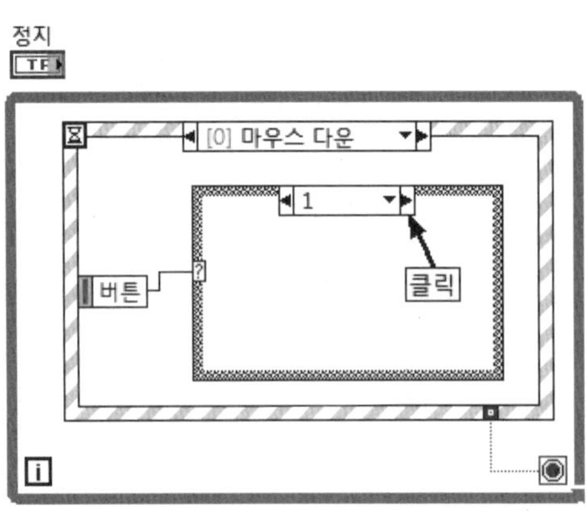

그림 14.30 케이스 구조 추가 및 와이어 연결

➲ 그림 14.31과 같이 선택자 라벨의 숫자 0을 드래그해서 숫자 2로 수정한다. 이제 마우스 좌측 버튼 클릭 시 실행되는 케이스 1과 우측 버튼 클릭 시 실행되는 케이스 2가 추가 완료되었다.

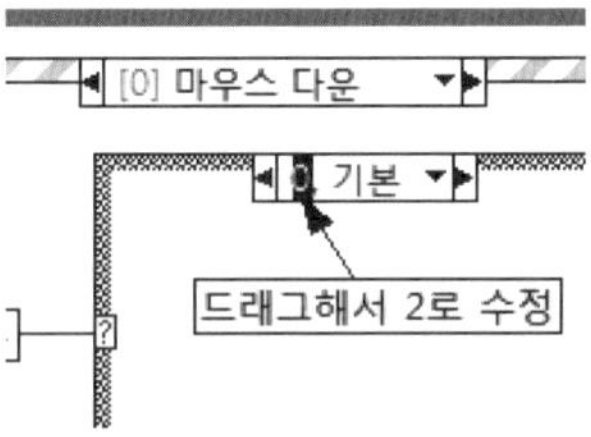

그림 14.31 케이스 0을 케이스 2로 수정

➲ 그림 14.32와 같이 프런트패널에 '자동차.ctl'을 추가한다.

그림 14.32 자동차 아이콘 추가

➲ 예제 13과 같은 방법으로 '자동차' 아이콘의 'Left' 프로퍼티 노드를 생성한 후 케이스 구조의 케이스 1과 케이스 2 내부에 그림 14.33과 그림 14.34와 같이 프로그래밍 한다.

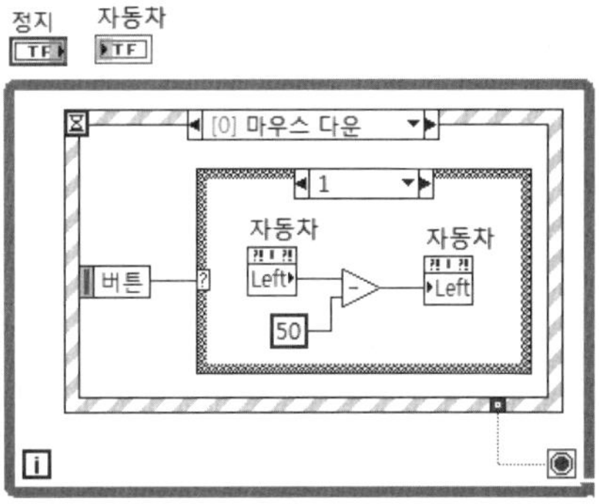

그림 14.33 마우스 좌측 버튼 클릭 시 실행되는 케이스 1

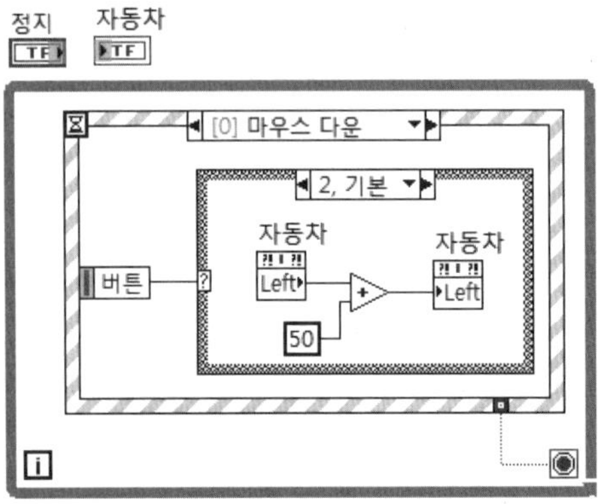

그림 14.34 마우스 우측 버튼 클릭 시 실행되는 케이스 2

➲ 파일을 저장한 후 실행시켜 보아라. 마우스 좌측 버튼을 클릭하면 자동차가 왼쪽으로 50픽셀 이동하고, 우측 버튼을 클릭하면 오른쪽으로 50픽셀 이동하는지 확인하라. 반드시 프런트패널 위에서 마우스 클릭을 해야만 프로그램이 마우스 클릭을 인식한다.

예제 15.

키보드의 q 버튼을 누르면 비행기가 오른쪽으로 이동하고 p 버튼을 누르면 비행기가 왼쪽으로 이동하게 하는 2인용 게임을 만들어라. 그리고 게임 경기장도 멋있게 만들고 결승선을 통과하면 LED가 켜지게 하라.

학/습/내/용

A. 키보드 버튼 클릭 이벤트 인식 프로그래밍

B. 로컬변수와 프로퍼티 노드를 활용한 게임 프로그래밍

C. 프런트패널(GUI) 꾸미기

① 제작하고자 하는 게임을 자세히 설명하면, 두 명이 게임을 해서 한명은 q 버튼을 누르고, 다른 한명은 p 버튼을 누르게 된다. 만약 q 버튼이 p 버튼 보다 더 빠른 속도로 클릭된다면 비행기는 오른쪽으로 이동하게 될 것이다. 반대로 p버튼이 더 빠른 속도로 클릭된다면 비행기는 왼쪽으로 이동하게 된다. 처음 출발점에서 비행기가 한 쪽 방향으로 기준값 보다 더 이동하게 되면 승리한 사람의 LED가 켜지게 한다.

② 게임 승자를 정확히 가리기 위해, 비행기 사용자 정의 컨트롤(비행기.ctl)을 정밀한 방법으로 만들 것이다. 먼저 프런트패널에서 사각 LED를 그림 15.1과 같이 추가한 후 라벨은 '비행기'로 수정한다.

➲ 그림 15.1에서 설명된 바와 같이 사각 LED가 프런트패널에서 차지하고 있는 영역은 항상 사각형 영역이다. 그리고 사각형 LED의 좌표 기준점은 사각형 영역의 좌측 상단 모서리이다.

➲ 그림 15.2와 같이 원형 LED나 다른 모양의 아이콘인 경우도 최외각을 둘러싸는 사각형으로 영역이 정의된다.

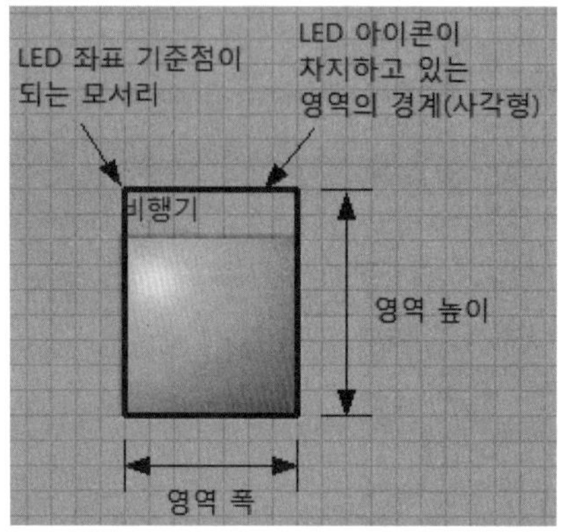

그림 15.1 사각 LED의 좌표 기준점 및 영역 폭과 높이

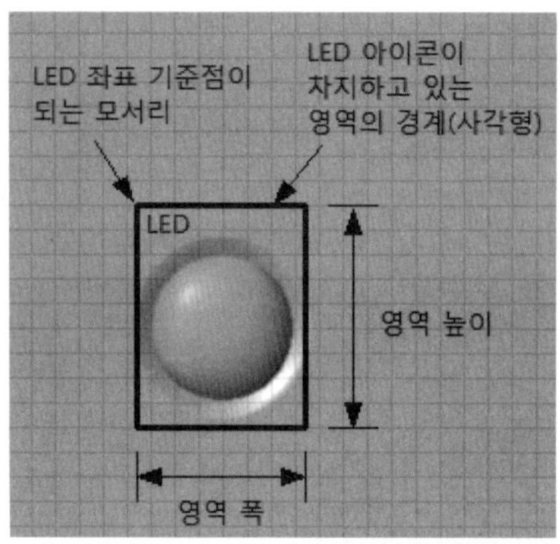

그림 15.2 원형 LED의 좌표 기준점 및 영역 폭과 높이

③ 그림 15.3과 같이 LED 인티케이터 위에서 'MRC 〉 고급 〉 사용자 정의'를 실행한다. 그러면 그림 15.4와 같이 새로운 창이 나타날 것이다.

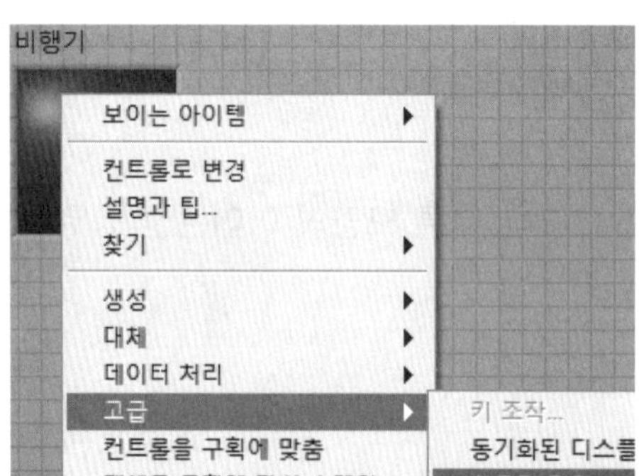

그림 15.3 사용자 정의 컨트롤 제작 창 불러오기

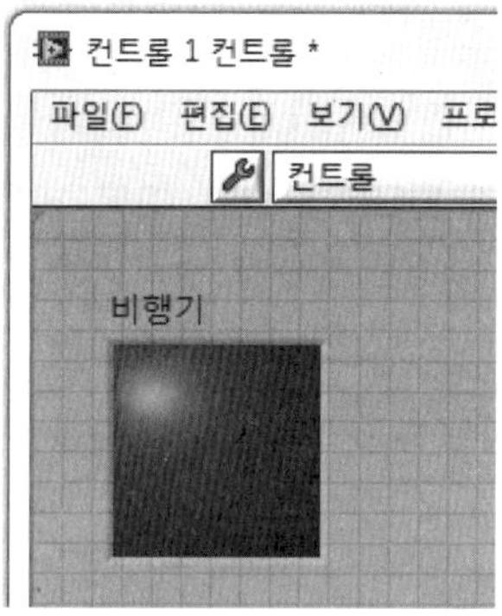

그림 15.4 사용자 정의 컨트롤 제작 창

④ 그림 15.5a와 같이 인터넷 검색에 찾은 비행기 사진 위에서 'MRC 〉 복사'를 실행한 후, 그림 15.5b와 같이 컨트롤 제작 창에 '편집 〉 붙여 넣기'를 실행한다. 그러면 그림 15.6과 같이 된다.

그림 15.5a 비행기 사진 복사

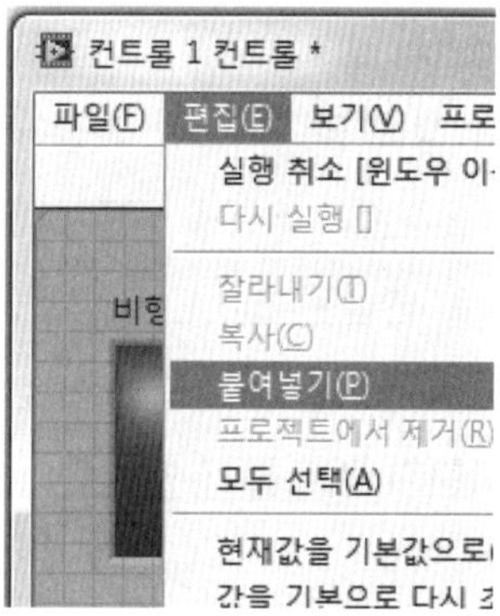

그림 15.5b 비행기 사진 붙여넣기

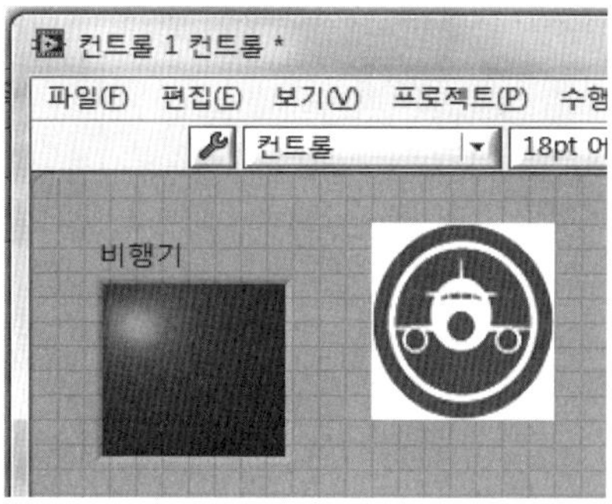

그림 15.6 비행기 사진 복사 완료

⑤ 그림 15.7과 같이 비행기 사진의 크기를 사각 LED가 차지하는 사각형 영역(그림 15.1 참조)과 같은 크기로 조절한 후 사각 LED 영역과 정확히 겹치게 하라. 비행기 사진의 미세 이동을 위해선 자판(키보드)의 화살표 이동 버튼을 사용하면 된다.

그림 15.7 사각 LED 위에 비행기 사진 겹치게 배치

⑥ 그림 15.8과 같이 '파일 〉 저장'을 실행하여, 파일명 '비행기.ctl'로 저장하라. 이제 컨트롤 제작 창을 닫아라. 이 과정에서 연속적으로 나타나는 두 대화 창에서는 '아니오' 버튼과 '저장안함' 버튼을 클릭하면 된다(앞의 그림 10.10과 그림 10.11 참조).

⑦ 다음으로 '연습문제13.1.vi' 파일을 연 후 파일명 '예제15.vi'로 저장한다. 그림 15.8과 같이 프런트패널에서 'MRC 〉 펼침버튼 〉 사용자컨트롤'을 실행한다. 그러면 그림 15.9와 같이 비행기 컨트롤이 추가된다.

그림 15.8 '비행기' 컨트롤 불러오기

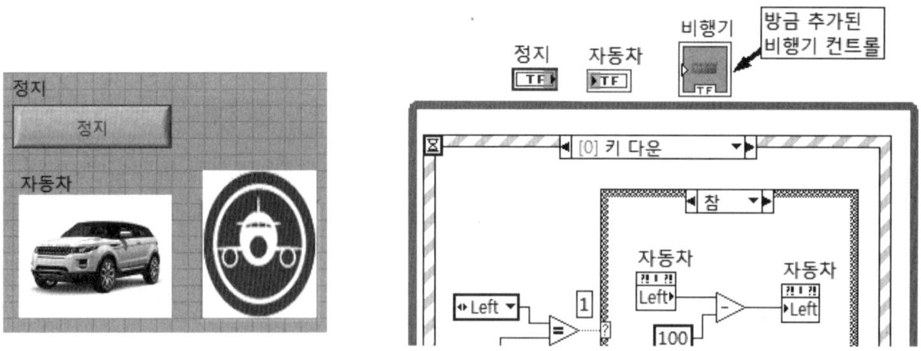

그림 15.9 비행기 컨트롤 추가된 상태

⑧ 키보드에서 눌려지는 알파벳 또는 숫자를 프로그램에서 인식하기 위하여, 그림 15.10과 같이 블록다이어그램에서 'V 키'를 클릭해서 '문자'를 선택한다.

그림 15.10 알파벳 또는 숫자를 인식하도록 변경

⑨ 네이버 인터넷 검색어로 '아스키 코드'를 입력하고 검색하면 그림 15.11과 같은 정보를 얻을 수 있다. 본 예제에서 사용될 소문자 p와 q의 아스키 코드는 112와 113임을 확인할 수 있다.

12	FF	44	`	76	L	108	l
13	CR	45	-	77	M	109	m
14	SO	46	.	78	N	110	n
15	SI	47	/	79	O	111	o
16	DLE	48	0	80	P	112	p
17	DC1	49	1	81	Q	113	q
18	SC2	50	2	82	R	114	r
19	SC3	51	3	83	S	115	s
20	SC4	52	4	84	T	116	t

그림 15.11 숫자 및 알파벳의 아스키 코드

⑩ 키보드에서 p 버튼을 누르면 그림 15.12의 블록다이어그램의 와이어 1을 통해 p의 아스키 코드인 112가 출력되어서 '같음?' 함수 a와 b로 입력된다.

➲ 이러한 사실을 염두에 두고 그림 15.13과 같이 Left 와 Right 을 삭제하고 대신에 숫자형 상수 112와 113을 와이어 연결한다. 상수 112와 113을 추가하기 위해선 그림 15.14와 같이 '함수 〉 프로그래밍(1*4) 〉 숫자형(5*1)'을 실행하여 '숫자형 상수'를 추가하면 된다.

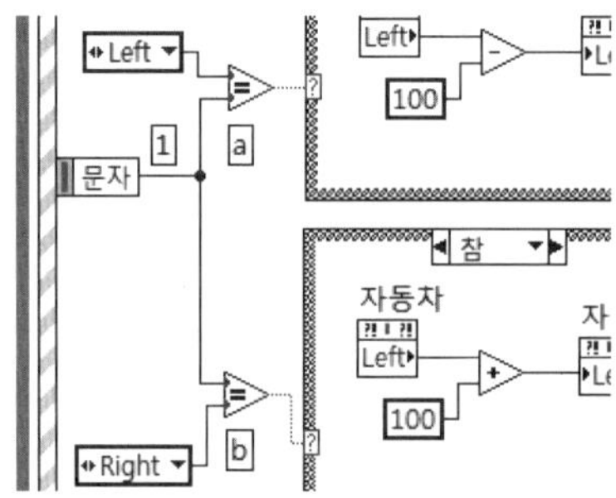

그림 15.12 블록다이어그램 일부

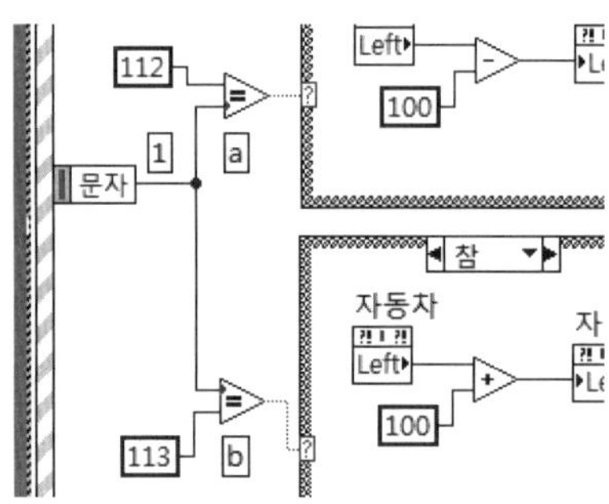

그림 15.13 수정된 블록다이어그램

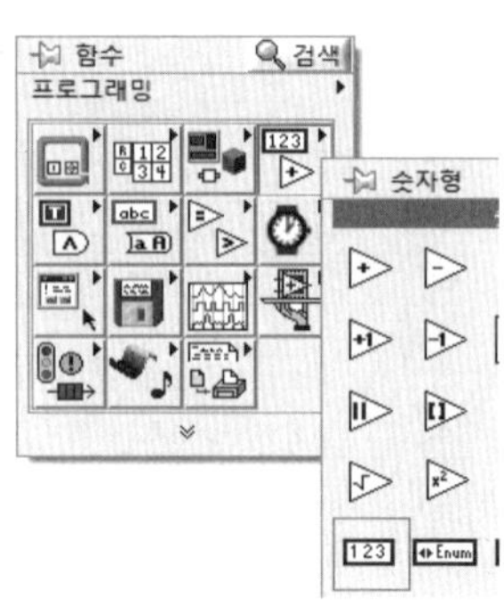

그림 15.14 숫자형 상수 추가 방법

⑪ 이제 프런트패널에서 '자동차' 아이콘을 삭제한다. 그러면 그림 15.15와 같은 블록다이어그램을 확인할 수 있으며, 단축키 Ctrl⊕B를 실행하여 깨진 와이어를 제거하라.

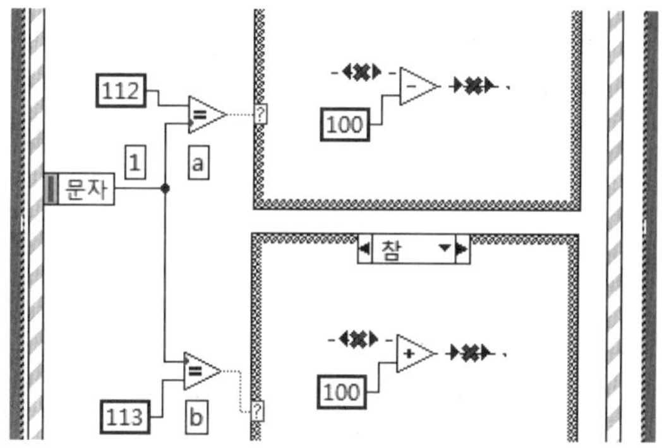

그림 15.15 자동차 아이콘을 삭제한 결과

⑫ 블록다이어그램의 비행기 아이콘 위에서 'MRC 〉 생성 〉 프로퍼티 노드 〉 위치 〉 왼쪽'을 실행하여 비행기 아이콘의 'Left' 프로퍼티 노드를 생성한다. 마지막으로 그림 15.16과 같이 블록다이어그램을 완성한 후 파일을 저장하라.

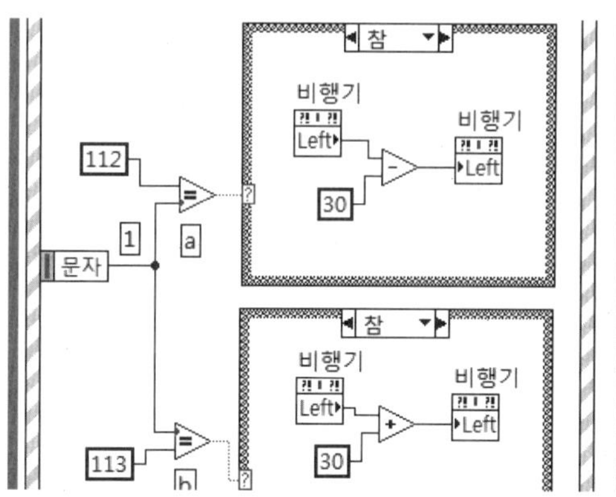

그림 15.16 블록다이어그램 수정 결과

⑬ 프로그램을 실행시켜서 동작하는지 확인해보아라. 만약 동작하지 않는다면, 프런트패널이 활성화된 상태에서만 프로그램이 동작하므로, 프런트패널 위를 마우스로 한번 클릭한 후에 키보드 p와 q 버튼을 눌러서 게임을 해보아라. 반드시 키보드를 소문자 입력 및 영문 입력 모드로 설정한 후에 프로그램을 실행시켜라.

⑭ 이제 게임 경기장을 멋있게 만들어 보자. 인터넷 검색을 통해 적당한 그림을 복사(그림 15.5a 참조)한 후, 프런트패널에서 붙어 넣기(그림 15.5b 참조)를 해서 그림 15.17과 같이 되게 한다.

그림 15.17 추가된 게임 바탕 그림

⑮ 그림 15.17에서 정지 버튼과 비행기 컨트롤이 추가된 그림에 가려서 일부가 안 보이는 것을 확인할 수 있다. 정지 버튼과 비행기 컨트롤을 맨 앞으로 이동시키기 위하여, 그림 15.18과 같이 비행기 컨트롤을 마우스로 클릭해서 선택한 상태에서, '순서재설정' 버튼을 클릭한 후 '맨 앞으로 이동'을 선택한다. 정지 버튼은 같은 방식으로 맨 앞으로 이동한다.

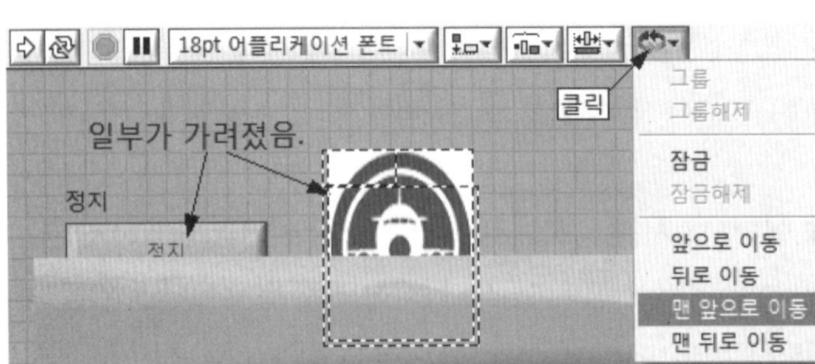

그림 15.18 비행기 컨트롤 맨 앞으로 이동하기

⑯ 프런트패널에서 LED 2 개를 추가한 후 라벨을 'p 승리'와 'q 승리'로 수정하자. 그림 15.19와 같이 프런트패널에 있는 아이콘들을 크기를 조절해서 재배치하자. 바탕 그림의 크기를 적당히 조절해서 프런트패널의 바둑판 격자와 일치되게 하자. LED 및 정지버튼도 바둑판 격자와 일치하도록 크기를 재조정하자. 참고로 바둑판 격자 1칸은 12픽셀이다.

➲ 그림 15.19의 양쪽 끝에 있는 q와 p 문자는 '컨트롤 〉 일반(3*3) 〉 장식(7*1)'을 실행하여 '라벨'을 추가한 후 원하는 문자를 입력하면 된다. 입력된 문자의 크기의 크게(작게)하기 위해선, 문자를 선택한 상태에서 단축키 Ctrl⊕=(Ctrl⊕−)을 실행하면 된다.

그림 15.19 아이콘 크기 조절 및 재배치가 완료된 프런트패널

⑰ 그림 15.19에서 비행기 아이콘의 중심점 A가 좌측에 있는 p 결승선을 지나가면 'p 승리' LED가 켜지도록 프로그래밍을 그림 15.20과 같이 위쪽 참 케이스에 추가 하도록 하자.

➲ 그림 15.20에서 '비행기' 아이콘의 폭에 해당하는 'Area Width' 프로퍼티 노드는 '비행기' 아이콘 위에서 'MRC 〉 생성 〉 프로퍼티 노드 〉 경계 〉 영역 폭'을 실행하면 된다.

➲ 그림 15.20에서 'p 승리' LED의 폭에 해당하는 'Area Width' 프로퍼티 노드는 'p 승리' 아이콘 위에서 'MRC 〉 생성 〉 프로퍼티 노드 〉 경계 〉 영역 폭'을 실행하면 된다.

➲ 그림 15.20에서 비행기의 중심점 수평 좌표 d는 비행기의 왼쪽 끝의 수평 좌표 a와 비행기의 폭 b를 2로 나눈 값인 c를 합하면 된다. 즉, d=a+b/2가 된다. 다음으로, p 결승선의 수평 좌표 g는 'p 승리' LED의 왼쪽 끝의 수평 좌표 e에 'p 승리' LED의 폭 f를 더하면 된다. 즉, g=e+f가 된다. 마지막으로, 중심점 A가 p 결승선을 통과했다면 d〈g가 성립하므로, h에서 진리값 참이 나와서 'p 승리' LED가 켜지게 된다.

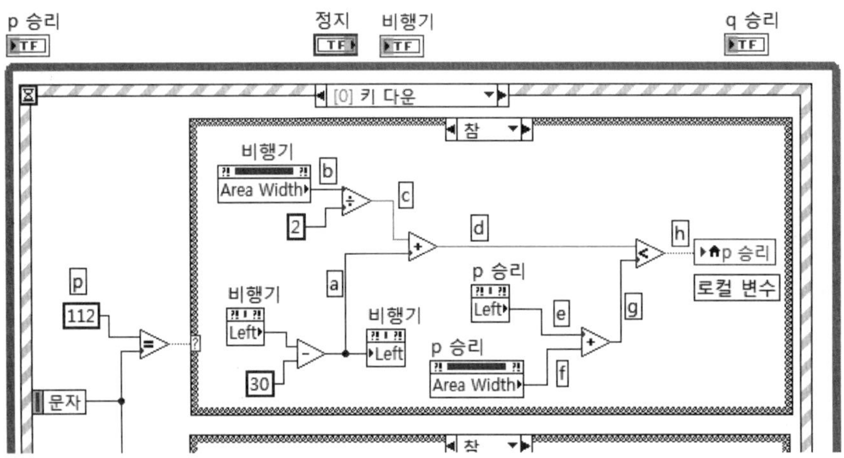

그림 15.20 중심점 A가 p 결승선을 통과하면 'p 승리' LED가 켜지도록 하는 프로그램

⑱ 그림 15.19에서 비행기 아이콘의 중심점 A가 우측에 있는 q 결승선을 지나가면 'q 승리' LED가 켜지도록 프로그래밍을 그림 15.21과 같이 아래쪽 참 케이스에 추가 하도록 하자.

➲ 그림 15.21에서 비행기의 중심점 수평 좌표 d는 비행기의 왼쪽 끝의 수평 좌표 a와 비행기의 폭 b를 2로 나눈 값인 c를 합하면 된다. 즉, d=a+b/2가 된다. 다음으로, q 결승선의 수평 좌표는 'q 승리' LED의 왼쪽 끝의 수평 좌표 i와 같다. 마지막으로, 중심점 A가 q 결승선을 통과했다면 d〈i가 성립하므로, j에서 진리값 참이 나와서 'q 승리' LED가 켜지게 된다.

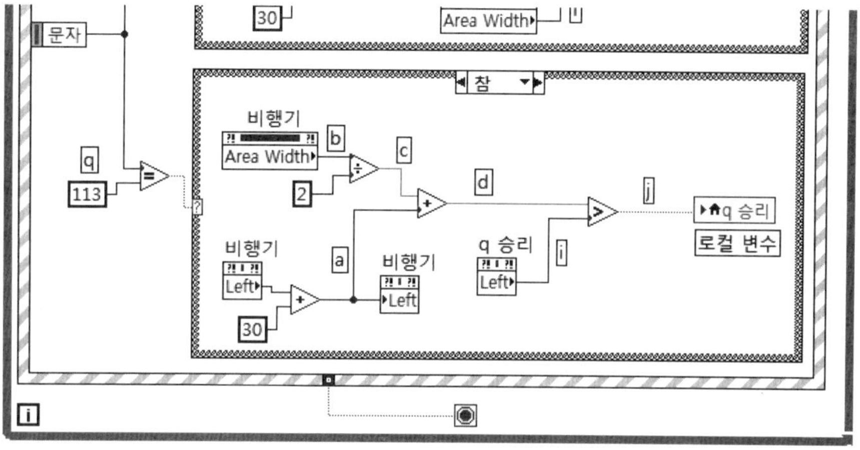

그림 15.21 중심점 A가 q 결승선을 통과하면 'q 승리' LED가 켜지도록 하는 프로그램

⑲ 마지막으로 게임의 공정성을 위해, 게임이 시작될 때 비행기의 중심점 A가 두 결승선의 가운데 지점에 위치하도록 그림 15.22와 같이 프로그램을 추가한다.

➲ 두 결승선의 가운데 지점의 수평 좌표 B는 p 결승선의 수평좌표 C와 q 결승선의 수평 좌표 D를 더한 후 2로 나누면 된다. 즉, B=(C+D)/2이다.

➲ 비행기의 중심점 A의 수평 좌표 E는 비행기의 좌측 끝 수평 좌표 F와 비행기의 폭 G을 2로 나눈 값의 합이다. 즉, E=F+G/2이다.

➲ 비행기의 중심점이 두 결승선의 가운데 지점에 오도록 하기 위해선, B=E를 만족하면 되므로, (C+D)/2=F+G/2를 만족하면 된다. 이 식을 비행기 좌측 끝의 수평 좌표 F에 대한 식으로 재정리하면 (C+D−G)/2=F가 된다. 이 조건식을 그림 15.22a와 같이 플랫 시퀀스 구조 내부에 작성한다.

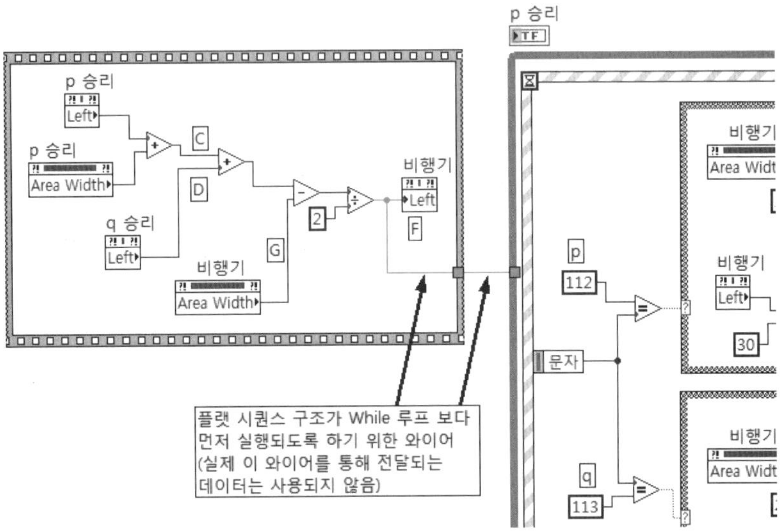

그림 15.22a 비행기 초기 위치 설정

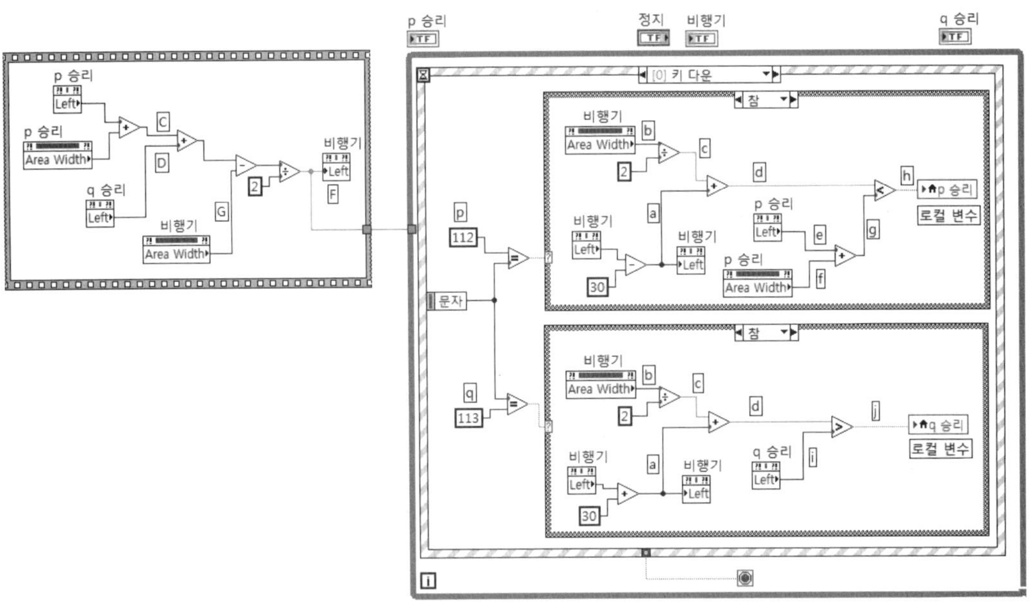

그림 15.22b 최종 블록다이어그램 전체 모습

⑳ 프로그램을 저장하라. 반드시 프런트패널이 제일 상단에 활성화된 상태(프런트패널 클릭함)에서 키보드를 영문 소문자 입력 모드로 설정한 후, 프로그램을 실행시켜보아라. 비행기 아이콘이 어느 위치에 있든지 간에 프로그램을 실행하면 가운데 지점으로 이동되는 것을 확인할 수 있을 것이다. 그림 15.22b는 최종 블록다이어그램 전체 모습을 보여준다.

연습문제 15.1

두 필의 말이 출발선을 출발하여 결승선 까지 경주를 하는 2인용 게임을 만들어라. 예제 15와 같은 방식으로 키보드 p 버튼과 q 버튼을 클릭해서 말들이 전진하도록 하라.

➲ 예제 15와 같은 방식으로 그림 15.23과 같은 블록다이어그램을 완성한다.

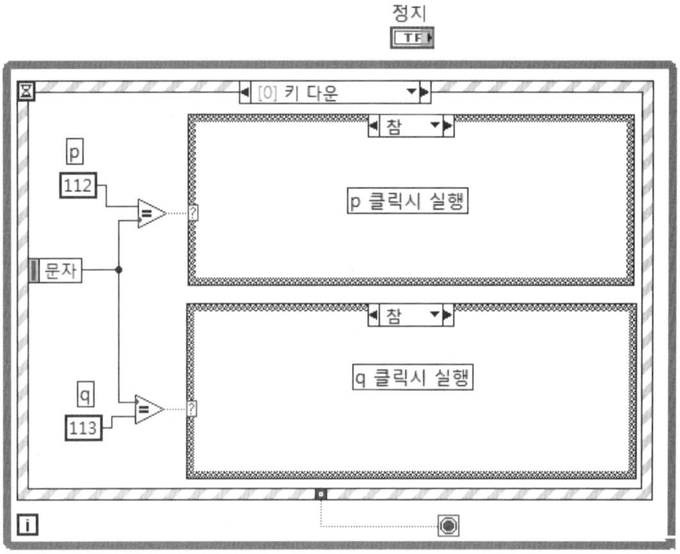

그림 15.23 기본 블록다이어그램

➲ 교재에서 제공하는 CD에서 '말 1.ctl'과 '말 2.ctl'을 프런트패널에서 'MRC 〉 펼침 버튼〉 컨트롤선택'을 실행하여 그림 15.24와 같이 추가하라. 그리고 '말 1'과 '말 2' 컨트롤 위에서 'MRC 〉 보이는 아이템 〉 라벨'을 실행하여 라벨이 보이지 않게 한다.

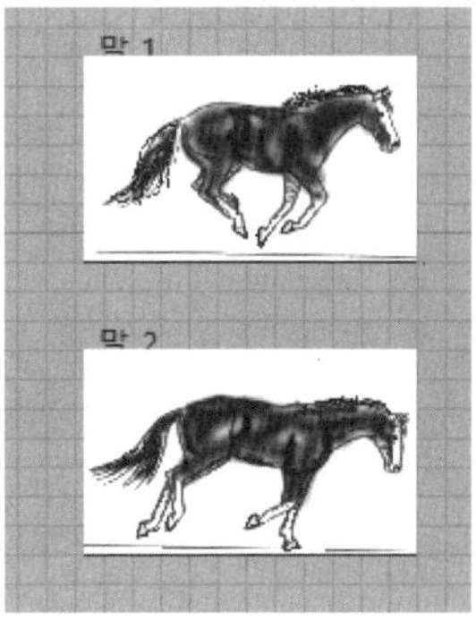

그림 15.24 사용자 정의 컨트롤 추가

➲ 그림 15.25와 같이 모니터 화면의 맨 좌측 하단에 있는 시작 버튼을 클릭해서 그림판 프로그램을 열어라. 그림판 프로그램에서 그림 15.26과 같이 '선택 〉 모두선택'을 실행하여 흰색 작업 전체 영역을 선택한 후, 그림 15.27과 같이 복사 버튼을 클릭하라.

그림 15.25 그림판 프로그램 열기

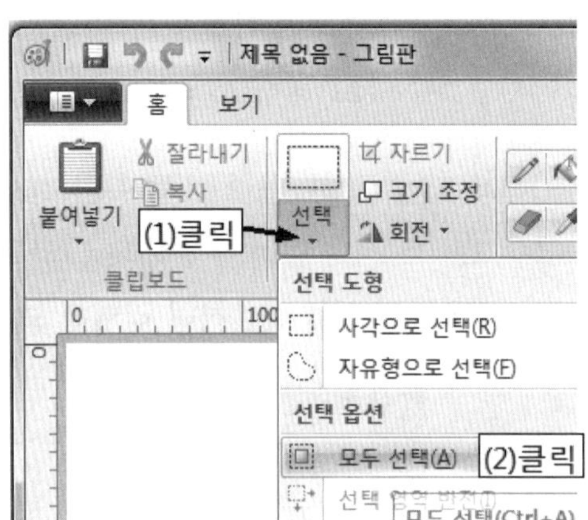

그림 15.26 흰색 작업 전체 영역 선택

그림 15.27 흰색 작업 전체 영역 복사

➲ 이제 프런트패널로 돌아가서 그림 15.28과 같이 '편집 〉 붙여넣기'를 실행하면 그림 15.29과 같이 복사된 흰색 영역이 프런트패널에 추가된다.

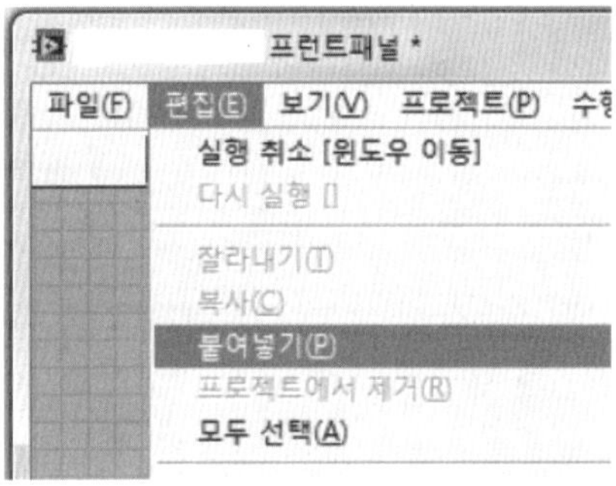

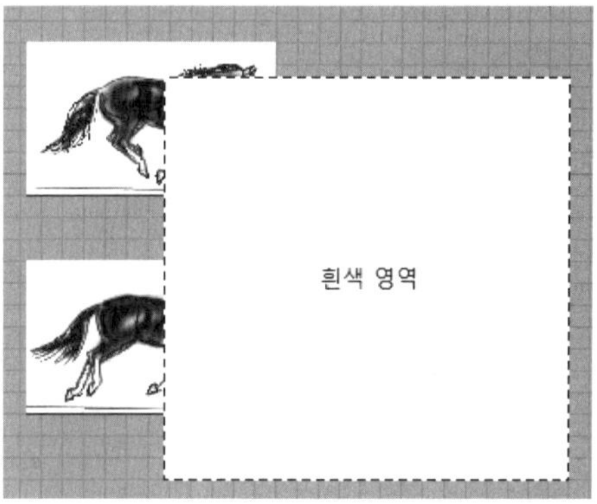

그림 15.28 복사된 영역 붙여 넣기 그림 15.29 흰색 영역 추가

➲ 그림 15.30a와 같이 흰색 영역을 선택(클릭)한 상태에서 '순서 재설정 〉 맨 뒤로 이동'을 실행하면, 흰색 영역이 맨 뒤로 이동하게 된다. 다음으로 '출발' LED, 'p 승리' LED와 'q 승리' LED, 라벨 p와 q를 추가한 후 그림 15.30b와 같이 프런트패널을 재구성한다.

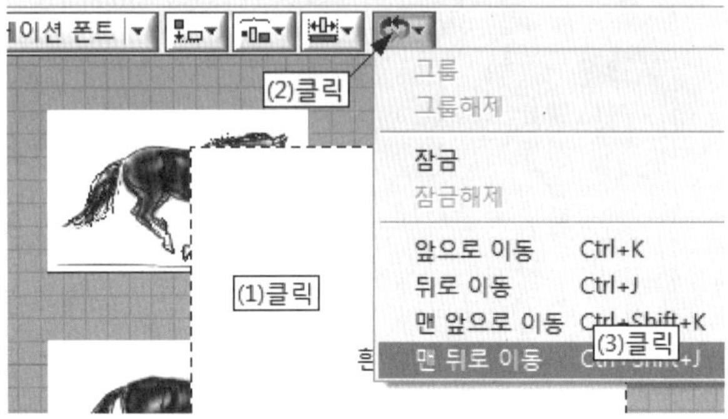

그림 15.30a 흰색 영역 맨 뒤로 보내기

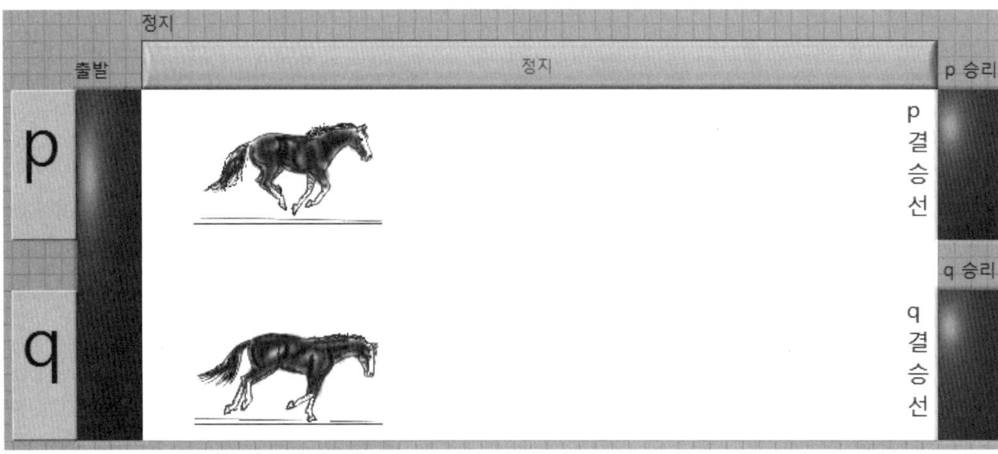

그림 15.30b 프런트패널 재구성

➲ 이제 키보드 p와 q를 클릭하면 말이 움직이도록 하는 프로그램을 작성하자. 블록다이어그램의 '말 1' 아이콘 위에서 'MRC 〉 생성 〉 프로퍼티노드 〉 위치 〉 왼쪽'을 실행하여 'Left' 프로퍼티 노드를 생성한다. 마찬가지 방식으로 '말 2'의 'Left' 프로퍼티 노드도 생성한다. 이들 프로퍼티 노드를 이용해서 그림 15.31과 같이 키보드 p와 q가 클릭되면 말 1과 말 2가 각각 70픽셀 오른쪽으로 이동하는 프로그램을 추가 작성한다.

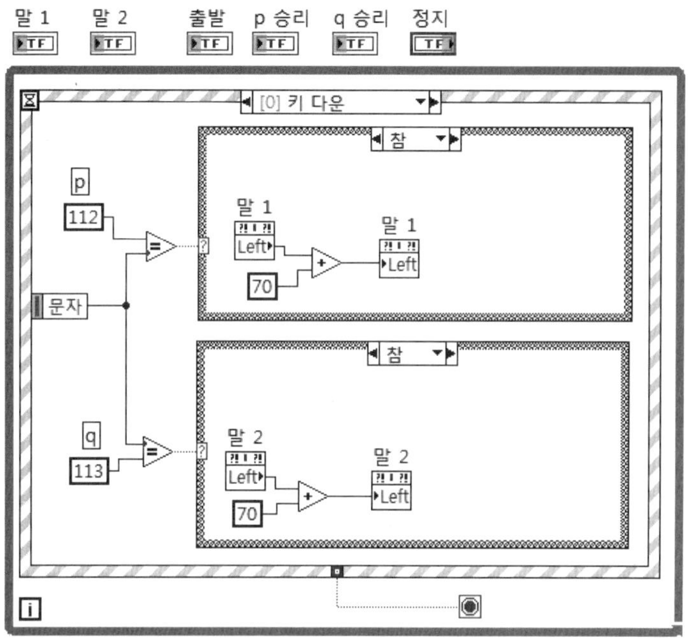

그림 15.31 p와 q 클릭 시 두 마리 말이 오른쪽으로 70픽셀씩 이동

➲ 그림 15.30b와 같이 결승선은 'p 승리' LED 또는 'q 승리' LED의 좌측 끝으로 가정하고, '말 1' 또는 '말 2' 컨트롤의 우측 끝이 결승선을 통과하면 상기 두 LED가 켜지도록 하자. 이를 위해 그림 15.32와 같이 프로그램을 작성한다. 그림 15.32의 상단 참 케이스를 보면, 와이어 a로는 말 1의 우측 끝의 수평 좌표 값이 나오며, 와이어 b로는 결승선('p 승리' LED 좌측 끝)의 수평좌표 값이 나오므로, 말 1의 우측 끝이 결승선을 통과하는 조건인 a〉b일 때 와이어 c에서 참이 나와서 'p 승리' 로컬변수와 '정지' 함수로 참이 입력되어 'p 승리' LED가 켜지게 된다. 하단의 참 케이스도 위와 같은 방법으로 동작한다.

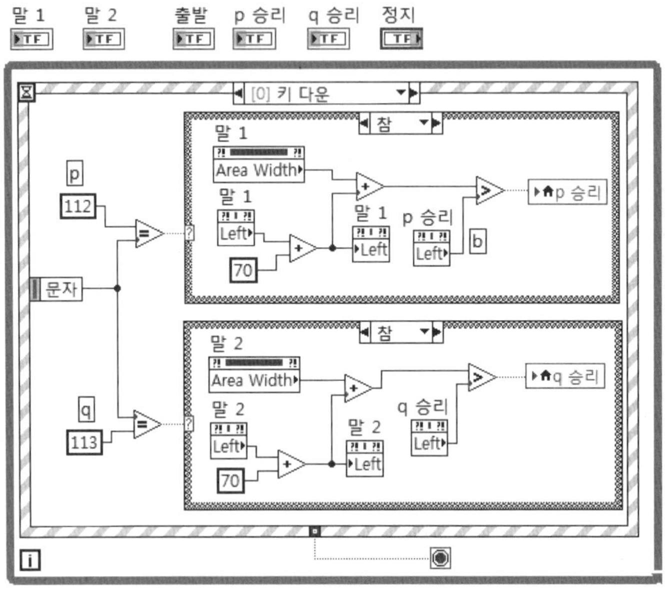

그림 15.32 말이 결승선을 통과하면 LED가 켜지는 프로그램

➲ 이제 공정한 게임을 위해 두 말이 같은 위치에서 출발하도록 두 말의 초기 수평 좌표가 같도록 지정해주자. 그림 15.33과 같이 말 1과 말 2의 좌측 끝이 '출발' LED의 우측 끝과 일치하도록 해주기 위해, '출발' 아이콘 위에서 'MRC 〉 생성 〉 프로퍼티노드 〉 위치 〉 왼쪽'과 'MRC 〉 생성 〉 프로퍼티노드 〉 경계 〉 영역폭'을 실행하여 '출발' LED의 'Left' 프로퍼티 노드와 'Area Width' 프로퍼티 노드를 생성한다. 그리고 그림 15.34와 같이 프로그램을 완성한다.

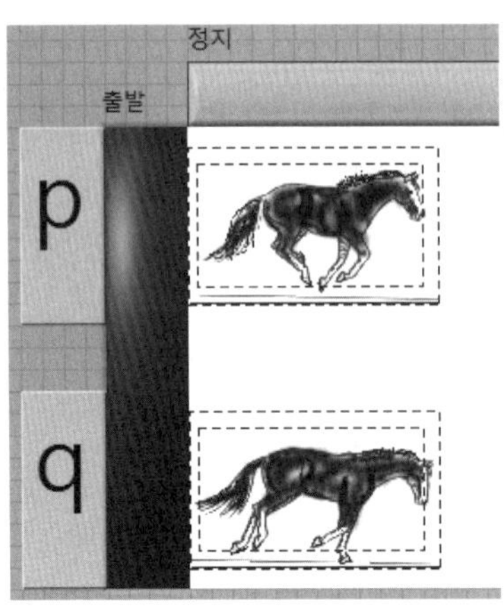

그림 15.33 출발 위치 설명

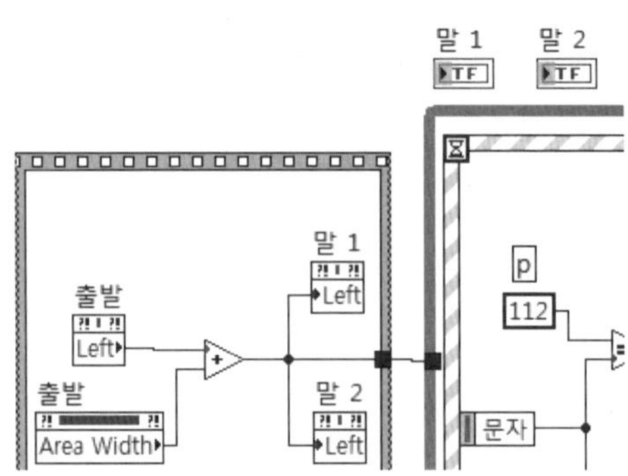

그림 15.34 출발 위치 초기화 프로그램

➲ 프로그램을 실행시켜보면, 두 말이 같은 초기 위치에서 출발 대기 상태에 있음을 확인할 수 있을 것이다. 실제로 p 버튼을 클릭해서 말 1을 결승선으로 통과시켜보면 'p승리' LED가 켜짐을 확인할 수 있다. 한편, 정지 버튼을 클릭한 후 다시 프로그램을 실행시켜 보면, 이전에 켜져 있던 'p 승리' LED가 그대로 켜진 채로 있는 것을 확인할 수 있다. 프로그램을 실행했을 때 모든 LED가 꺼진 상태가 되게 하기 위해 그림 15.35와 같이 세 LED의 로컬변수에 거짓 상수를 입력해주는 프로그램을 추가한다.

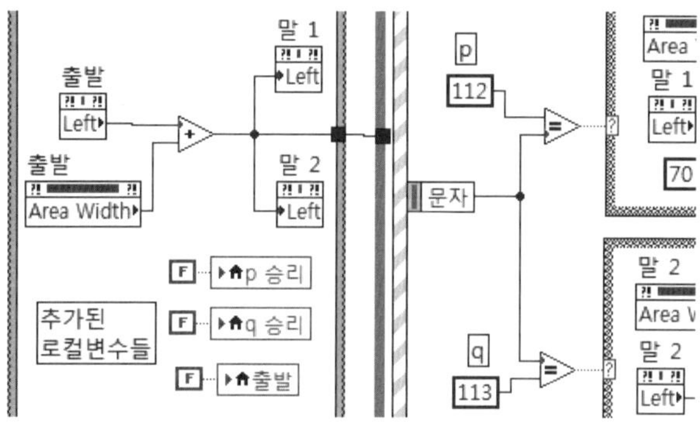

그림 15.35 LED를 꺼진 상태로 초기화

➲ 파일명 '연습문제15.1.vi'로 저장한 후 실행시켜 보아라. 프로그램이 의도한 바와 같이 동작하는 지 확인하라. (키보드가 소문자 영문 입력 모드에서 프로그램 실행함.)

연습문제 15.2

연습문제 15.1에서 프로그램을 실행하면 2초 후에 '출발' LED가 켜지는 방식에 의해 출발 신호를 주도록 하라.

➲ 파일 '연습문제15.1.vi'를 연 후 '연습문제15.2.vi'로 저장한다.

➲ 그림 15.36과 같이 시퀀스 구조에 프레임을 추가한 후에, 첫 번째 프레임에는 '기다림(ms)' 함수를 추가하고 두 번째 프레임에는 '출발' 로컬변수를 추가한다.

➲ 파일을 저장한 후 실행시켜 보아라.

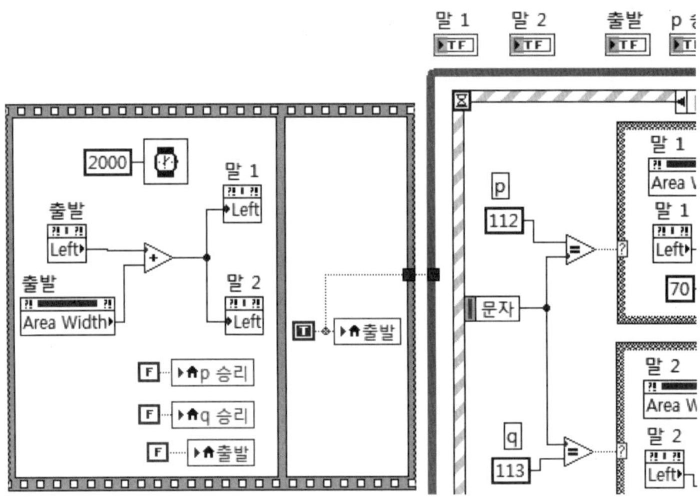

그림 15.36 변경된 블록다이어그램

연습문제 15.3

연습문제 15.2에서 '출발' LED가 켜지는 출발 신호 보다 p 버튼 또는 q 버튼을 눌렀을 시 (부정 출발 시), 해당 말에 경고 표시를 해주는 기능을 추가하라.

➲ 파일 '연습문제15.2.vi'를 연 후 '연습문제15.3.vi'로 저장한다.

➲ 프런트패널에서 '컨트롤 〉 일반(1*3) 〉 문자열&경로(1*2)'를 실행하여 '문자열' 인디케이터를 그림 15.37과 같이 추가한 후, 라벨은 '부정'으로 수정한다.

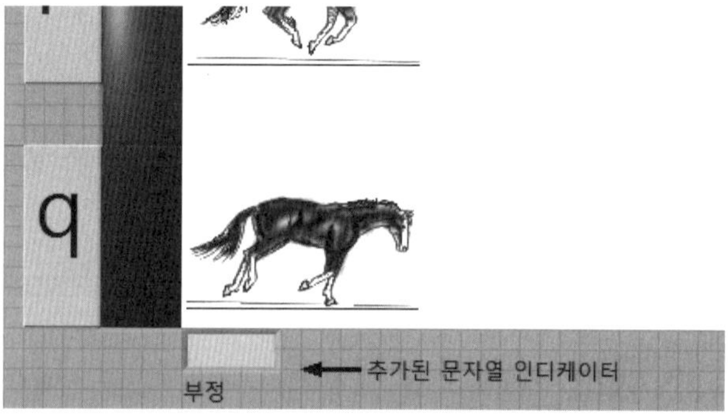

그림 15.37 '부정' 문자열 인디케이터 추가

➲ '부정' 인디케이터를 선택한 상태에서 그림 15.38과 같이 '텍스트세팅 〉 크기 〉 36'을 실행하여 문자열의 크기를 36폰트로 지정한다. 다음으로, 그림 15.39와 같이 '부정' 문자열 인디케이터를 드래그해서 크게 한다.

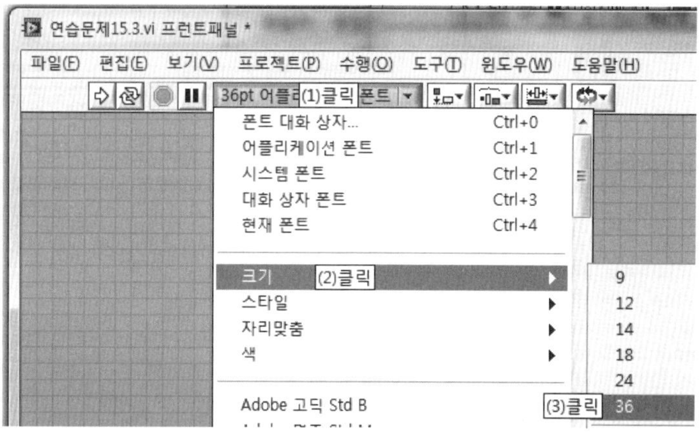

그림 15.38 문자열 크기를 조정하는 방법

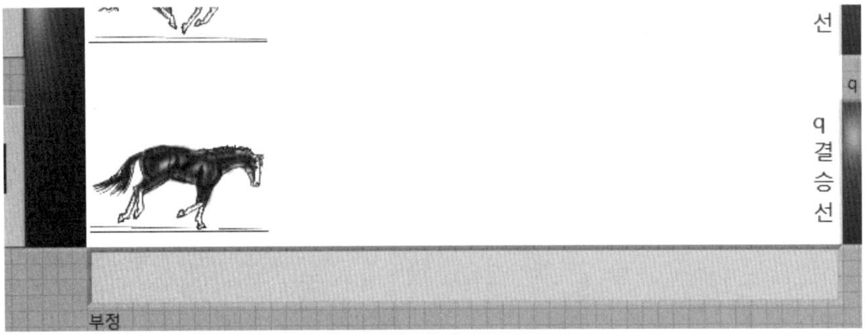

그림 15.39 '부정' 문자열 인디케이터 확대

➲ 이제 본격적으로 프로그램을 작성하기 위해, 블록다이어그램에서 '부정' 아이콘 위에서 'MRC 〉 생성 〉 로컬변수'를 실행하여 '부정' 로컬변수(▸🏠부정)를 생성한다. 그리고 이것을 사용하여 그림 15.40과 같이 프로그램을 추가한다.

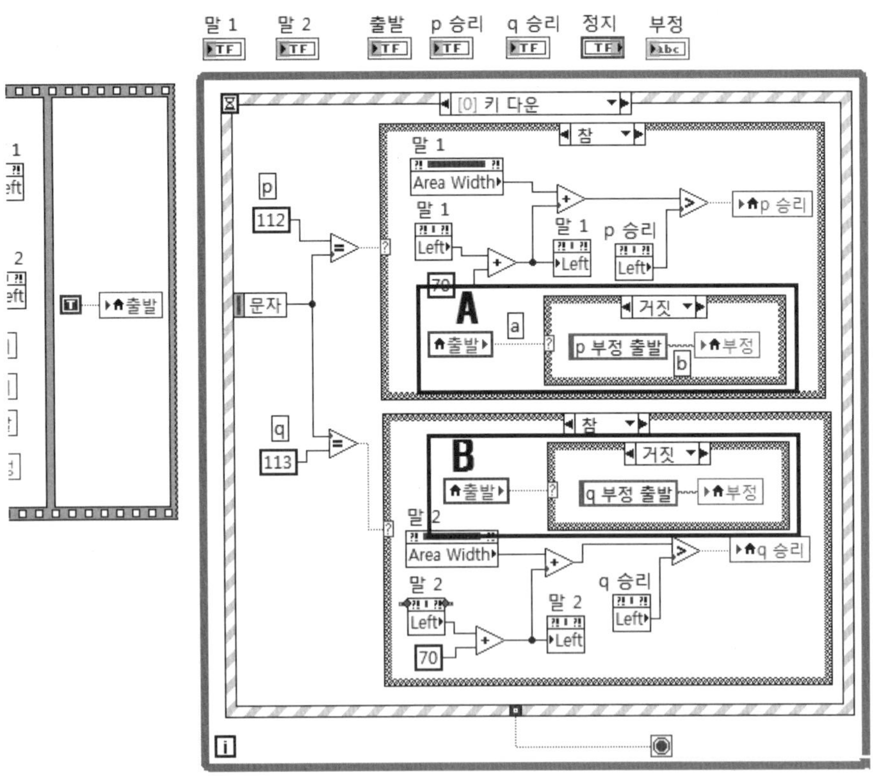

그림 15.40 부정 출발 경고 기능 추가

➲ 그림 15.40에서 좌측의 시퀀스 구조와 우측의 While 루프 사이에 와이어 연결이 되어 있지 않으므로, 프로그램이 실행되었을 때 시퀀스 구조와 While 루프는 동시에 시작하게 된다. (연습문제 15.1과 15.2에서는 시퀀스 구조가 먼저 시작되고 종료된 후, While 루프가 시작됨) 시퀀스 구조와 While 루프가 동시에 시작된 상태에서 만약 2초가 되기 전('출발' LED가 켜지기 전)에 p 버튼이 클릭되면, 그림 15.40의 A 구역의 '출발 로컬변수에서 진리값 거짓이 와이어 a로 나와서 거짓 케이스가 실행되게 된다. 결과적으로 거짓 케이스 내부의 와이어 b를 통해 'p 부정 출발' 문자열이 '부정' 로컬변수로 입력되게 되어 프런트패널에 있는 '부정' 인디케이터에 'p 부정 출발' 문자열이 나타나게 된다. q 부정 출발 시에도 B 구역 프로그래밍이 같은 원리로 동작해서 프런트패널에 있는 '부정' 인디케이터에 'q 부정 출발' 문자열이 나타나게 된다.

➲ 마지막으로, 프로그램 시작 시 프런트패널의 '부정' 인디케이터에는 아무 문자열도 나타나지 않게 하기 위해, 그림 15.41과 같이 '부정' 로컬변수에 빈 문자열 상수를 입력한다.

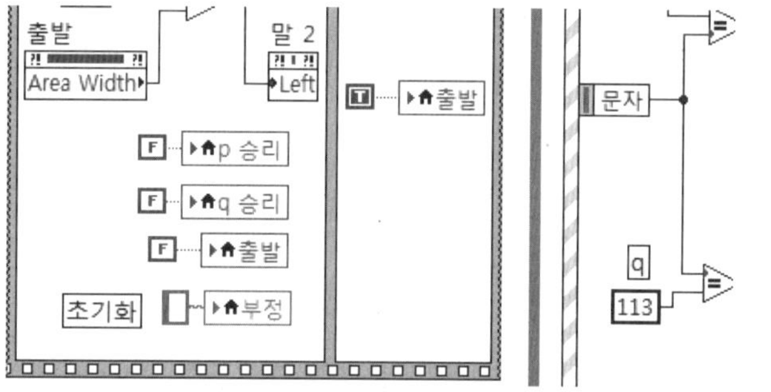

그림 15.41 '부정' 인디케이터 초기화

➲ 파일을 저장한 후 실행시켜 보아라. 의도한 바와 같이 잘 동작하는지 확인하라.

연습문제 15.4

연습문제 15.3에서 말 두 마리 중 한 마리가 결승선을 통과해서 승리 LED가 켜지면, 다른 말은 그 자리에서 멈추게 해서 승리한 말 구별을 쉽게 할 수 있도록 하라.

➲ 파일 '연습문제15.3.vi'를 연 후 '연습문제15.4.vi'로 저장한다.

➲ 그림 15.42와 같이 다각형 영역으로 표시된 부분을 추가하여 While 루프 내부의 참 케이스가 실행되어질 조건을 변경하도록 하자. 참고로, AND 함수(∧)는 '함수 〉 프로그래밍(2*1) 〉 불리언(1*1)'을 실행해서 추가하면 되며, 이 함수는 좌측 두 입력단으로 참이 입력된 경우에만 우측 출력단으로 참을 출력한다.

➲ 그림 15.42가 어떻게 동작하는지 설명하기 위해 한 가지 예를 들어보자. 만약 말 2가 먼저 결승선을 통과해서 q 승리 로컬변수(q 승리)로 참이 입력되면서 'q 승리' LED가 켜졌다면, 말 1은 더 이상 움직이면 않도록 해야 한다. 이를 위해, 말 2가 결승선을 통과한 경우에 'q 승리' 로컬변수(b)에서 출력되는 진리값 참을 NOT 함수로 거짓으로 바꾸어서 AND 함수(a)의 상단 입력단으로 입력한다. 그러면, AND 함수(a) 출력단으로는 거짓이 항상 나오게 되어 참 케이스가 실행될 수가 없게 되어 말 1은 움직일 수 없게 된다.

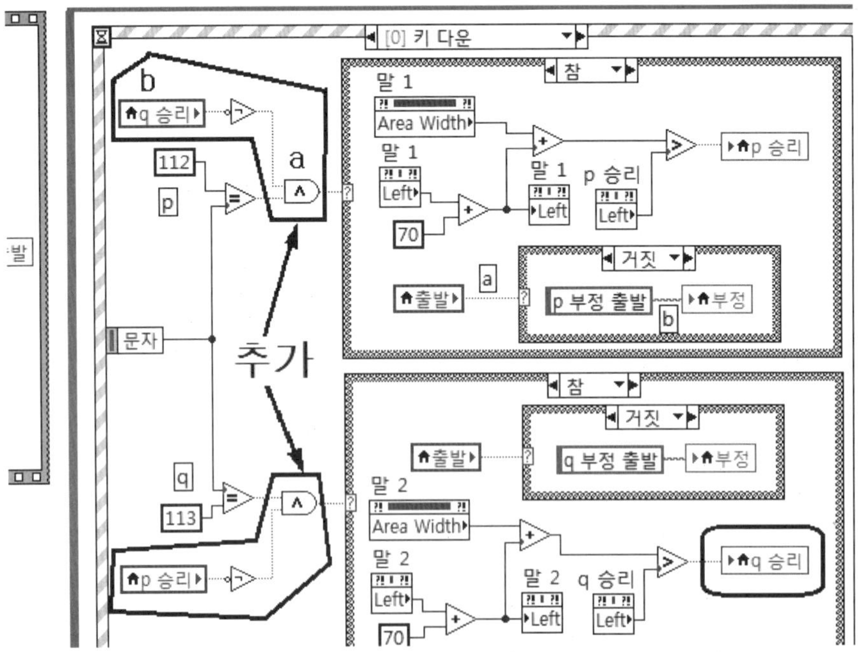

그림 15.42 참 케이스가 실행될 조건 변경

예제 16

사용자 정의 말(horse) 컨트롤 4개를 이용하여 말이 실제로 달리는 모습을 구현하라.

학/습/내/용

A. 사용자 정의 컨트롤 고급 활용
B. 플랫 시퀀스 구조 활용
C. 두 개의 While 루프 사용한 프로그래밍
D. '정지' 함수 활용
E. 다층 시퀀스 구조(연습문제 16.2)

① 교재에 첨부된 CD에 있는 사용자 정의 말 컨트롤 '말 1.ctl', '말 2.ctl', '말 3.ctl', '말 4.ctl'을 그림 16.1과 같이 프런트패널에 가져온다.

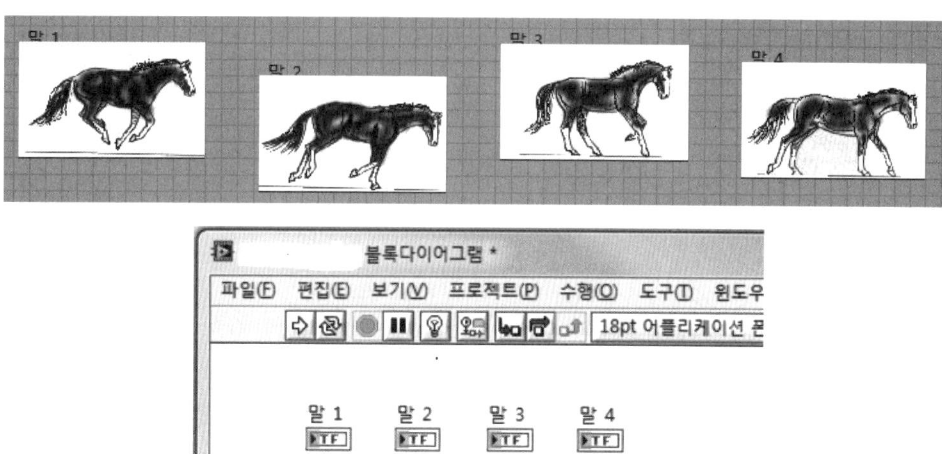

그림 16.1 프런트패널과 블록다이어그램

② 프런트패널의 '말 1' 컨트롤 위에서 'MRC 〉 보이는 아이템 〉 라벨'을 실행하여 라벨이 보이지 않게 한다. 나머지 3개의 말 컨트롤의 라벨도 보이지 않게 한다.

③ 그림 16.2와 같이 말 컨트롤 4개를 선택한 상태에서, '객체 정렬 〉 아래쪽 경계'를 실행한다. 다음으로 그림 16.3과 같이 말 컨트롤 4개를 선택한 상태에서 '객체정렬 〉 왼쪽 경계'를 실행하여 말 컨트롤 4개가 그림 16.4와 같이 겹치게 한다.

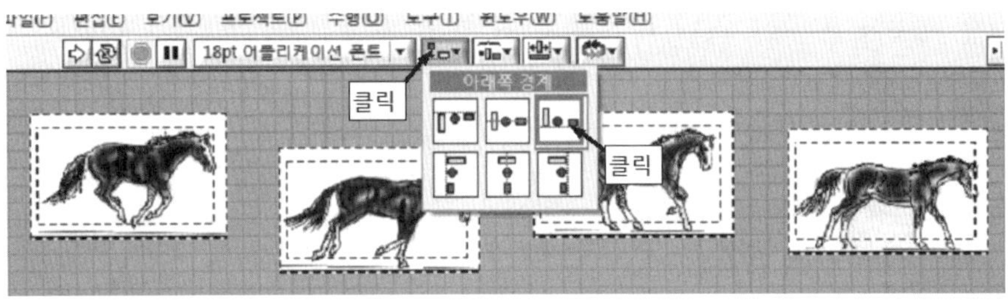

그림 16.2 아래쪽 경계 정렬 실행

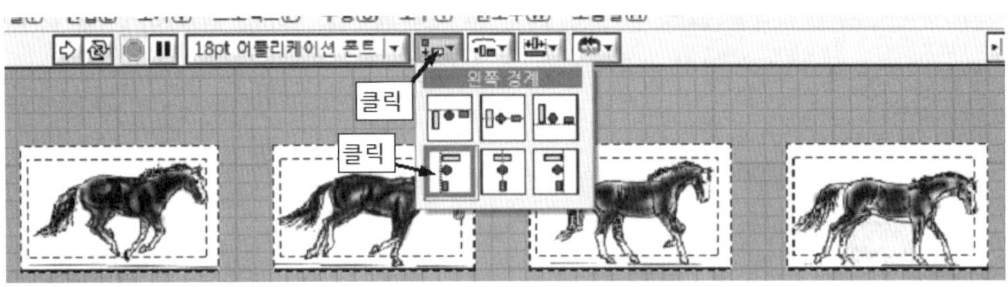

그림 16.3 왼쪽 경계 정렬 실행

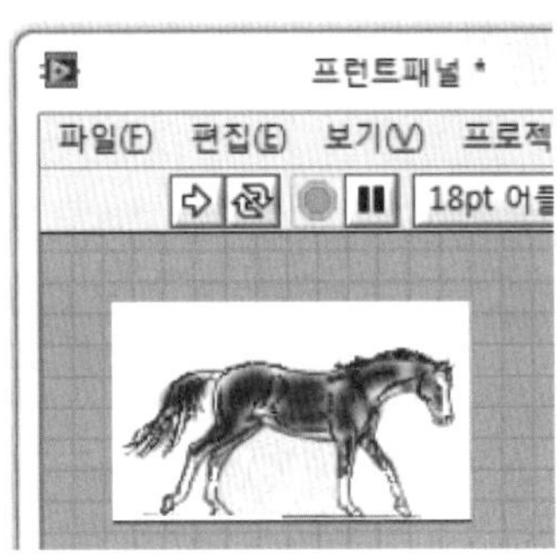

그림 16.4 말 컨트롤 4개가 겹쳐진 결과

④ 그림 16.5와 같이 6개의 프레임을 가지는 플랫 시퀀스 구조를 While 루프 안에 추가하라.

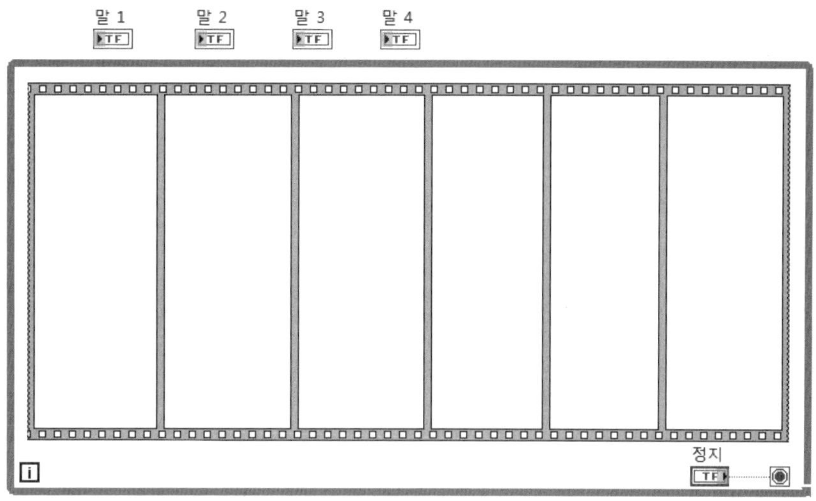

그림 16.5 While 루프와 플랫 시퀀스 구조(6개 프레임) 추가

⑤ 그림 16.5의 '말 1' 아이콘 위에서 'MRC 〉 생성 〉 프로퍼티 노드 〉 보이기'를 실행해서 'Visible' 프로퍼티 노드를 생성하라. 나머지 3개의 말 아이콘에 대해서도 똑같은 과정을 수행하여 'Visible' 프로퍼티 노드를 생성하라. 생성된 4개의 'Visible' 프로퍼티 노드를 그림 16.6과 같이 배치한 후 진리값 상수를 연결하라.

➲ 프레임 6개에 '기다림(ms)' 함수를 추가하고 상수 200을 연결해서 0.2초 동안 각 프레임이 실행되도록 하라.

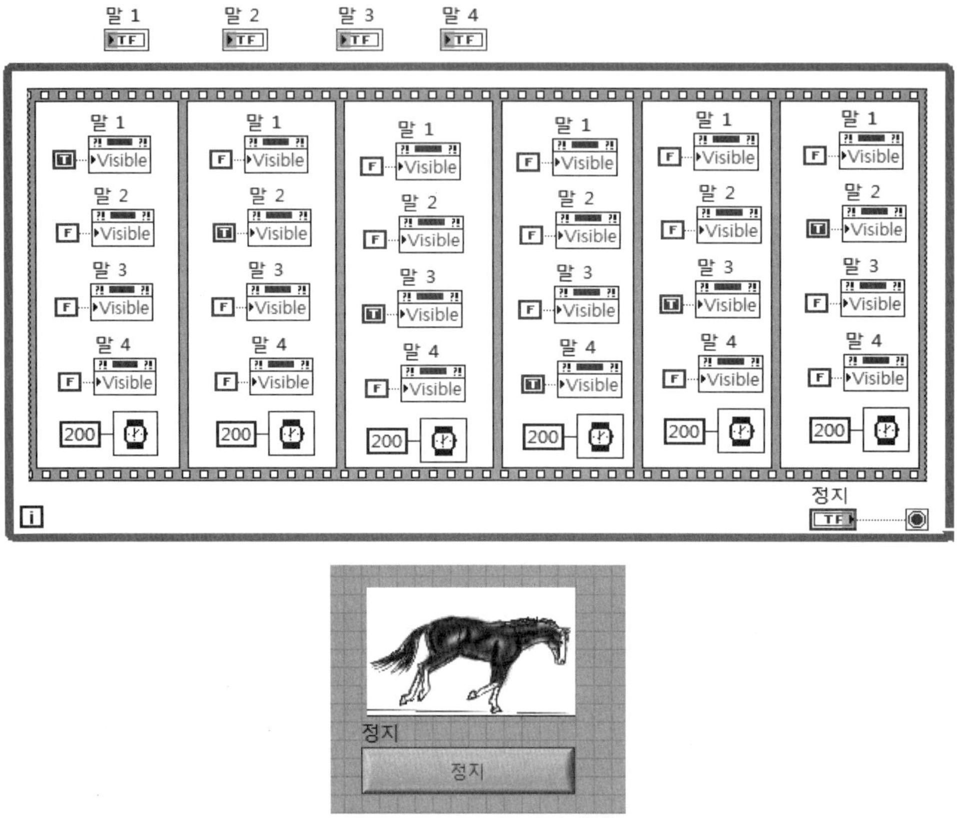

그림 16.6 최종 블록다이어그램과 프런트패널

⑥ 파일명 '예제16.vi'로 저장한 후 실행시켜 보아라. 말이 실제 달리는 모습처럼 보이는지 확인하라.

➲ 보다 더 실제 상황을 연출하기 위해, 그림 16.7과 같이 모니터 화면의 맨 좌측 하단에 있는 시작 버튼을 클릭해서 그림판 프로그램을 열어라. 그림판 프로그램에서 그림 16.8과 같이 '선택 〉 모두선택'을 실행하여 흰색 작업 전체 영역을 선택한 후, 그림 16.9와 같이 복사 버튼을 클릭하라.

➲ 이제 프런트패널로 돌아가서 그림 16.10과 같이 '편집 〉 붙여넣기'를 실행하면 복사된 흰색 영역이 프런트패널에 추가된다.

그림 16.7 그림판 프로그램 열기

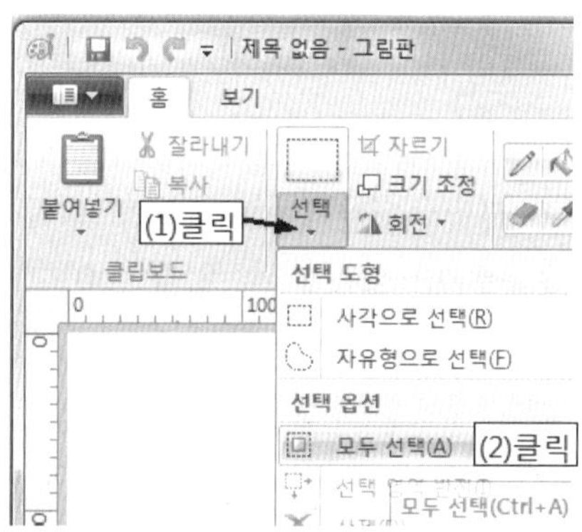

그림 16.8 흰색 작업 전체 영역 선택

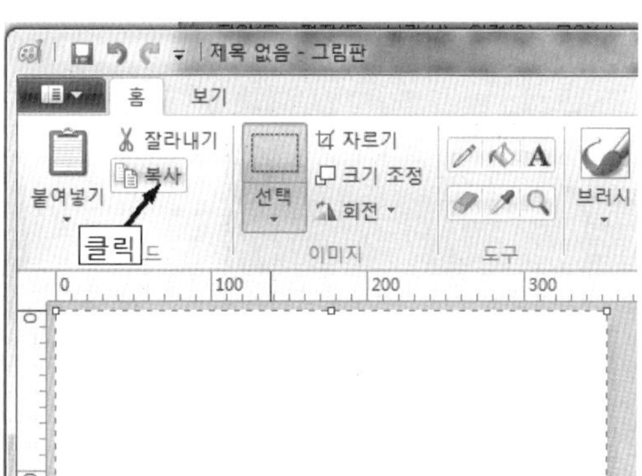

그림 16.9 흰색 작업 전체 영역 복사

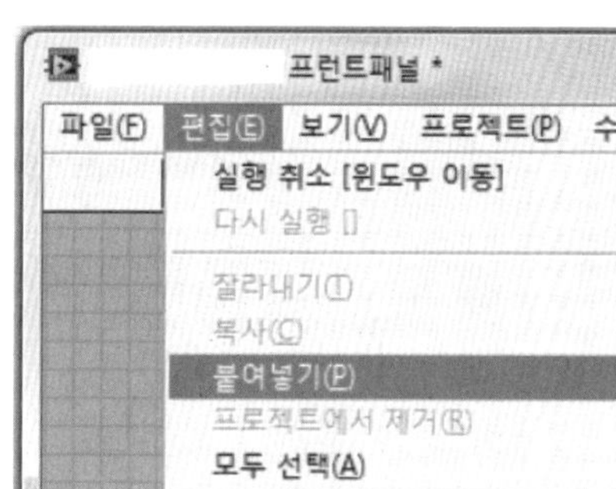

그림 16.10 복사된 영역 붙여 넣기

⑦ 그림 16.11과 같이 흰색 영역을 선택(클릭)한 상태에서 '순서 재설정 〉 맨 뒤로 이동'을 실행하면, 흰색 영역이 맨 뒤로 이동하게 된다.

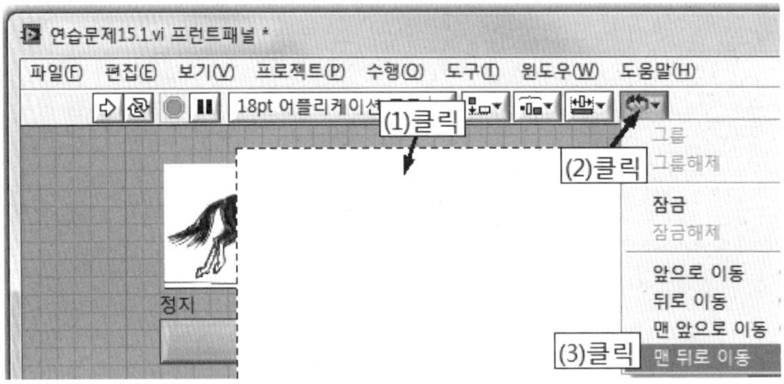

그림 16.11 흰색 영역 맨 뒤로 보내기

⑧ 마지막으로 그림 16.12와 같이 프런트패널을 재배치하라. 프로그램을 저장한 후 실행시켜 보면, 말이 달리는 효과를 더 실감할 수 있을 것이다.

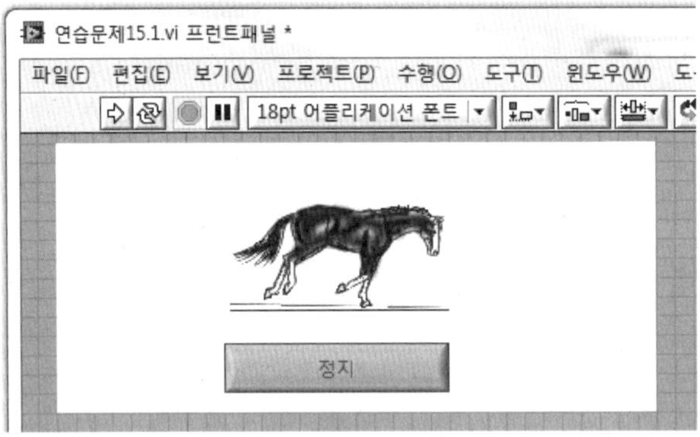

그림 16.12 최종 프런트패널

연습문제 16.1

예제 16을 변형하여 말이 달리는 속도를 조절할 수 있는 수평 포인터 슬라이드를 추가하라.

➲ 파일 '예제16.vi'를 연 후 파일명 '연습문제16.1.vi'로 저장하라.

➲ 그림 16.13과 같이 프런트패널에서 '컨트롤 〉 일반(1*1) 〉 숫자형(3*2)'을 실행하여 수평 포인터 슬라이드를 추가한 후, 그림 16.14와 같이 라벨을 '속도'로 입력하고 범위도 100과 600 사이로 수정하라.

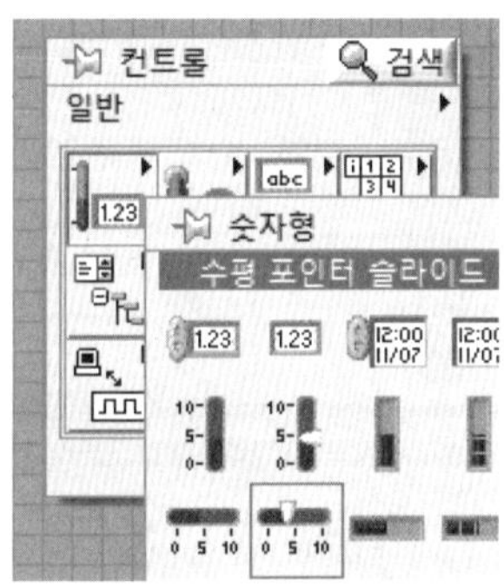

그림 16.13 수평 포인터 슬라이드 추가 방법

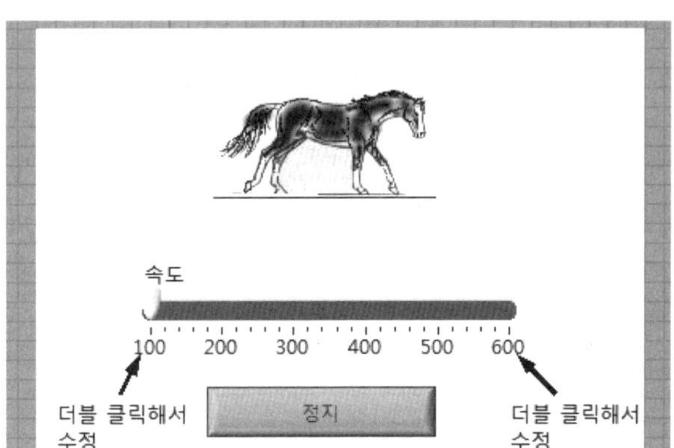

그림 16.14 수평 포인터 슬라이드 추가 및 라벨과 범위 수정

➲ 프런트패널에서 '컨트롤 〉 일반 〉 숫자형'을 실행하여 그림 16.15와 같이 '숫자형 컨트롤'을 추가한 후 라벨을 '지연'으로 수정한다. 그리고 블록다이어그램에서 '지연' 아이콘 위에서 'MRC 〉 생성 〉로컬 변수'를 실행하여 '지연' 로컬 변수(지연)를 만든 후 그림 16.16과 같이 플랫 시퀀스 구조 내부에 있는 6개의 '기다림(ms)' 함수에 와이어 연결한다.

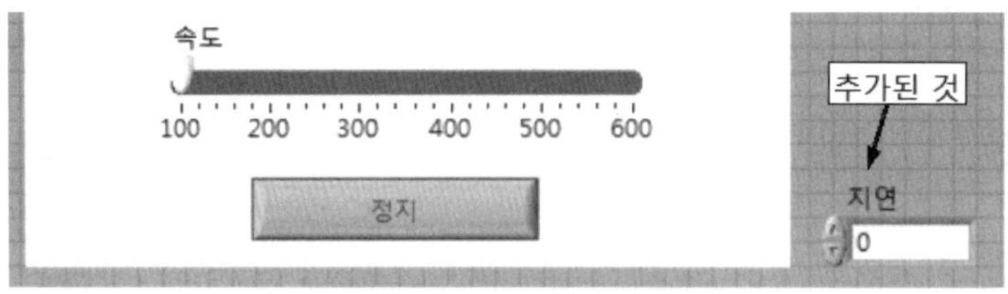

그림 16.15 '지연' 숫자형 컨트롤 추가

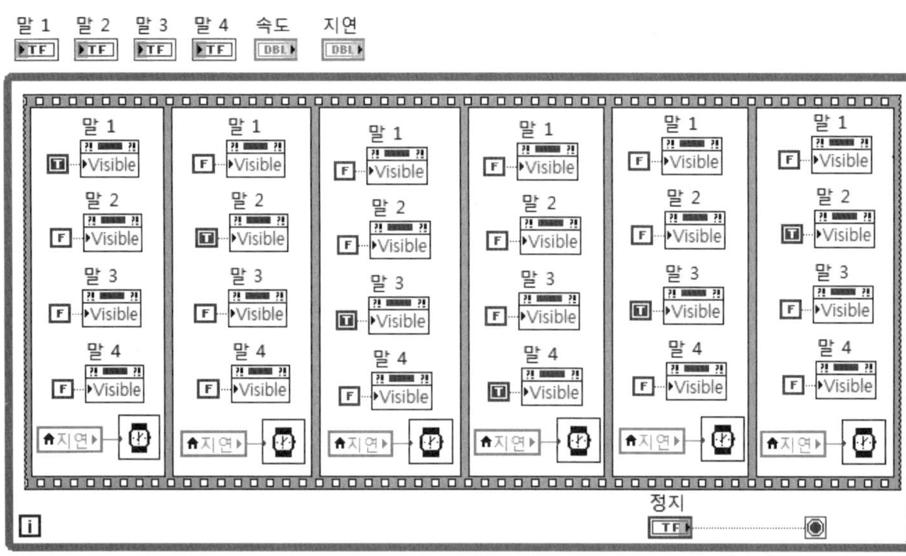

그림 16.16 '지연' 로컬 변수와 '기다림(ms)' 함수 와이어 연결

➲ 그림 16.16의 While 루프 내부에 있는 '지연' 로컬변수(지연)의 값을 프런트패널의 '속도' 컨트롤을 이용해 조절하는 방법에 의해 말이 달리는 속도를 변화시키고자 한다. 그래서 그림 16.17과 같이 보조 While 루프 하나를 더 추가한다.

➲ 두 개의 While 루프를 동시에 정지시켜야 하므로, '정지' 아이콘 위에서 'MRC 〉 생성 〉 로컬변수'를 실행하여 '정지' 로컬변수(정지)을 생성해서 보조 While 루프의 루프조건 아이콘()와 연결한다. 이때 프런트패널의 실행버튼이 깨져 있음을 확인할 수 있을 것이다. 이를 해결하기 위해 프런트패널의 '정지' 버튼 위에서 'MRC 〉 기계적동작 〉 놓을때스위치'를 실행한다.(그림 12.5 참조).

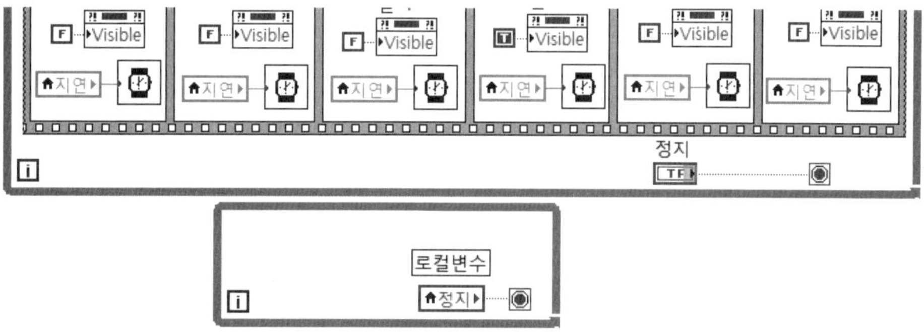

그림 16.17 보조 While 루프 추가

➲ 블록다이어그램의 '속도' 아이콘 위에서 'MRC 〉 생성 〉 로컬변수'를 실행하여 '속도' 로컬변수(속도)를 루프 내부에 추가한 후, 그림 16.18과 같이 프로그램을 작성한다.

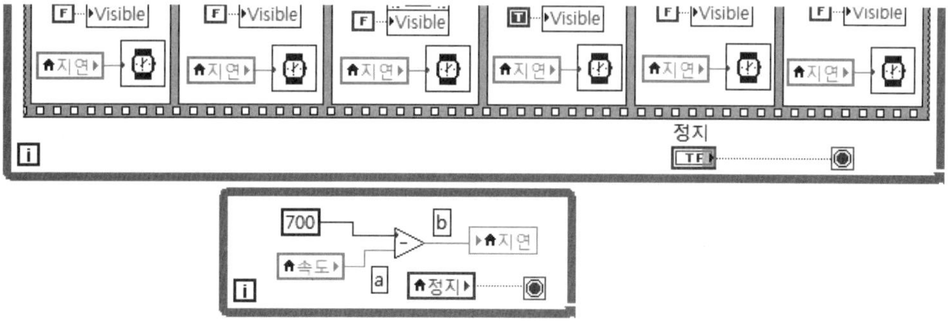

그림 16.18 보조 Whie 루프 내부 프로그래밍

➲ 그림 16.18의 보조 While 루프 내부 프로그램이 어떻게 동작하는 지 살펴보자. 프런트패널의 '속도' 최소값 100으로 설정되었다면, 와이어 a에서 100이 출력되고 와이어 b로는 600이 출력되어 '지연' 로컬변수(지연) 값은 600이 된다. 동시에 '기다림(ms)' 함수에 연결되어 있는 '지연' 로컬 변수(지연)도 600이 되어 프레임은 0.6초 지연되어 말의 속도가 제일 느린 상태가 된다. 반면에, 프런트패널의 '속도' 최대값 600으로 설정되었다면, '기다림(ms)' 함수에 연결되어 있는 '지연' 로컬 변수(지연)는 100이 되어 프레임은 0.1초 지연되게 되어 말의 속도가 빨라진다.

➲ 파일을 저장한 후 프로그램을 실행시켜 보면 두 While 루프가 동시에 실행되게 된다. 프런트패널에서 속도 슬라이드를 조절하면 말의 속도가 변화됨을 확인할 수 있을 것이다. 그런데 프런트패널의 정지버튼을 누르면 프로그램이 바로 정지되지 않고 어느 정도 시간이 지난 후에 정지됨을 확인할 수 있다 이는 While 루프 내부에 있는 6개의 시퀀스 프레임이 모두 실행된 후 루프가 정지되기 때문이다. 그래서 정지 버튼을 누름과 동시에 프로그램이 정지되도록 하기 위해 그림 16.39와 같이 6개 프레임 모두에 '정지' 함수를 추가한 후 '정지' 로컬변수와 연결한다. '정지' 함수(STOP)는 블록다이어그램에서 'MRC 〉 프로그래밍(3*4) 〉 어플리케이션컨트롤(4*2)'를 실행하여 추가한다(그림 12.9 참조).

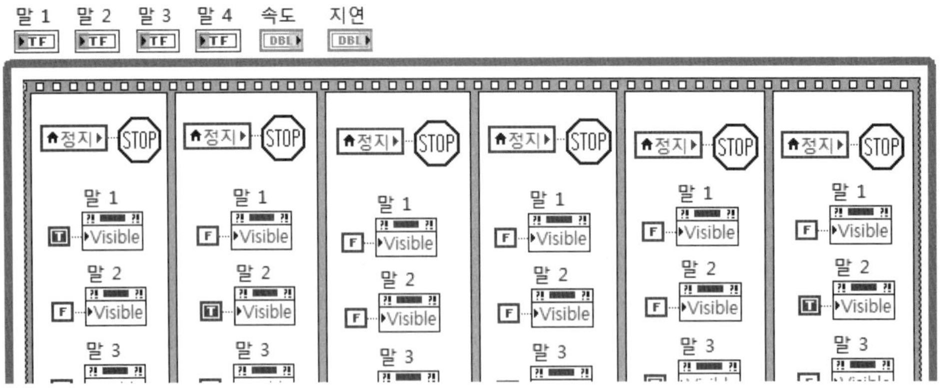

그림 16.19 '정지' 함수 추가

➲ 본 프로그램의 추가적인 문제점은 프로그램을 정지하기 위해 프런트패널의 '정지' 버튼을 누르면 프로그램은 바로 정지되지만 버튼이 복귀되지 않는다는 것이다. (이 상태에서 다시 프로그램을 실행하게 되면 While 루프가 1번만 실행되고 정지가 되게 된다.) 그래서 프로그램이 시작될 때 정지 버튼을 복귀한 후에 While 루프가 시작되도록 하기 위해, 그림 16.20과 같이 '정지' 로컬변수에 진리값 거짓을 입력해주는 프로그램을 루프 외각에 추가한다. 그리고 와이어 c를 연결해서 정지 버튼이 복귀된 후에 루프가 시작되도록 해준다.

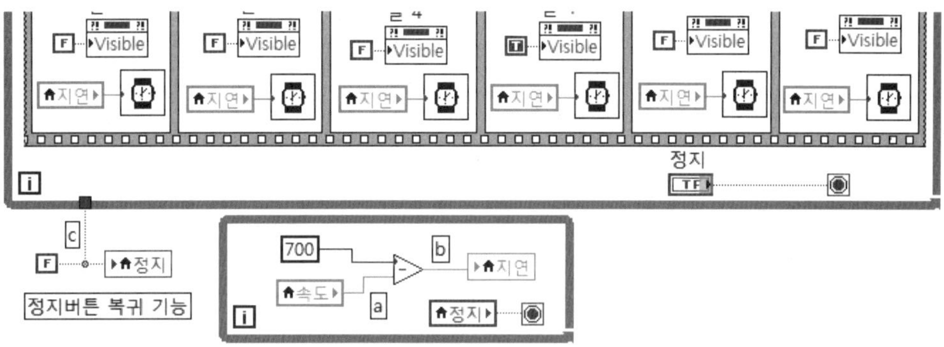

그림 16.20 정지 버튼 복귀 기능 추가

➲ 마지막으로, 프런트패널의 '지연' 컨트롤을 보이지 않게 하기 위해, 그림 16.21과 같이 블록다이어그램의 '지연' 아이콘 위에서 'MRC 〉 컨트롤 숨기기'를 실행한다.(다시 보이게 하기 위해선 'MRC 〉 컨트롤보이기'를 실행하면 된다.)

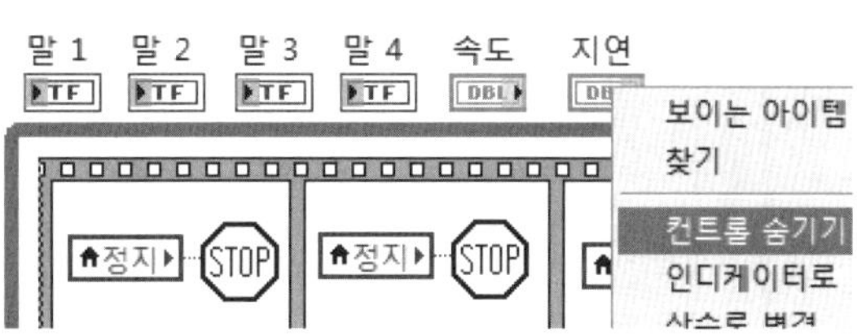

그림 16.21 프런트패널에 있는 컨트롤 숨기기

➲ 프로그램을 저장한 후 실행시켜보자. 앞에서 지적된 두가지 문제점이 해결되었는지 확인하라.

연습문제 16.2

예제 16을 변형하여 말이 실제로 앞으로 전진도 하도록 하라.

➲ 파일 '예제16.vi'를 연 후 파일명 '연습문제16.2.vi'로 저장하라.

➲ 그림 16.22와 같이 플랫 시퀀스 구조의 수직 프레임에서 'MRC 〉 다층 시퀀스로 대체'를 실행하여 플랫 시퀀스 구조를 다층 시퀀스 구조로 바꾸어라. 그러면 5개의 프레임이 겹친 상태로 표시되는 다층 시퀀스 구조가 나타날 것이다. 프레임의 우측 하단 끝 부분을 마우스로 드래그해서 프레임의 크기를 크게 해서 그림 16.23처럼 되게 하라.

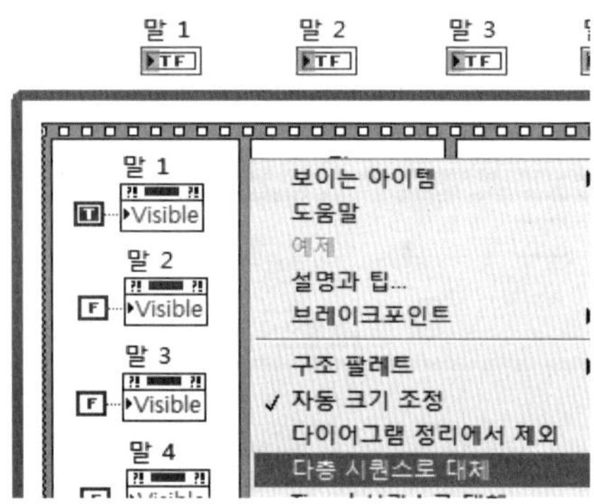

그림 16.22 플랫 시퀀스 구조를 다층 시퀀스 구조로 변경

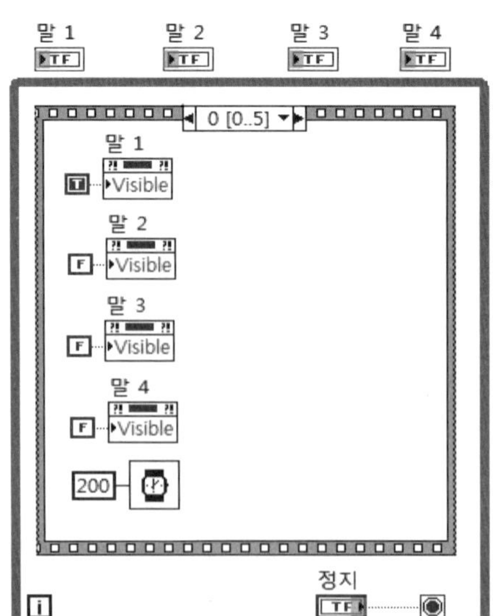

그림 16.23 프레임 크기 확대

➲ 그림 16.24와 같이 프레임 0에 4마리 말들의 위치가 오른쪽으로 10픽셀 이동하는 프로그래밍을 하라. 이를 위해 '말 1' 아이콘 위에서 'MRC 〉 생성 〉 프로퍼티노드 〉 위치 〉 왼쪽'을 실행하여 'Left' 프로퍼티 노드를 생성하라. 나머지 3개 말 아이콘에 대해서도 같은 방법으로 프로퍼티 노드를 생성하면 된다.

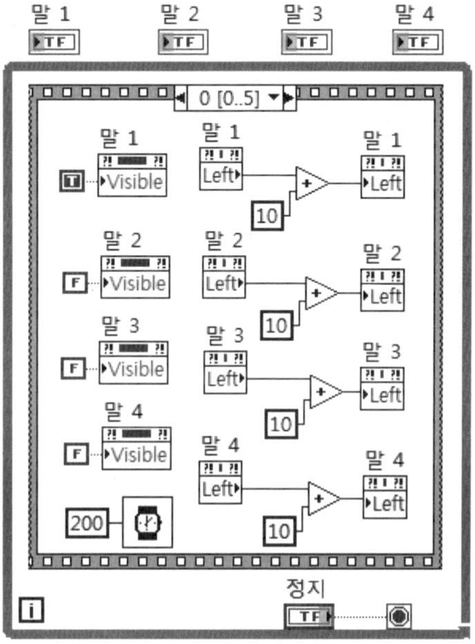

그림 16.24 프레임 0 블록다이어그램

➲ 나머지 프레임 4개에 대해서도 똑같은 프로그램을 추가하라.

➲ 말의 초기 위치를 정해주기 위해 While 루프 외부에 플랫 시퀀스 구조를 추가한 후 그림 16.25와 같이 프로그래밍 하라. '정지' 버튼의 'Left' 프로퍼티 노드('정지' 버튼 좌측 끝 수평좌표)와 말들의 'Left' 프로퍼티 노드(말들의 좌측 수평좌표)를 와이어 연결시켜서, 프로그램이 실행되었을 때 말들의 좌측 끝이 정지 버튼의 좌측 끝과 일치되도록 한다.

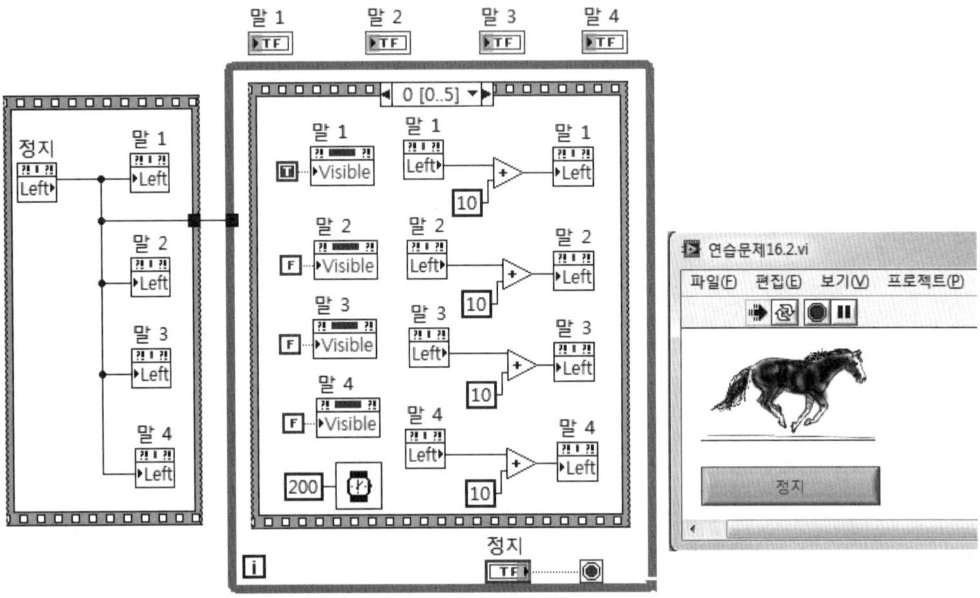

그림 16.25 블록다이어그램과 프런트패널

➲ 프로그램을 저장한 후 실행시켜보아라. 말이 실제로 앞으로 나가는지 확인하라. 그림 16.26은 다층 시퀀스 구조 대신에 플랫 시퀀스 구조를 사용한 최종 블록다이어그램을 보여준다.

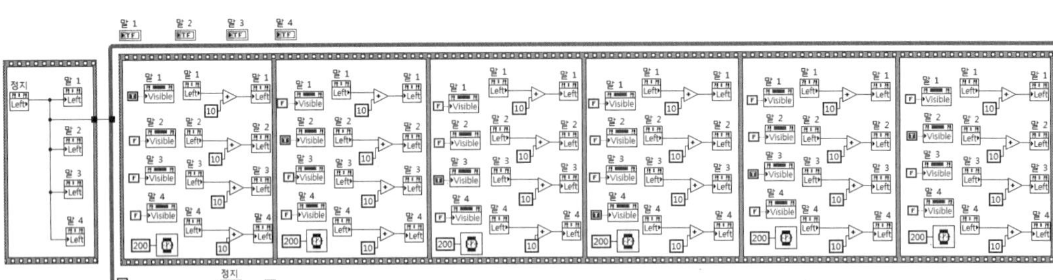

그림 16.26 플랫 시퀀스로 대체한 최종 블록다이어그램

예제 17

프런트패널에 있는 LED나 스위치 등의 중심좌표를 계산해주는 사용자 정의 함수(서브 VI)를 만들어라.

학/습/내/용

A. 사용자 정의 함수(서브 VI) 만들기
B. 서브 VI 프런트패널에 추가하기
C. 프로퍼티 노드 활용
D. 서브 VI를 이용한 프로그래밍

① 프런트패널에 'MRC 〉 일반(1*1) 〉 숫자형(1*1)'을 실행하여 숫자형컨트롤을 2개를 추가하고 라벨을 '좌측수평좌표'와 '폭'으로 수정한다. 또 'MRC 〉 일반(1*1) 〉 숫자형(1*2)'를 실행하여 숫자형인디케이터 1개를 추가하고 라벨을 '중심수평좌표'로 입력한다. 그러면 그림 17.1과 같이 된다.

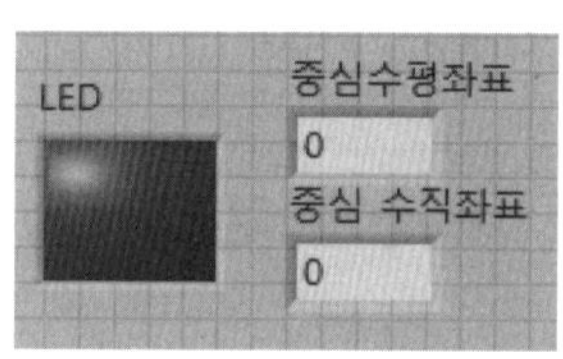

그림 17.1 프런트패널

② 그림 17.2와 같이 LED의 예를 들어 보면, LED의 중심점 G의 좌표는 (중심수평좌표, 중심수직좌표)로 구성된다. 중심수평좌표와 중심수직좌표는 다음과 같이 구해질 수 있음을 그림 17.2에서 확인할 수 있을 것이다.

중심수평좌표 = 좌측수평좌표 + 폭/2 ----- 식(1)

중심수직좌표 = 상단수직좌표 + 높이/2 ----- 식(2)

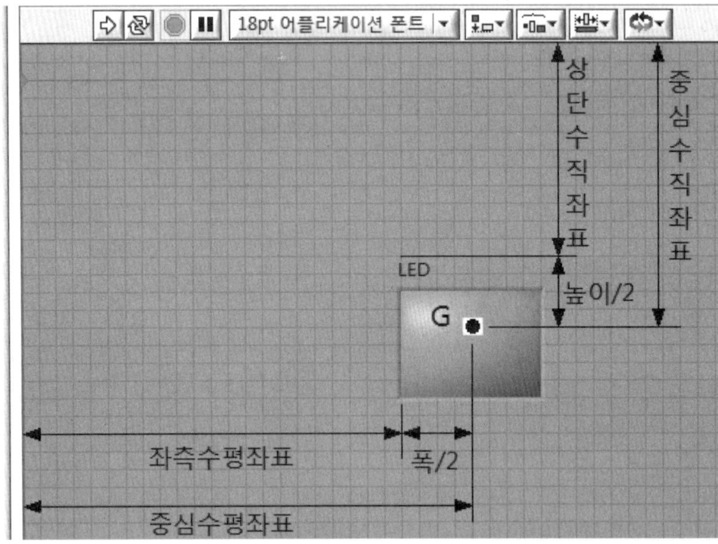

그림 17.2 중심점 G의 좌표 계산

③ 그림 17.3과 같이 블록다이어그램에서 중심수평좌표를 구하는 프로그램을 작성하도록 하자. 그리고 파일명 '중심수평좌표.vi'로 저장하라.

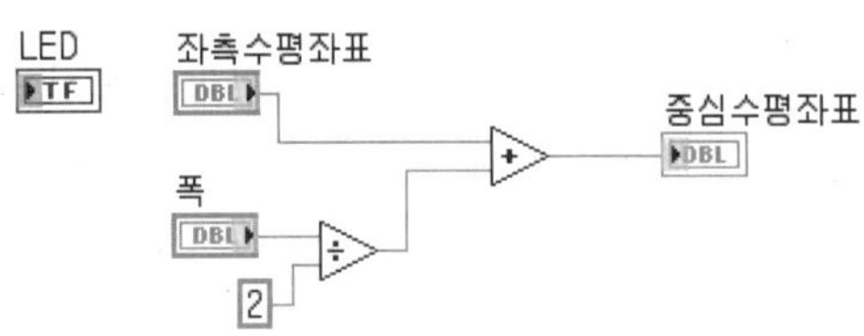

그림 17.3 중심수평좌표 구하는 프로그램(식 (1)에 해당)

④ 이제 사용자 정의 함수(서브 VI)를 만들어보자. 프런트패널에서 그림 17.4와 같은 방법으로 '커넥터 보이기'를 클릭한다. 다음으로 그림 17.5와 같은 방법으로 2개의 입력단과 1개의 출력단을 가지는 패턴을 선택한다.

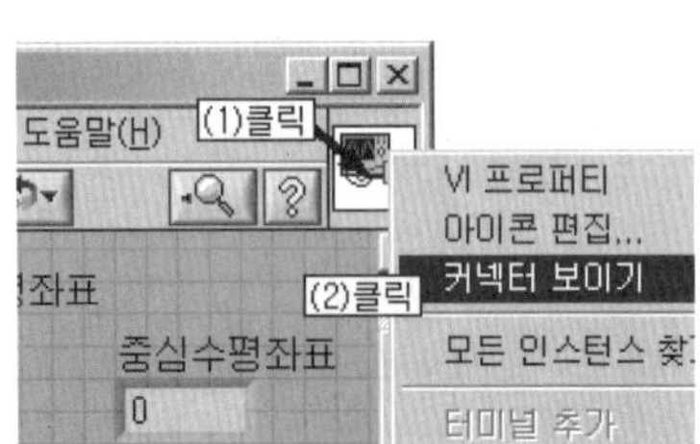

그림 17.4 커넥터 보이기 실행

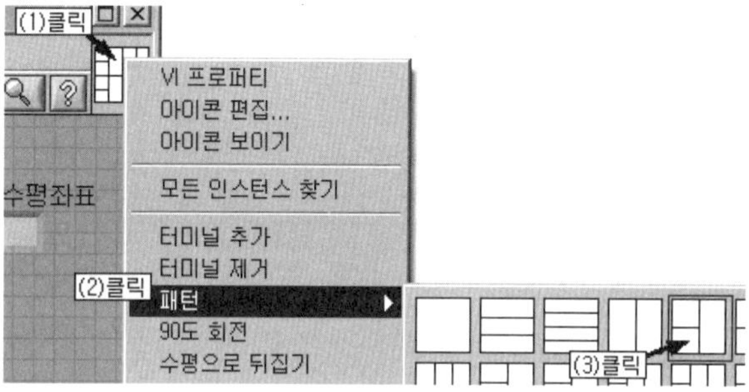

그림 17.5 커넥터 패턴 설정(2 입력단 및 1 출력단 패턴 선택)

⑤ 그림 17.6과 같은 방법으로 순서대로 6번 클릭을 하면, 아이콘의 커넥터와 프런트패널의 컨트롤(인디케이터 포함)이 서로 내부적으로 연결(매칭)이 된다.

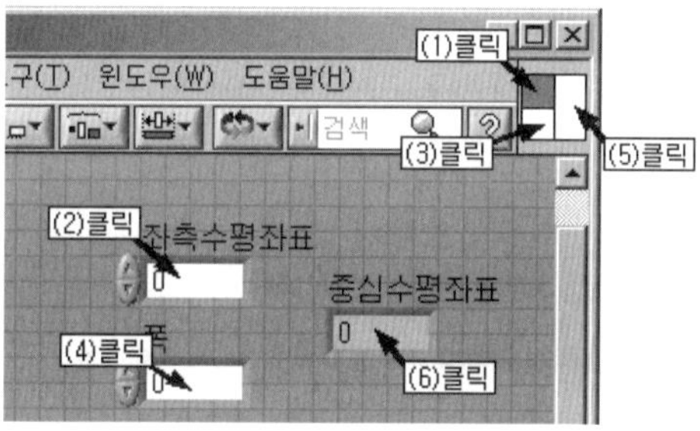

그림 17.6 커넥터와 컨트롤(인디케이터 포함)을 내부 연결시키는 과정

⑥ 사용자 정의 함수의 아이콘 그림을 직접 그려보자. 그림 17.7과 같은 방법으로 아이콘 편집기를 연다. 그림 17.8과 같이 아이콘 편집 창에서 '편집 〉 모두 지우기'를 실행해서 아 기본 아이콘 그림을 모두 지운다.

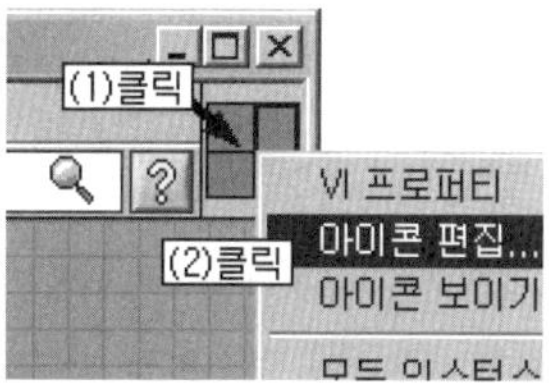

그림 17.7 아이콘 편집기 열기

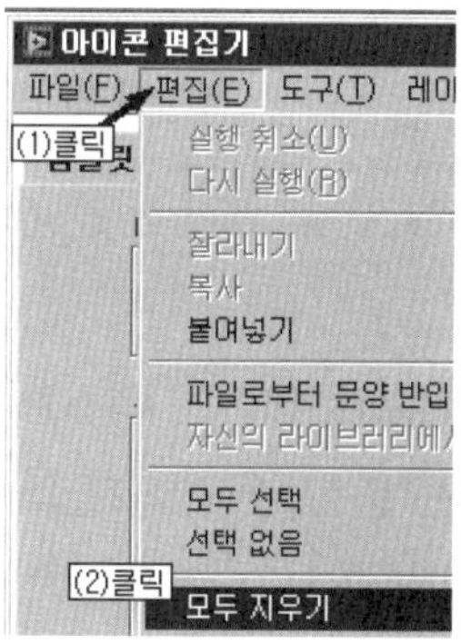

그림 17.8 아이콘 그림 지우기

⑦ 그림 17.9와 같이 사각형 그리기 아이콘을 클릭한 후, 아이콘 그리는 화면에서 좌측 상단에서 대각선 방향으로 드래그를 해서 그림 17.10과 같은 사각형을 그린다.

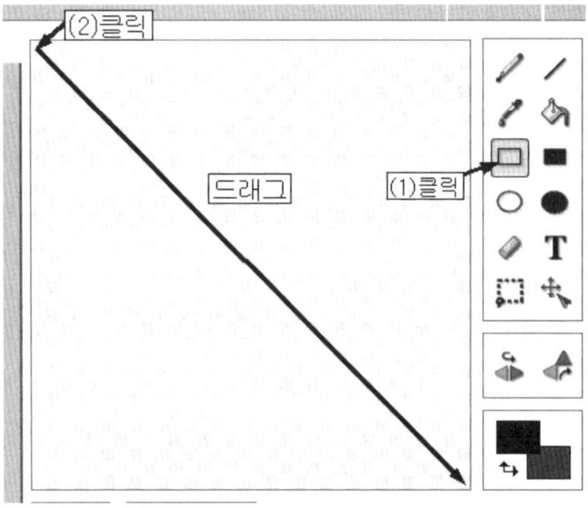

그림 17.9 사각형 그리는 방법

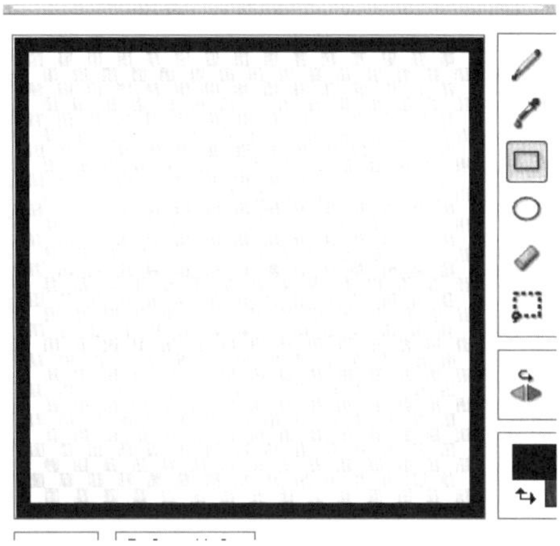

그림 17.10 사각형 테두리가 그려진 상태

⑧ 그림 17.11과 같이 '아이콘 텍스트' 탭을 클릭한 후 아이콘 그림에 추가될 문자를 추가한다. 여기서는 '중심 수평 좌표'에 해당하는 영문 약자 'CENTER HORI COORD'을 입력했다. 마지막으로 아이콘 편집기 우측 하단에 있는 '확인' 버튼을 클릭한다.

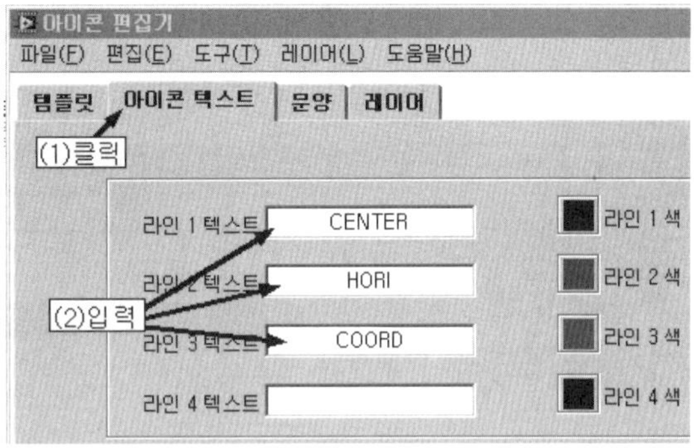

그림 17.11 아이콘 그림에 글자 추가하기

⑨ 그림 17.12와 같이 블록다이어그램의 우측 상단에 있는 아이콘 그림을 확인하면, 방금 그린 아이콘 그림이 나타남을 확인할 수 있다. 다음으로 프런트패널에서 그림 17.13과 같이 '파일 〉 VI 프로퍼티'를 실행하여 VI 프로퍼티 창을 연다.

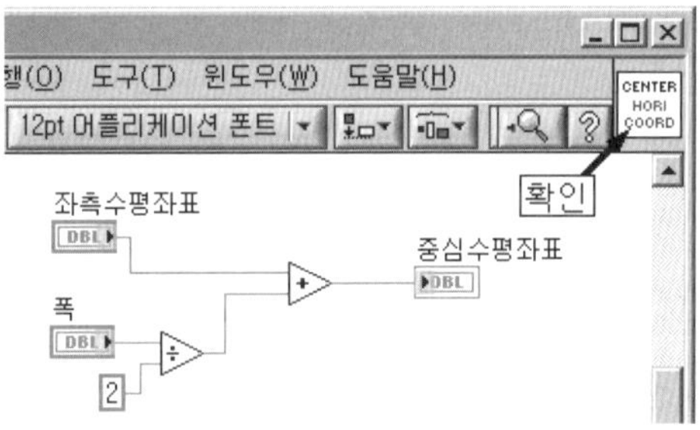

그림 17.12 자작 아이콘 그림 확인

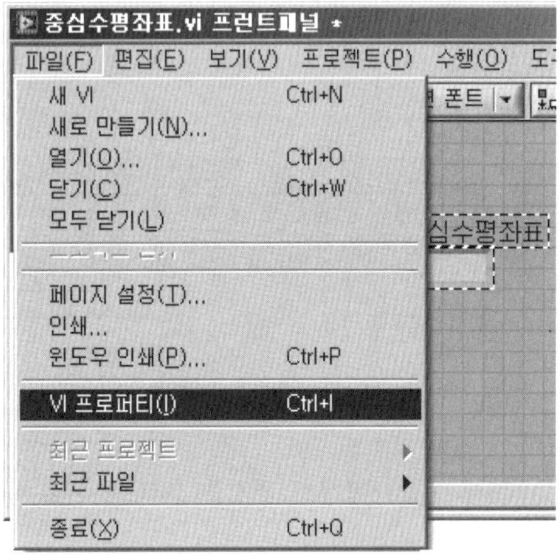

그림 17.13 VI 프로퍼티 창 열기

⑩ 그림 17.14와 같이 VI 프로퍼티 창에서 '문서' 항목을 선택한 후, 그림 17.15와 같이 함수 설명문을 입력하고 '확인' 버튼을 클릭한다.

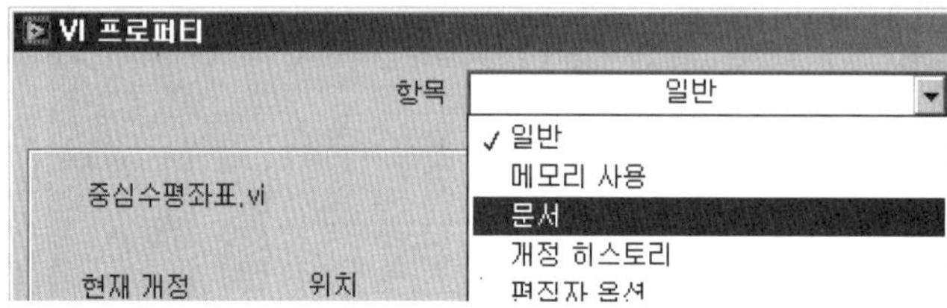

그림 17.14 문서 메뉴 선택

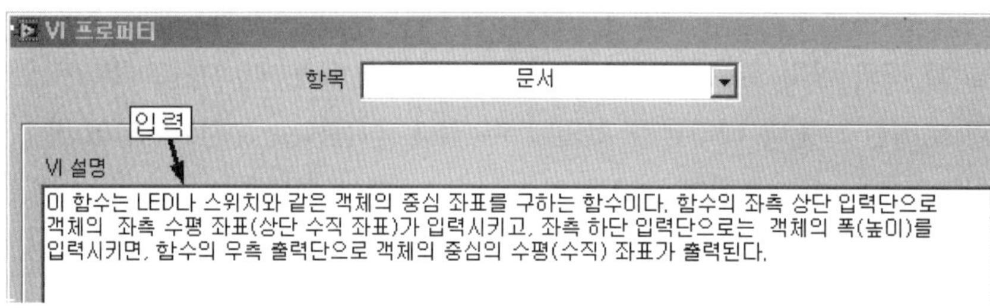

그림 17.15 함수 설명문 입력

⑪ 프런트패널 메뉴에서 '파일 〉 저장'을 실행하여 파일을 저장한다.

⑫ 단축키 Ctrl ⊕ H를 실행하여 기본 도움말 창을 연 상태에서, 그림 17.16과 같이 마우스 커서를 블록다이어그램의 아이콘 그림 위로 이동시키면 그림 17.17과 같은 기본 도움말 창을 확인할 수 있다. 기본 도움말 창에 방금 입력한 설명문 내용이 나타나는지 확인하라.

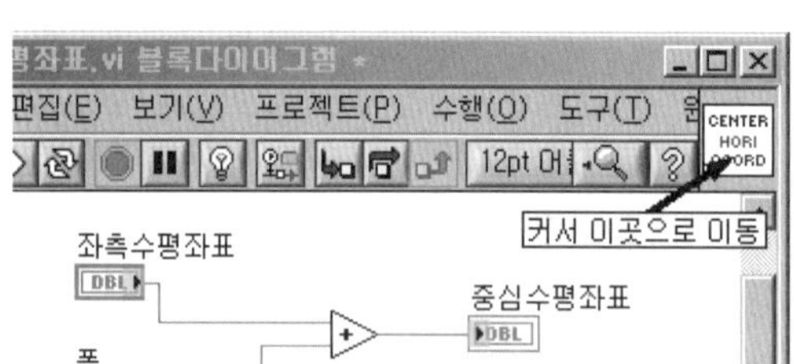

그림 17.16 마우스 커서를 아이콘 위로 이동

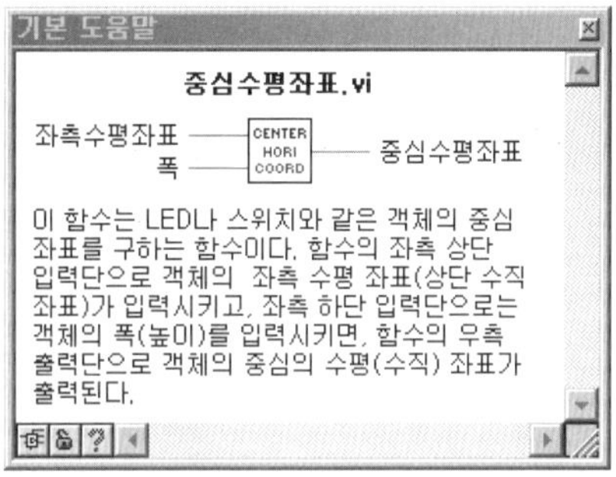

그림 17.17 기본 도움말 창

⑬ 지금까지 작성한 프로그램을 저장 후 종료하자. 그리고 새로운 프런트패널을 연 후 파일명 '예제17.vi'로 저장하자.

⑭ 예제 17.vi의 프런트패널에 LED를 추가하여 이 LED 중심의 수평 및 수직 좌표를 중심수평좌표.vi을 사용하여 구해보자. 먼저 그림 17.18과 같이 프런트패널에 LED 하나를 추가한 한 후 라벨을 'LED'로 수정한다.

그림 17.18 LED 추가

⑮ 블록다이어그램에서 그림 17.19와 같이 '함수 〉 펼침 버튼 〉 VI 선택'을 실행하여 그림 17.20과 같은 VI 선택 창을 연다. VI 선택 창에서 파일을 선택한 후 '확인' 버튼을 클릭하고 블록다이어그램 위를 클릭하면 그림 17.21과 같이 '중심수평좌표' 아이콘이 블록다이어그램에 추가된다.

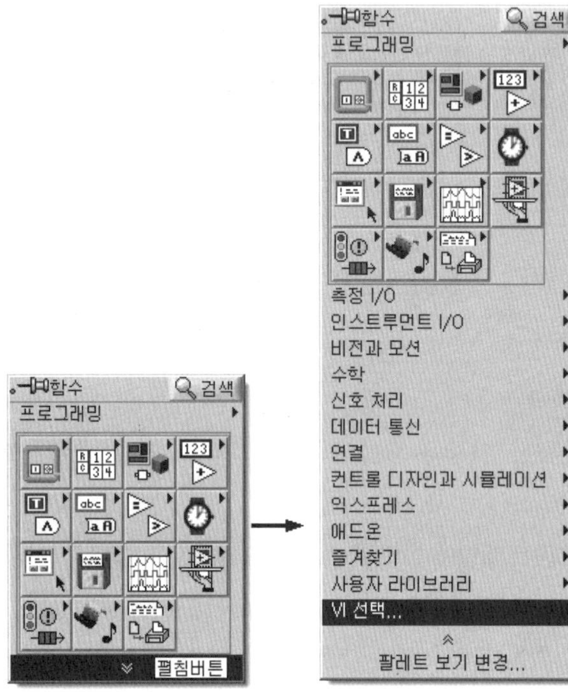

그림 17.19 사용자 정의 함수(VI) 불러 오는 방법

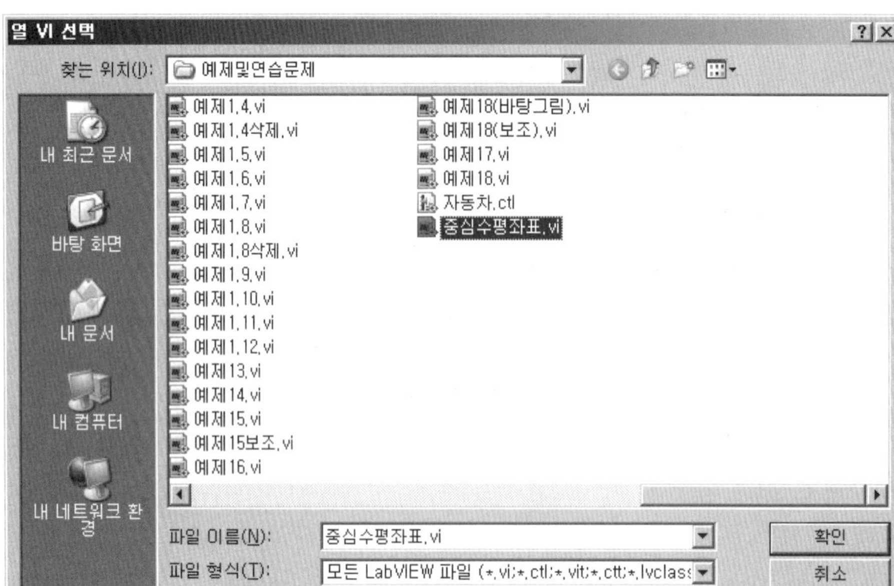

그림 17.20 사용자 정의 함수(VI) 선택 창

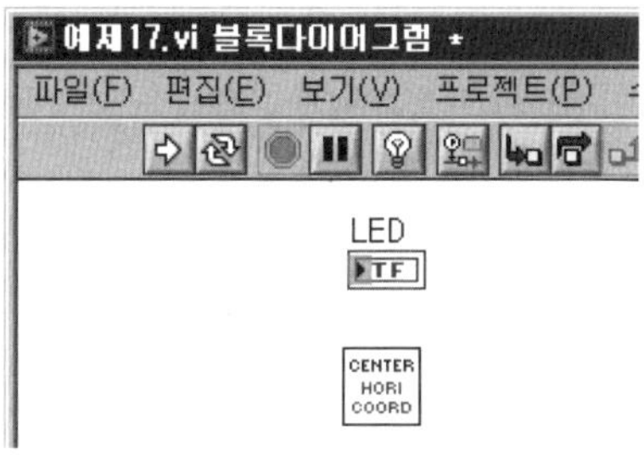

그림 17.21 사용자 정의 함수인 중심수평좌표.vi 추가

⑯ 블록다이어그램의 'LED' 아이콘 위에서 'MRC 〉 생성 〉 프로퍼티 노드 〉 위치 〉 왼쪽'을 실행하여 'Left' 프로퍼티 노드를 추가한다. 그리고 그림 17.22와 같이 프로퍼티 노드의 하단 중앙을 드래그해서 칸수를 그림 17.23과 같이 4칸으로 늘인다.

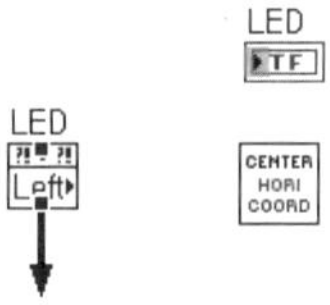

그림 17.22 프로퍼티 노드 칸수 늘이기

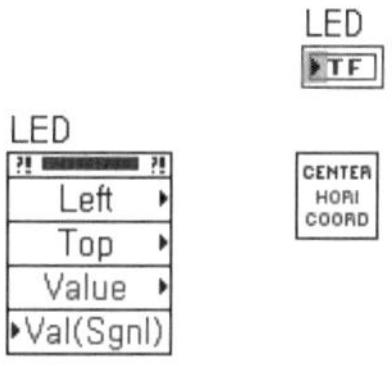

그림 17.23 칸수가 늘어난 상태

⑰ 그림 17.23의 프로퍼티 노드의 두 번째 칸을 클릭하여 '경계 〉 영역 폭'을 실행한다. 세 번째 칸을 클릭하여 '위치 〉 위쪽'을 실행한다. 마지막으로 네 번째 칸을 클릭하여 '경계 〉 영역 높이'을 실행하면 그림 17.24와 같이 된다.

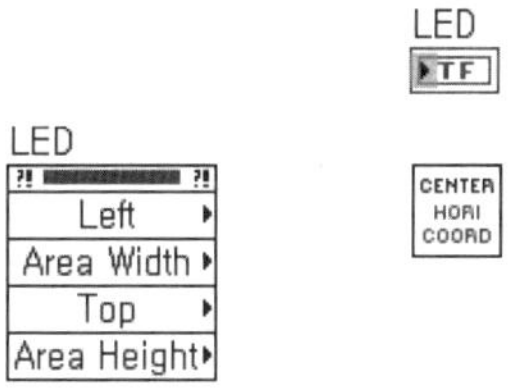

그림 17.24 프로퍼티 노드 설정 완료 상태

⑱ 이제 LED의 중심 좌표 (중심수평좌표. 중심수직좌표)를 계산하기 위해 그림 17.25와 같이 중심수평좌표.vi 하나 더 추가한 후에 와이어 연결을 한다.

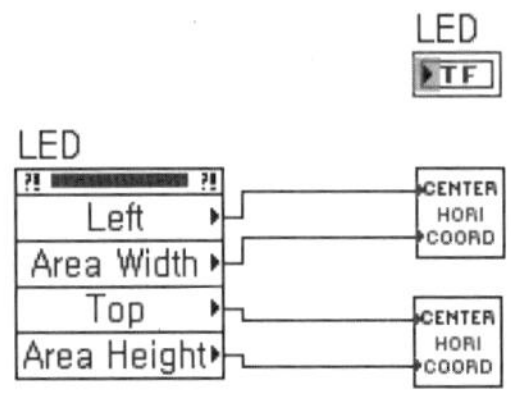

그림 17.25 중심수평좌표.vi 추가 및 와이어 연결

⑲ 위에 있는 중심수평좌표.vi 아이콘의 우측 출력단에서 'MRC 〉 생성 〉 인디케이터'를 실행한다. 아래에 있는 중심수평좌표.vi 아이콘 우측 출력단에서도 'MRC 〉 생성 〉 인디케이터'를 실행한 후 라벨을 '중심 수직좌표'로 수정한다. 그러면 그림 17.26과 같은 결과가 된다.

그림 17.26 완성된 블록다이어그램

⑳ 프로그램을 저장한 후 실행시켜보자. 프런트패널에서 LED를 이동시킨 후 프로그램을 실행시켰을 때, LED 중심의 수평 좌표 및 수직 좌표가 변화되는지 확인하라.

연습문제 17.1

세 수를 입력받아서 더해주는 사용자 정의 함수(서브 VI)를 만들어서 함수 이름을 '세수합.vi'로 저장하라.

➲ 이미 예제 17에서 사용자정의 함수를 만드는 과정을 자세히 설명하였으므로 여기서는 결과 위주로만 설명한다.

➲ 먼저 그림 17.27과 같이 세 수의 합을 구해주는 프로그램을 작성하라.

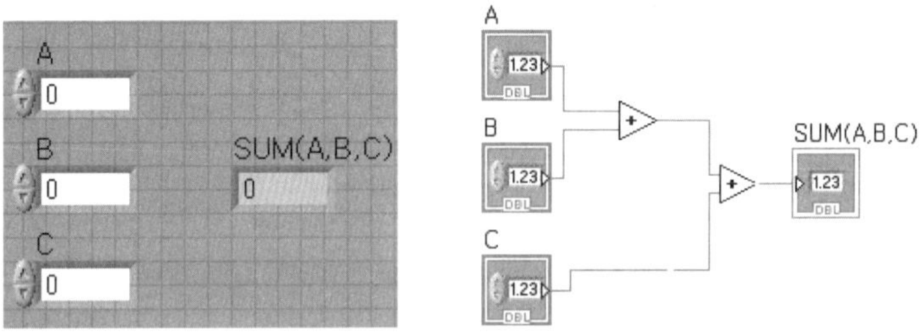

그림 17.27 세 수의 합을 구하는 프로그램

➲ 그림 17.28과 같이 세 개의 입력단과 한 개의 출력단을 가진 패턴을 선택한 후 커넥터를 매칭시킨다.

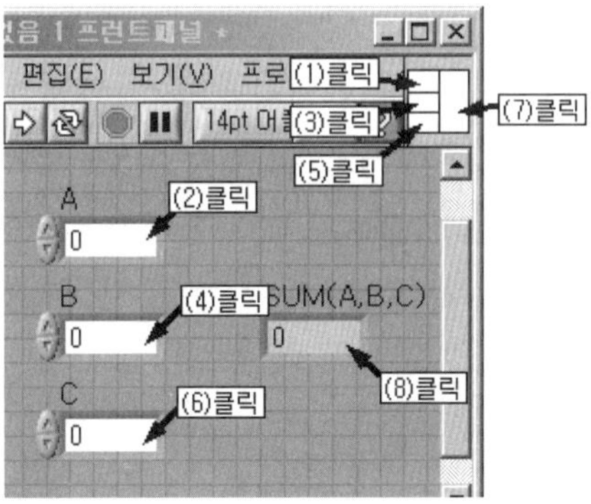

그림 17.28 커넥터 연결

➲ 아이콘 편집기를 열어서 그림 17.29와 같이 아이콘 그림을 그린다. 아이콘편집기에서 아이콘텍스트 탭과 문양 탭을 이용해서 그림 17.29와 다르게 자신만의 아이콘을 그려도 된다.

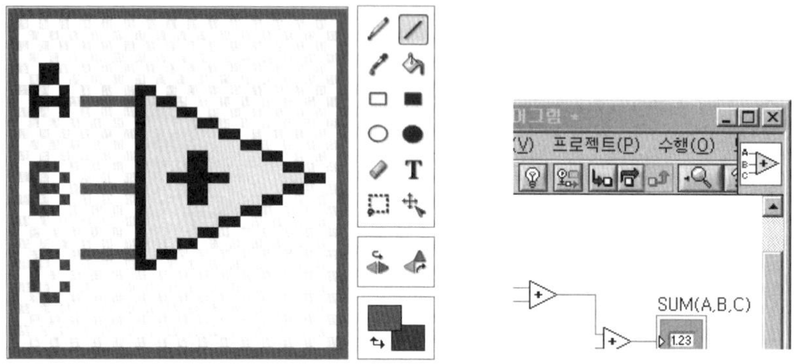

그림 17.29 아이콘 편집기에서 그린 아이콘 그림

➲ 그림 17.30과 같이 VI 프로퍼티 창(문서 선택)에서 함수에 대한 설명을 입력한다.

그림 17.30 함수 설명문 입력

➲ 마지막으로 파일명 '세수합.vi'로 저장하면 사용자 정의 함수가 완성된 것이다.

➲ 새로운 프런트패널을 열고 파일명 '연습문제17.1.vi'로 저장한다. 블록다이어그램에서 방금 만든 '세수합.vi'를 불러온다. 단축키 Ctrl ⊕ H를 실행하여 기본 도움말 창에서 도움말이 그림 17.31과 같은지를 확인한다.

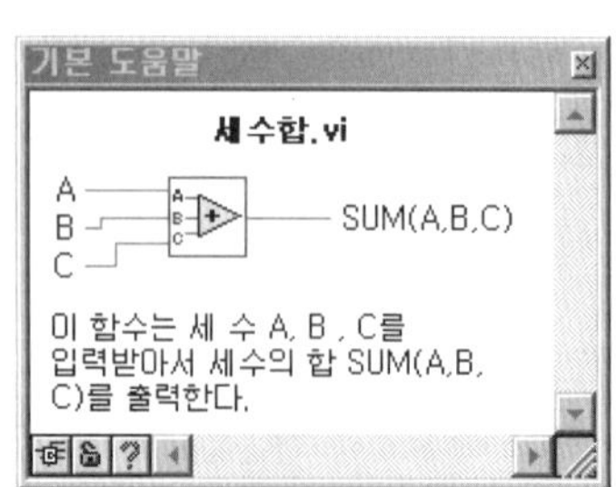

그림 17.31 기본 도움말 창

➲ 블록다이어그램의 '세수합' 아이콘의 좌측 세군데 입력단에서 'MRC 〉 생성 〉 컨트롤'을 실행한다. 그리고 우측 출력단에서 'MRC 〉 생성 〉 인디케이터'를 실행하면 그림 17.32와 같이 될 것이다. A, B, C 컨트롤에 실제 숫자를 입력한 후 프로그램을 실행시켜보아라. 세 수의 합 결과가 정확한지 확인하라.

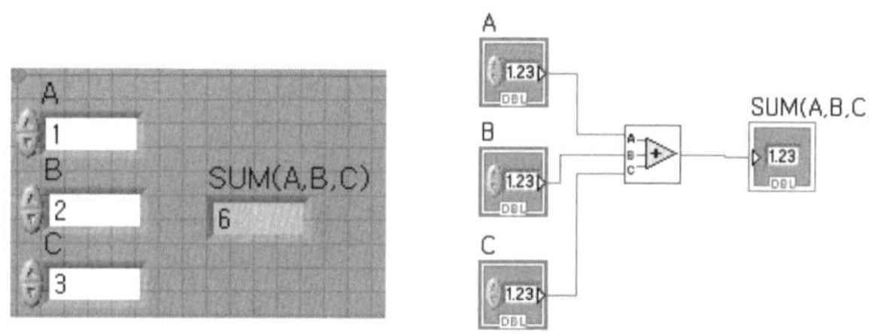

그림 17.32 사용자 정의 함수 '세수합.vi'를 사용한 예제

연습문제 17.2

세 수 A, X, B를 입력받아서 X가 A와 B 사이 값이면 참을 출력하고 아니면 거짓을 출력해주는 사용자 정의 함수(서브 VI)를 만들어서 함수 이름을 '범위안.vi'로 저장하라.

➲ 본 연습문제에서 만들 사용자 정의 함수는 예제 18에서 사용될 것이다. 이미 예제 17에서 사용자정의 함수를 만드는 과정을 자세히 설명하였으므로 여기서는 결과 위주로만 설명한다.

➲ 먼저 그림 17.33과 같이 프로그램을 작성하라. '최대 & 최소' 함수는 '함수 〉 프로그래밍(2*3) 〉 비교(3*2)'를 실행하면 된다. 'AND' 함수는 '함수 〉 프로그래밍(2*1) 〉 불리언(1*1)'을 실행하면 된다. '보다 큼?' 함수는 '함수 〉 프로그래밍(2*3) 〉 비교(1*3)'을 실행하면 된다.

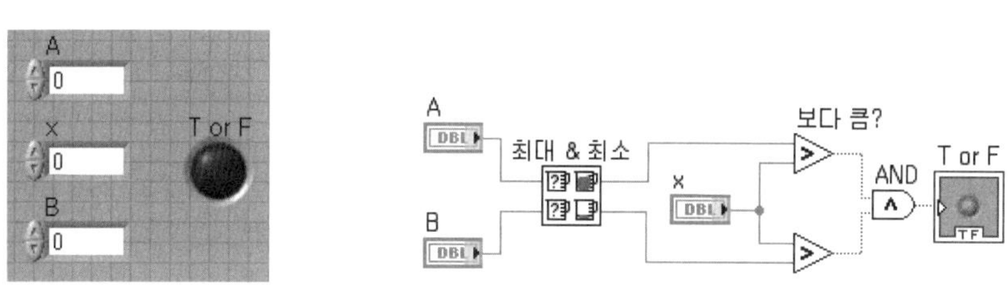

그림 17.33 프런트패널과 블록다이어그램

➲ 그림 17.34와 같이 세 개의 입력단과 한 개의 출력단을 가진 패턴을 선택한 후 커넥터를 매칭시킨다.

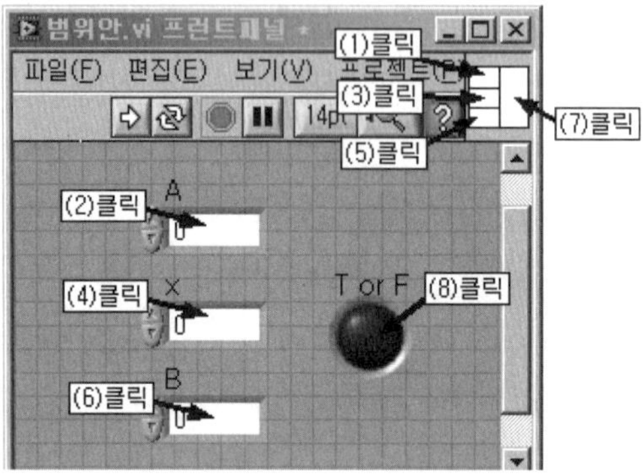

그림 17.34 커넥터 연결

➲ 아이콘 편집기를 열어서 그림 17.35와 같이 아이콘 그림을 그린다. 자신만의 아이콘 그림을 그려도 상관없다.

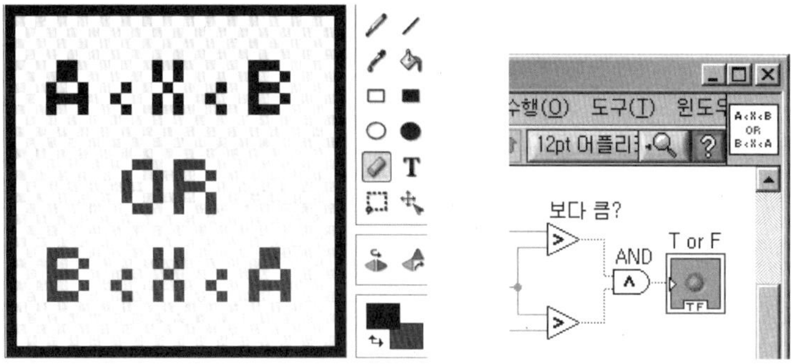

그림 17.35 아이콘 편집기에서 그린 아이콘 그림

➲ 그림 17.36과 같이 VI 프로퍼티 창(문서 선택)에서 함수에 대한 설명을 입력한다.

그림 17.36 함수 설명문 입력

➲ 마지막으로 파일명 '범위안.vi'로 저장하면 사용자 정의 함수가 완성된 것이다.

➲ 새로운 프런트패널을 열고 파일명 '연습문제17.2.vi'로 저장한다. 블록다이어그램에서 방금 만든 '범위안.vi'를 불러온다. 단축키 Ctrl ⊕ H를 실행하여 기본 도움말 창에서 도움말이 그림 17.37과 같은지를 확인한다.

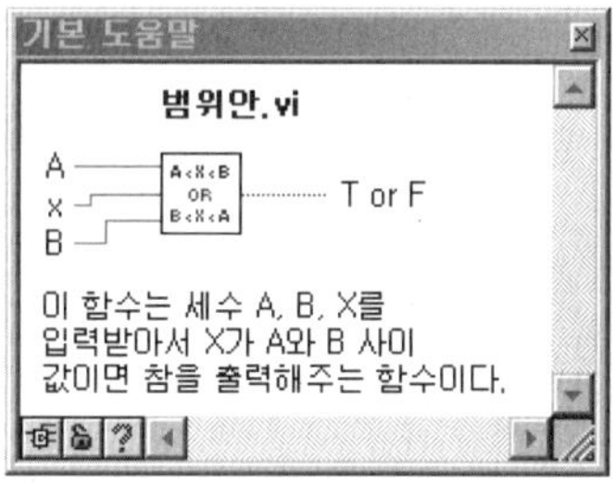

그림 17.37 기본 도움말 창

➲ 블록다이어그램의 '범위안' 아이콘의 좌측 세군데 입력단에서 'MRC 〉 생성 〉 컨트롤'을 실행한다. 그리고 우측 출력단에서 'MRC 〉 생성 〉 인디케이터'를 실행하면 그림 17.38과 같이 될 것이다. 그림 17.38과 같이 A, B, X 컨트롤에 숫자를 입력한 후 프로그램을 실행시켜보아라. 실제로 LED가 켜지는지 확인하라.

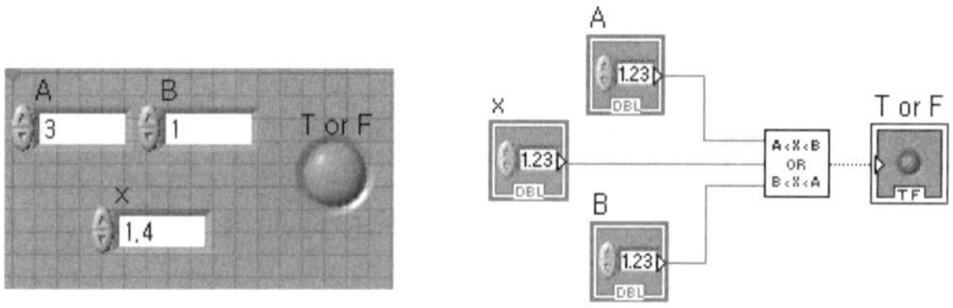

그림 17.38 사용자 정의 함수 '범위한.vi'를 사용한 예제

연습문제 17.3

예제 17과 연습문제 17.2에서 만든 사용자 정의 함수 '중심수평좌표.vi'와 '범위안.vi'를 사용하여, 프런트패널에 있는 LED 중심의 수평좌표가 100픽셀과 400픽셀 사이에 있으면 'LED가 범위 안에 있다'는 문자열이 프런트패널에 나타나게 하는 프로그램을 작성하라

➲ 그림 17.39와 같이 프런트패널에 LED를 추가한다. 블록다이어그램에서 'LED' 아이콘의 'Left' 프로퍼티 노드와 'Area Width' 프로퍼티 노드를 그림 17.40과 같이 추가한다.

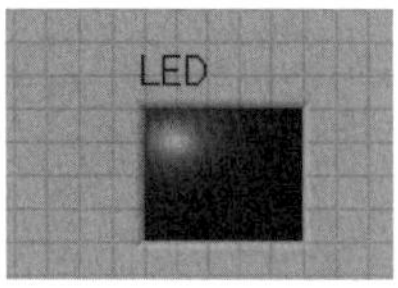

그림 17.39 LED 추가

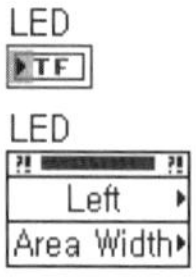

그림 17.40 프로퍼티 노드 추가

➲ 블록다이어그램에 '중심수평좌표.vi'와 '범위안.vi'를 추가한 후 그림 17.41과 같이 프로그램을 작성한다. 이 블록다이어그램을 설명하면, 와이어 a로는 LED 중심의 수평좌표가 나오게 되며, 이 수평좌표가 100과 400 사이 값이면 출력단 b로 진리값 참이 나오게 된다.

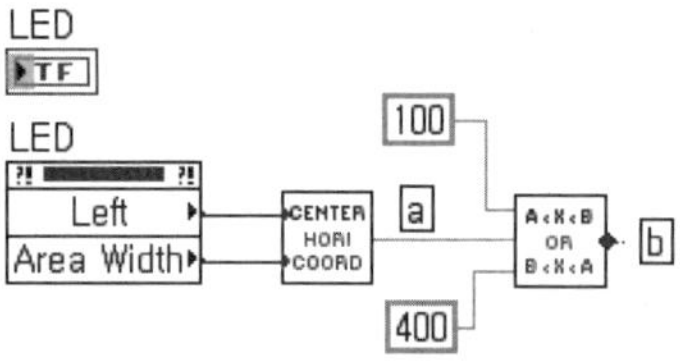

그림 17.41 사용자 정의 함수 추가

➲ 그림 17.42와 같이 프런트패널에 문자열 인디케이터를 추가한 후 라벨을 'LED정보'로 수정하자.

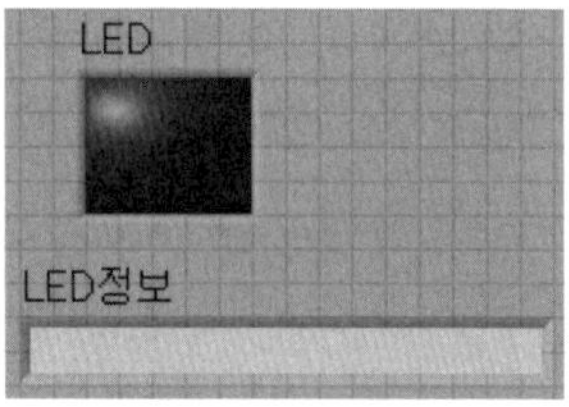

그림 17.42 문자열 인디케이터 추가

➲ 그림 17.43과 같이 케이스 구조를 추가하는 방식으로 프로그램 작성을 완료한다. 프런트패널에 있는 LED 수평 방향으로 이동시킨 후에 실행시켜보아라. LED의 수평 위치에 따라서 '문자열정보' 인디케이터에 나타나는 문자열이 달라지는지 확인하라.

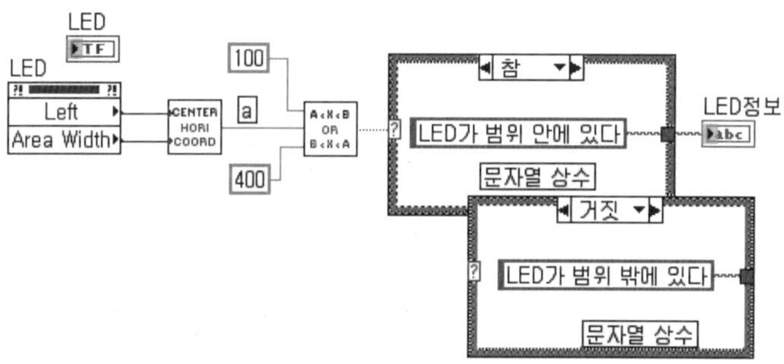

그림 17.43 최종 작성된 프로그램

예제 18

사과나무에서 떨어지는 사과를 바구니로 받으면 점수가 올라가는 게임을 제작하라.

학/습/내/용

A. 고급 게임 프로그래밍
B. 여러 개의 While 루프 활용
C. 프로퍼티 노드 고급 활용
D. 시퀀스 구조 활용

① 교재 CD에 있는 '예제18(바탕그림).vi'를 연 후, '예제18.vi'로 저장한다.

② 프런트패널에서 '컨트롤 〉 펼침버튼 〉 컨트롤선택'을 실행하여, 교재 CD에서 제공하는 사용자 정의 컨트롤 '사과 1.ctl'과 '바구니.ctl'을 그림 18.1과 같이 프런트패널에 추가하라.

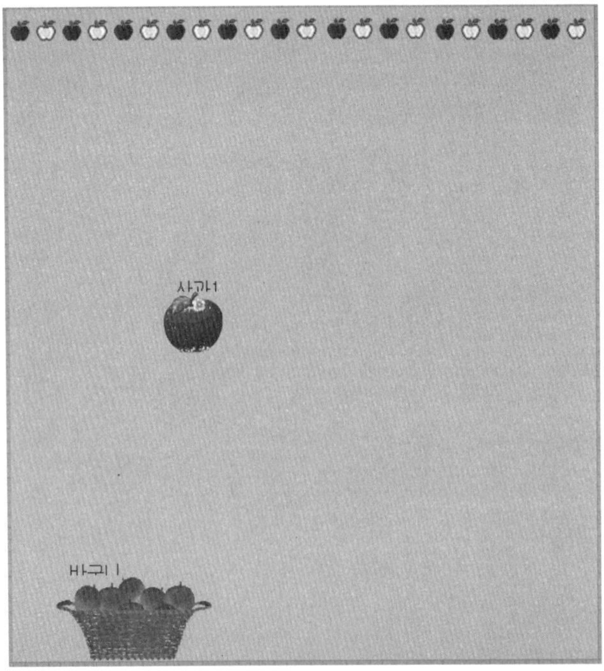

그림 18.1 바탕 그림과 사용자 정의 컨트롤 2개 추가

③ 다음으로 바탕그림 맨 위와 맨 아래에 LED를 그림 18.2와 같이 추가한 후, 라벨을 '상LED'와 '하LED'로 수정하라.

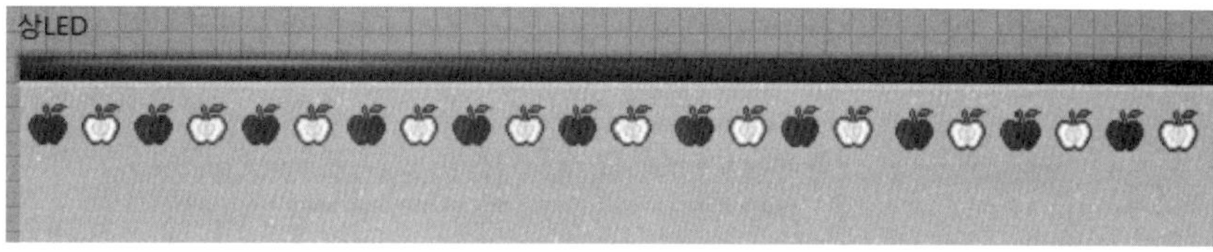

그림 중간 부분 생략

그림 18.2 LED 2개 추가

④ 이제 블록다이어그램으로 가서 프로그래밍을 시작하자. 먼저 아이콘들 위에서 'MRC 〉 아이콘으로 보기'를 실행하여 아이콘 사이즈를 작게 하라.

⑤ 먼저 사과가 위에서 떨어지도록 해보자. 사과1 아이콘 위에서 'MRC 〉 생성 〉 프로퍼티 노드 〉 위치 〉 위쪽'을 실행하여 'Top' 프로퍼티 노드를 생성한다. LED 2개에 대해서도 같은 방식으로 'Top' 프로퍼티 노드를 생성한다. 그러면 그림 18.3과 같이 될 것이다.

그림 18.3 생성한 'Top' 프로퍼티 노드

⑥ 그림 18.3에서 생성한 프로퍼티 노드들을 이용하여 그림 18.4와 같이 블록다이어그램을 작성하라. 그리고 저장한 후 실행시켜 보면 사과1이 반복해서 아래로 떨어지는 것을 확인할 수 있을 것이다. 그림 18.4에서 첫 번째 프레임은 사과1이 처음 출발할 때 사과1의 상단(수식) 좌표와 상LED의 상단(수식) 좌표를 일치시켜주는 역할을 한다. 프레임 2의 While 루프는 사과1의 상단(수식) 좌표를 10픽셀씩 증가시켜서 사과가 밑으로 떨어지도

록 해준다. While 루프 속에 있는 케이스 문은 사과1의 상단(수식) 좌표가 하LED의 상단(수식) 좌표 보다 더 커지면(사과1이 하LED 보다 더 아래로 내려가면), 참 케이스가 실행되어 사과 1의 상단(수식) 좌표를 상LED의 상단(수식) 좌표와 일치시켜서 사과1을 다시 출발 위치로 돌려보내주는 역할을 한다.

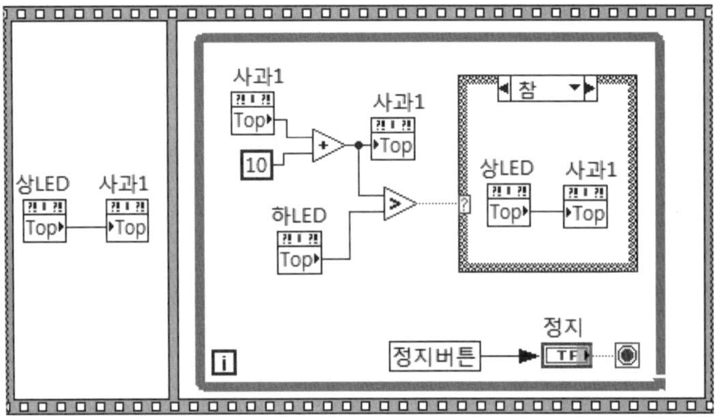

그림 18.4 사과가 반복해서 떨어지게 하는 프로그램

⑦ 출발 위치에서 사과1의 수평 좌표를 바꾸어서, 사과1이 출발하는 위치가 달라지게 해보자. 먼저 블록다이어그램의 상LED 아이콘 위에서 'MRC 〉 생성 〉 프로퍼티 노드 〉 경계 〉 영역폭'을 실행하여 'Area Width' 프로퍼티 노드를 생성하자. 이것을 이용하여 그림 18.5와 같이 프로그램을 추가하라.

➲ 추가된 부분을 살펴보면, 와이어 a로는 상LED의 좌측 수평좌표가 나오고, 와이어 d로는 상LED 폭(b)과 0과 1사이 값(c)의 곱이 나온다. 결과적으로 와이어 e로는 상LED의 수평좌표(a)와 상LED 폭 보다 작은 양수(d)의 곱이 나와서 사과1 좌측 수평 좌표 값으로 입력되게 된다. 결국 추가된 부분은 사과가 위에서 떨어질 때 상LED의 폭 사이의 임의 위치에서 사과1이 떨어지게끔 하는 역할을 한다.

➲ 프로그램을 저장한 후 실행시켜보아라. 의도한 데로 사과가 떨어지는지 확인해보아라.

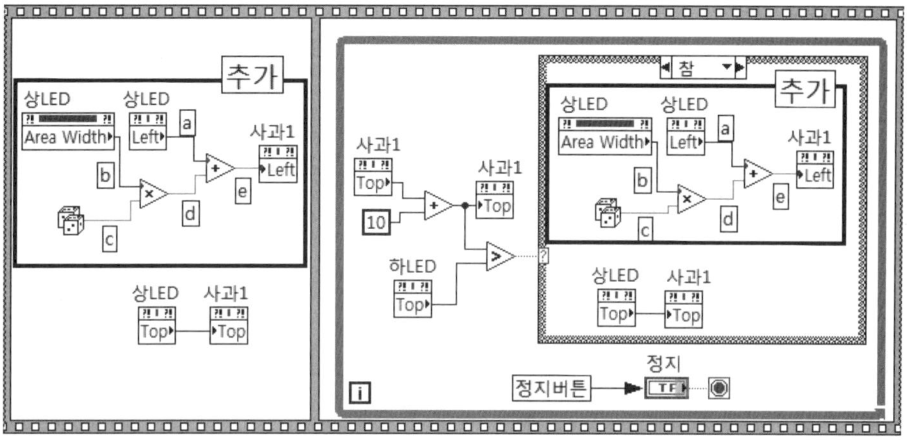

그림 18.5 사과의 출발 수평 위치를 임의로 함.

⑧ 그림 18.5에서 있는 '정지' 아이콘을 프레임 외부로 이동시키고 대신에 '정지' 아이콘의 로컬변수를 생성해서 와이어로 연결하고, 눌러진 정지 버튼을 복귀시키는 프로그램을 그림 18.6(좌측)과 같이 작성하자. 프런트패널의 '정지' 버튼 위에서 'MRC 〉 기계적동작 〉 놓을 때 스위치'를 실행하라.

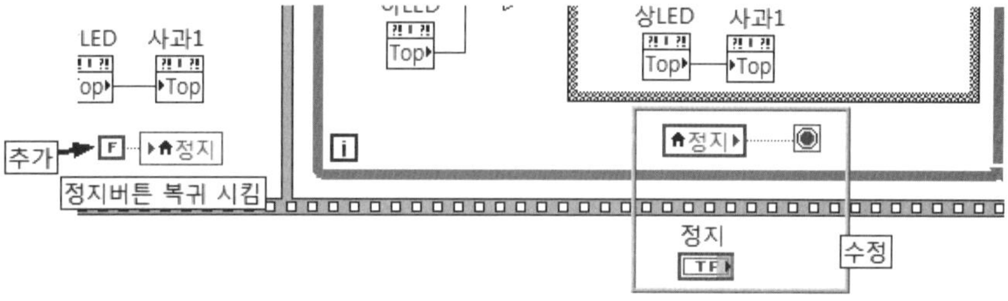

그림 18.6 '정지' 버튼 로컬변수 생성 및 와이어 연결

⑨ 다음으로, 바구니가 마우스 커서를 따라 다니게 하여 바구니를 좌우로 움직이게 하는 프로그램을 연습문제 14.1과 같은 방법으로 블록다이어그램에 추가하자. 그러면 결과는 그림 18.7~18.8과 같이 된다.

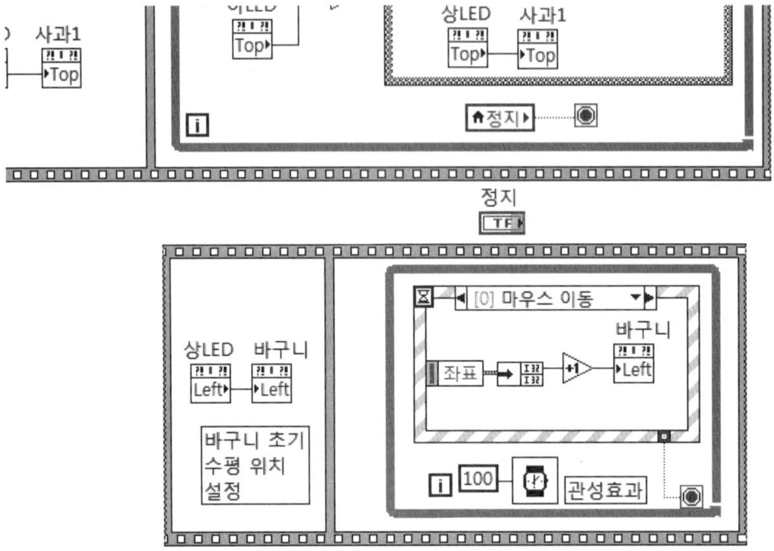

그림 18.7 바구니 움직이는 블록다이어그램(이벤트케이스 0)

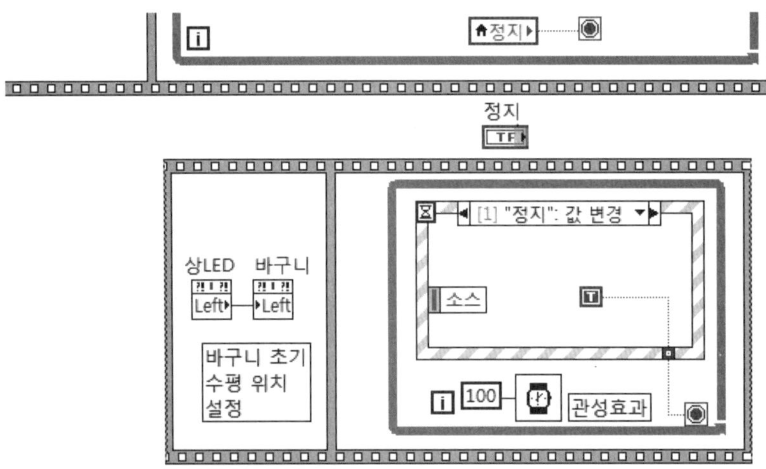

그림 18.8 바구니 움직이는 블록다이어그램(이벤트 케이스 1)

⑩ 이제 바구니로 사과를 받으면 점수가 올라가는 프로그램을 블록다이어그램에 추가하자. 그림 18.9와 같이 사과의 중심이 바구니의 높이의 상단 50%와 바구니 폭의 중앙 60% 안(점수인정영역)에 있으면 사과를 받은 것으로 간주하자(그림 18.9 참조). 이 점수 인정 조건을 수학적으로 표현하면 다음의 두 부등식을 동시에 만족하는 조건과 같다.

– (바구니폭×0.3) 〈 (사과 중심 수평 좌표 – 바구니 중심 수평 좌표) 〈 (바구니폭×0.3)
0 〈 (사과 중심 수직 좌표 – 바구니 중심 수직 좌표) 〈 (바구니높이×0.5)

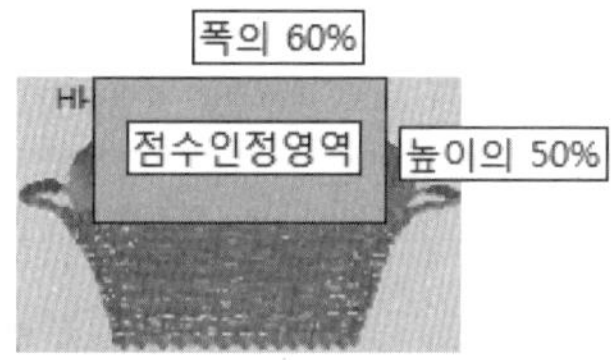

그림 18.9 사과 중심 좌표가 위치해야할 점수 인정 영역

⑪ 먼저 그림 18.10과 같이 블록다이어그램에 While 루프를 추가한 후 루프조건(◉)에 '정지' 로컬변수를 연결하자. 그리고 프런트패널에 '컨트롤 〉 일반(1*1) 〉 숫자형 (1*2)'을 실행하여 그림 18.11과 같이 '숫자형' 인디케이터를 추가하고 라벨을 '점수'로 입력하자.

그림 18.10 While 루프 추가

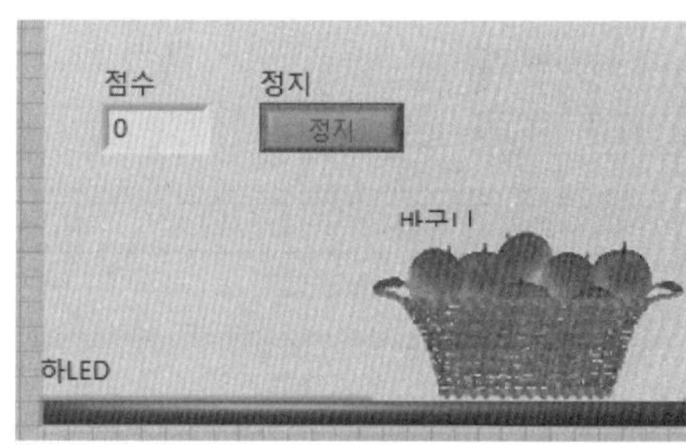

그림 18.11 '점수' 인디케이터 추가

⑫ 그림 18.12와 같이 블록다이어그램에 사과1의 'Left' 프로퍼티 노드를 추가한 후 하단 중앙을 밑으로 드래그해서 2칸을 만든다. 이제 두 번째 칸을 클릭하여 '경계 〉 영역 폭'을 실행한다.

그림 18.12 프로퍼티 노드 칸수 늘이기

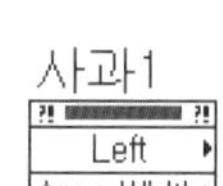

그림 18.13 프로퍼티 노드 설정 완료

⑬ 예제 17과 연습문제 17.2에서 만든 사용자 정의 함수인 '중심수평좌표.vi'와 '범위안.vi' 함수를 블록다이어그램에 추가한 후 위에서 설정한 두 부등식 조건을 그림 18.14와 같이 프로그래밍 한다.

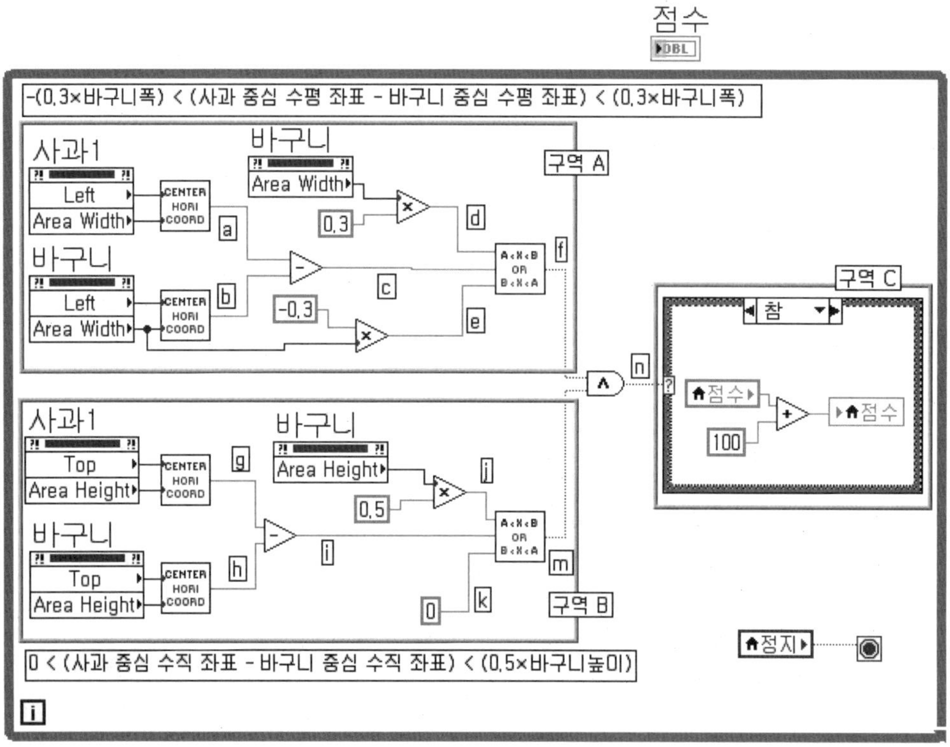

그림 18.14 점수 인정 부등식 2개 프로그래밍

⑭ 그림 18.14에서 구역 A를 분석해보면 다음과 같다. 와이어 a로는 사과 중심 수평 좌표가 나오고 와이어 b로는 바구니 중심 수평 좌표가 나온다. 와이어 c로는 a–b가 나온다. 와이어 d로는 (0.3×바구니폭)이 나오고 와이어 e로는 (–0.3×바구니폭)이 나온다. 결과적으로 '범위안.vi' 함수는 d, (a–b), e를 입력받아서 e〈(a–b)〈d가 참인지 거짓인지를 판단해서 와이어 f를 통해 참 또는 거짓을 출력한다.

⑮ 그림 18.14에서 구역 B를 분석해보면 다음과 같다. 와이어 g로는 사과 중심 수직 좌표가 나오고 와이어 h로는 바구니 중심 수직 좌표가 나온다. 와이어 i로는 g–h가 나온다. 와이어 j로는 (0.5×바구니높이)이 나오고 와이어 k로는 0이 나온다. 결과적으로 '범위안.vi' 함수는 j, (g–h), k를 입력받아서 0〈(g–h)〈j가 참인지 거짓인지를 판단해서 와이어 m를 통해 참 또는 거짓을 출력한다.

⑯ 그림 18.14에서 '범위안.vi'의 출력 와이어 f와 m 모두에서 참이 나와야만 와이어 n에서 참이 나와서 구역 C의 참 케이스가 실행되어 점수가 100점이 올라가게 된다.

⑰ 프로그램을 저장한 후 실행시켜 보자. 바구니를 마우스로 움직여서 사과를 받을 경우 점수가 최대 500점씩 올라가는 것을 확인할 수 있다. 이는 사과가 10픽셀씩 아래로 떨어지면서 바구니 높이의 50%인 약 49 픽셀 구간을 통과하므로, 사과 중심이 점수 인정 영역(그림 18.9)을 통과하기 위해서 총 5번의 While 루프 반복을 통해 아래로 떨어져야 하기 때문이다.

⑱ 프로그램을 시작했을 때 프런트패널의 '점수' 인디케이터가 0으로 초기화 되도록 하기 위해, 그림 18.15a와 같이 While 루프 앞 부분에 '점수' 로컬변수에 상수 0을 연결한다.

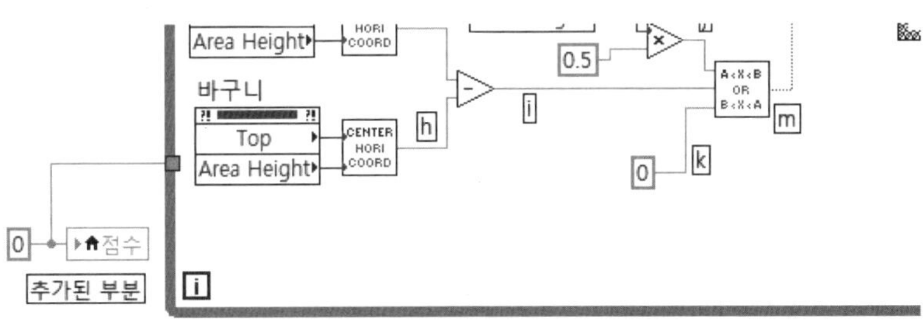

그림 18.15a '점수' 인디케이터 초기화

⑲ 프로그램을 저장한 후 실행시켜 보아라. 다시 실행시켰을 때 점수가 0으로 초기화 되는지 확인하라. 그림 18.15b는 전체 블록다이어그램 모습을 보여준다.

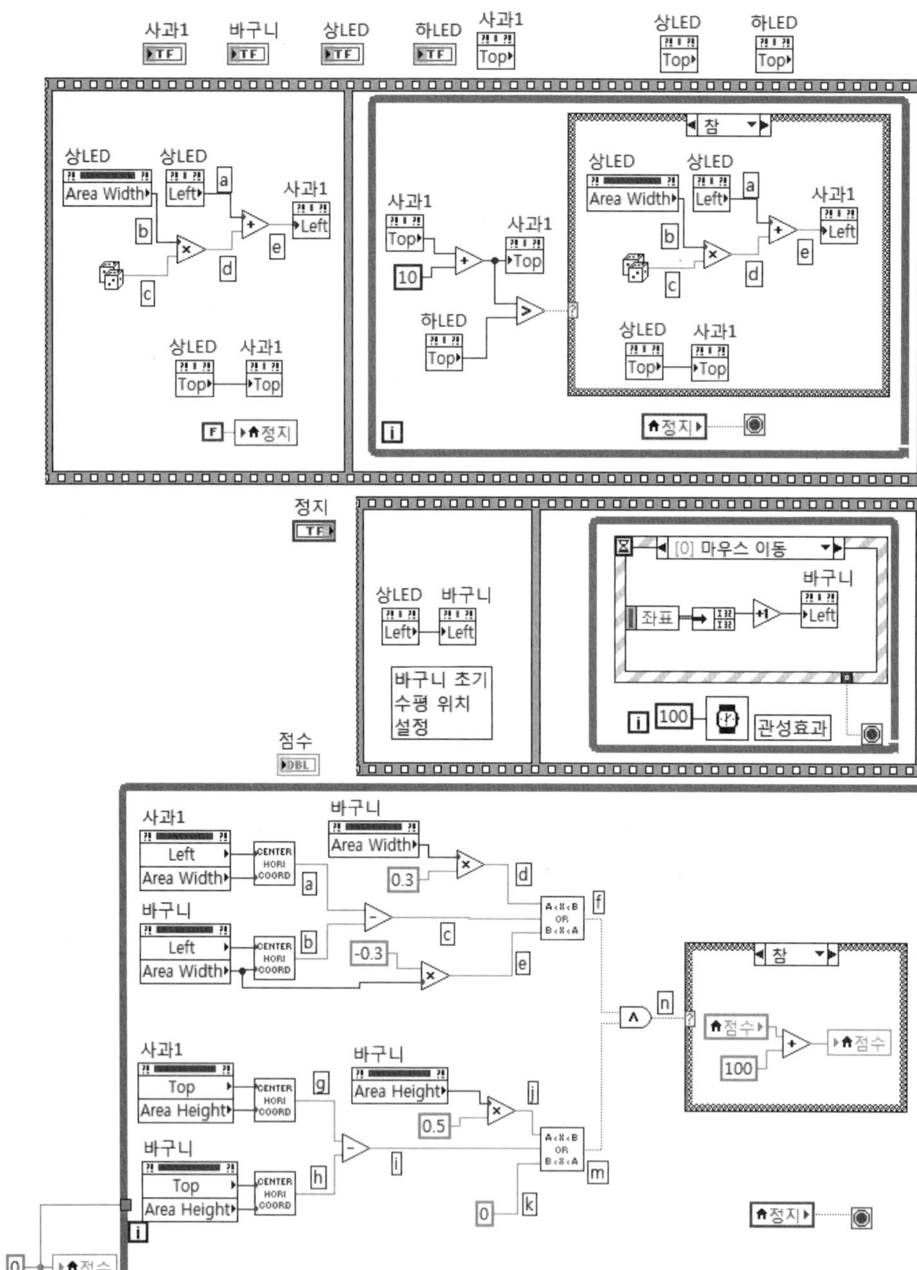

그림 18.15b 최종 블록다이어그램 전체 모습

연습문제 18.1

예제 18을 수정하여 사과를 받지 못한 경우 점수가 감점되는 기능을 추가하라.

➲ 바구니가 사과를 놓친 경우는 앞의 그림 18.14의 (구역 B의) 와이어 m에서 참이 나올 때 (구역 A의) 와이어 f에서 거짓이 나온 경우이다. 한 예를 들면, 사과가 바구니와 비슷한 수직 좌표를 가질 때 수평좌표가 크게 다르면 바구니가 사과를 놓친 경우이다.

➲ 그림 18.16a와 같이 프로그램을 수정하면 점수 감점이 된다. 파일명 '연습문제18.1.vi'로 저장한 후 실행시켜보아라. 사과를 놓치면 500점의 감점이 발생할 것이다.

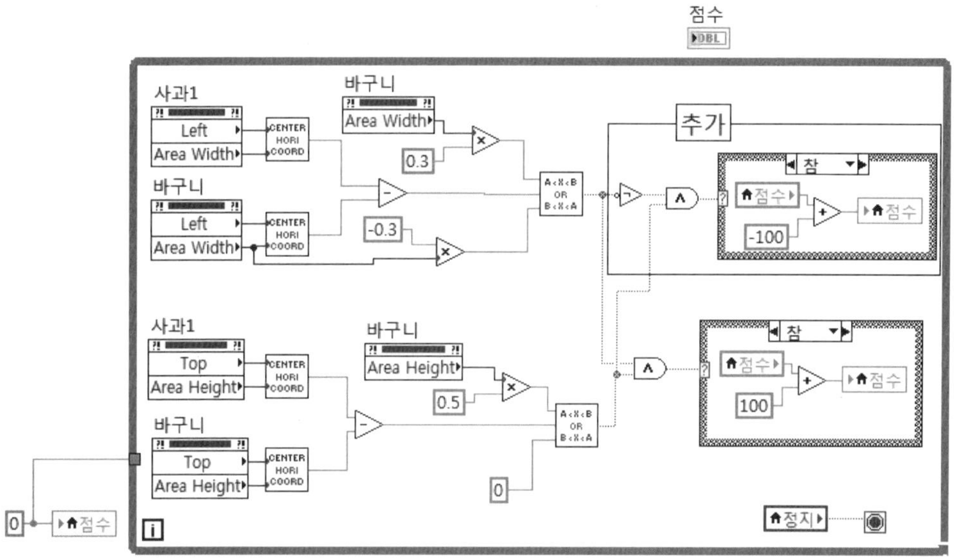

그림 18.16a 점수 감점 프로그램 추가

➲ 그림 18.16b는 전체 블록다이어그램 모습을 보여준다.

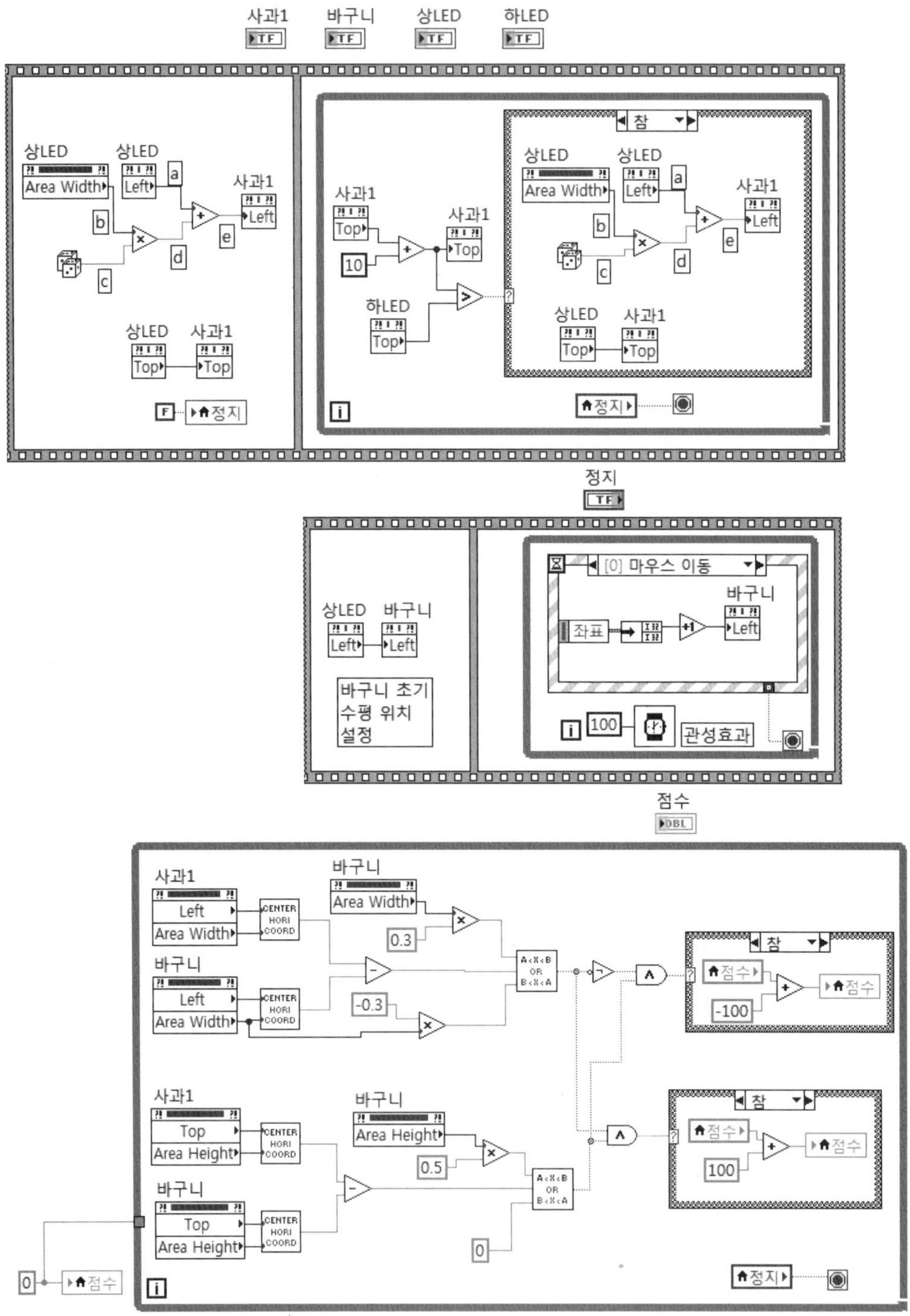

그림 18.16b 전체 블록다이어그램 모습

연습문제 18.2

연습문제18.1.vi 파일을 변형하여 사과 2개가 임의로 떨어지도록 하라.

➲ '연습문제18.1.vi'를 연 후, '연습문제18.2.vi'로 저장한다.

➲ 프런트패널에서 '컨트롤 〉 펼침버튼 〉 컨트롤선택'을 실행하여, 교재 CD에서 제공하는 사용자 정의 컨트롤 '사과 2.ctl'을 그림 18.17과 같이 프런트패널에 추가하라.

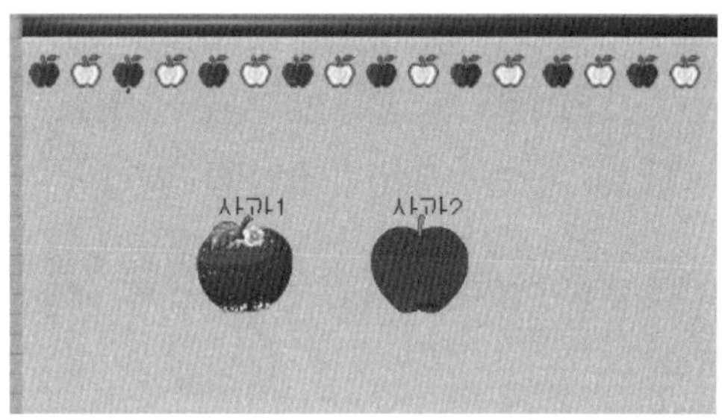

그림 18.17 사용자 정의 컨트롤 사과2.ctl 추가

➲ 사과1이 떨어지도록 하는 프로그램인 그림 18.5와 같은 방식으로, 사과2가 떨어지도록 하는 프로그램을 그림 18.18과 같이 작성해서 추가한다.

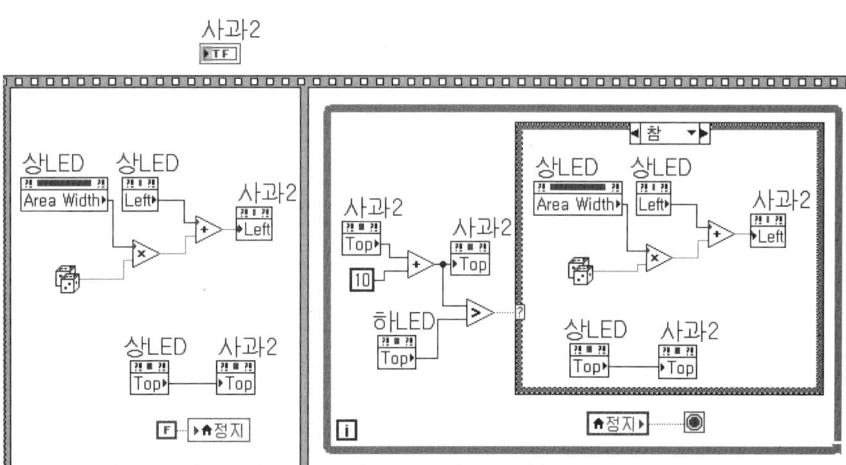

그림 18.18 사과 2가 떨어지는 프로그램

➲ 프로그램을 저장한 후 실행시켜 보자. 사과1과 사과2가 떨어지는 것을 확인할 수 있을 것이다. 그런데 두 사과가 동시에 같은 속도로 위에서 떨어지는 것을 확인할 수 있다. 이러한 문제점을 해결하기 위해, 그림 18.19와 같이 프런트패널에서 숫자형 인디케이터를 추가하고 라벨을 '속도2'로 수정한다.

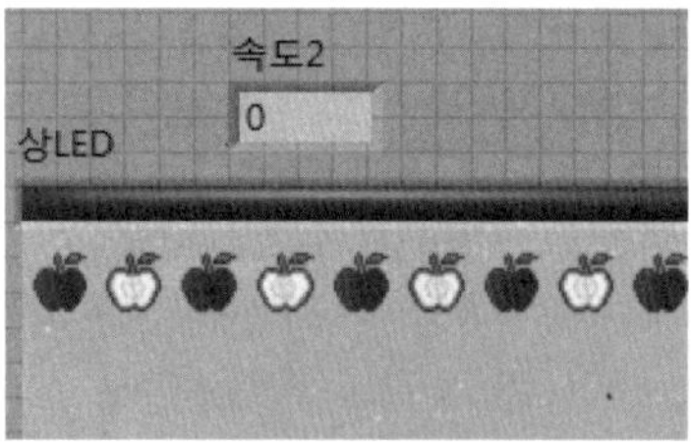

그림 18.19 숫자형 인디케이터 '속도2' 추가

➲ 블록다이어그램에서 '속도2' 인디케이터의 로컬변수를 생성하여 그림 18.20과 같이 프로그램을 추가 작성한다.

➲ 그림 18.20에서 구역A 부분은 사과2가 한번에 떨어지는 픽셀 값이 5와 15 사이의 임의의 값이 되도록 해준다. 구역A에서 결정된 속도2 값이 구역C의 속도2 로컬변수로 전달되어 사과2가 한 번에 떨어지는 픽셀 값이 정해지게 된다.

➲ 구역B는 사과2가 위에서 바로 떨어지는 것이 아니라 최대 1초 동안 대기하다가 떨어지게 하는 역할을 한다. 구역D는 속도2 로컬변수를 5로 초기화하는 역할을 한다.

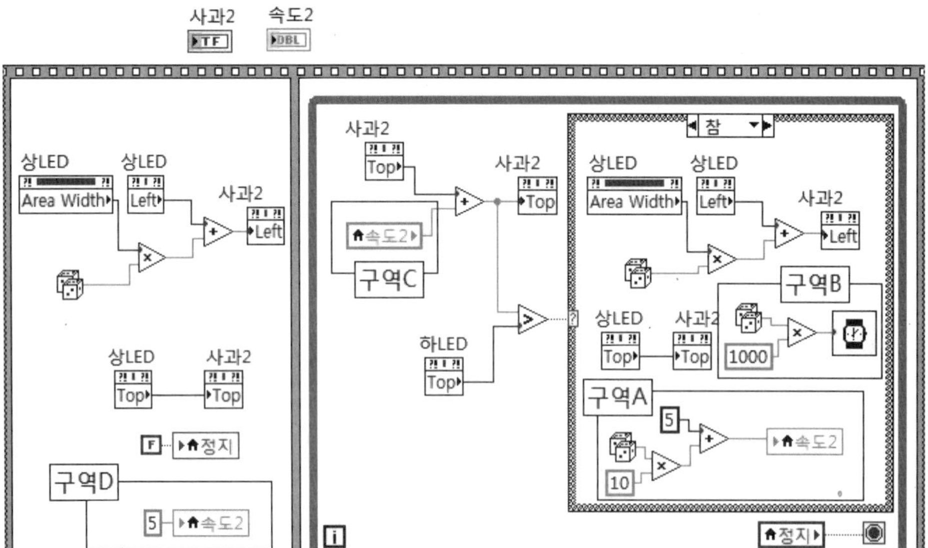

그림 18.20 추가 작성된 프로그램

➲ 블록다이어그램의 '속도2' 아이콘 위에서 'MRC 〉 인디케이터숨기기'를 실행해서 프런트 패널에 있는 '속도2' 인디케이터가 보이지 않게 하라. 프로그램을 저장한 후 실행시켜보아라. 사과1과 사과2가 다른 시간에 다른 속도로 떨어지는지 확인하라.

➲ 마지막으로 사과2에 대한 가점 및 감점 기능을 프로그램으로 구현하자. 사과1에 대해 작성한 While 루프(그림 18.16a)를 복사한 후 그림 18.21a와 같이 두 군데만 수정하면 된다.

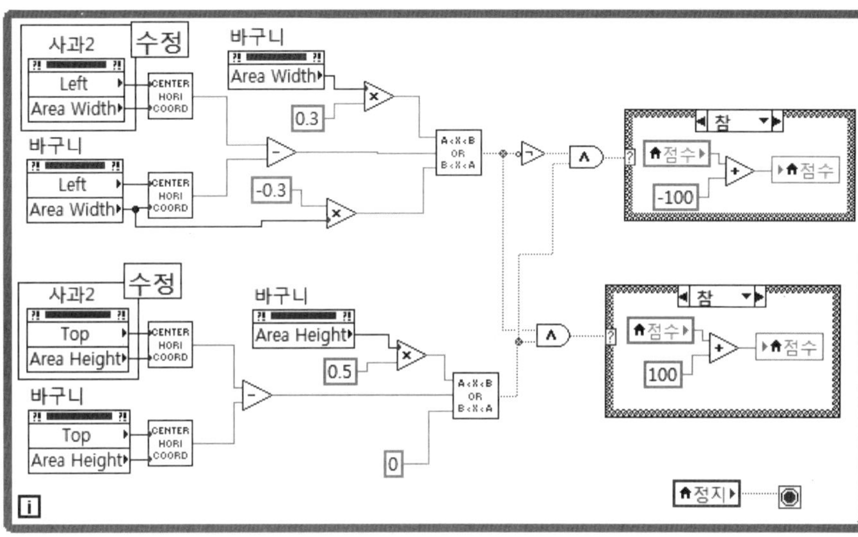

그림 18.21a 사과2에 대한 점수 가점 및 감점 프로그램

➲ 프로그램을 저장한 후 실행시켜보아라. 사과1과 사과2를 받았거나 놓쳤을 때 가점 또는 감점이 되는지 확인하라. 그림 18.21b는 전체 블록다이어그램 모습을 보여준다.

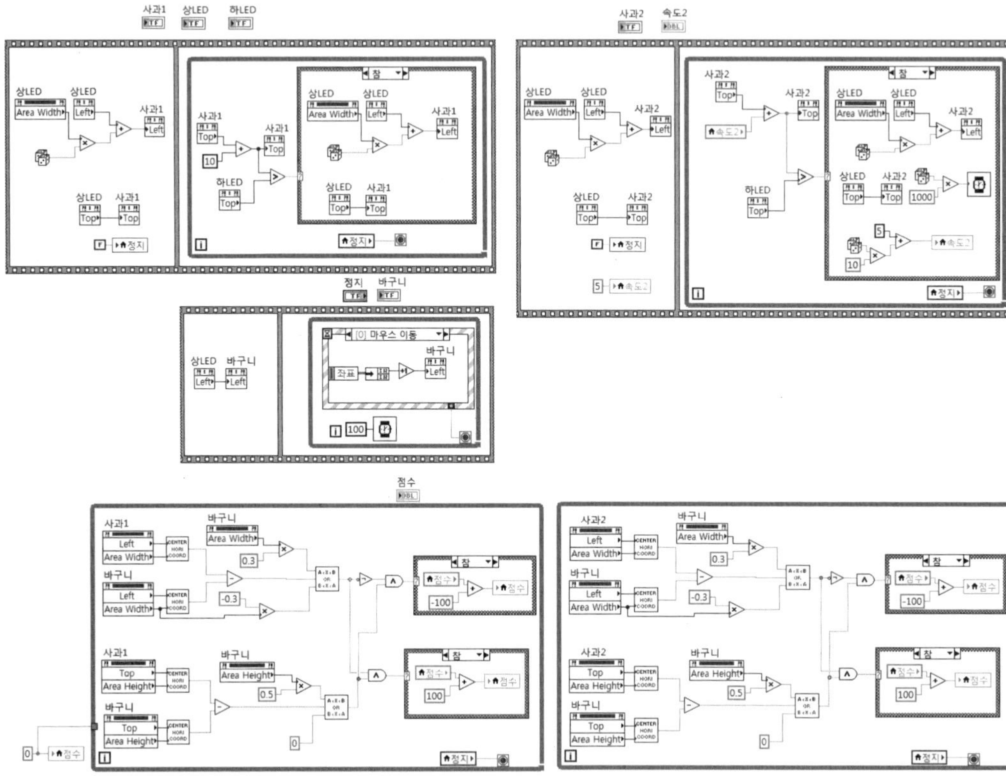

그림 18.21b 전체 블록다이어그램 모습

연습문제 18.3

연습문제18.2.vi 파일을 변형하여 사과를 받을 때 마다 프런트패널에 있는 '상LED'와 '하LED'가 켜지게 하고, 사과를 놓쳤을 경우 경고음이 발생하게 하라.

- '연습문제18.2.vi'를 연 후, '연습문제18.3.vi'로 저장한다.
- 그림 18.22와 같이 프런트패널에서 LED 2개를 추가한 라벨을 '성공1'과 '성공2'로 수정한다. 이 두 LED는 프런트패널에서 실제로 사용되지 않는 LED이므로, 블록다이어그램에 해당 아이콘 위에서 'MRC 〉 인디케이터 숨기기'를 실행해서 프런트패널에서 보이지 않게 한다.

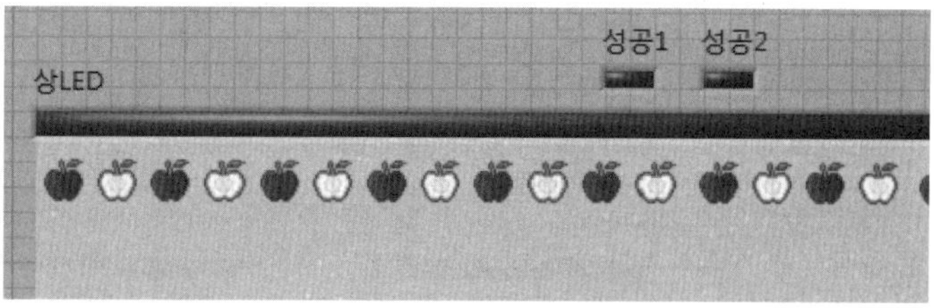

그림 18.22 LED 2개 추가

➲ 블록다이어그램에서 '성공1'에 대한 로컬변수를 생성해서 그림 18.23의 A 부분과 B 부분과 같이 프로그램을 작성하라. A 부분은 사과1을 받으면 진리값 참이 '성공1' 로컬변수로 입력되게 하는 역할을 한다. B 부분은 사과1을 놓치면 경고음이 발생하게 하는 역할을 한다.

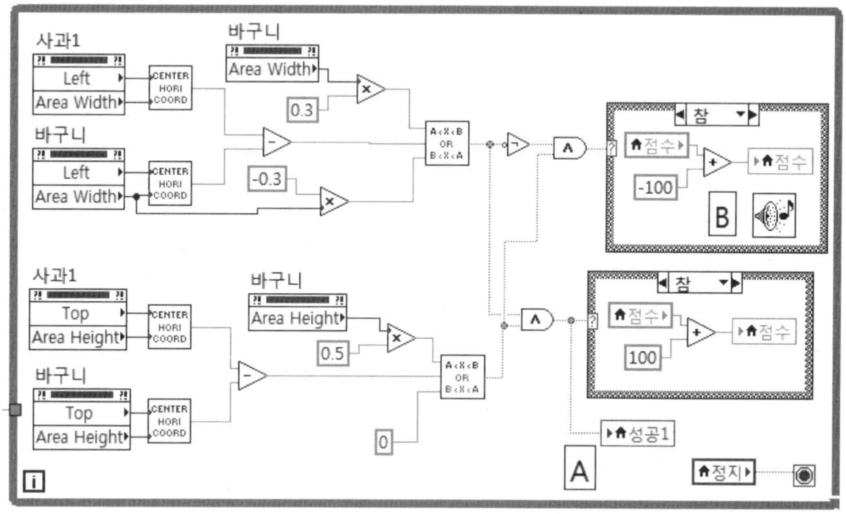

그림 18.23 사과1 가점 및 감점 프로그램 변경

➲ 그림 18.24와 같이 새로운 While 루프를 만들어 프로그램을 추가 작성한다. 그림 18.23의 A 부분의 성공1 로컬변수로 참이 들어오면, 그림 18.24의 성공1 로컬변수로 참이 전달되어 참 케이스가 실행되어 상LED와 하LED가 켜지게 된다. 참 케이스 내부에 있는 0.1초 기다림 함수는 두 LED가 0.1초 동안 켜 있는 상태를 유지시켜주는 역할을 한다.

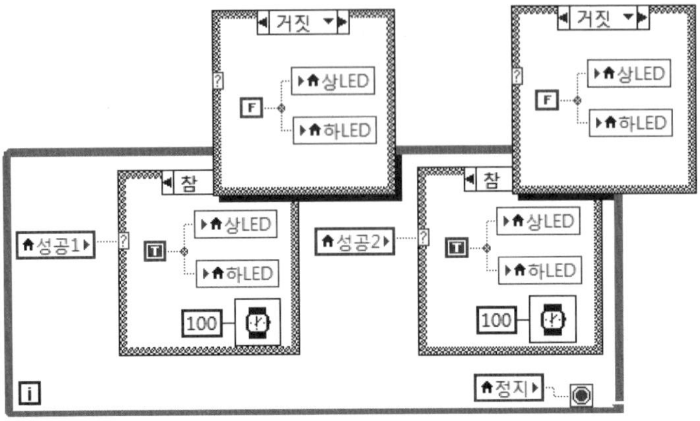

그림 18.24 상LED와 하LED를 on/off 시켜주는 프로그램

➲ 블록다이어그램에서 '성공2'에 대한 로컬변수를 생성해서 그림 18.25의 C 부분과 D 부분과 같이 프로그램을 작성하라. C 부분의 '성공2' 로컬변수로 참이 들어오면, 그림 18.24의 성공2 로컬변수로 참이 전달되어 참 케이스가 실행되면서 상LED와 하LED가 켜지게 된다.

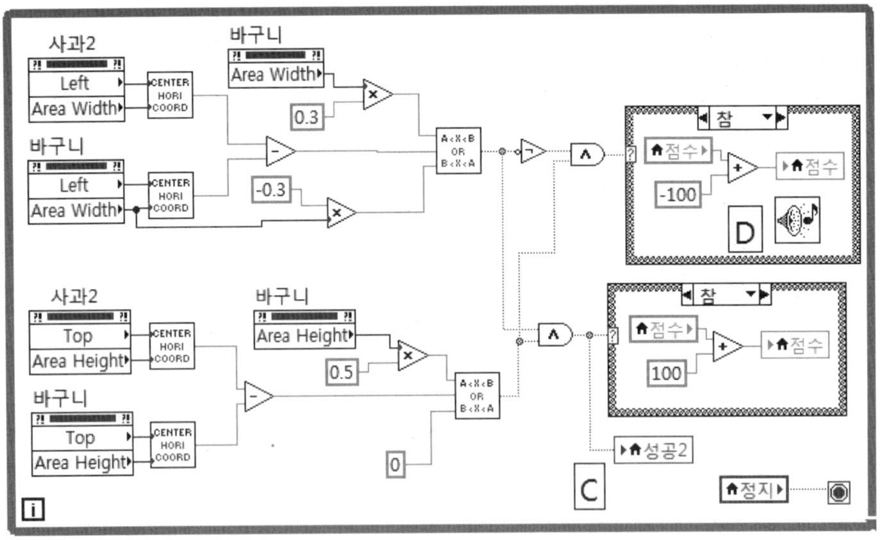

그림 18.25 사과2 가점 및 감점 프로그램 변경

➲ 프로그램을 저장한 후 실행시켜 보아라. 사과를 받으면 상LED와 하LED가 켜지고, 놓치면 경고음이 발생하는지 확인하라. 그림 18.26은 전체 블록다이어그램 모습을 보여준다.

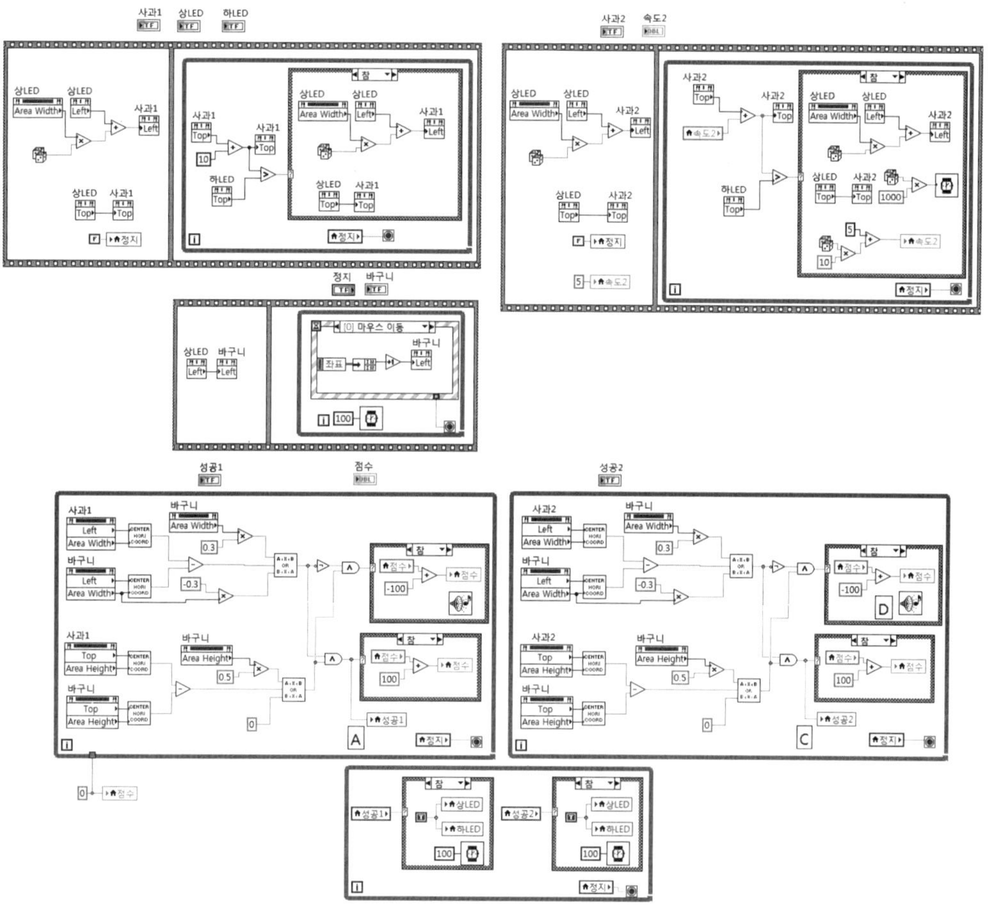

그림 18.26 전체 블록다이어그램 모습

예제 19

대포 발사 버튼을 누르면 포탄이 포물선 궤적으로 날아가게 하라.

학/습/내/용

A. 수식 노드를 이용한 고급 게임 프로그래밍
B. 사용자 정의 컨트롤 활용
C. 프런트패널에서의 좌표 개념 이해
D. 프로퍼티 노드 고급 활용

① 그림 19.1과 같이 프런트패널에 흰색 바탕 그림을 복사해서 넣은 후 교재 CD에 있는 사용자 정의 컨트롤인 '대포1.ctl'과 '포탄.ctl'을 추가한다.

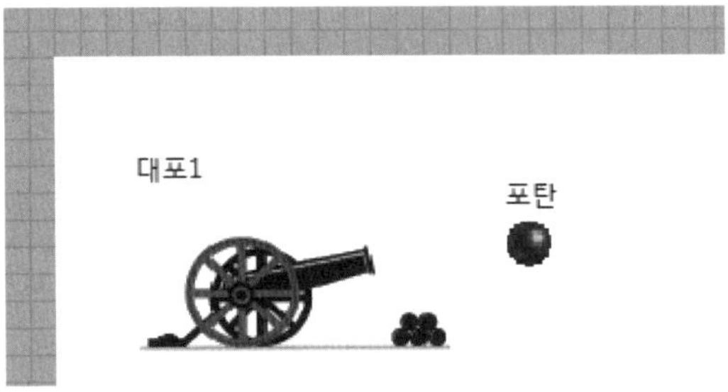

그림 19.1 흰색 바탕화면과 사용자 정의 컨트롤 추가

② 발사속도 v_0와 발사각도 θ로 발사된 포탄이 날아가는 포물선 궤적의 좌표 (x, y)는 다음과 같은 포탄 좌표 관계식을 가진다. 아래 식에서 g는 중력가속도(9.81m/s^2)을 뜻한다.

$$y = xtan\theta - \frac{gx^2}{2(v_0\cos\theta)^2}$$

③ 포탄 좌표 관계식을 이용하여 포탄이 포물선 궤적으로 날아가도록 해보자. 그림 19.2와 같이 블록다이어그램에서 'MRC 〉 프로그래밍(1*1) 〉 구조(4*3)'을 실행하여 그림 19.3과 같이 '수식노드'를 추가하자.

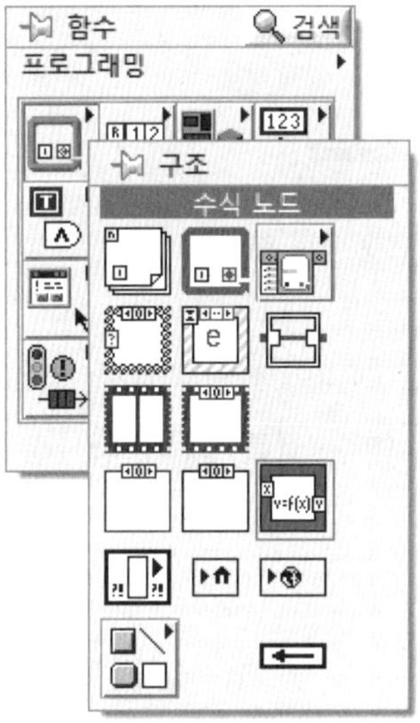

그림 19.2 수식노드 추가 방법

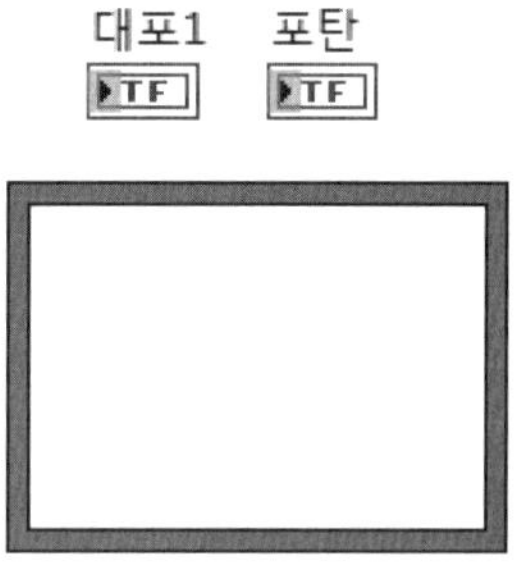

그림 19.3 수식노드 추가

④ 그림 19.4와 같이 수식노드의 왼쪽 수직 프레임의 상단부에서 'MRC 〉 입력추가'를 실행한 후 그림 19.5와 같이 발사속도 변수인 'v'를 입력한다.

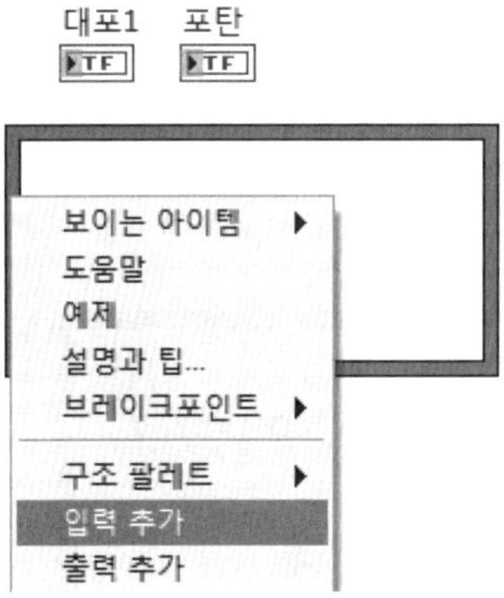

그림 19.4 입력 변수 추가 방법

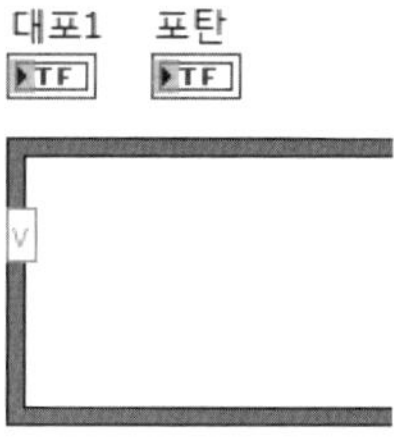

그림 19.5 초기 속도 변수(v) 추가

⑤ 같은 방식으로 발사각도 변수 a, 중력가속도 변수 g, 수평 좌표 변수 x를 추가한다. 그 결과는 그림 19.6과 같다.

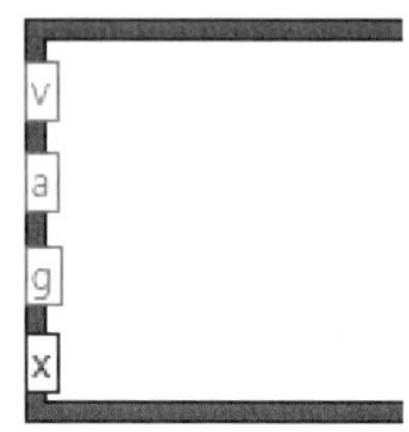

그림 19.6 입력 변수 3개 추가

⑥ 그림 19.7과 같이 수식노드의 오른쪽 수직 프레임의 상단부에서 'MRC 〉 출력추가'를 실행한 후 그림 19.8과 같이 궤적 수직 좌표 변수 'y'를 입력한다.

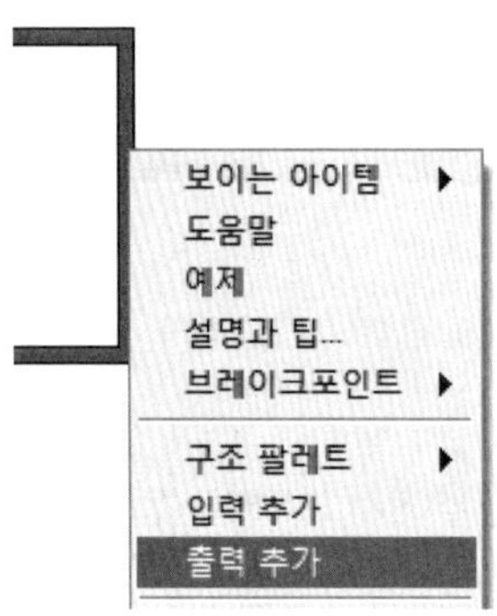

그림 19.7 출력 변수 추가 방법

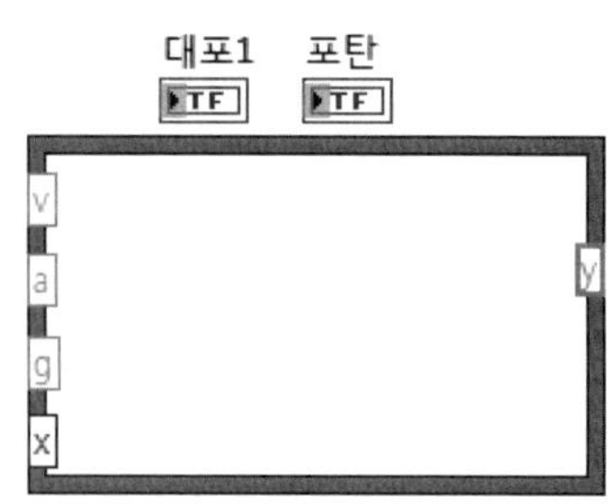

그림 19.8 궤적 수직 좌표 변수 추가

⑦ 그림 19.9와 같이 수식 노드 내부에 궤적 좌표 관계식을 입력한다. 입력 방법은 C 프로그램과 거의 동일하다. 참고로 pow$(x,\ 2)$는 x^2을 의미한다.

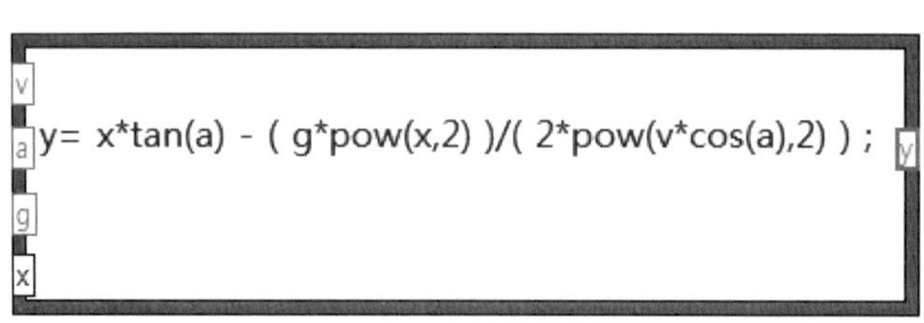

그림 19.9 수식 노드 내부 프로그래밍

⑧ 프런트패널에서 'MRC 〉일반(1*1) 〉 숫자형(3*2)'를 실행하여 그림 19.10과 같이 '수평 포인터 슬라이드' 2개를 추가한 후 라벨을 '속도'와 '각도'로 수정하라. 두 슬라이더 위에서 'MRC 〉 보이는 아이템 〉 디지털디스플레이'를 실행하고 범위도 그림 19.12와 같이 설정하라. 이 두 슬라이더를 이용해 발사 속도와 발사 각도를 조정할 것이다.

➲ 'MRC 〉 일반(1*2) 〉 불리언(4*1)'을 실행하여 '확인 버튼'을 추가한 후 라벨을 '발사'로 수정하라. 이 발사 버튼을 누르면 포탄이 발사되도록 할 것이다.

➲ 'MRC 〉 일반(1*2) 〉 불리언(4*3)'을 실행하여 '정지 버튼'을 추가한 후 라벨을 '정지'로 수정하라. 이 정지 버튼을 누르면 프로그램이 정지되게 할 것이다.

➲ 'MRC 〉 일반(3*3) 〉 장식(7*1)'을 실행하여 '라벨'을 추가한 후, '발사 속도와 각도'를 입력하고, 단축키 Ctrl ⊕ = 을 실행하여 글씨 크기를 크게 하라.

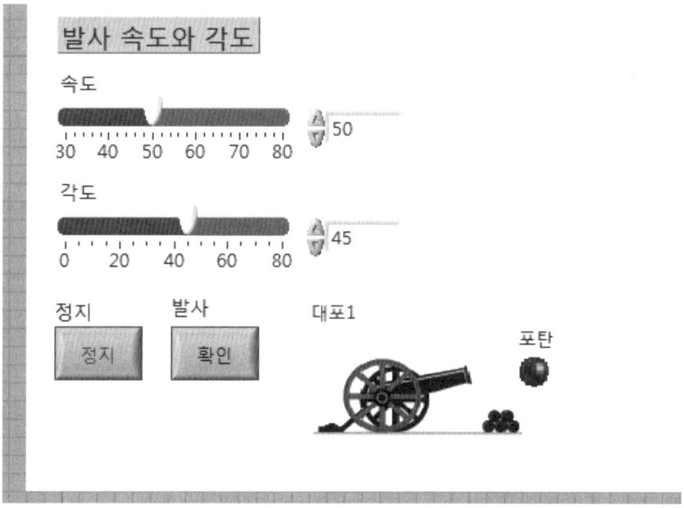

그림 19.10 수평 포인터 슬라이드 2개 추가

⑨ 블록다이어그램에서 '속도' 로컬변수와 '각도' 로컬변수를 생성하여 그림 19.11과 같이 와이어 연결한다. '각도' 로컬변수의 경우 각도 단위 degree를 radian으로 환산하기 위해 180으로 나누어준 후 π를 곱해준 후 발사각도 변수 a에 와이어 연결한다. 숫자형 상수 π는 'MRC 〉 프로그래밍(1*4) 〉 숫자형(6*6) 〉 수학&과학상수(1*1)'을 실행하여 '원주율'을 추가하면 된다.

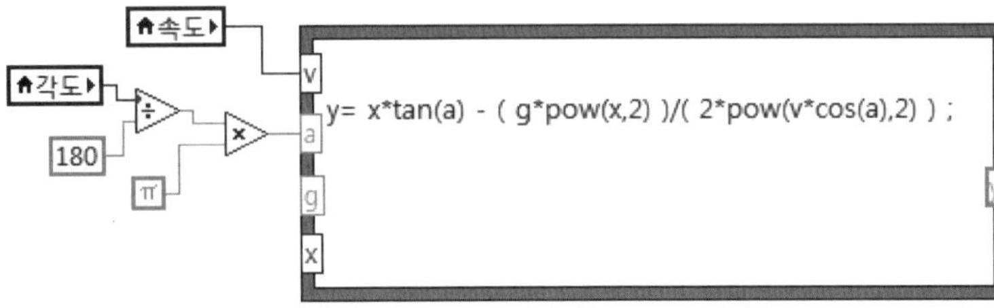

그림 19.11 '속도' 와 '각도' 로컬변수를 수식노드 입력 변수에 와이어 연결

⑩ While 루프를 그림 19.12와 같이 추가한다.

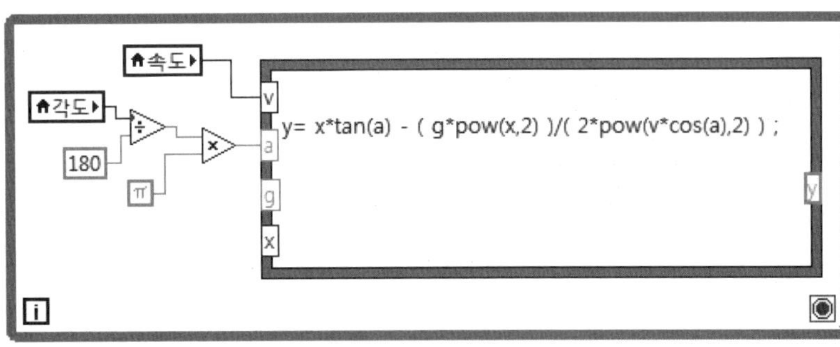

그림 19.12 While 루프 추가

⑪ 그림 19.13과 같이 수식 노드의 세 번째 입력변수인 'g'의 좌측 입력단에서 'MRC 〉 생성〉 상수'를 실행하여 9.81을 입력한다. 그리고 루프반복회수(i)에 10을 곱한 다음 궤적 수평 좌표 변수 x에 와이어 연결한다. 결과적으로 궤적 수평 좌표는 While 루프가 한번 반복할 때 마다 10픽셀씩 증가하게 된다.

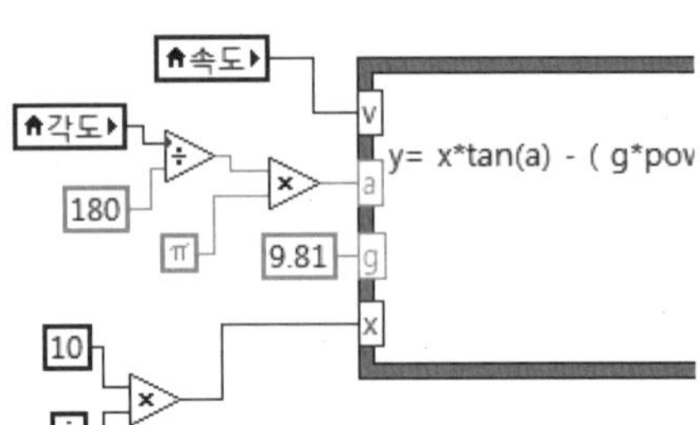

그림 19.13 입력 변수 'g'와 'x'에 입력 값 연결

⑫ 그림 19.14와 같이 와이어 a에서 나온 궤적 수직 좌표는 대포1의 초기 수직 위치 값 b와 합쳐져서 포탄의 'Top' 프로퍼티 노드(c)로 입력되게 프로그래밍 한다. 또, 와이어 d에서 나온 궤적 수평 좌표는 대포1의 초기 수평 위치 값 e와 합쳐져서 포탄의 'Left' 프로퍼티 노드(f)로 입력되게 프로그래밍 한다. 결과적으로 프런트패널의 좌표 (c, f)에 해당하는 위치에 포탄이 위치하게 될 것이며, While 루프가 반복될 때 마다, c가 10픽셀씩 커지면서 f도 같이 변화되면서 포탄은 궤적을 따라 이동하게 된다.

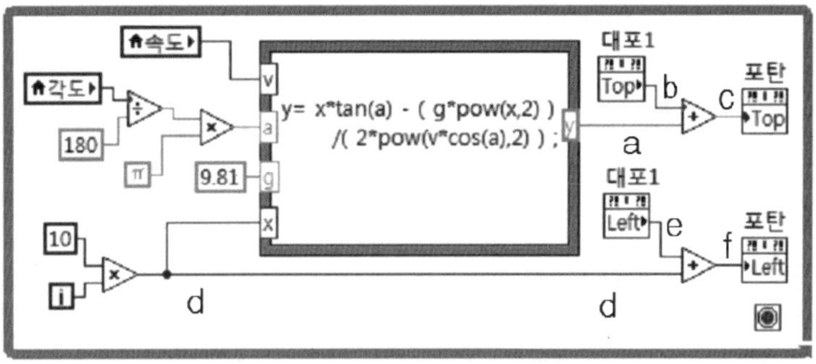

그림 19.14 포탄의 'Top' 및 'Left' 프로퍼티 노드에 궤적 수직 및 수평 좌표 입력

⑬ 이제 While 루프가 정지될 조건을 루프가 31번 반복하면 정지하도록 임시로 그림 19.15와 같이 작성한다. 프런트패널에서 발사속도 50, 발사각도를 45로 설정한 후 프로그램을 실행시켜보아라. 포탄이 포물선 궤적으로 움직이는 것을 확인할 수 있으나, 그림 19.16과 같이 포물선 궤적이 프런트패널의 아래 방향으로 형성됨을 확인할 수 있을 것이다. 이는 'Top' 프로퍼티 노드가 증가하는 방향이 프런트패널의 아래 방향이기 때문이다.

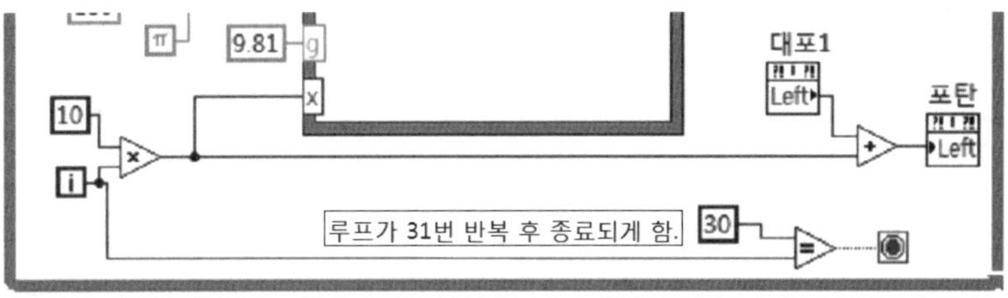

그림 19.15 While 루프가 31번 반복 후 종료되게 하는 프로그램 추가

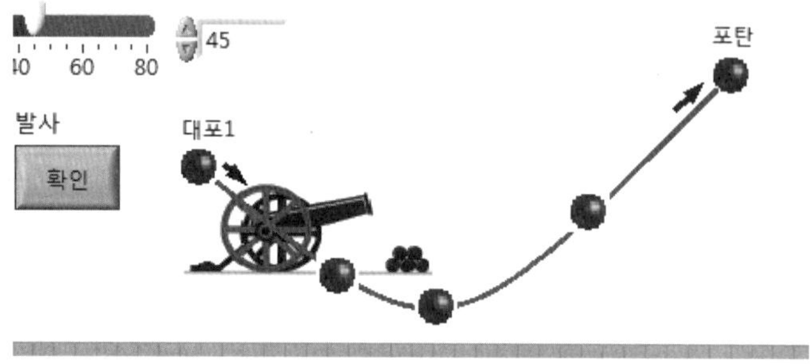

그림 19.16 포탄의 포물선 궤적

⑭ 포물선 궤적의 방향이 프런트패널의 위 방향으로 형성되도록 하기 위해, 그림 19.17과 같이 수식노드의 출력 변수 y에 −1을 곱해주는 프로그램을 추가한다. 프로그램을 실행시켜 보면 포물선궤적이 프런트패널의 위 방향으로 형성됨을 확인할 수 있을 것이다.

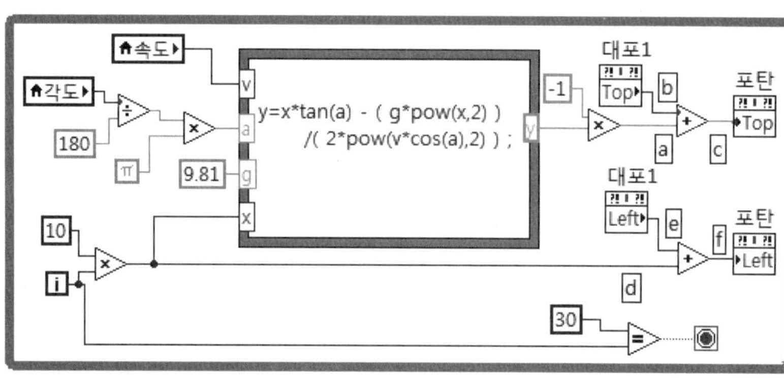

그림 19.17 수식노드 출력변수 y에 −1을 곱하는 과정 추가

⑮ 이제 포탄의 초기 위치를 조정해보자. 프로그램을 실행시켜보면 포탄의 발사 초기 위치가 그림 19.18과 같이 대포의 좌측 상단 지점인 것을 확인할 수 있을 것이다. 그림 19.18과 같이 포탄 발사 초기 위치를 a 지점(대포 포신 끝지점)으로 이동시키기 위해, 블록다이어그램에서 수평 방향으로 107픽셀을 증가시키고 수직 방향으로는 17픽셀을 증가시키는 프로그램을 그림 19.19와 같이 추가할 것이다.

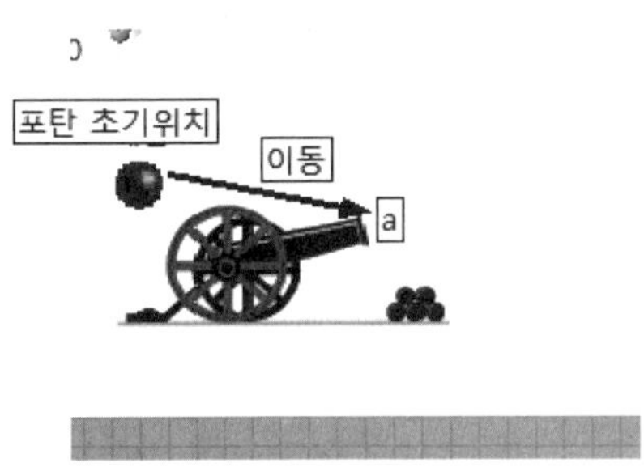

그림 19.18 포탄 초기 위치

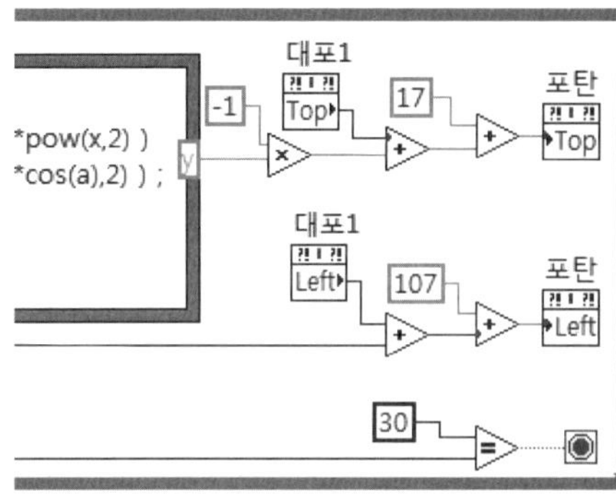

그림 19.19 포탄 초기 위치 이동 프로그램

⑯ 프로그램을 저장한 후 실행시켜보아라. 포탄의 발사 초기 위치가 제대로 위치하는지 확인하라.

⑰ 이제 발사된 포탄의 위치가 대포 맨 하단(대포가 놓인 지면) 보다 더 낮아지면 While 루프가 정지되도록 하기 위해 그림 19.20과 같이 프로그램을 수정한다. 와이어 a에서 대포의 맨 하단 수직 좌표가 나오고 b에서 포탄의 맨 상단 수직 좌표가 나와서, b가 a 보다 크다면(즉, 포탄이 지면 보다 아래에 있다면) c에서 참이 나와서 루프가 정지한다.

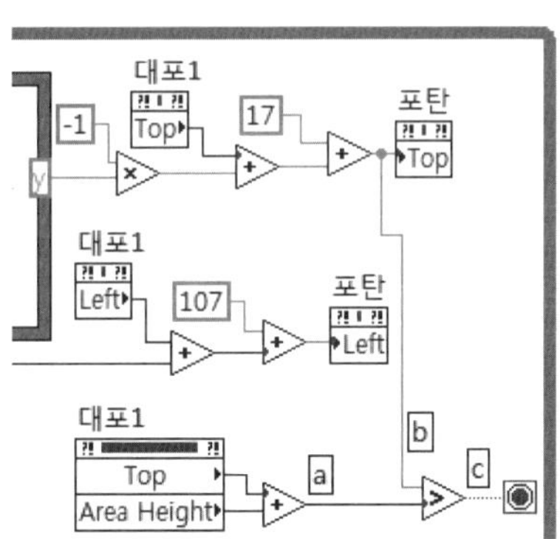

그림 19.20 While 루프 정지 조건 변경

⑱ 프로그램을 저장한 후 실행시켜보아라. 포탄이 지면 보다 아래에 위치하는 순간에 루프가 정지하는지 확인하라.

⑲ 이제 프런트패널에 있는 '발사' 버튼을 누르면 포탄이 발사되도록 그림 19.21과 같이 케이스 구조와 While 루프를 추가하는 프로그램을 작성하라. '정지' 로컬변수를 루프조건 아이콘(◉)에 와이어 연결한 후에는 프런트패널의 '정지' 버튼 위에서 'MRC 〉 기계적 동작 〉 놓을 때 스위치'를 실행하라. 그리고 While 루프 외부에 '정지' 로컬변수에 거짓을 입력하여 프로그램이 시작될 때 정지버튼이 복귀되게 하라.

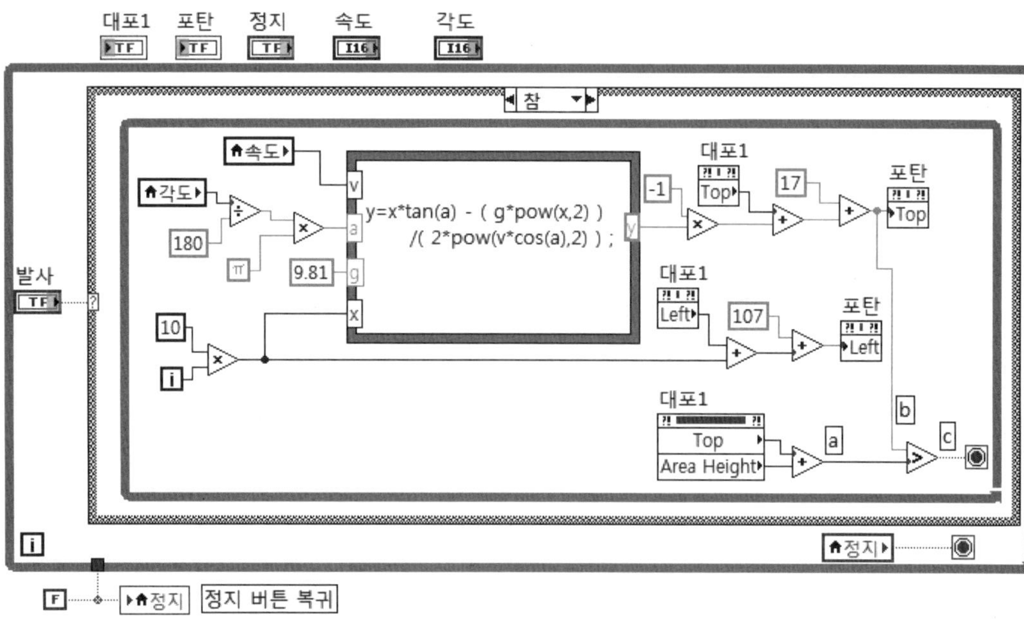

그림 19.21 최종 블록다이어그램

⑳ 프로그램을 저장한 후 실행시켜 보아라. 발사 버튼을 클릭하면 포탄이 발사되는지 확인하라. 프런트패널에서 발사 속도와 각도를 변경했을 때 포탄 궤적이 어떻게 변하는지도 확인하라.

연습문제 19.1

예제 19를 변형하여 포탄 발사 순간에 대포에서 연기가 나게 하고, 포탄이 떨어진 곳에서 불길이 나면서 포탄이 사라지게 하라.

- 예제19.vi 파일을 연 후 연습문제19.1.vi 파일로 저장하라.
- 프런트패널에 교재 CD에서 제공하는 사용자 정의 컨트롤 '대포2.ctl'과 '불길.ctl'을 그림 19.22와 같이 추가한다.

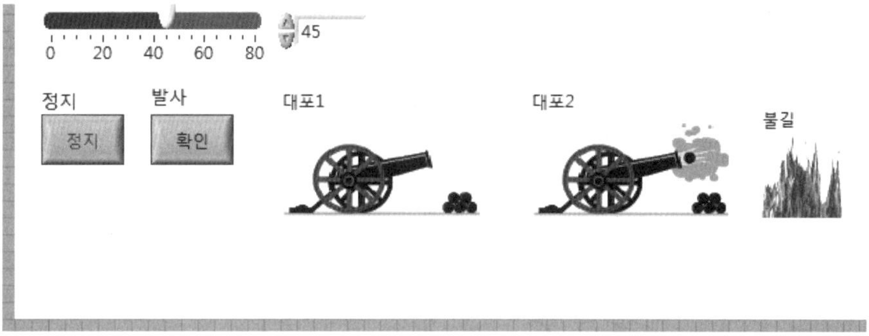

그림 19.22 사용자 정의 컨트롤 '대포2.ctl'과 '불길.ctl' 추가

- 프런트패널에서 대포1 컨트롤 위에서 'MRC 〉 보이는 아이템 〉 라벨'을 실행하여 라벨 '대포1'이 보이지 않게 한다. 같은 방식으로 라벨 '대포1', '불길', '포탄' 모두 보이지 않게 한다.
- 그림 19.23과 같이 대포2 컨트롤을 이동시켜서 대포1 컨트롤과 정확히 겹치도록 한다.

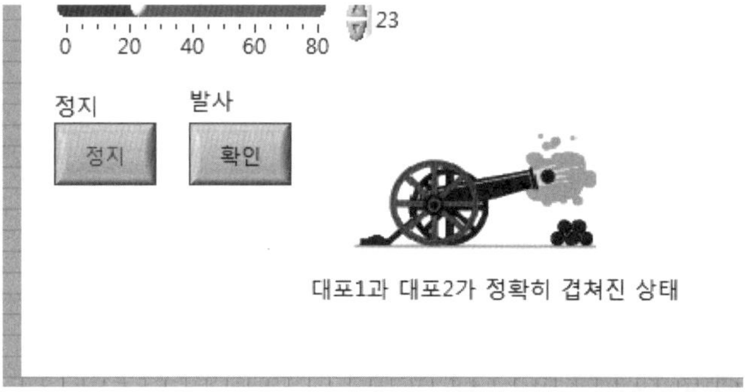

그림 19.23 대포1과 대포2 컨트롤을 정확히 겹치게 배치

➲ 그림 19.24와 같이 While 루프를 확대한 후 케이스 구조를 추가한다. 발사 버튼이 클릭되면 와이어 a에서 참이 나와서 참 케이스가 실행되게 된다. 참 케이스 내부에 있는 시퀀스 구조의 첫 번째 프레임 b에서 0.1초 동안 대포2만 보이게 된 후, 두 번째 프레임 c에서 대포1만 보이게 된다.

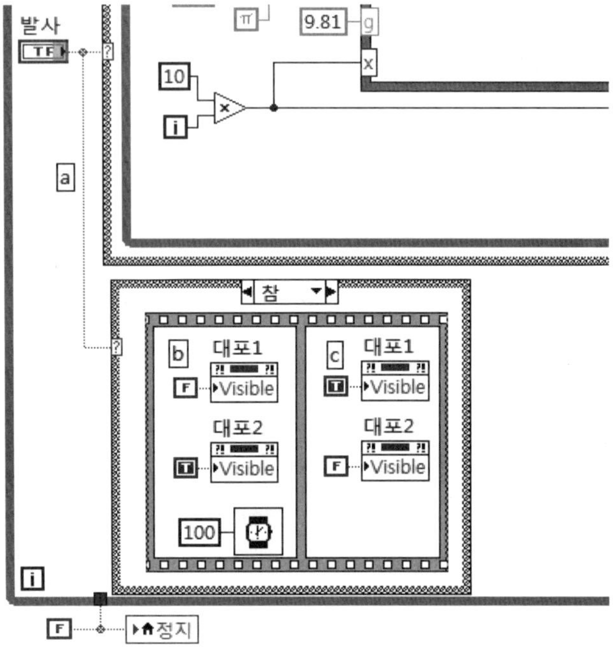

그림 19.24 포탄 발사 시 대포에서 연기 나오게 하는 프로그램 추가

➲ 이제 포탄이 최종 도달하면 불길이 나면서 포탄이 사라지게끔 프로그램을 해보자. 그림 19.25와 같이 While 루프의 외각에 시퀀스 구조를 추가한다.

➲ 시퀀스 구조의 첫 번째 프레임에서는 포탄이 사라지고 불길이 0.1초 동안 보이게 되며 동시에 와이어 a와 b를 통해 최종 포탄이 떨어진 좌표가 불길 좌표로 입력된다.

➲ 시퀀스 구조의 두 번째 프레임에서는 불길이 다시 사라지게 한다.

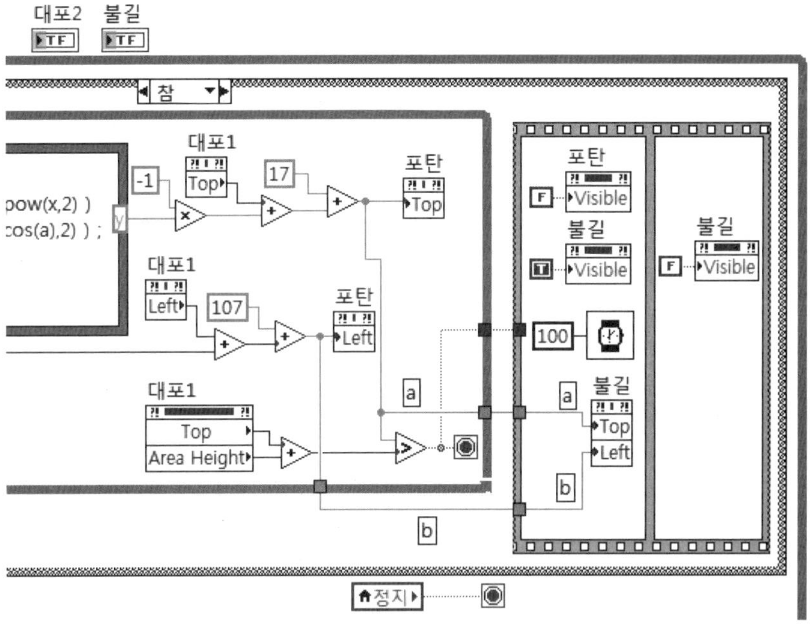

그림 19.25 포탄이 최종 도달 시 불길나면서 포탄이 사라지는 프로그램

➲ 그림 19.25의 시퀀스 구조의 첫 번째 프레임에서 사라진 포탄을 다시 보이게 해야 하므로, 그림 19.26과 같이 프로그램을 추가하여 While 루프가 시작되기 직전에 포탄이 보이게 한다.

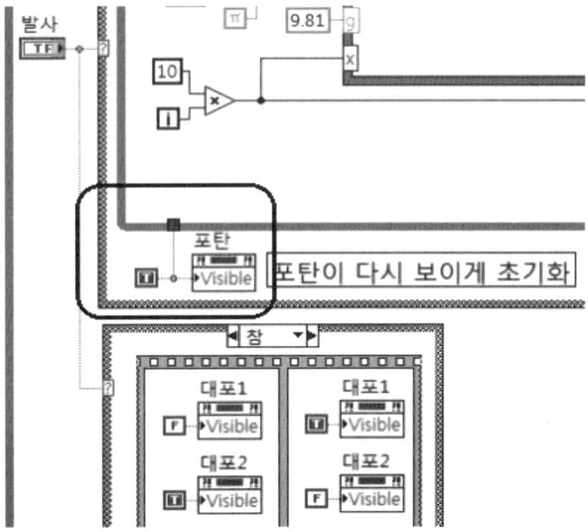

그림 19.26 포탄이 다시 보이게 초기화

➲ 프로그램을 저장한 후 실행시켜 보아라. 포탄이 떨어진 곳에서 연기가 나면서 포탄이 사라지는지 확인하라. 그림 19.27은 최종 블록다이어그램의 전체 모습을 보여준다.

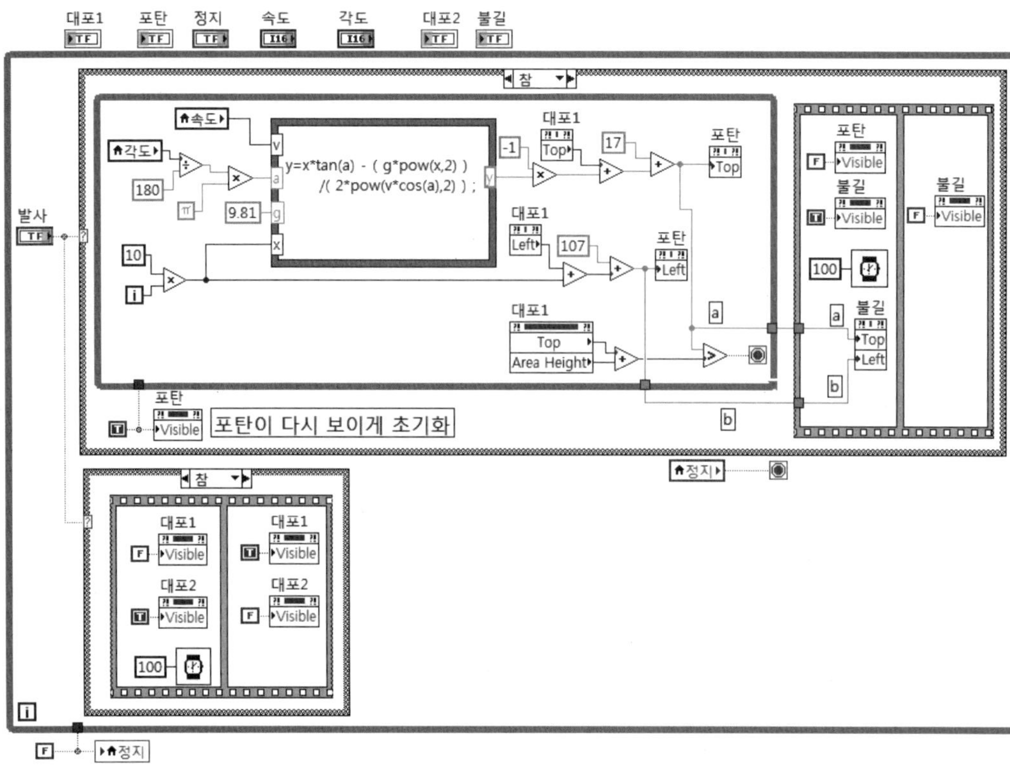

그림 19.27 최종 블록다이어그램 전체 모습

연습문제 19.2

연습문제 19.1을 변형하여 포탄 발사 속도가 자동으로 최소값과 최대값 사이를 반복적으로 변하게 하고, 발사 버튼을 누르는 순간의 발사 속도로 포탄이 날아가게 하라.

- 연습문제19.1.vi 파일을 연 후 연습문제19.2.vi 파일로 저장하라.
- 그림 19.28과 같이, 상단 케이스 구조의 프레임 위에서 'MRC 〉 케이스 구조제거'를 실행해서 케이스 구조를 제거하고 내부 프로그램은 지워지지 않게 한다.

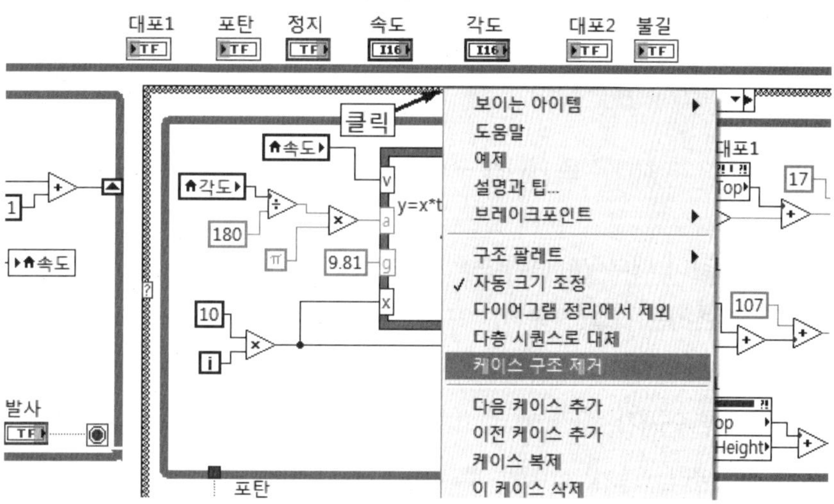

그림 19.28 상단 케이스 구조만 제거하고 내부 프로그램은 남겨두기

- 그림 19.29과 같이, 하단 작은 케이스 구조의 프레임 위에서 'MRC 〉 케이스 구조제거'를 실행해서 케이스 구조를 제거하고 내부 프로그램은 지워지지 않게 한다. 그리고 'Visible' 프로퍼티 노드도 제거한다.

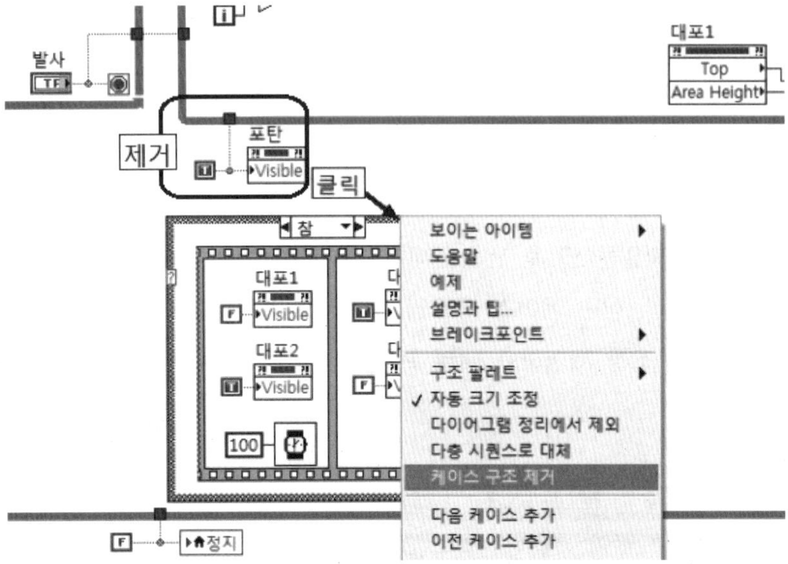

그림 19.29 하단 작은 케이스 구조만 제거하고 내부 프로그램은 남겨두기

➲ 그림 19.30과 같이 내부 While 루프의 좌측에 While 루프를 추가하여 발사 속도가 30과 80 사이를 변하는 것을 반복하는 프로그램을 작성한다. 추가된 프로그램을 설명하면 다음과 같다. While 루프가 시작되기 전에 속도 로컬변수 a는 29가 된다. While 루프가 시작되면 로컬변수 b가 29가 되고, 이 값은 80과 다르므로 d에서 거짓이 나와서 거짓 케이스가 실행된다. '증가' 함수(+1▷)를 통과하면서 1이 더해져서 와이어 e에는 30이 나와서 속도 로컬변수 f는 30이 된다. While 루프가 다시 반복하면, 로컬변수 b는 30이 되면서 위에서 설명한 과정이 반복된다. While 루프가 계속 반복하다가 로컬변수 b가 80이 되면, d에서는 참이 나와서 참 케이스가 실행되게 된다. 참 케이스 내부에 있는 상수 30이 로컬 변수 f에 입력되어 로컬 변수 f는 다시 30이 된다. 다시 While 루프가 반복되면 로컬변수 b는 30이 되고 이전에 설명한 과정이 반복되어서 로컬변수가 b가 80까지 1씩 증가하게 된다.

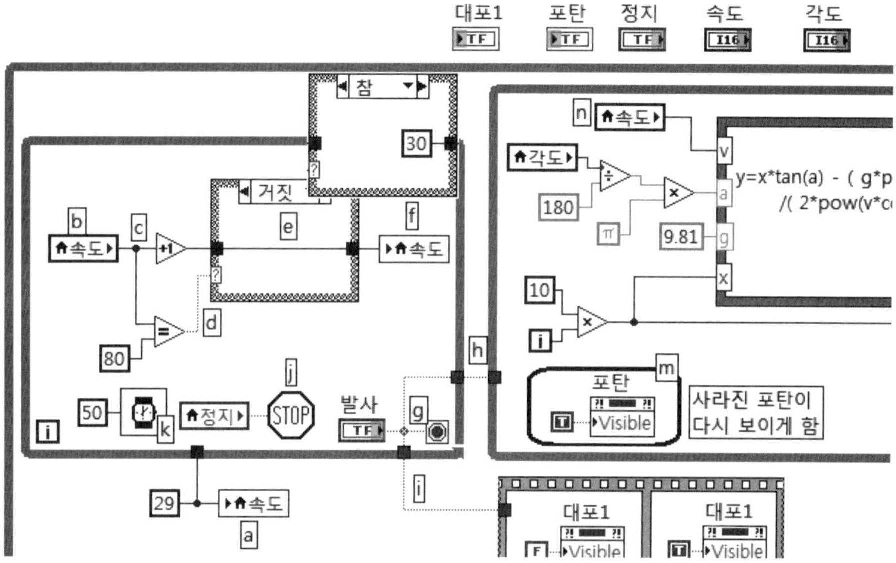

그림 19.30 포탄 발사 속도가 30과 80 사이에서 반복해서 변하게 하는 프로그램

- 그림 19.30에서 두 While 루프 사이를 연결하는 와이어 h 때문에 왼쪽 루프가 정지해야만 오른쪽 루프가 시작되게 된다. 프런트패널에서 발사 버튼을 클릭하면 와이어 g를 통해 참이 출력되어 왼쪽 루프가 정지되면서 오른쪽 루프가 시작되게 된다. 마찬가지로 와이어 i 때문에 왼쪽 루프가 정지한 후에 아래쪽의 시퀀스 구조가 실행된다.
- 프런트패널에서 발사 버튼을 클릭하면 왼쪽 While 루프가 정지하게 되고, 이 순간에 속도 로컬변수 f 값이 오른쪽 While 루프에 있는 속도 로컬변수 n으로 전달되게 된다.
- 왼쪽 루프 내부에 있는 '정지' 함수 j는 프런트패널의 정지 버튼을 누르면 프로그램이 정지되게 해준다. '기다림' 함수 j는 While 루프가 0.05초 마다 반복되게 해서, 속도 로컬변수 값이 0.05초 마다 1씩 증가하도록 해준다.
- 마지막으로 오른쪽 루프 안에 있는 포탄의 'Visible' 프로퍼티 노드(m)는 포탄이 다시 보이도록 해준다. 그림 19.31은 최종 작성된 전체 블록다이어그램 모습을 보여준다.

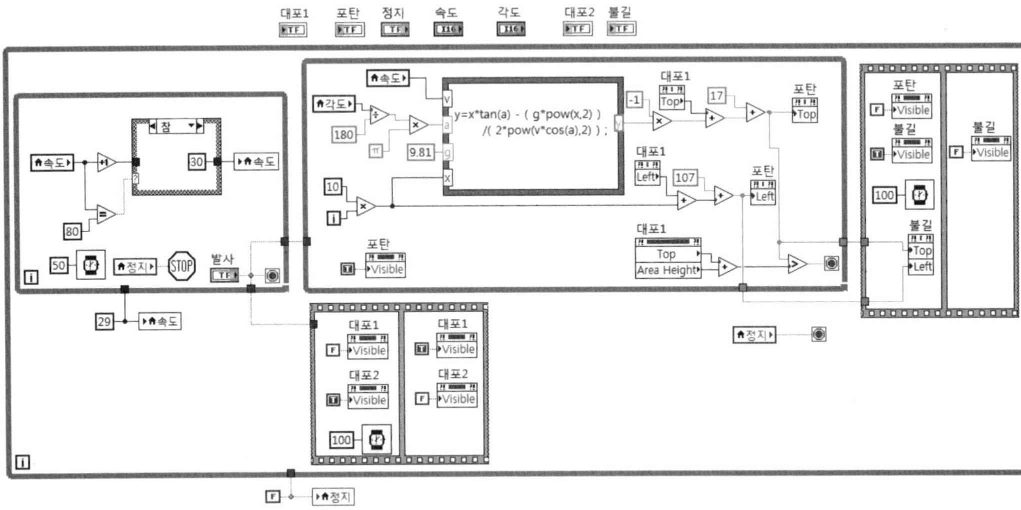

그림 19.31 전체 블록다이어그램 모습

예제 20

발사 버튼을 누르면 포탄이 발사되어 움직이는 탱크를 맞추면 점수가 올라가는 게임을 작성하라.

학/습/내/용

A. 수식 노드를 활용한 고급 프로그래밍

B. 프런트패널에서의 좌표 개념 마스터

C. 고급 GUI 제작을 위한 탭 컨트롤 활용(연습문제 20.3)

① 연습문제19.2.vi 파일을 연 후, 파일명 예제20.vi로 저장한다. 교재 CD에서 제공되는 사용자 정의 컨트롤 '탱크.ctl'을 그림 20.1과 같이 프런트패널에 추가하라.

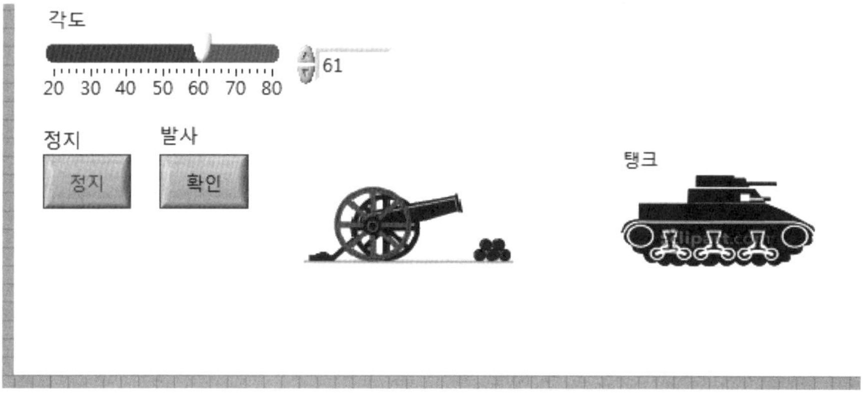

그림 20.1 '탱크.ctl' 추가

② 그림 20.2와 같이 포탄 포물선 궤적의 발사점 B는 대포 포신의 맨 앞부분이다. 본 예제에서 포탄의 최종 탄착점을 A 지점으로 가정한다. 발사점 B점과 탄착점 A점 사이의 수평거리 x는 다음의 식에 의해 주어진다.

$$x = v_0^2 \sin 2\theta / g \text{ (수평 거리 구하는 공식)}$$

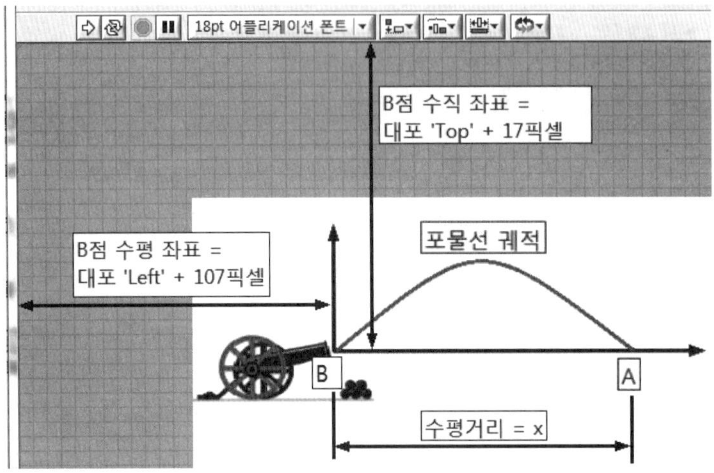

그림 20.2 포물선 궤적의 원점과 탄착점

③ 그림 20.3과 같이 블록다이어그램의 우측에 있는 시퀀스 구조를 삭제하고, While 루프 내부에 있는 와이어 2개도 삭제한다.

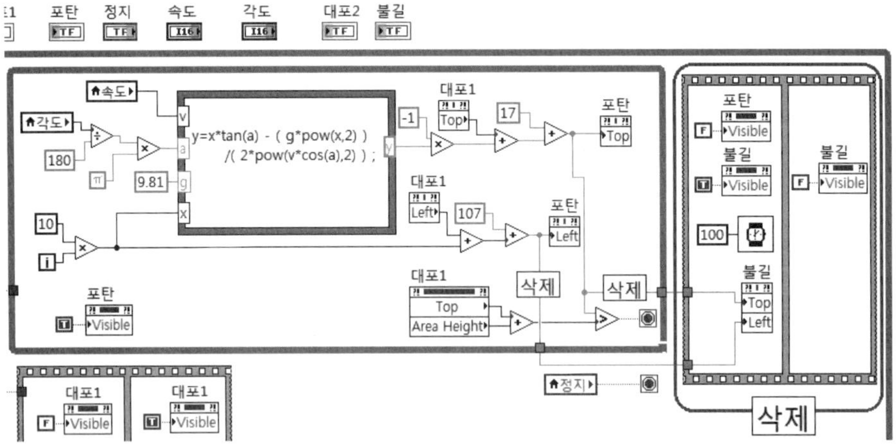

그림 20.3 프로그램 일부 삭제

④ 그림 20.4와 같이 새로운 시퀀스 구조를 추가한 후 프로그램을 작성한다. 블록다이어그램에서 상단 While 루프와 하단의 시퀀스 구조를 연결하는 와이어 a 때문에 While 루프가 정지하면 하단의 시퀀스 구조가 실행된다.

➲ 하단 시퀀스 구조의 첫 번째 프레임에 있는 수식노드는 ②에서 설명한 포탄의 수평이동거리 x를 계산한다. (예제 19에서 설명한 바와 같이) 수식노드의 두 입력 변수로 발사 속도와

발사 각도가 입력되고, 출력 변수로 발사점과 탄착점 사이의 수평거리 x가 출력된다.

- 수식노드로 입력되는 속도 로컬변수 b와 각도 로컬변수 c의 값은 상단 While 루프 내부에 있는 속도 로컬변수 d와 각도 로컬변수 e와 같은 값을 가진다.
- 그림 20.2에서 발사점 B의 수평 좌표는 대포의 'Left' 프로퍼티 노드 값과 107픽셀을 더한 값 f이며, 이 값에 수식노드의 출력 값인 수평거리 x를 더한 값이 불길의 수평 좌표에 해당하는 'Left' 프로퍼티 노드 g로 입력된다.
- 그림 20.2에서 발사점 B점의 수직 좌표는 대포1의 'Top' 프로퍼티 노드 값과 17픽셀을 합친 값 h이므로, 이 값이 불길의 'Top' 프로퍼티 노드 i에 입력된다. 결국 불길의 좌표는 (f + x, h)가 된다.
- 첫 번째 프레임에 있는 포탄과 불길의 'Visible' 프로퍼티 노드에 의해 포탄은 사라지고 불길은 나타난다. 두 번째 프레임에 있는 불길의 'Visible' 프로퍼티 노드에 의해 불길은 사라지게 된다.

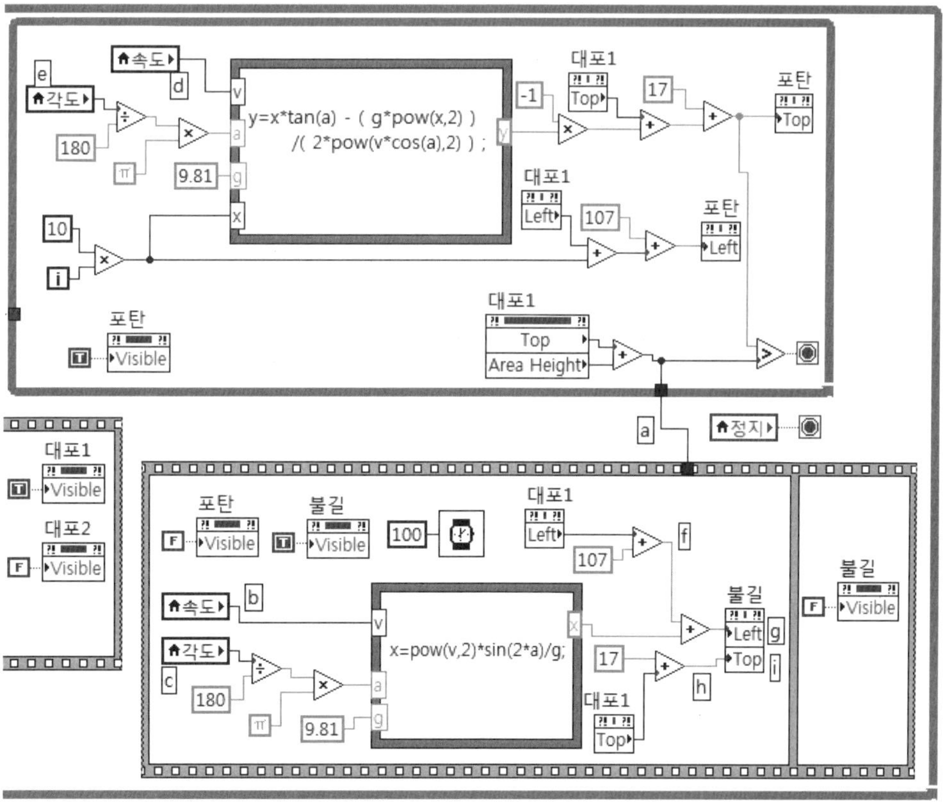

그림 20.4 포탄 탄착점 계산 프로그램 추가

⑤ 다음으로, 최외각에 있는 While 루프의 외부 하단에 그림 20.5와 같이 시퀀스 구조를 추가한 후 프로그램을 작성한다. While 루프와 시퀀스 구조를 연결하는 와이어 a 때문에 시퀀스 구조가 실행된 후에 While 루프가 실행되게 된다.

➲ 시퀀스 구조 내부의 프로그램은 대포1과 탱크의 맨 하단이 서로 일치하게 하는 역할을 한다. 대포1과 탱크의 맨 하단이 일치하기 위해선 다음의 식이 만족되어야 한다.

대포1의 Top +대포1의 높이 = 탱크의 Top +탱크의 높이

상기 식을 변형하면 다음과 같이 된다.

탱크의 Top = 대포1의 Top +대포1의 높이 − 탱크의 높이

시퀀스 구조 내부에 있는 프로그램은 상기 식을 프로그램으로 작성한 것이다.

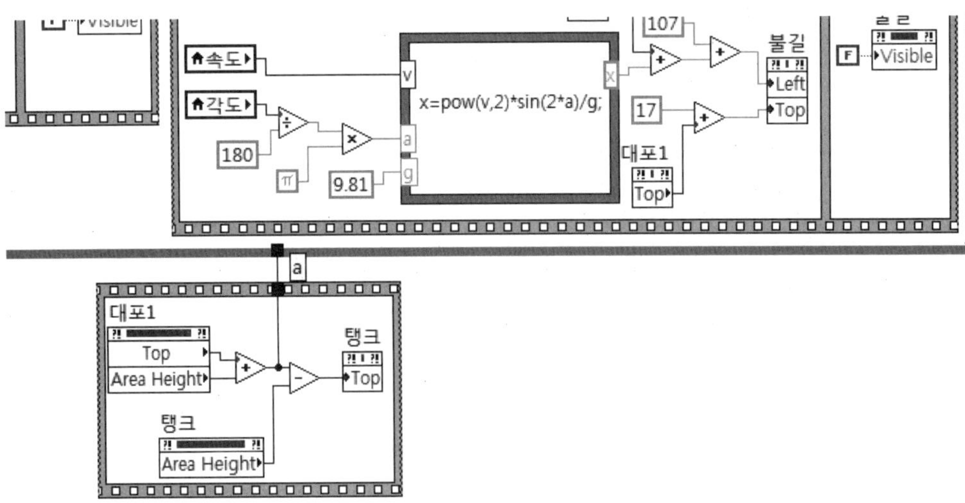

그림 20.5 탱크 위치 초기화

⑥ 프로그램을 저장한 후 실행시켜 보아라. 불길이 탄착점 위치에서 나타나는지 확인하라. 그림 20.6은 최종 블록다이어그램 모습이다.

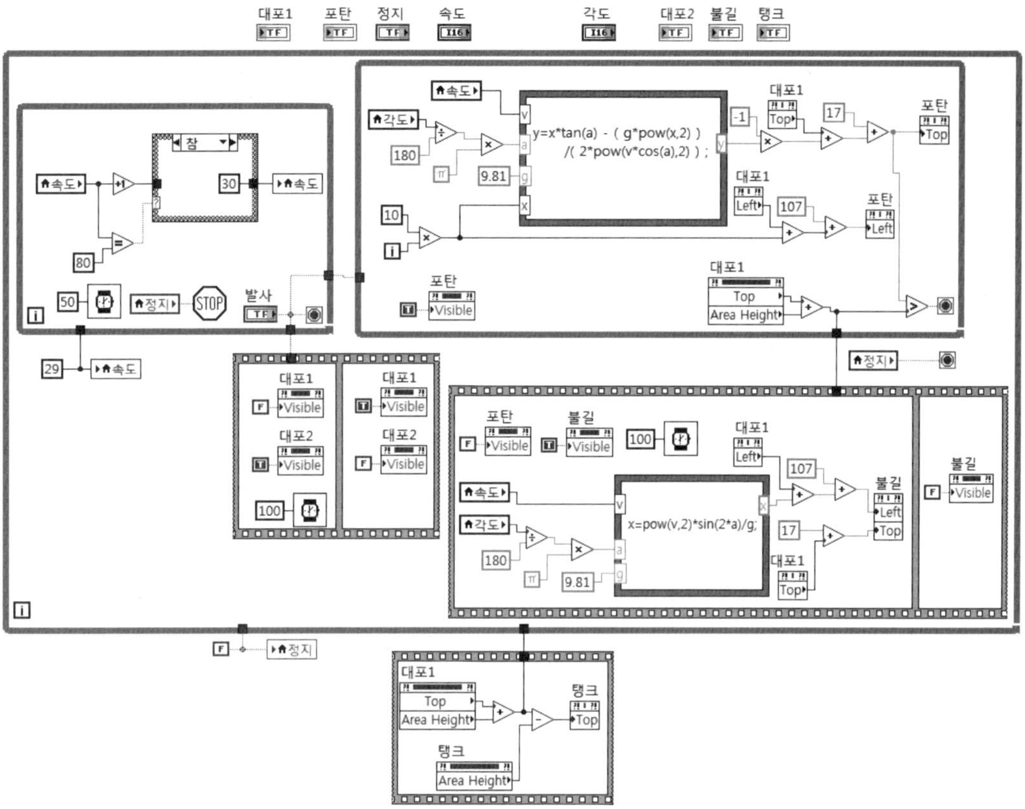

그림 20.6 최종 블록다이어그램 전체 모습

연습문제 20.1

예제 20을 변경하여 자동으로 일정 구간을 탱크가 움직이게 하라.

- 예제20.vi 파일을 연 후 파일명 '연습문제20.1.vi'로 저장하라.
- 그림 20.7과 같이 최외각 While 루프의 외부 하단에 탱크가 일정 구간을 반복해서 움직이게 하는 프로그램을 추가 작성하라. 와이어 a로는 대포1의 수평 좌표 a와 대포 1의 폭 b를 더한 값이 와이어 c를 통해 탱크의 초기 수평좌표로 입력된다. 이 초기 수평좌표는 While 루프가 시작되면 탱크의 수평좌표 d로 전달되고 20픽셀이 더해진 값이 탱크의 새로운 수평 좌표 e로 들어가게 된다. 이와 같은 방식으로 While 루프가 반복될 때 마다 20픽셀씩 탱크가 오른쪽으로 이동하다가, 탱크의 수평좌표 d가 f 값(대포1의 수평좌표에 폭 5배 값을 더한 값) 보다 커지면, 참 케이스가 실행되어 초기 수평좌표 c가 탱크의 수평좌표 e로 입력되면서 탱크는 초기 위치로 돌아간다. While 루프가 또 반복되면서 탱크의 수평 좌표 d에 20픽셀이 더해지는 것이 반복되어 탱크는 계속해서 오른쪽으로 이동하게 된다.
- 기다림 함수로 입력되는 g 값의 범위는 100과 400 사이이므로, 탱크가 오른쪽으로 20픽셀씩 움직일 때 마다 0.1초에서 0.4초 사이의 임의 값으로 시간 지연이 발생하게 된다.

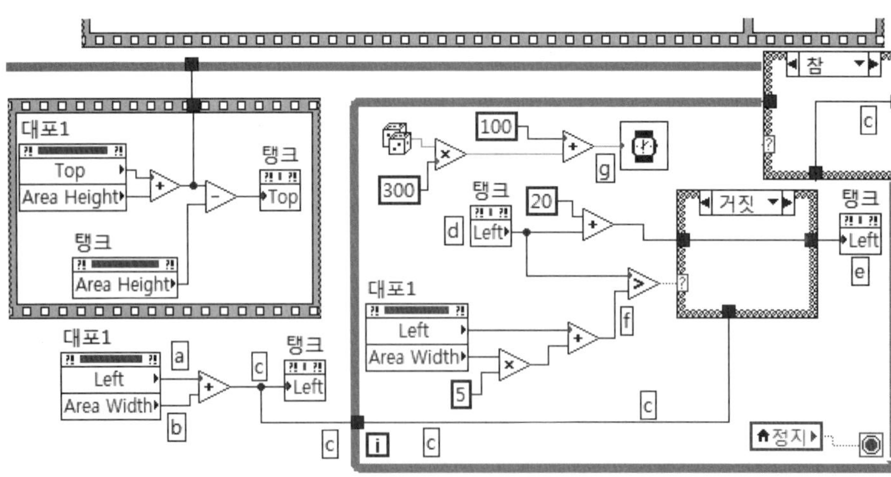

그림 20.7 탱크를 임의로 움직이게 하는 프로그램

➲ 프로그램을 저장한 후 실행시켜보아라. 그림 20.8은 최종 블록다이어그램 전체 모습을 보여준다.

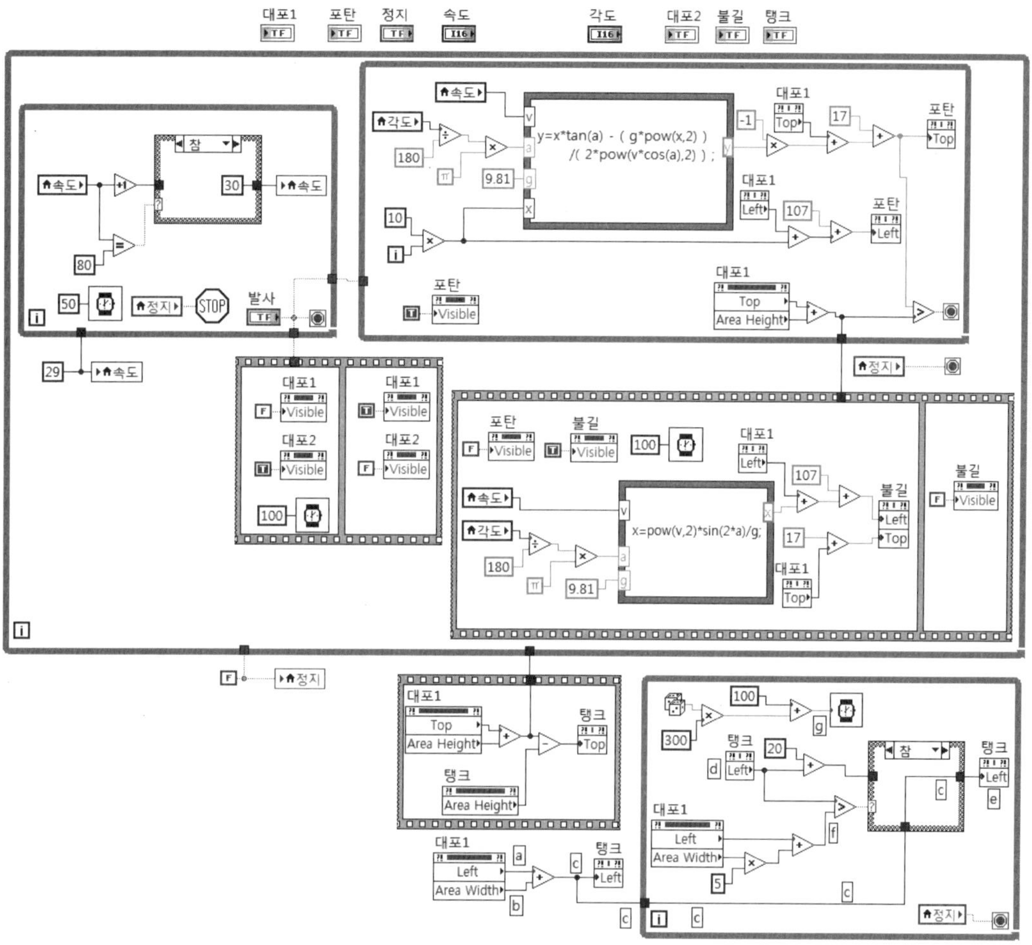

그림 20.8 최종 블록다이어그램 전체 모습

연습문제 20.2

연습문제 20.1을 변경하여 자동으로 움직이는 탱크를 포탄으로 맞추면 점수가 올라가게 하라.

- 연습문제20.1.vi 파일을 연 후 파일명 '연습문제20.2.vi'로 저장하라.
- 예제 18과 같은 방식으로 점수 가점 프로그램을 작성한다. 본 연습문제에서는 포탄의 중심 좌표가 탱크 전체 영역 안에 들어오면 점수가 올라가도록 하자.
- 그림 20.9와 같이 프런트패널에 '숫자형' 인디케이터를 추가한 후 라벨을 '점수'로 수정하라.

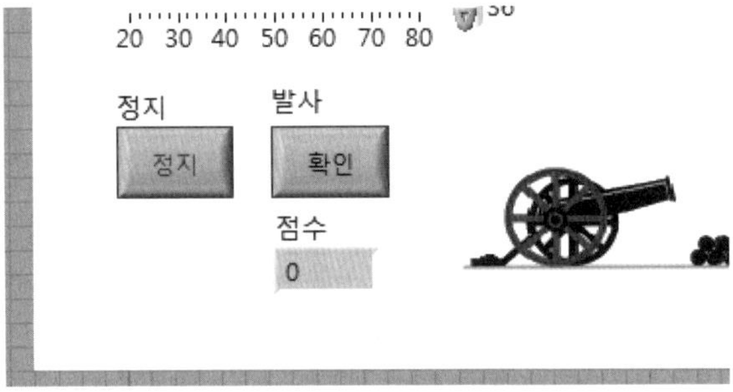

그림 20.9 숫자형 인디케이터 '점수' 추가

➲ 그림 20.10과 같이 최외각 While 루프의 외부 하단에 점수 가점 프로그램을 추가 작성하라. 와이어 a에서 출력된 포탄 중심 수평좌표가 와이어 b에서 출력되는 탱크의 좌측 끝 좌표와 와이어 c에서 출력되는 탱크의 우측 끝 좌표 사이에 있다면, 와이어 d에서 참이 출력된다. 마찬가지 방식으로, 와이어 e에서 출력된 포탄 중심 수직좌표가 와이어 f에서 출력되는 탱크의 상단 끝 좌표와 와이어 g에서 출력되는 탱크의 하단 끝 좌표 사이에 있다면, 와이어 h에서 참이 출력된다. 와이어 d와 h에서 동시에 참이 출력되면(즉, 포탄의 중심 좌표가 탱크 전체 영역 안에 있다면), 와이어 n에서 참이 출력되어 참 케이스가 실행되면서 점수가 올라가게 된다.

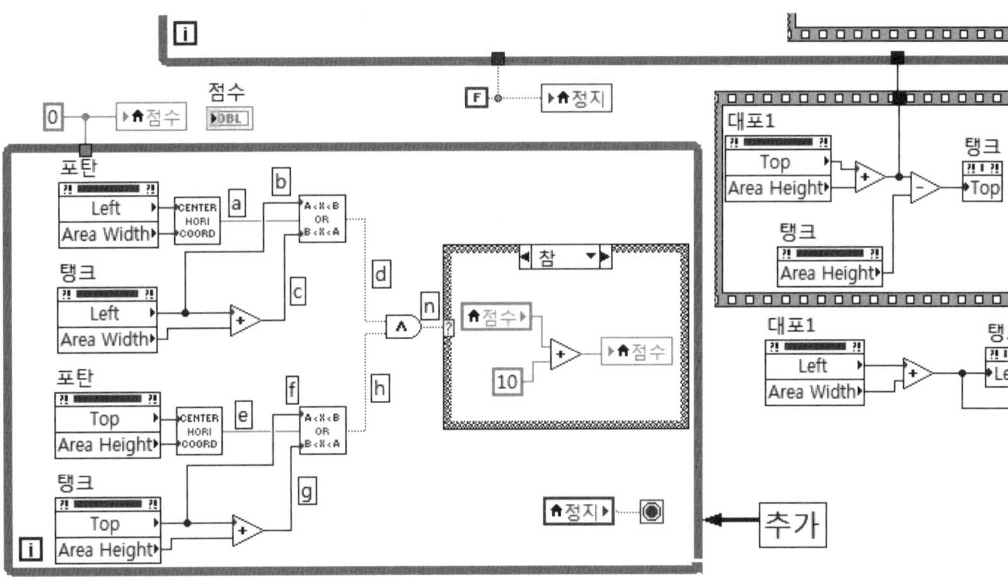

그림 20.10 점수 가점 프로그램 추가 작성

➲ 프로그램을 저장한 후 실행시켜 보아라. 포탄이 탱크 가장자리를 지나가면 점수가 조금 올라가고, 탱크 중심부를 지나가면 점수가 많이 올라가는지 확인하라. 그림 20.11은 전체 블록다이어그램 모습을 보여준다.

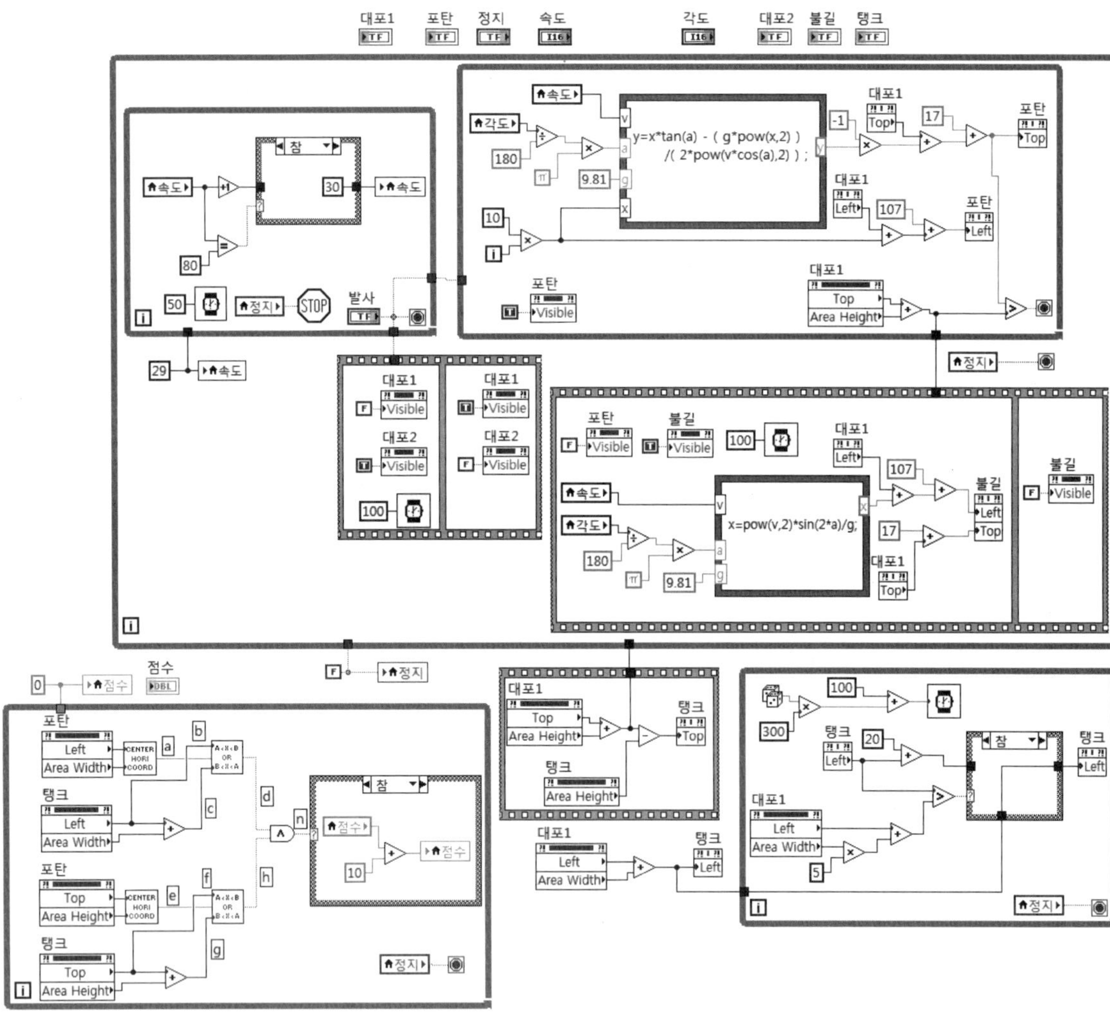

그림 20.11 전체 블록다이어그램 모습

연습문제 20.3

연습문제 20.2를 변경하여 게임 방법과 게임 제작 정보가 들어가는 GUI(그래픽 사용자 인터페이스)를 탭 컨트롤을 사용하여 만들어라.

➲ 연습문제20.2.vi 파일을 연 후 파일명 '연습문제20.3.vi'로 저장하라.

➲ 프런트패널에서 '컨트롤 〉 일반(2*4) 〉 컨테이너(2*1)'을 실행하여 그림 20.12와 같이 '탭 컨트롤'을 추가하라.

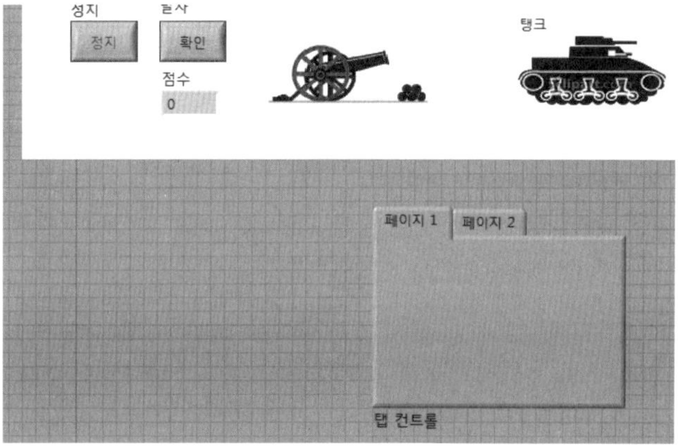

그림 20.12 탭 컨트롤 추가

➲ 그림 20.13과 같이 '페이지 2' 탭 위에서 'MRC 〉 다음에 페이지추가'를 실행하여 페이지를 추가하라. 그림 20.14와 같이 탭 제목을 더블 클릭해서 수정하라.

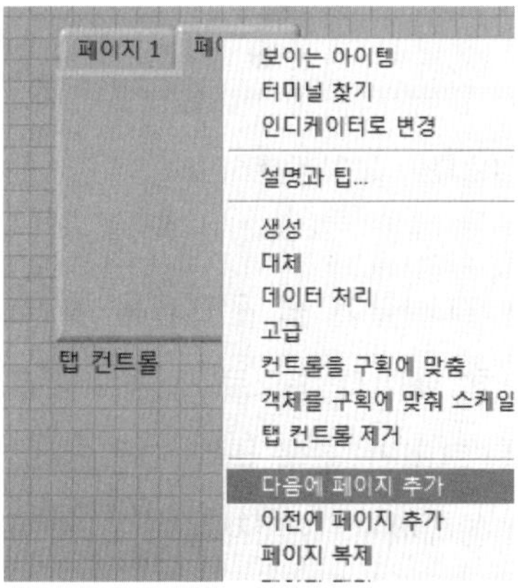

그림 20.13 페이지 추가

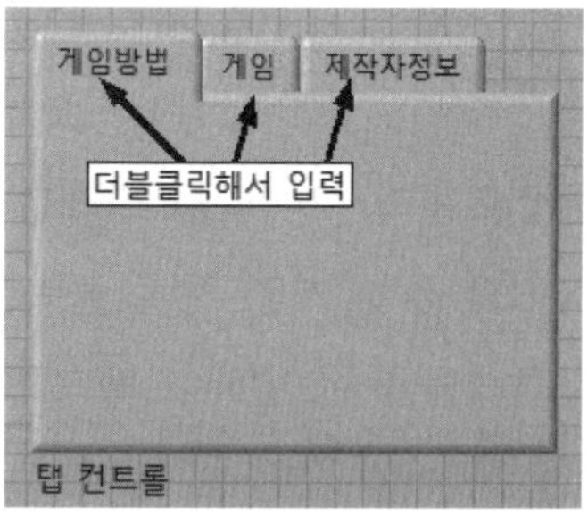

그림 20.14 탭 제목 수정

➲ 블록다이어그램에서 While 루프의 외각에 그림 20.15와 같이 'Visible' 프로퍼티 노드를 추가하여 대포2, 포탄, 불길 컨트롤이 항상 보이게 설정한다. 프로그램을 실행한 후 반드시 강제 종료 버튼(◉)을 클릭해서 프로그램을 정지시킨다. 그러면 그림 20.16과 같이 프런트패널에 대포2, 포탄, 불길 컨트롤이 보이게 된다.

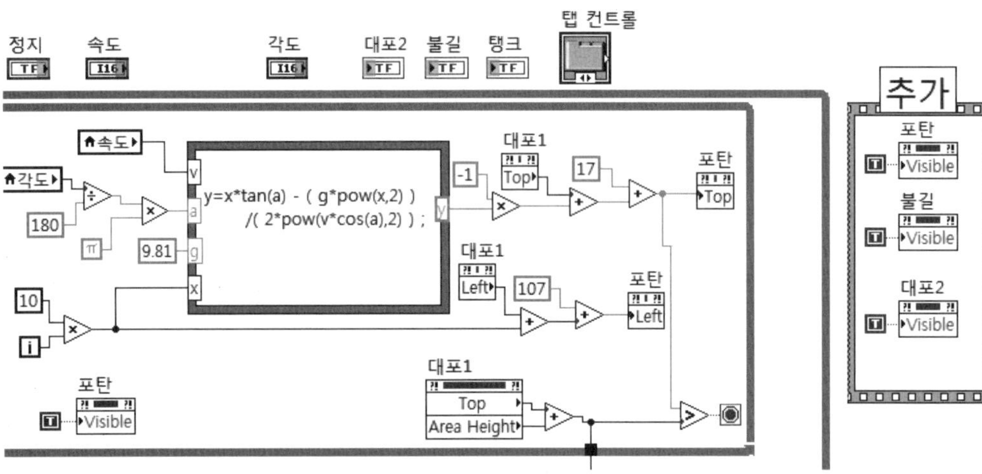

그림 20.15 보이지 않는 모든 객체들 보이게 하기

그림 20.16 대포2, 포탄, 불길 컨트롤이 보이게 된 상태

➲ 탭 컨트롤의 모서리를 드래그해서 그림 20.17과 같이 탭 컨트롤을 확대한다. 그림 20.18과 같이 '게임' 탭을 클릭한 후에, '게임' 탭 페이지 속으로 프런트 패널에 있는 모든 객체들을 한 번에 드래그해서 이동시킨다. 그러면 흰색 바탕 그림만 보일 것이다. 그림 20.19와 같이 흰색 바탕 그림을 선택한 상태에서 '순서재설정 〉 맨 뒤로 이동'을 실행하면 프런트패널 객체들이 정상적으로 보일 것이다.

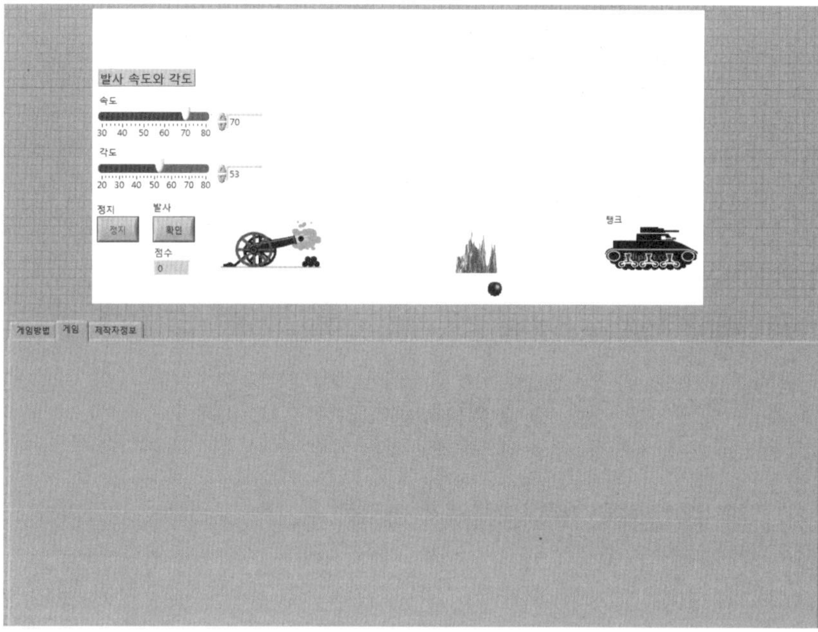

그림 20.17 탭 컨트롤 확대

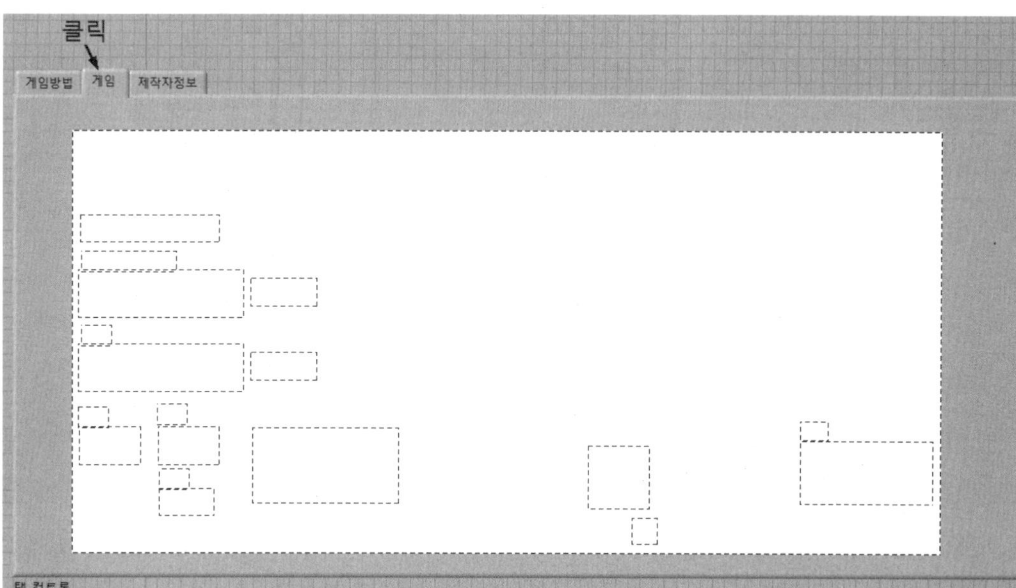

그림 20.18 '게임' 탭 페이지로 게임 객체 이동

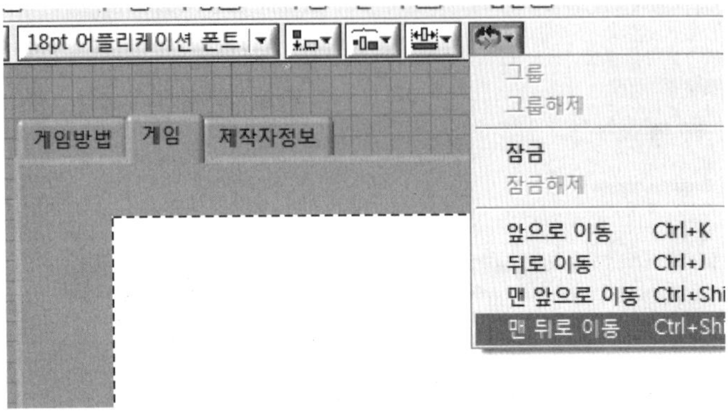

그림 20.19 흰색 바탕 그림 맨 뒤로 이동

➲ 그림 20.20과 같이 블록다이어그램에서 임시로 추가한 'Visible' 프로퍼티 노드 3개를 삭제한다.

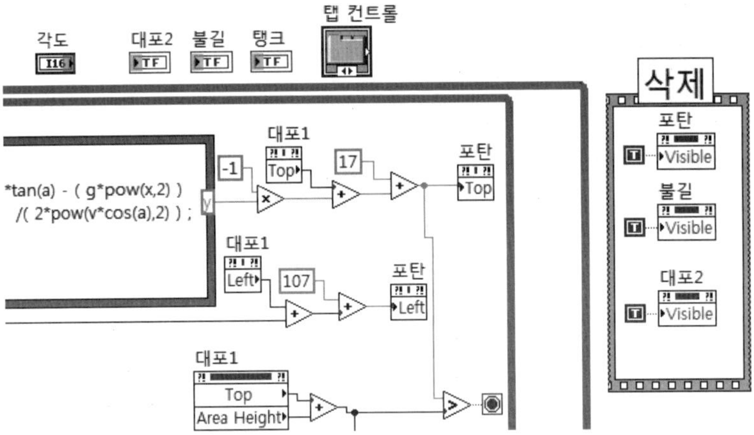

그림 20.20 'Visible' 프로퍼티 노드 삭제

➲ 그림 20.21과 같이 '게임 방법' 탭을 클릭한 후에, '컨트롤 〉 일반(3*3) 〉 장식(7*1)'을 실행하여 '라벨'을 추가하고 설명문을 입력한다. 그림 20.22와 같이 '제작자정보' 탭 페이지에도 같은 방식으로 제작자 정보를 입력한다.

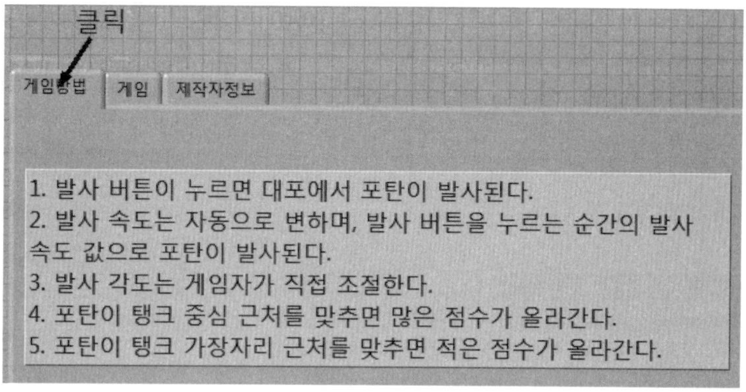

그림 20.21 '게임방법' 탭 페이지에 설명문 입력

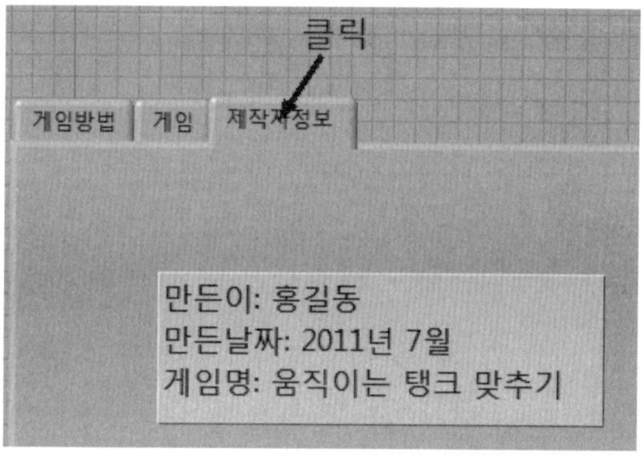

그림 20.22 '제작자정보' 탭 페이지에 설명문 입력

➲ 프로그램을 저장한 후 실행시켜보아라. '게임방법' 탭과 '제작자정보' 탭을 클릭하여 설명문을 읽은 본 후에 '게임' 탭을 클릭하여 게임을 해보아라.

예제 21

연습문제 20.3에서 제작한 포탄발사게임의 실행파일과 설치프로그램(인스톨러)를 만들어서 LabVIEW가 설치 안 된 PC에서도 게임을 할 수 있게 하라.

학/습/내/용

A. LabVIEW 실행 파일 만들기

B. 실행 파일 설치 프로그램(인스톨러) 만들기

C. 실행파일 PC에 설치하기

① 연습문제20.3.vi 파일을 연 후 파일명 예제21.vi로 저장한다. 그림 21.1과 같이 프런트패널이 탭 컨트롤을 정확히 감싸도록 프런트패널의 크기를 조정한다.

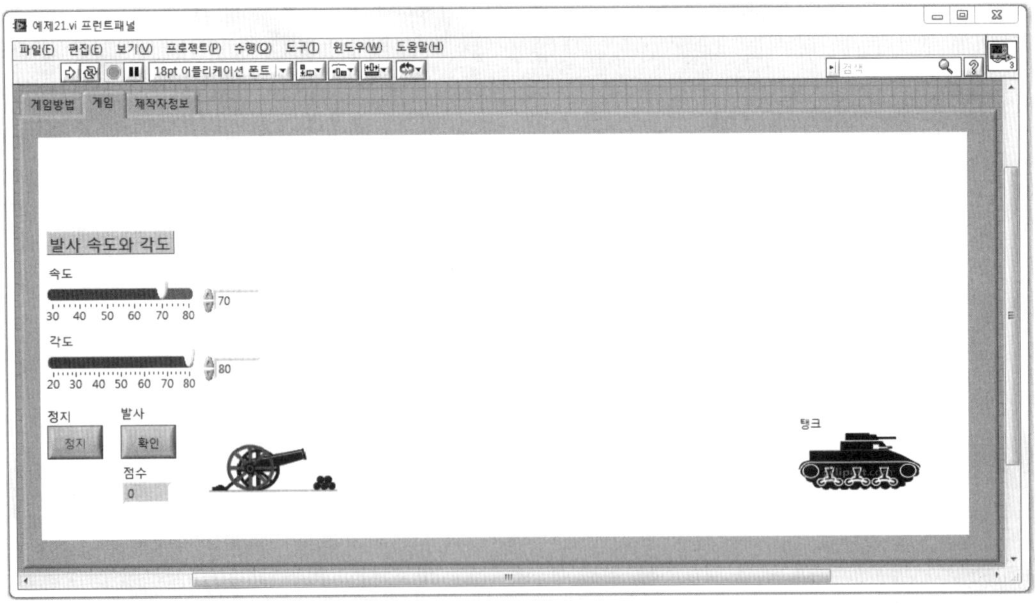

그림 21.1 프런트패널 크기 조정

② 블록다이어그램에서 '함수 〉 프로그래밍(3*4) 〉 어플리케이션컨트롤(4*3)'을 실행하여 'LabVIEW 종료' 함수를 추가한 후, 블록다이어그램에 있는 3개의 While 루프 외각에 그림 21.2와 같이 와이어 연결한다. 이 함수를 추가하는 이유는, 실행 파일을 실행해서 시작한 게임 화면에서 게임을 중단하기 위해 '정지' 버튼을 누르면 게임화면(프런트패널)이 사라지게 하기 위함이다.

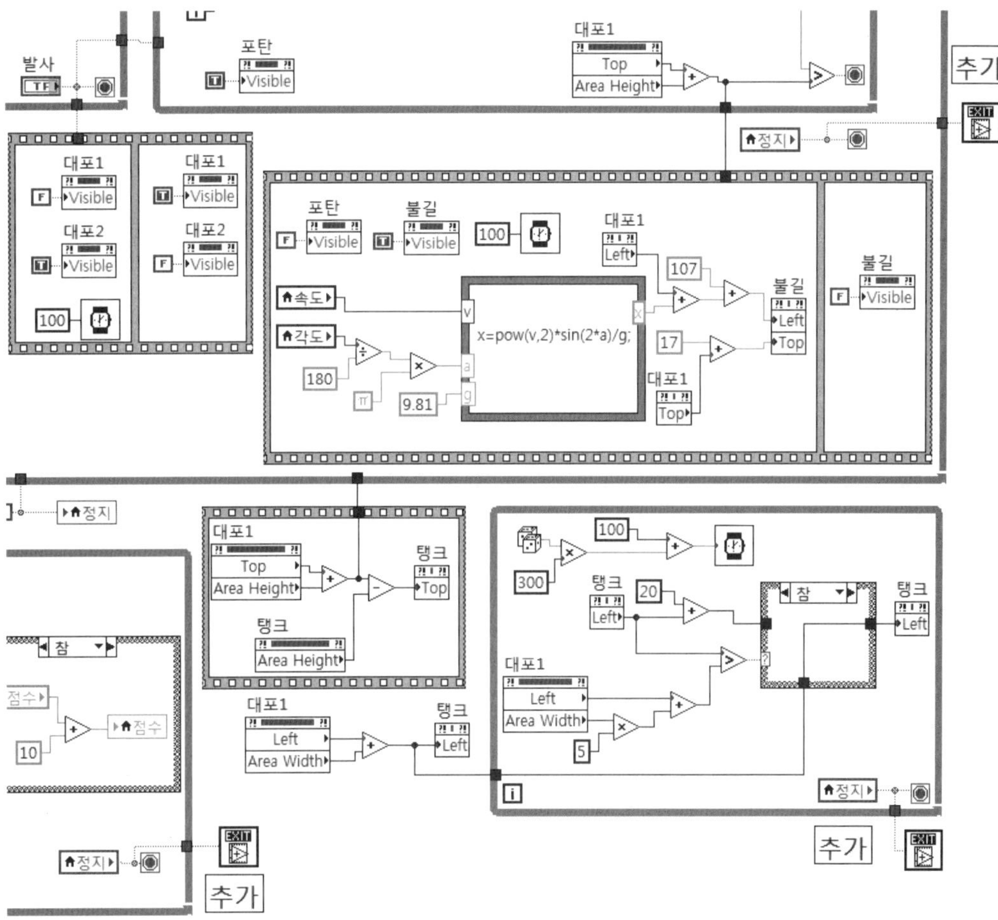

그림 21.2 'LabVIEW 종료' 함수를 세군데에 추가

③ 프로그램을 저장한 후, 그림 21.3과 같이 '도구 〉 VI에서 어플리케이션 만들기'를 실행한다.

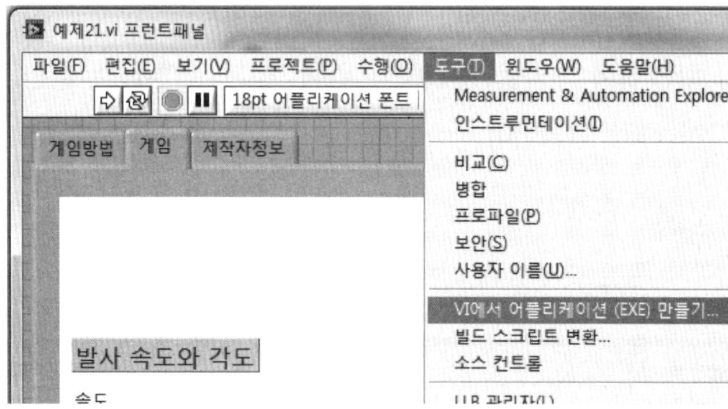

그림 21.3 실행 파일 만드는 메뉴 선택

④ 그림 21.4와 같이 현재 실행파일을 만들고 있는 프로젝트에 대한 프로젝트 파일명을 지정하고, 프로젝트 파일이 저장될 폴더도 지정한 후 '계속' 버튼을 클릭한다. 본 교재에서는 저장 폴더는 'J:/2011/.../포탄발사게임'이고 파일명은 '포탄발사게임.lvproj'로 지정하였다.

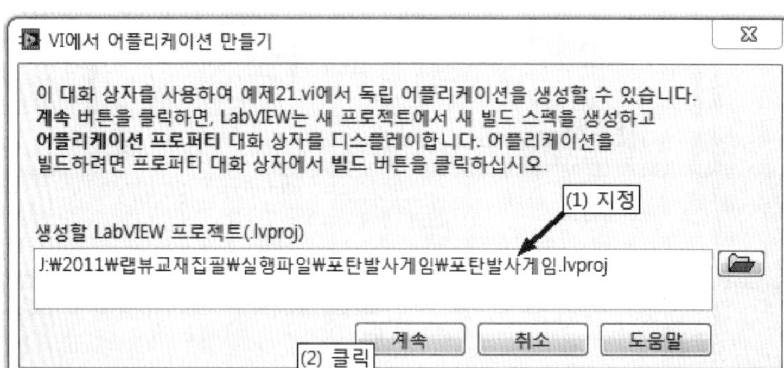

그림 21.4 프로젝트 파일명 지정 및 프로젝트 파일 저장 폴더 지정

⑤ 그림 21.5와 같이 '정보' 프로퍼티를 설정한다. '대상 디렉토리'는 생성될 실행파일이 저장될 폴더를 의미하며, 이 폴더를 지정하기 위해서 폴더 버튼( )을 클릭해서 생성된 그림 21.6의 대상 디렉토리 창에서 실행 파일이 저장되기를 원하는 폴더로 이동한 후 '현재 디렉토리' 버튼을 클릭하면 된다.

➲ 본 교재에서는 ④에서 '포탄발사게임.lvproj' 파일이 저장된 폴더와 동일한 폴더를 '대상 디렉토리' 폴더로 지정했다.

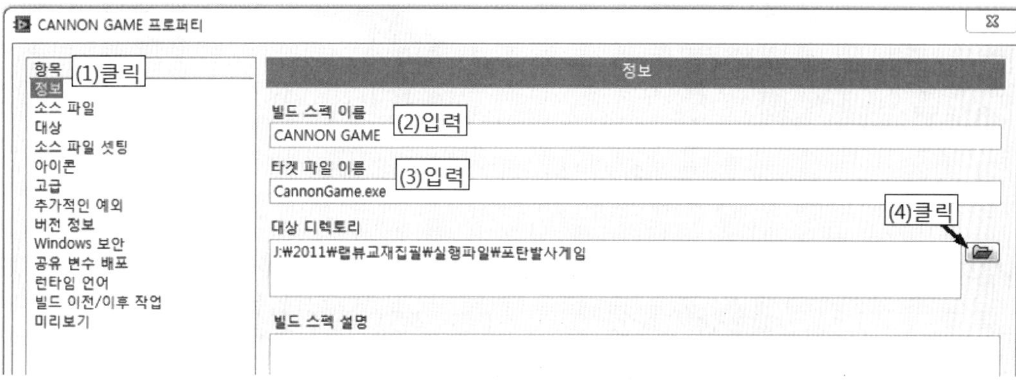

그림 21.5 '정보' 프로퍼티 설정

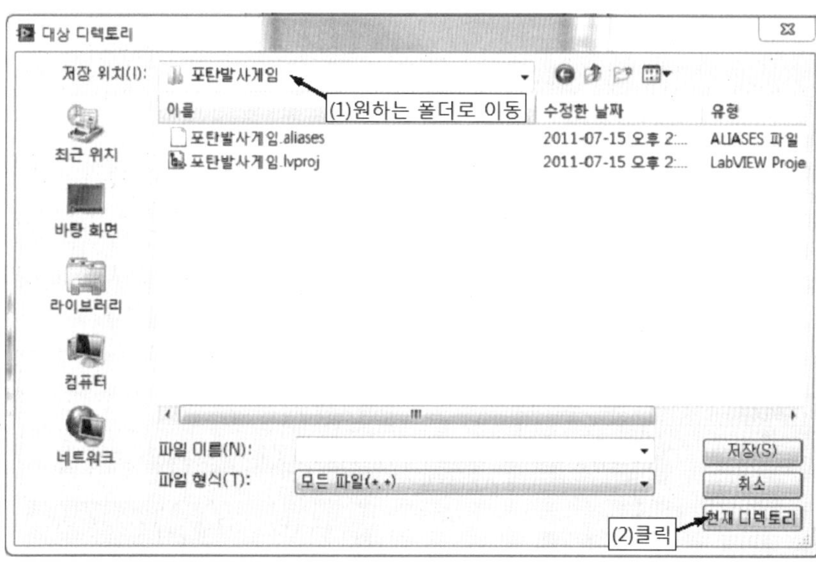

그림 21.6 대상 디렉토리 창에서 실행 파일이 저장될 폴더 지정

⑥ 그림 21.7a의 '소스 파일' 설정 모드에서 실행 파일로 만들 시작 VI를 설정해주기 위하여, '예제21.vi'를 클릭한 후에 '오른쪽으로 이동 버튼'(➡)을 클릭해서 그림 21.7b와 같이 되게 한다.

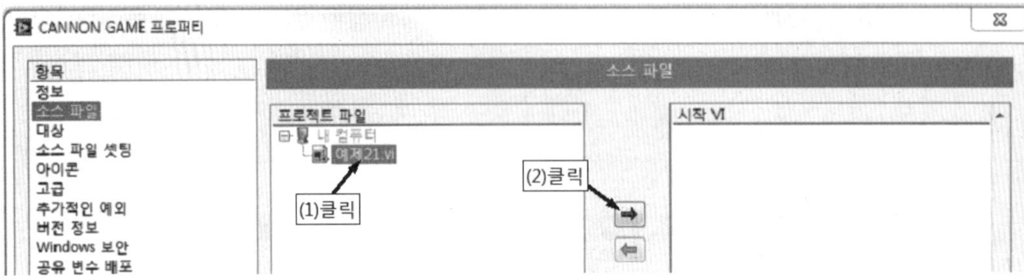

그림 21.7a '소스 파일' 프로퍼티 설정

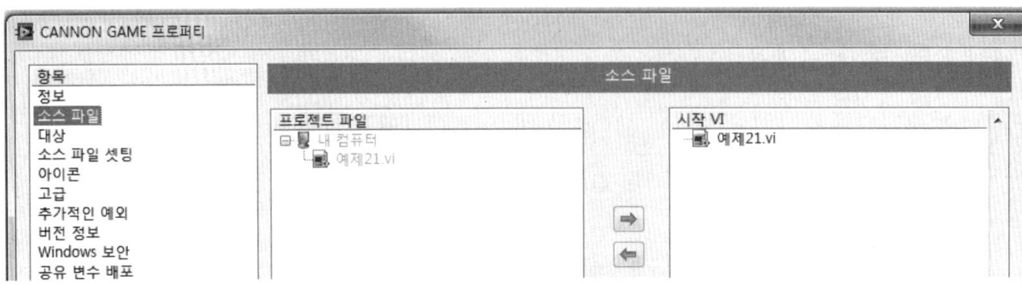

그림 21.7b '소스 파일' 프로퍼티 설정 완료

⑦ 그림 21.8의 '소스 파일 셋팅' 설정 모드에서 'VI프로퍼티 사용자 정의' 버튼을 클릭한 후 그림 21.9와 같이 체크박스를 설정한 후 확인 버튼을 클릭한다. 그리고 그림 21.10과 같이 이름 바꾸기 체크 박스를 체크한 후, 게임 화면 상단 제목 표시줄에 나타날 파일명을 입력한다.

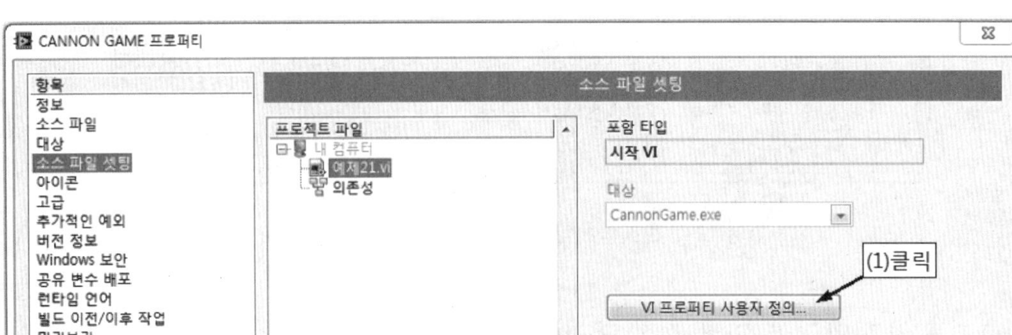

그림 21.8 '소스 파일 셋팅' 프로퍼티 설정

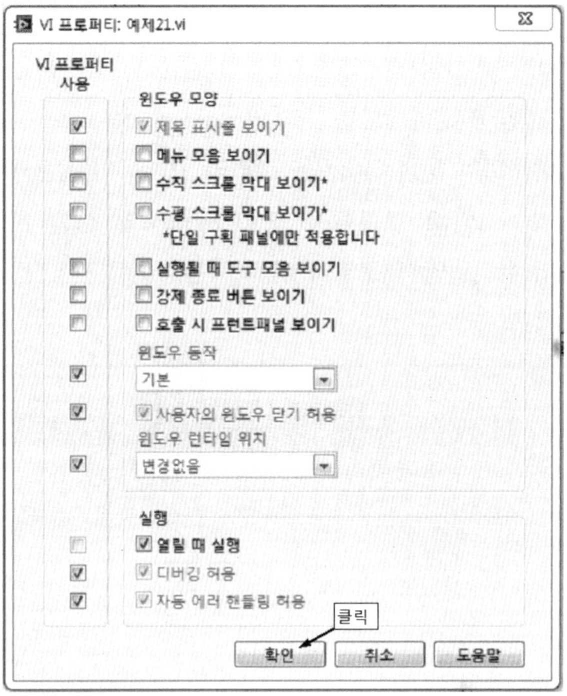

그림 21.9 VI 프로퍼티 체크 박스 설정

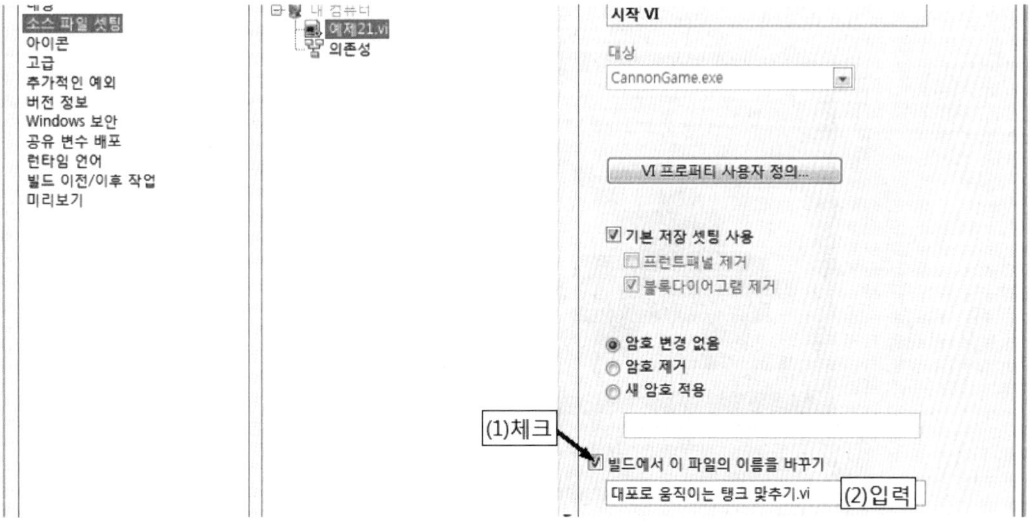

그림 21.10 게임 화면 제목 표시줄에 나타날 파일 이름 입력

⑧ 그림 21.11의 '아이콘' 설정 모드에서 아이콘 이미지를 16×16, 32비트 색으로 선택하고 '아이콘편집기' 버튼을 클릭해서 그림 21.12와 같은 편집기 창을 연다. 그림 21.12와 같이 아이콘 편집기 창에서 해상도를 '16×16, 32-bit color'로 선택한 후에 하단에 있는 그리기 도구를 이용하여 직접 아이콘을 그려라. (먼저 아이콘 테두리를 그린 후에 아이콘 내부를 그려라.) 그림 21.13과 같이 'File 〉 Save'을 실행하여 실행파일이 저장되는 폴더와 같은 폴더에 파일명 '대포발사게임아이콘.ico'로 저장한 후 편집기 창을 닫는다.

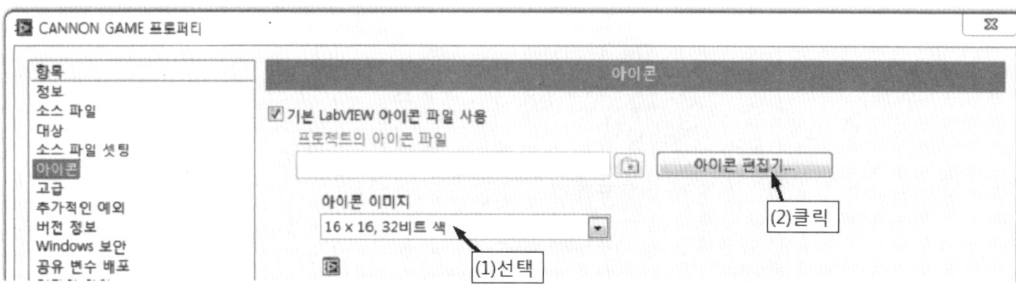

그림 21.11 아이콘 이미지 해상도 설정 및 아이콘 편집기 열기

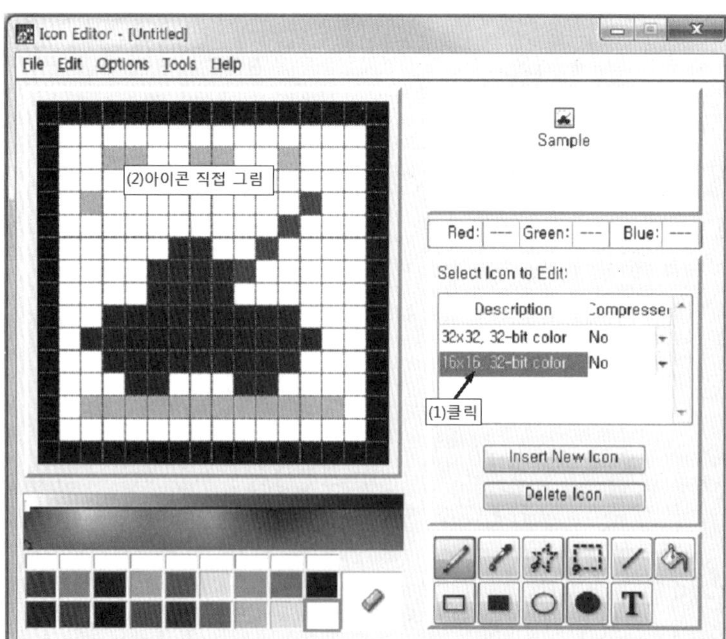

그림 21.12 아이콘 직접 그리기

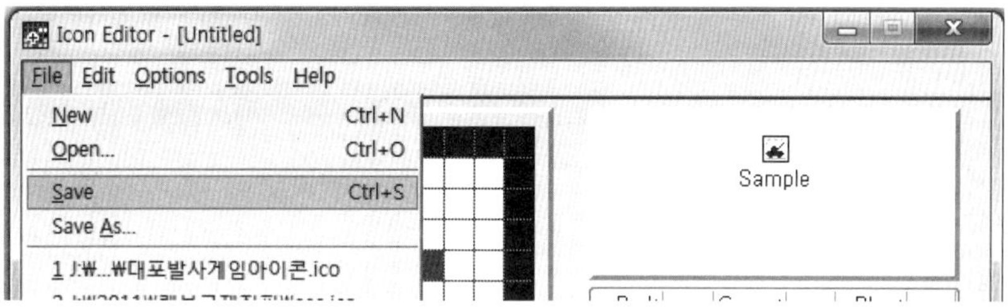

그림 21.13 아이콘 파일 저장

⑨ 그림 21.14의 '아이콘' 설정 모드 창에서 '기본 LabVIEW 아이콘 파일 사용' 체크 박스를 해제하면 그림 21.15와 같은 창이 나타난다. 이 창에서 '추가' 버튼을 클릭하여 방금 전에 만든 '대포발사게임아이콘.ico'이 저장되어 있는 폴더로 가서 이 아이콘을 추가한다.

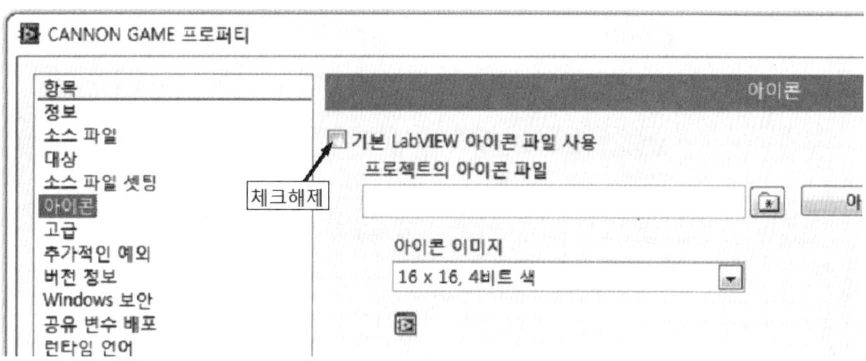

그림 21.14 '기본 LabVIEW 아이콘 파일 사용' 체크 박스 해제

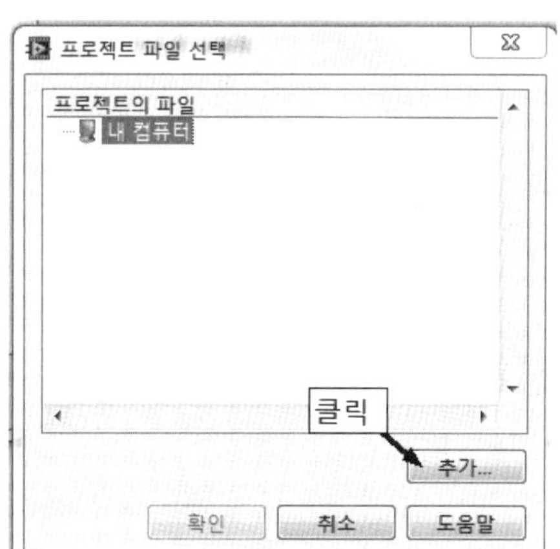

그림 21.15 직접 만든 아이콘 추가하기

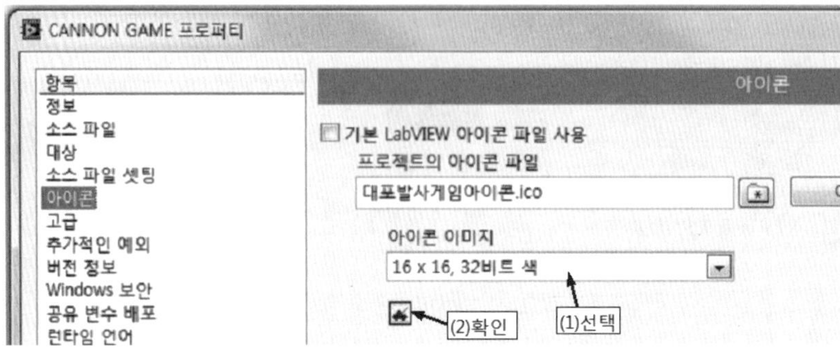

그림 21.16 자작 아이콘 설정 완료 확인

⑩ 그림 21.17의 '미리보기' 설정 모드에서 '미리보기생성' 버튼을 클릭하면, 앞으로 생성될 실행 파일 및 관련 파일들의 이름과 저장될 폴더 위치를 확인할 수 있다. 맨 하단에 있는 '빌드' 버튼을 클릭한다.

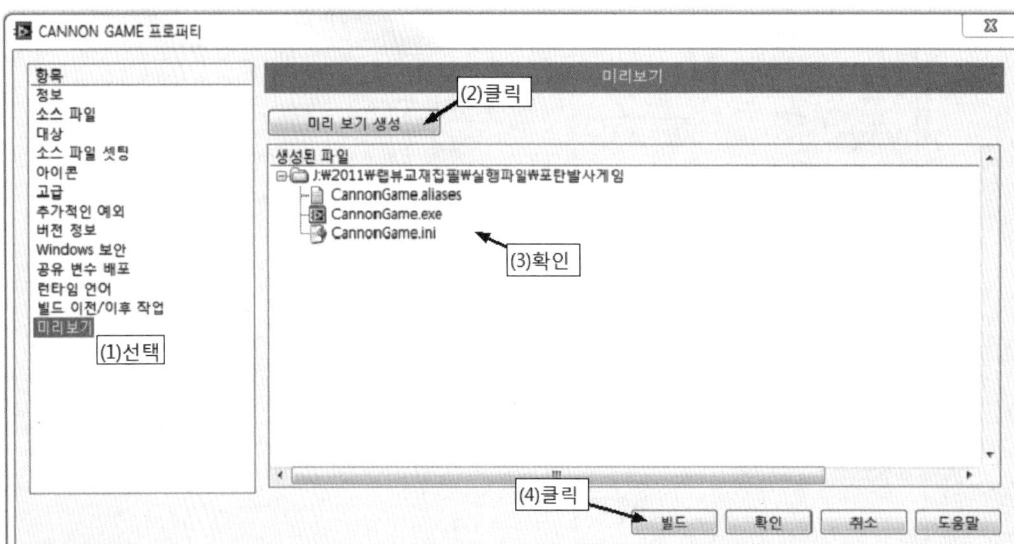

그림 21.17 '미리보기' 설정 모드

⑪ 그림 21.18과 같이 빌드 상태 창에서 실행 파일 생성 완료 메시지가 나오면, '탐색' 버튼을 클릭한다.(나중에 '완료' 버튼도 클릭하라.) 그러면 실행파일이 생성된 폴더가 그림 21.19와 같이 나타날 것이다. 이 폴더에서 실행파일 'CannonGame.exe'를 더블 클릭해서 실행 시켜보아라. 그림 21.20과 같은 게임 화면이 나타나고, 게임이 제대로 동작하는지 확인해보아라.

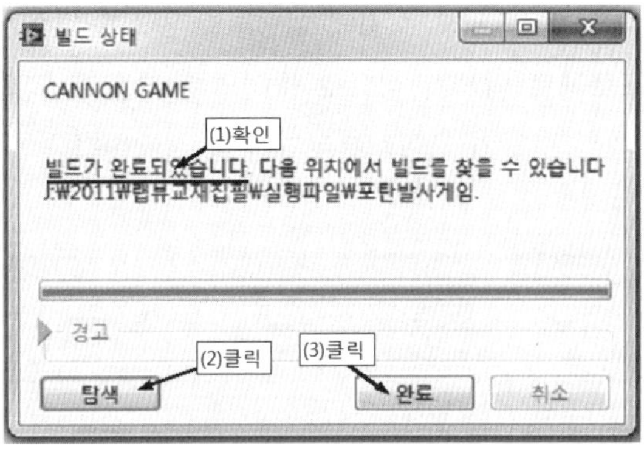

그림 21.18 빌드 상태 정보 창

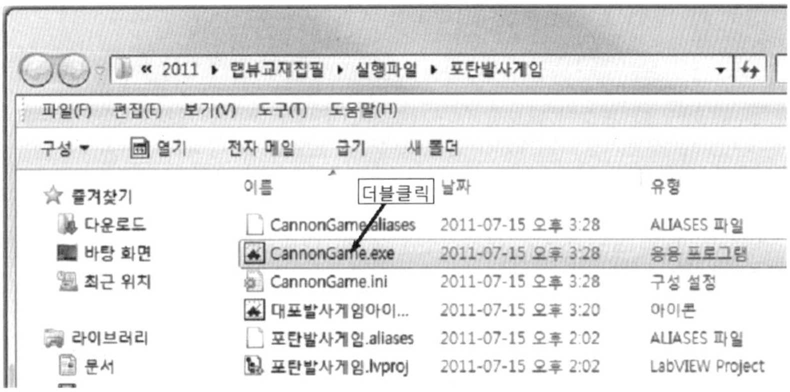

그림 21.19 실행 파일 생성 폴더 및 실행 파일 실행

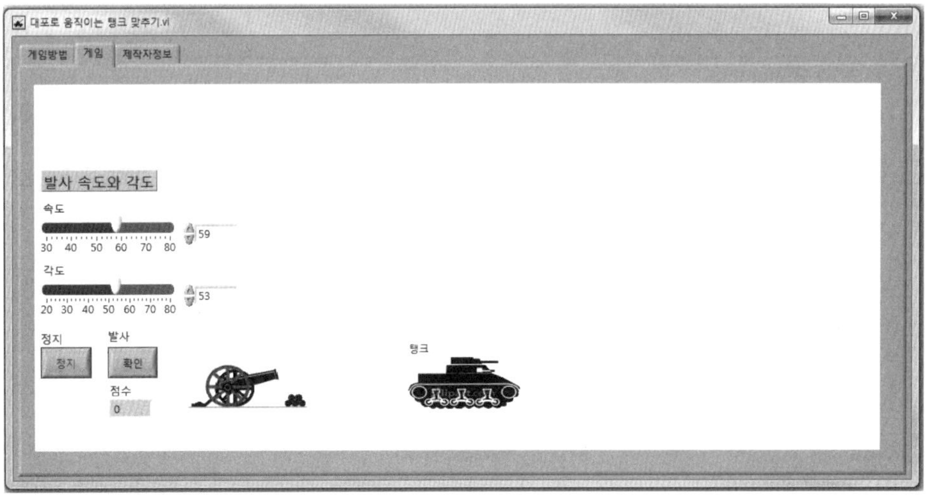

그림 21.20 실행파일을 실행해서 나타난 게임화면

⑫ 이제 실행 파일을 PC에 설치하기 위해 실행파일 인스톨러(설치프로그램)를 만들자. 바탕화면에 있는 프로젝트 탐색기 창으로 돌아와서 그림 21.21와 같이 '빌드 스펙' 글씨 위에서 'MRC 〉 새로 만들기 〉 설치프로그램'을 실행한다.

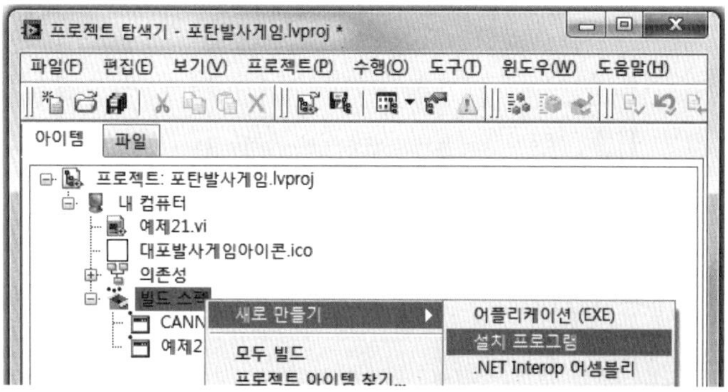

그림 21.21 설치프로그램 만들기 시작하기

⑬ 그림 21.22의 프로퍼티 창의 '제품 정보' 설정 모드에서 폴더 변경 버튼( )을 클릭한다. 그림 21.23과 같은 폴더 설정 창이 나타나면, 먼저 실행 파일이 저장된 폴더로 이동한 다음에 '현재 디렉토리' 버튼을 클릭한다. 이렇게 하면 실행파일이 저장된 폴더와 같은 폴더에 설치 프로그램 파일이 저장된다. 그러면 그림 21.24와 같은 폴더 경로가 설정된다.

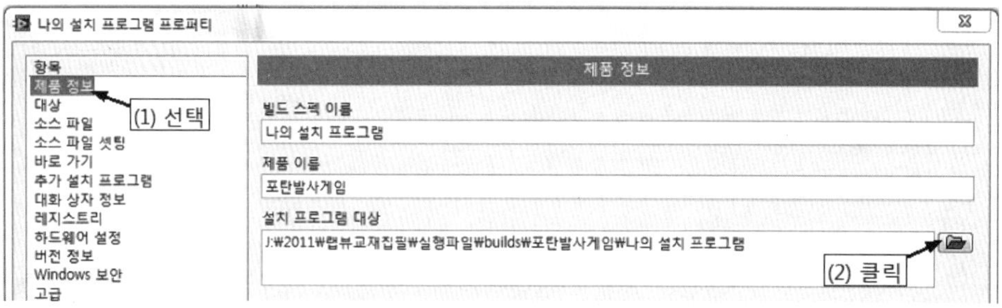

그림 21.22 인스톨러(설치프로그램) 저장 폴더 지정 창 열기

그림 21.23 인스톨러(설치프로그램)가 저장될 폴더 지정

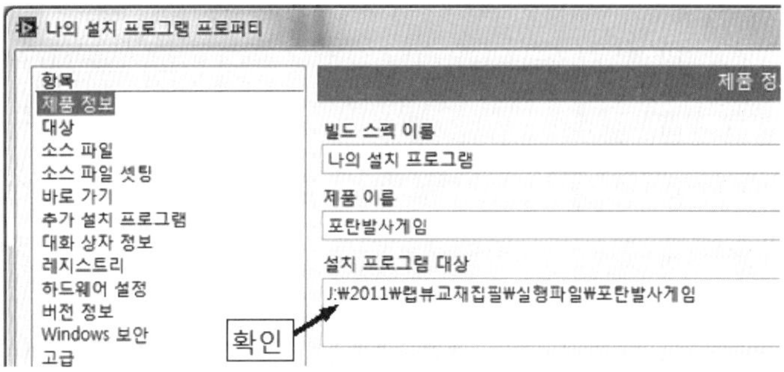

그림 21.24 새로 지정된 폴더 경로 확인

⑭ 그림 21.25의 '소스파일' 설정 모드에서 앞의 그림 21.5에서 입력한 빌드 스펙 이름인 'CANNON GAME'을 선택한 후에 '오른쪽으로 이동 버튼'을 클릭한다. 그러면 그림 21.26과 같이 인스톨러를 만들 대상이 되는 소스파일들이 왼쪽으로 복사된다. 마지막으로 맨 하단에 있는 '빌더' 버튼을 클릭한다.

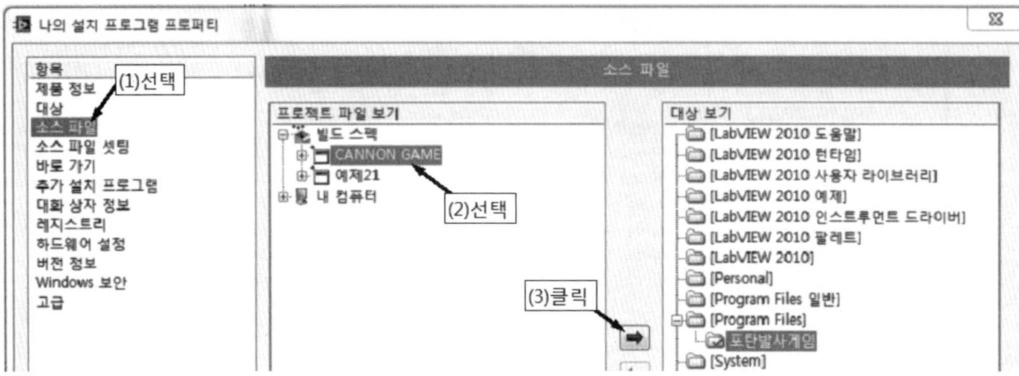

그림 21.25 인스톨러를 만들 대상이 되는 소스파일 이동하기

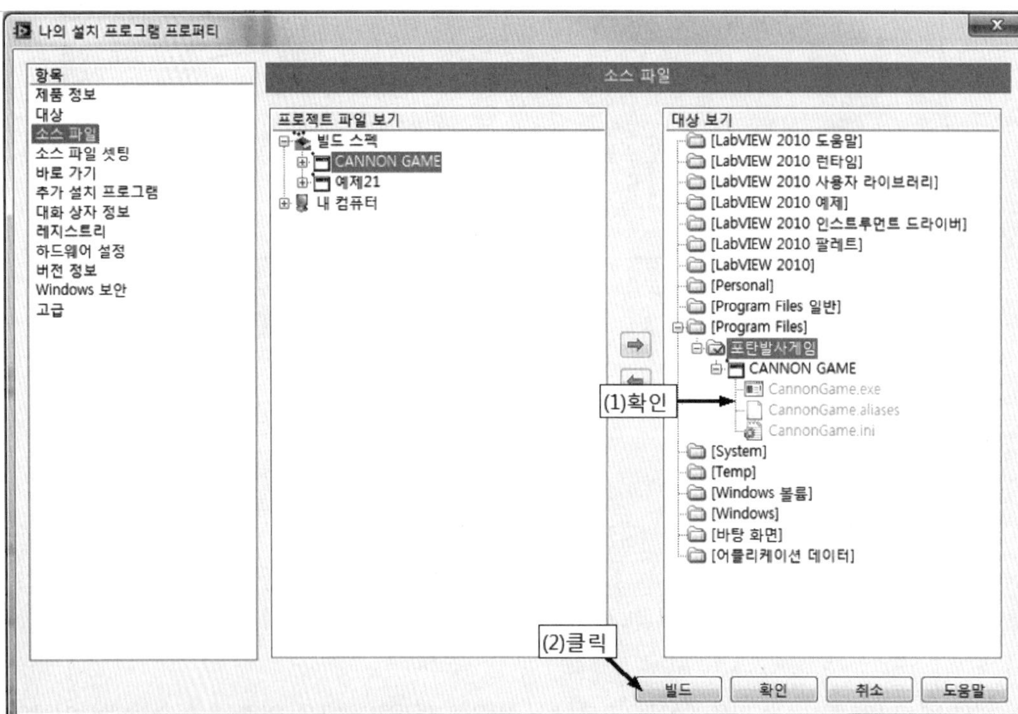

그림 21.26 인스톨러를 만들 대상이 되는 소스파일 이동 결과

⑮ 그림 21.27의 빌드 상태 창에 '빌드 완료' 문구가 나타나면 '탐색' 버튼을 클릭한다. 그러면 그림 21.28과 같이 설치 프로그램이 생성된 폴더인 Volume이 나타날 것이다. 이 폴더를 더블 클릭하면 그림 21.29와 같이 생성된 설치프로그램들을 확인할 수 있다.

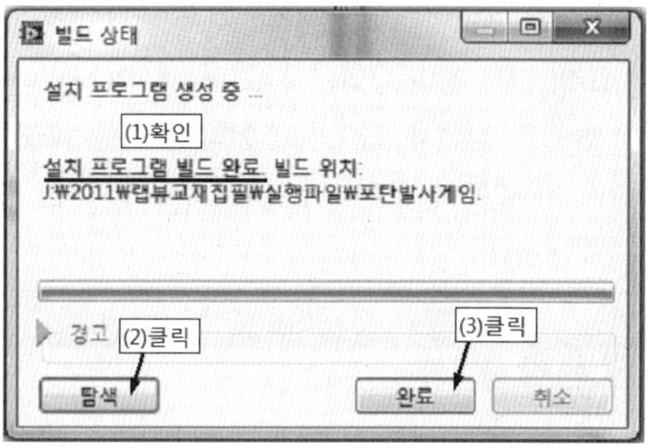

그림 21.27 빌드 상태 정보 창

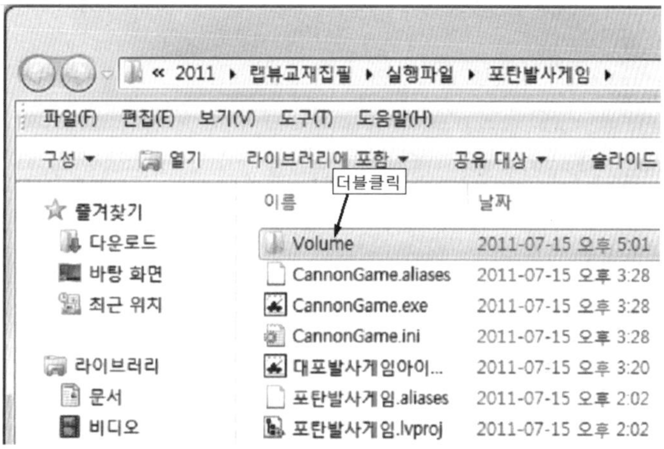

그림 21.28 설치 프로그램이 생성된 폴더 Volume

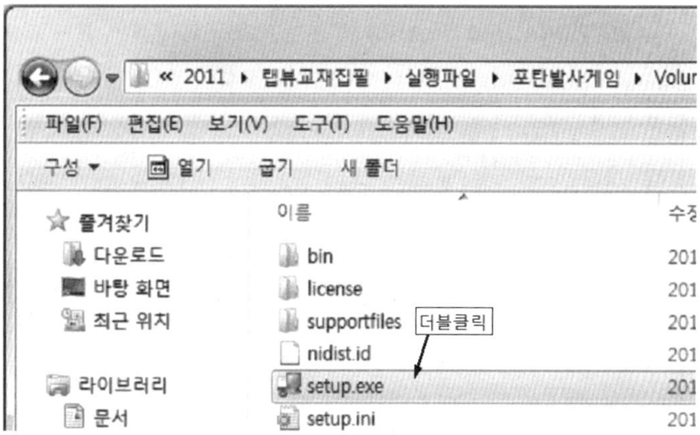

그림 21.29 설치 프로그램(인스톨러) 실행하기

⑯ 그림 21.29에서 setup.exe 파일을 더블클릭해서 실행시키면 게임 프로그램 설치가 진행되면서 그림 21.30과 같은 창이 나타난다. 그림 21.30에서 '다음' 버튼을 클릭하면 나타나는 그림 21.31과 같은 창에서 '라이센스 협약 동의'를 체크하고 '다음' 버튼을 클릭한다. 다음으로 그림 21.32에서 '다음' 버튼을 클릭하고 그림 21.33에서 '종료' 버튼을 클릭하면 된다.

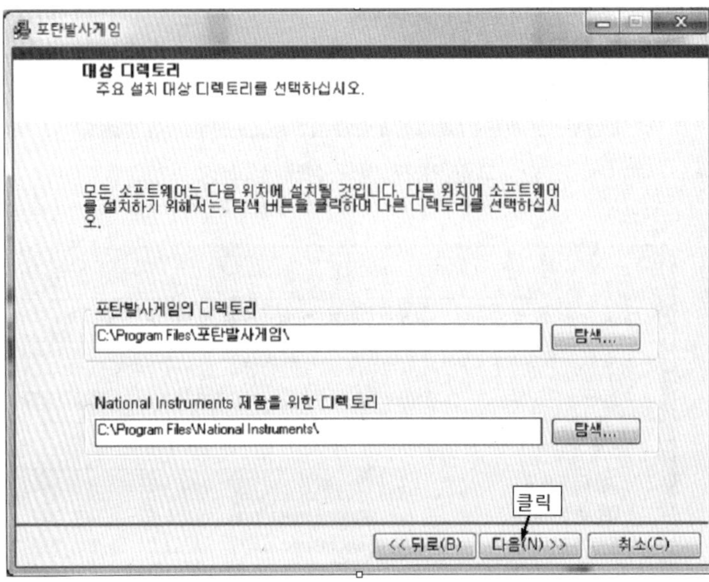

그림 21.30 실행 파일 설치 폴더 지정

그림 21.31 라이센스 협약 동의 창

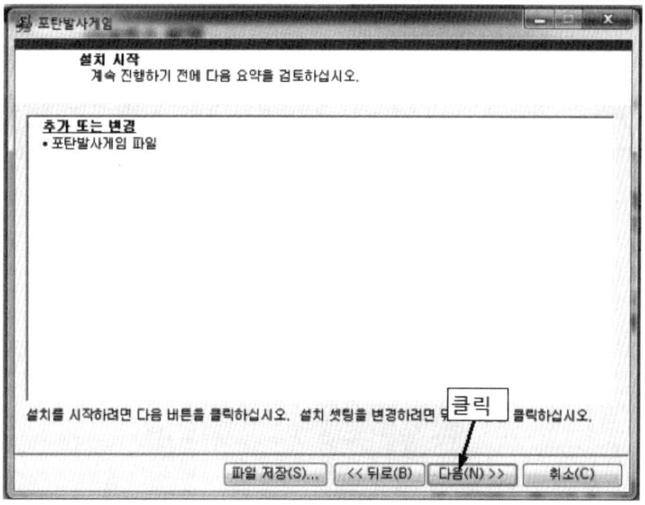

그림 21.32 실행 파일 설치 시작 창

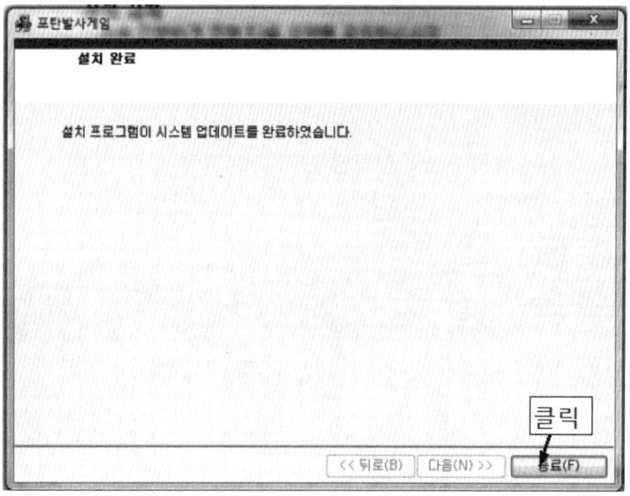

그림 21.33 실행 파일 설치 종료 창

⑰ 이제 실행 파일 인스톨(게임 프로그램 설치)이 성공적으로 완료되었다. 그림 21.34와 같이 윈도우즈 바탕화면의 시작 버튼을 클릭해서 인스톨된 게임을 실행시켜보자. 그러면 그림 21.35와 같은 게임 화면이 나타날 것이다. '게임' 탭을 선택한 후 게임을 실제로 해보아라. 마지막으로 '정지' 버튼을 클릭하면 게임이 종료되면서 게임 화면이 사라짐을 확인할 수 있을 것이다.

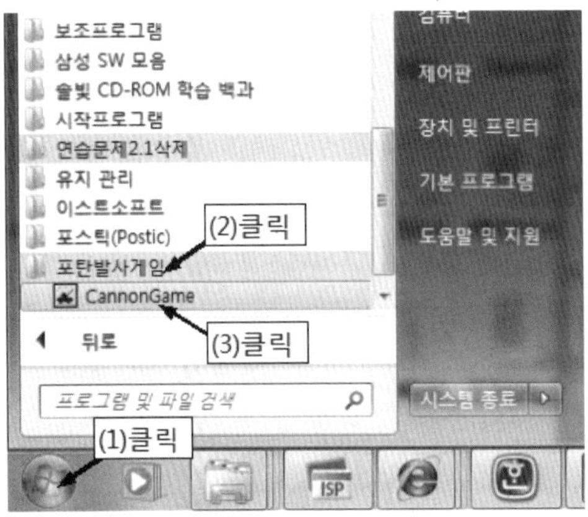

(a) 방법 1

(b) 방법 2

그림 21.34 설치된 게임 프로그램 시작 방법

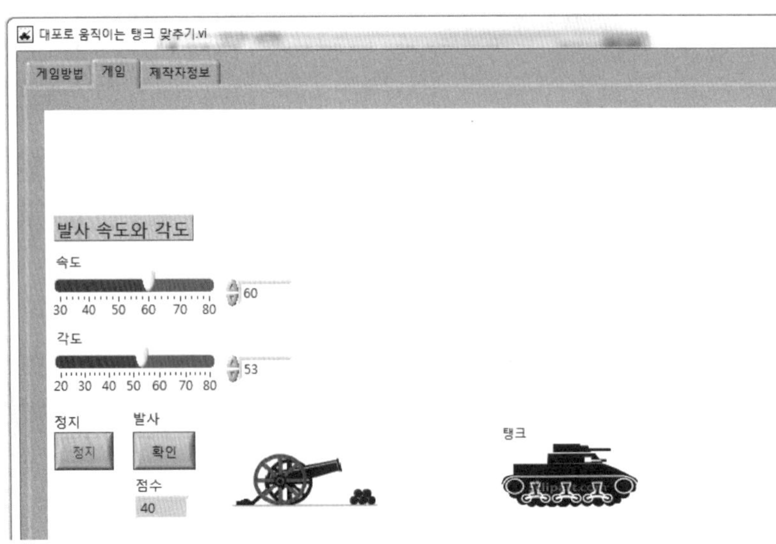

그림 21.35 실행된 게임 화면

연습문제 21.1

말 두 마리가 경주하는 게임인 연습문제15.4.vi 파일의 실행 파일과 인스톨러를 만들어라.

- 연습문제15.4.vi 파일을 연 후 파일명 연습문제21.1.vi로 저장한다.
- 그림 21.36과 같이 프런트패널 크기를 조정한 후 예제 21과 같은 방법으로 실행파일과 인스톨러를 만들어라.

그림 21.36 크기가 조정된 프런트패널

예제 22

연습문제 20.3에서 제작한 포탄발사게임의 html 파일을 만들어서, LabVIEW가 설치 안 된 원격 PC(클라이언트 PC)의 웹 브라우즈에서 포탄발사 게임을 할 수 있도록 웹 출판을 하라.

학/습/내/용

A. 원격 웹 브라우즈 만들기

B. LabVIEW 프로그램 원격으로 제어하기

① 연습문제20.3.vi 파일을 연 후 파일명 예제22.vi로 저장한다. 그림 22.1과 같이 프런트패널이 탭 컨트롤을 정확히 감싸도록 프런트패널의 크기를 조정한다.

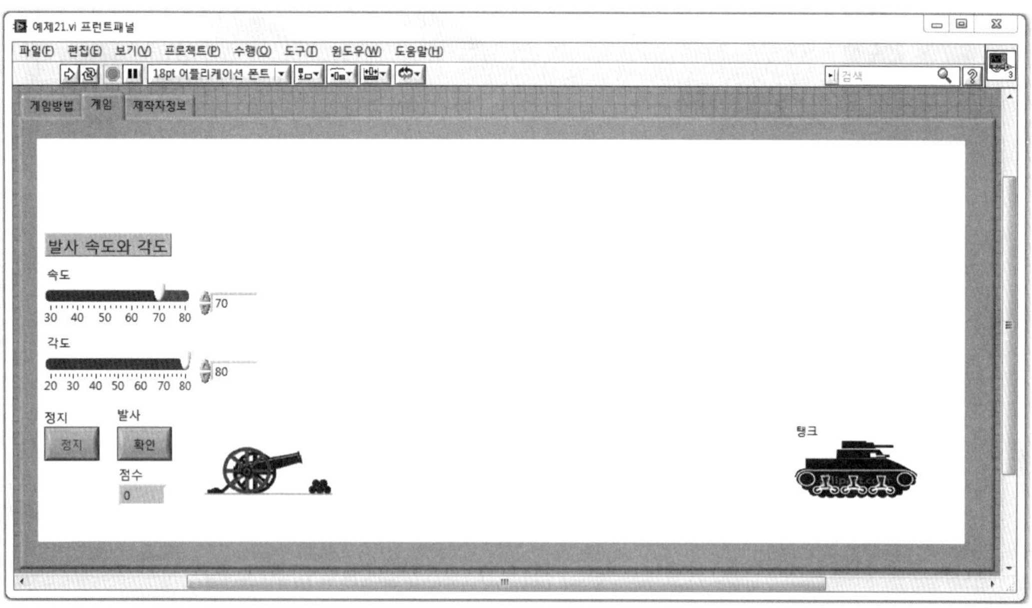

그림 22.1 프런트패널 크기 조정

② 그림 22.2와 같이 '도구 〉 웹 출판 도구'를 실행한다. 그림 22.3과 같이 웹 출판 도구 창에서 '예제22.vi 선택 〉 임베디드 선택 〉 웹 서버 시작 클릭 〉 다음 버튼 클릭'을 실행한다.

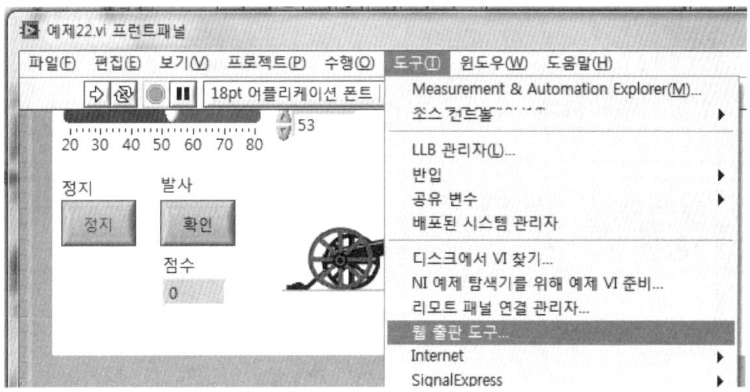

그림 22.2 웹 출판 도구 창 불러오기

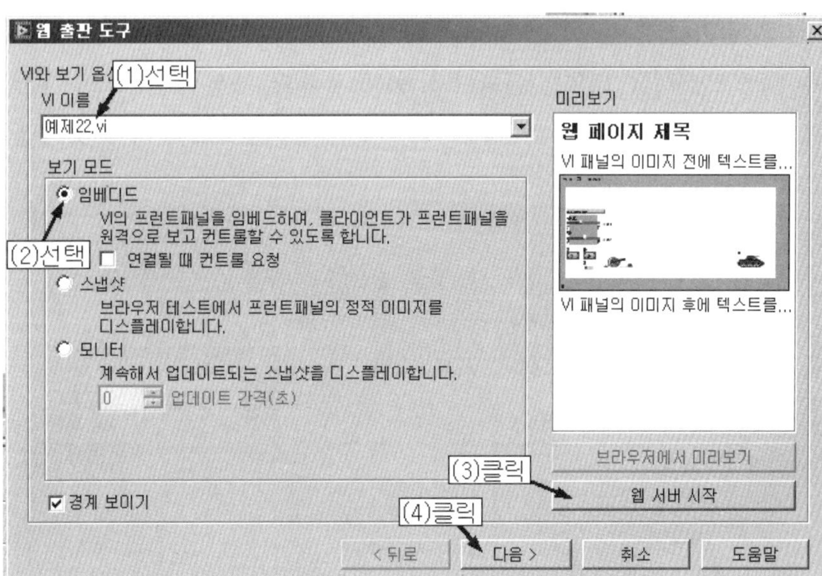

그림 22.3 웹 출판 도구 창 설정

③ 그림 22.4와 같이 원격 웹 브라우저에 나타날 설명문을 입력한 후 '다음' 버튼을 클릭한다.

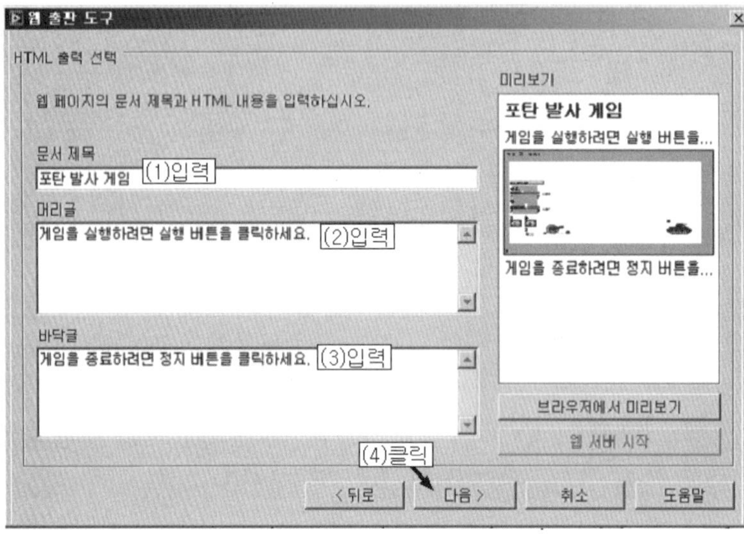

그림 22.4 원격 웹 브라우저에 나타날 설명문 입력

④ 그림 22.5와 같이 웹 브라우즈용 html 파일을 저장할 폴더를 지정하고 html 파일명도 입력한 후 '디스크에 저장' 버튼을 클릭한다. 현재 서버 PC에서 저장한 html 파일은 나중에 원격 PC(클라이언트 PC)에서 다운로드 되어서 웹 브라우즈로 나타날 것이다.

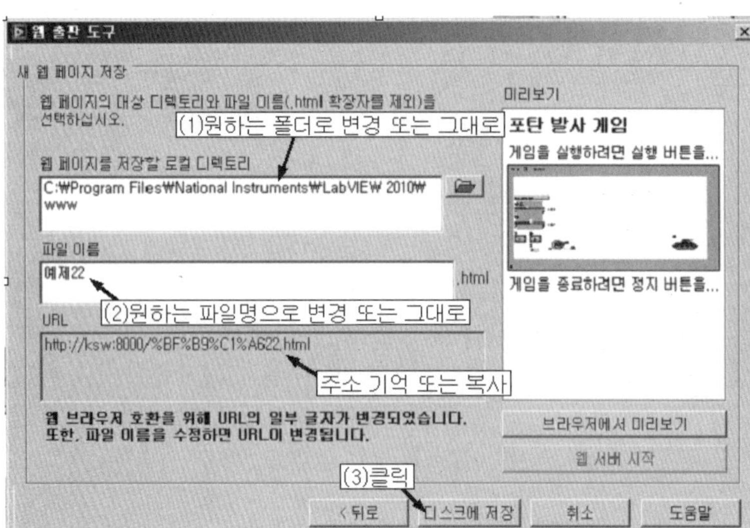

그림 22.5 웹 브라우즈용 html 파일 저장

⑤ 그림 22.6과 같이 '연결' 버튼을 클릭하면, 그림 22.7과 같은 웹 브라우즈 화면이 나타남과 동시에 '예제22.vi' 파일도 실행이 될 것이다. 곧바로 그림 22.6의 '확인' 버튼도 클릭하라. 그림 22.7의 원격 웹 브라우즈 화면은 네트워크를 통해서 실행 중에 있는 상태이다. 현재 사용하고 있는 PC가 한 대 밖에 없기 때문에, 원격 웹 브라우즈(html 파일)를 원격 PC(클라이언트 PC)가 아닌 서버 PC에서 호출했다.

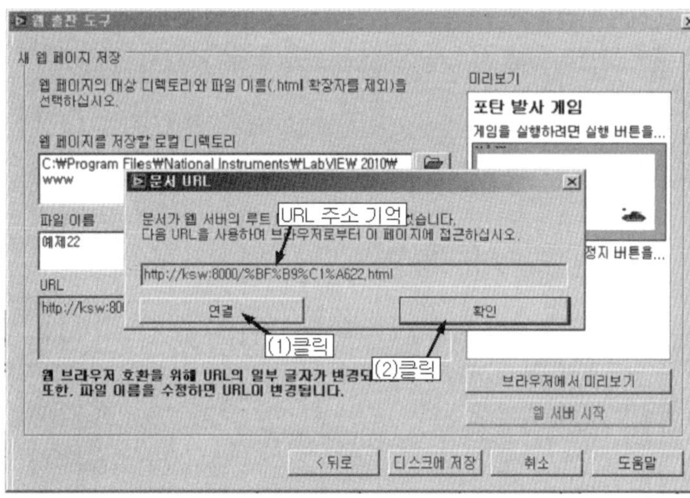

그림 22.6 웹 출판 설정 완료

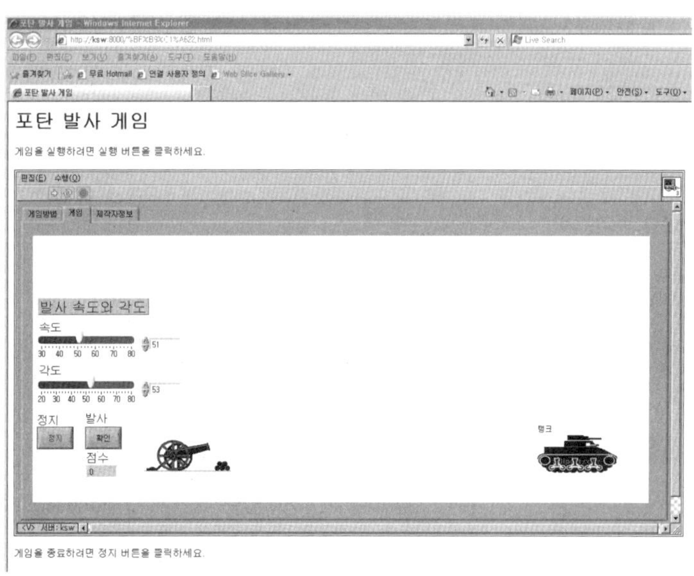

그림 22.7 원격 웹 브라우즈 화면

⑥ 그림 22.8과 같이 원격 웹 브라우저 화면에서 'MRC 〉 VI의 컨트롤 요청'을 실행한다. 이 과정을 통해 원격 PC(클라이언트 PC)에서 웹 브라우즈를 제어할 수 있다. 상단에 있는 실행 버튼(⇨)을 클릭하면 이제 웹 브라우즈에서 원격으로 게임을 즐길 수 있다. 이때 (서버 PC에서 실행되고 있는) '예제22.vi' 화면도 웹 브라우즈 화면과 동기화되고 있음을 확인 할 수 있을 것이다.

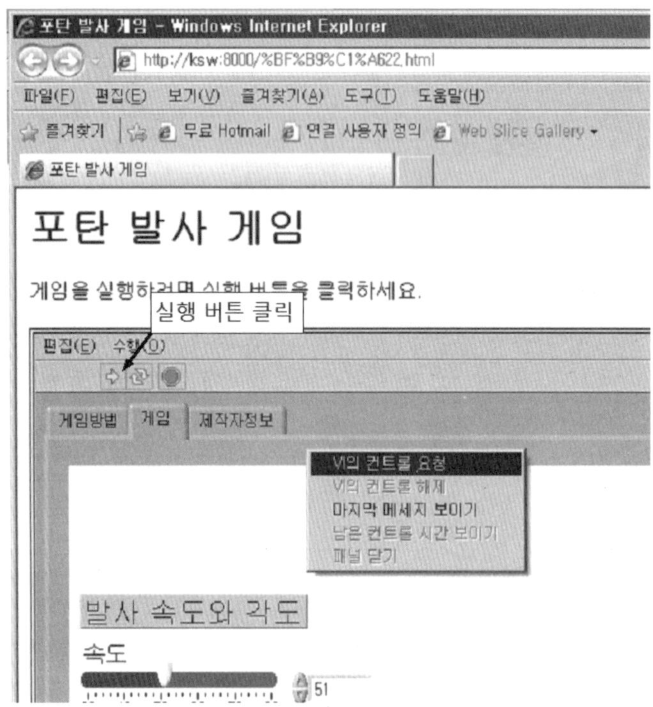

그림 22.8 웹 브라우즈에서 컨트롤(제어권) 요청

⑦ 그림 22.9와 같이 서버 PC에서 실행 상태에 있는 '예제22.vi' 실행 화면 위에서 'MRC 〉 컨트롤 획득'을 실행하면, 원격 제어가 불가능하게 되어 원격 웹 브라우즈 화면에서 게임을 할 수가 없게 된다. 현재 상태에서 그림 22.10과 같이 원격 웹 브라우즈에서 'MRC 〉 VI 컨트롤 요청'을 실행한 후, 그림 22.11과 같이 서버 PC에서 'MRC 〉 리모트 패널서버 〉 컨트롤 잠금 해제'를 실행해서 제어권을 원격 웹 브라우즈로 넘겨주게 되면, 원격 웹 브라우즈에서 게임을 할 수가 있게 된다.

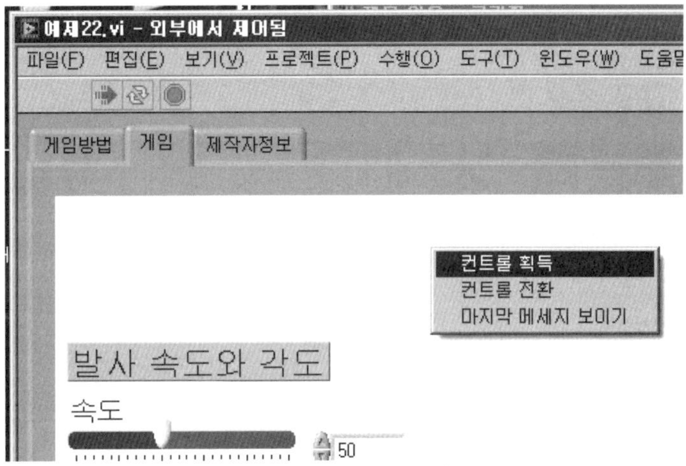

그림 22.9 서버 PC에서 원격 컨트롤(제어권) 가져오기

그림 22.10 원격 웹 브라우즈에서 컨트롤(제어권) 요청

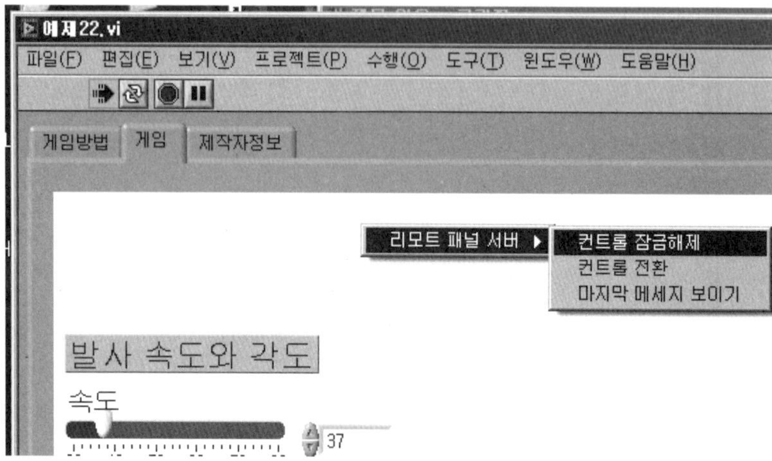

그림 22.11 서버 PC에서 원격 웹 브라우즈로 컨트롤(제어권) 넘겨주기

⑧ 실제로 클라이언트 PC(원격 PC)에서 원격 웹 브라우즈를 구동해보자. 먼저 서버 PC(예제22.vi가 저장된 PC)에서 예제22.vi를 실행한다. 다음으로, 서버 PC와 네트워크가 연결된 다른 PC(클라이언트 PC)로 이동한다. 클라이언트 PC(원격 PC)에서 인터넷 브라우즈 주소 창에 조금 전에 기억한 URL 주소 'http://ksw:8000...%A622html'를 입력해서 웹 브라우즈를 실행해서 그림 22.8과 같이 'VI 컨트롤 요청'을 실행하면 된다.

연습문제 22.1

말 두 마리가 경주하는 게임인 연습문제15.4.vi 파일을 웹 출판 하라.

- 연습문제15.4.vi 파일을 연 후 파일명 연습문제22.1.vi로 저장한다.
- 앞의 그림 22.1과 같이 프런트패널 크기를 조정한 후 예제 22와 같은 방법으로 웹 출판 하라.

저자소개

강 상 욱

서울대학교 기계설계학과 졸업
서울대학교 대학원 기계설계학과 졸업(석사)
서울대학교 대학원 기계설계학과 졸업(박사)
삼성전자 생활가전사업부 선행개발팀 책임연구원
중소기업연수원 LabVIEW 기반 계측제어 과정 출강
현) 한성대학교 기계시스템공학과 교수

| 저서 |
_ 예제로 쉽게 배우는 LabVIEW
_ (예제로) LabVIEW 마스터하기
_ 컴퓨터와 인터넷개론

LabVIEW 기초부터 게임 제작 심화 프로그래밍까지

예제로 LabVIEW 완전 정복

초판 1쇄 인쇄 2011년 8월 15일
초판 1쇄 발행 2011년 8월 25일

저　자 강 상 욱
발 행 인 정 주 택
발행한곳 한성대학교 출판부

우편주소 서울특별시 성북구 삼선동 2가 389번지
대표전화 (02) 760 / 4174
팩시밀리 (02) 760 / 5969

편집제작 대자커뮤니케이션 | 대표(02) 2269-6724

ISBN 978-89-89101-93-2　92560　**정가** 20,000원

본 총서는 한성대학교 교내 연구비 지원에 의해 발행되었음.